浙江大学中国语文研究中心

中国语言学前沿丛书

05

汉语词汇核心义

王云路　主编

商务印书馆

The Commercial Press

图书在版编目 (CIP) 数据

汉语词汇核心义 / 王云路主编 . — 北京：商务印书馆，2023
（中国语言学前沿丛书）
ISBN 978-7-100-22152-8

Ⅰ. ①汉… Ⅱ. ①王… Ⅲ. ①汉语－词汇学－研究 Ⅳ. ① H13

中国国家版本馆 CIP 数据核字（2023）第 047234 号

中国语言学前沿丛书
汉语词汇核心义
王云路　主编

商 务 印 书 馆 出 版
（北京王府井大街 36 号　邮政编码 100710）
商 务 印 书 馆 发 行
江苏凤凰数码印务有限公司印刷
ISBN　978-7-100-22152-8

2023 年 6 月第 1 版　　开本 880×1240　1/32
2023 年 6 月第 1 次印刷　　印张 16⅝

定价：98.00 元

总　序

王云路

　　"中国语言学前沿丛书"是浙江大学中国语文研究中心近期的重要工作。中心的前身是浙江大学周有光语言文字学研究中心,于2015年5月成立,经过六年的建设,基本完成了以"周有光语言文字学"整理与研究为主题的使命。为了适应新形势和中长期可持续发展的需要,实现向语言文字学相关领域拓展和纵深发展的目标,2020年12月,中心正式更名为"浙江大学中国语文研究中心"。

　　语言文字是一个国家、一个民族的灵魂。考察中华文明发展与演变的历史,我们会清楚地看到语言文字研究所起到的巨大的、基础性的作用。语言文字不仅仅是情感交流的工具,更是文化传承的载体,是国家繁荣发展的根基,是民族身份的象征和标志。现在是研究语言文字的大好时机,近年召开的全国语言文字工作会议体现了国家对语言文字工作的高度重视。我们汉语研究者应该更多地立足和回应社会需求,更加积极有为地投身语言文字研究和文化建设。

　　有鉴于此,我们中心新的发展目标是:响应国家以语言文字凝聚文化自信、增进民族认同的号召,充分发挥浙江大学语言学研究重镇的影响力,汇聚全国语言学研究力量,强化语言学全方位的学术研究、交流与合作,着力构建具有中国特色和国际视野的语言学理论体系,打造具有前沿性、权威性、引领性的语言学研究品牌。为此,中心决定启动以学术传承为基调的"浙大学派语言学丛书"和以学术发展为基调的"中国语言学前沿丛书"两个项目。现在出版的"中国语言学前沿丛书"第一辑,正是这一规划的首批成果。

中国语言学是一门古老的学科。传统的中国语言学根据汉语汉字是形音义结合体的特点,形成了训诂学、文字学和音韵学三个学科,统称为"小学"。正如马提索夫所说:"世界上没有别的语言像汉语研究得这么深,研究的时间有那么长。"(《藏缅语研究对汉语史研究的贡献》)可以说,系统总结、反思汉语言文字一直是中国传统语言学研究的优良传统。19世纪末20世纪初,西方语言学思想传入中国,与传统语言学发生碰撞,有识之士便在比较的视野下,开始对中国传统语言学进行反思与总结。比如章太炎先生在《论语言文字之学》中认为,"小学"这一古称应当改为"语言文字之学":"此语言文字之学,古称小学。……合此三种,乃成语言文字之学。此固非儿童占毕所能尽者,然犹名为小学,则以袭用古称,便于指示,其实当名语言文字之学,方为塙切。"这种观念体现出当时学者对传统语言学现代化的思考与尝试,也标志着中国语言学开始走上现代化的道路。

近二三十年来,语言学研究观念不断拓展、理论不断创新、内涵与外延不断丰富,这些都是我们编纂这套丛书的基础。秉承着梳理、总结与审视学术历史发展的传统,我们也需要回顾这一阶段,总结我国语言学研究又有哪些新的起点、新的成果。推出"中国语言学前沿丛书"正是基于这样的考虑:展现当代中国语言学诸领域专家学者的经典论文,让我们重温经典;集中呈现某个领域的进展,让我们深化对学科本质的认识;引入新思想、新观念,甚至新的学科,让我们视野更开阔。我们的做法是:邀请在自己的研究领域精耕细作、有独到见解的专家,挑选并汇总一批在本领域、本选题研究中具有代表性的学术论文。这既是对既往研究的回顾总结,也是为新开端扬帆蓄力,正所谓承前启后、继往开来。同时,通过集中呈现前沿成果,读者能够了解、掌握该研究方向的最新动态和代表性成果,"辨章学术,考镜源流",得参考借鉴之利。

本丛书编选有三个标准:创新性、前沿性、专题性。这三点同时也是我们编纂这套丛书的目的,更是我们编纂此丛书的难点。编选之难,首先在于鉴别是否具有创新性。陈寅恪先生在陈垣《敦煌劫余录·序》中说:"一时代之学术,必有其新材料与新问题。"研究成果必须具备相当的深度和水准,可以代表这一领域的最新进展。学术研究贵在有所创造,周有光先生曾说:"学问有两种,一种是把现在的学问传授给别人,像许多大学教授做的就是贩卖学问;第二种是创造新的学问。现在国际上看重的是创造学问的人,不是贩卖学问的人。贩卖学问是好的,但是不够,国际上评论一个学者,要看他有没有创造。"创造绝非无源之水、向壁虚构。创造之可贵,正在于它使得人类已有认知的边界再向前拓展了一步。

编选之难,其次在于如何鉴别前沿性。前沿代表了先进性,是最新的经典研究。时至今日,各学科的知识总量呈指数级增长,更兼网络技术飞速发展,人们获取信息的途径日益便利,使人应接不暇。清人袁枚已经感叹:"我所见之书,人亦能见;我所考之典,人亦能考。"如今掌握学术动态的难点主要不在于占有具体的资料,而在于如何穿越海量信息的迷雾,辨别、洞察出真正前沿之所在。我们请专业研究者挑选自己本色当行的研究领域的经典成果,自然可以判断是否具有前沿性。

编选之难,最后在于如何把握专题性。当前国内的语言学研究正处在信息爆炸的阶段。仅以古代汉语的研究为例,近几十年来,无论在研究材料上还是研究方法上均取得了长足的发展。从材料来说:其一,各种地下材料如简帛、玺印、碑刻等相继出土和公布,这一批"同时资料"由于未经校刻窜乱,即便只有一些断简残篇,也足以掀开历史文献千年层累的帷幕,使人略窥古代文献的本来面目;其二,许多旧日的"边缘"材料被重新审视,尤其是可以反映古代日常生活的农业、医药、法律、宗教、经济、档案、博物等文献受到了普遍关注,因而研究结论会更接近语言事实;其三,还有学者将目光投向域外,从日本、韩国、越南、印度,乃至近代欧美的文献记载观察本土,使得汉语史研究不再是一座孤岛,而是与世界各民族的语言密切联系在了一起。从方法和工具上看:其一,由于方法和手段的先进,从田野调查中获得的材料变得丰富和精准,也成为研究汉语的鲜活证据;其二,随着认识的加深,学者对于材料可靠性的甄别日趋严谨,对于语料的辨伪、校勘、考订时代等工作逐渐成为语言研究中的"规范流程";其三,由于计算机技术的发达,研究者掌握大数据的能力更加强大,接受国际语言学界的新理论更及时、更便捷,交叉融合不同学科的能力也越来越强,借助认知语言学、计算语言学等新兴领域的方法也流行开来。由此,鉴别专题性的工作就变得纷繁复杂了。

曾国藩说得有道理:"用功譬若掘井,与其多掘数井而皆不及泉,何若老守一井,力求及泉,而用之不竭乎?"只有强调专题性,才能够鲜明突出,集中呈现某一专题的最新见解。

学术是相通的,凡是希望有所创见的研究者,不但要熟悉过去已有的学问,对于学界的最新动态也要足够敏锐,要不断地拓展思想的疆界和研究的视野。同时,在日新月异的信息浪潮之中,学术的"前沿"似乎也在一刻不停地向前推进,作为研究者个人,或许更便捷的门径是精读、吃透一些专门的经典成果,以此作为自身研究的路标和导航。这也是我们丛书编纂的目的之一。

　　这是一套开放性、连续性丛书,欢迎中国语言学各领域的学者参与编纂。第一辑我们首先邀请浙江大学中国语文研究中心的专家,让他们从各自的研究领域出发,以独特视角和精心阐释来编辑丛书,每个专题独立成卷。以后会逐步邀请更多学者根据自己的研究专长确定专题,分批出版。各卷内容主要分三部分:一为学术性导言,梳理本研究领域的发展历程,聚焦其研究内容与特点,并简要说明选文规则;二为主体部分,选编代表性文章;三为相关主题的论文索引。最后一部分不是必选项,看实际需求取舍。我们选编文章时将尽可能保持历史原貌,也许与今日的要求不尽相同,但保留原貌更有助于读者了解当时的观点。而且,更加真实地再现作者的研究历程和语言研究的发展轨迹,对于历史文献的存留也有特殊的意义。

　　这就是浙江大学中国语文研究中心编纂这套"中国语言学前沿丛书"的缘起与思考,也是我们的努力方向。希望本丛书能够兼具"博学"与"精研",使读者尽可能把握特定领域、范畴的最新进展,并对学界的热点前沿形成初步印象。

　　　　　　　　　　　　　2022 年 7 月 22 日于杭州紫金西苑

目 录

第二编　核心义与同源词

第三编　核心义与复音词

前　言

王云路

　　词义不是凭空产生的，而是有理可循的；词义不是杂乱无章的，而是井然有序的。汉字是象形文字（如果看合体字，则裘锡圭先生《文字学概要》所说的"意音文字"为好），但它表达的不仅仅是外在的形象，更多的是内在的关系。这种关系影响着用字（也是用词，汉语单音节字也是词，下同）之法，统摄着众多词义。抽离出这种关系，探讨用字之法，这便是我们所说的核心义研究。

　　我们通过两个例子，看看古人造字与用字的关系，看看核心义是怎么产生的，核心义有什么作用。我们看"夺"（奪）的造字之义，其中"奞"表示鸟展翅欲飞，"寸"就是右手，整体表示手里抓着的一只鸟一下子飞走了，也正是段玉裁所说的"稍纵即逝"，其蕴含的特征义是"失落，离开"，所有由"夺"构词的意义都由此展开：校勘学术语"夺文"指文字脱落；"泪水夺眶而出"，指泪水离开眼眶；"夺目"指目光离开原来所视之物，即目光转移。而失去与夺走二者本质上是一体两面，自动失落是"夺"，被动失去也是"夺"，使对方丧失了原有的东西，就是夺走对方的东西。李密《陈情表》"舅夺母志"，是说舅舅让母亲失掉了不再嫁人的志向（想法），换言之就是逼迫母亲改嫁。因而"失落—丧失（使失落）—夺取（使对方丧失而自己获得）"，这就是古人思考的线索。如果不从本字抽绎出的核心义入手，就无法解释这些义项中的联系。

　　"怡然自得"表示一种满足与愉悦，为什么有这个意思？"得"的甲骨文字形㼈表示一只手拿着一个贝壳,后来作㧬,表示在路上捡到一枚贝壳。"拾贝"是一种获得,更是一种快乐与满足,是一种心理预期与实际获得的吻合与一致。古人用所经历过的这个生活场景,既表达获取之义,也表达心理上的"相亲和""契合"的意思。如此,我们就可以准确理解"得计""得体""得意洋洋""得心应手""相得甚欢""意满志得"等众多复音词和成语的含义了。"获得"只是"得"诸多义项的一个方面,而更抽象的含义是由其核心义"吻合""相应"所体现的。

所以,核心义研究是建构多义词词义关系的一种模式。核心义源于造字之义,是造字义特征的抽象化。核心义贯穿和统摄多义词的大多数义项,能够阐释诸多义项产生的脉络关系,能够揭示同源词词义演变的诸多关联。我们也用两个例子说明之。

古人以最适合于他们的认知方式,画出一幅幅简单且可理解的外界图像,这种图像所揭示的特征就是其核心义,而其特征在诸多事物上的应用,就产生了诸多义项。比如"候"(严格说来应当是"矦",矦与候是古今字关系)的甲骨文字形是矦,表示箭头射向靶子。而箭头射到靶子上,必须目光集中到靶心,就是瞄准。古人把射箭的主要动作"瞄准"应用到了一切可以观察的事物上,就产生了一系列的义位。(1)目光瞄准敌人及其军事设施,就是伺望、侦察。(2)目光瞄准下属及其管理对象,就是监视、督察。(3)目光瞄准宾客,就是迎接、问候。(4)目光瞄准其他特定对象,就是观察。对病人的观察,就是候诊、候脉。(5)目光瞄准天空,就是观天象、占验、测算。转为名词,"候"表示时令、时节、天气,有"气候""节候""时候""岁候"等复音词。可以看出:"候"的核心义是"察看",即目光对事物的关注。用这个核心义来系联词义,那么气候、火候、时候、等候、候诊、候鸟、问候、恭候等双音词的构词理据就都清清楚楚了。

核心义在词义中常常会以不同的方式呈现出来。如"吕"就是一个取象人体的字,画的是一节节脊椎骨相连的样子。一节节椎骨的连接,让先人想到了一系列具有"联系"特征的现象,于是先民从人体脊椎骨的形象联想到了其他具有同类特征的事物:把一节节铺排的屋檐叫作"梠",把成片的野生谷子叫作"秜",把一户户人家构成的里巷叫作"闾",把人跟人的结伴叫作"侣",甚至把一块块布缝缀成衣服叫作"绍"。这些我们称为"同源词",其实也是"同源字"。这是根据事物抽象特征创造的新字,是一种高智商的造字法。屋檐、人家、伴侣、野生植物、缝纫衣服,这些毫不相干的不同类属的事物,如何能够联系到一起?靠的是古人高超的联想,而这个联想的纽带是这些事物或动作的抽象特征——相连。这个特征是共性的,是这些事物之间最大的公约数,而且与源头字"吕"的特征义高度一致。可见,古人的抽象概括能力是惊人的。难怪王念孙在疏证《广雅·释宫》"楣,梠也"时说:"凡言吕者,皆相连之意。"虽然我们除了许慎的解说外,没见到其他直接的文献例证,但是一系列同源词证明了"相连"就是"吕"的核心义。

随着研究的深入,我们发现,核心义不仅统摄着单音词、同源词的词义系统,而且在复音词研究领域也具有广阔的应用空间。比如,"凌晨"是什么意思?又是什么结构?"凌"的核心义是"迫近","凌晨"即表示"迫近天亮",为动宾结构双音词。又如,"习惯"是什么结构?它的得义缘由是什么?"贯"是"惯"的本字,表示把钱串起来,其核心义就是贯穿、穿通。"习"的本义是小鸟不断扇动翅膀练习飞翔,核心义是反复。鸟飞与串钱是两个不相关的事物,二者不同义,但是其动作特征抽象出来的核心义具有共同的属性:反复、连贯。"习"是反复地飞;"贯"是持续地串联。正是这一相同的属性支撑着双音词"习惯"的词语组合。不仅复音词可以用核心义理论研究,就是成语也与核心义相关,我的博士生付建荣教授对佛经成语的研究证明了这一点。

简言之,核心义在词语研究中有不容忽视的作用:一个单音节词内部的诸多义项主要由其特征义制约,属于核心义在用词上的体现;一组同源字的产生,主要靠其源头字符的特征义系联,属于核心义在造字上的应用;一个复音词的组合也由其核心义管辖,源于两个语素的特征义相关,属于核心义在组词上的应用。这些,在这本论文集中都有所体现。

"核心义"的概念是由当代学者提出的。已故学者宋永培在《〈说文解字〉与文献词义学》中最早提出了"核心义"的概念:"引申义列的多层与多向是由本义决定的。具体地说,是由本义蕴含的形象特征及形象特征凝聚的核心义决定的。形象特征是一个多侧面的整体,由形象特征凝结而成的核心义也是一个包括多方面特点的整体。形象特征的多侧面聚合在核心义的多方面特点中,这些多方面的特点象[像]血液、象[像]基因那样灌注与活跃于本义的引申运动中,于是生长出多种层次多种方向的引申义列来。"宋永培先生精熟《说文解字》(简称《说文》),以他的执着和热情,指出词的诸多义项"是由本义蕴含的形象特征及形象特征凝聚的核心义决定的",这是有深刻感悟和逻辑论证后的结论,可惜他英年早逝,没有来得及深入研究。与此同时,张联荣先生《谈词的核心义》通过分析"发"(發)的词义,也提出了"核心义"的概念:"离开"这样一个意义在"发"的整个词义结构中处于一种核心地位,其他意义都与之有联系,我们可以把"离开"称作"发"的核心义。后来,张联荣先生在《古汉语词义论》中对"核心义"的概念又进行了阐述:"如果一个多义词的所有义位共有一个遗传义素贯穿其中,这个遗传义素自然就成了这个词的意义核心,我们可以称为核心义。"张联荣先生是从语素义入手,从其义项呈现出的共性中倒推出汉语词汇具有核心义;而宋永培先生则是从造字义入手,阐述了核心义如何产生。二位的研究异曲同工。这些,在这本论文集中都有所体现。

其实,核心义作为贯穿、统摄词义的一种抽象意义,在传统训诂学的研究中早就有所涉及。詹鄞鑫教授1985年就曾指出:"以个别代表一般,以具体代表抽象的手法,是会意区别于象形的最根本特点。"1990年又讨论了文字在创造之初就具备的两种功能:既用来表达由字形所揭示的具体性词义,又用来表达这个具体性词义所由来的抽象性词义或原始词义。而这个抽象性词语,就与"核心义"的说法非常接近了。而距今约两千年的东汉许慎在《说文解字》中解释词语本义,有的训释已经揭示了核心义。如《说文·辵部》:"迈,远行也。""远"是"迈"的词义特征,也是"迈"的核心义。故"年迈"表示年龄大,也就是时间久远;"豪迈"表示气魄大,也就是志气远大。《说文·羽部》:"习,数飞也。"小鸟多次、反复飞,是其造字义,其动作特征"数(反复)",就是"习"的核心义。同时代的刘熙《释名》注重用声训方法来解释词义,有时会涉及声近义近的同源词,也会涉及核心义。如《释名·释天》:"午,忤也。阴气从下上,与阳相忤逆也。"从"午"声的同源词的核心义是"忤逆(即对着,逆着)"。

清代是训诂发展的高峰,距今约180年前的王念孙《广雅疏证》、段玉裁《说文解字注》已经更多关注到词义间的联系。如《广雅·释诂三》:"霝,空也。"王念孙《疏证》:"凡言霝者,皆中空之义也。""中空"是"椌""軨""箜"等声近义通的同源词的核心义。同样,段玉裁也通过术语"凡……皆曰某",归纳了许多词语的特征,也就是其核心义。如《说文·羽部》:"翘,尾毛长也。"段注:"尾长毛必高举,故凡高举曰翘。""翘"本义是长尾鸟,其高举的尾巴显示其核心义是"高"。《说文·目部》:"相,省视也。"段注:"凡彼此交接皆曰相。"从目光的交接到其他事物的交接、接触都用"相",这就是其核心义。此类例子不胜枚举。所以核心义的研究不是凭空产生的,而是有其历史继承性的。

2005年10月至12月,我应冯胜利先生邀请访问哈佛大学。在哈佛逗留期间,一间斗室,一台电脑,没有电话,没有会议和杂事,我沉浸在自己喜欢的词汇训诂中,也悟出了一些词义间的联系性,写成了一万多字的论文《论汉语词汇的核心义》(收录于台湾地区"中研院"语言学研究所《山高水长:丁邦新先生七秩寿庆论文集》),我在文中写道:"我觉得汉语一个词有多个义位,这些义位常常有一个核心贯穿其中,我觉得它是核心,是灵魂,就把它称为'核心义'。"那时候"核心义"于我只是一种模糊的概念,我确定它的存在,但是还缺乏更为明确的认识。2006年,我申请了"汉语词汇核心义研究"的课题,并获得了国家社科基金资助。历经九年,我与博士后王诚合作,出版了《汉语词汇核心义研究》一书,书中讨论了一百多个单音词内部意义之间的深层联系,论证了核心义与具体词义之间的关系,完成了核心义理论的基本建构。

我认为,汉语词义研究应该从中国语言学原有的方法中寻求进一步发展的途径,继承训诂学的传统,充分利用训诂材料,形式与意义并重,且以意义为主。大体来说,单音词词义间的关系,同源词之间的关系,复音词两个语素间的关系,乃至成语或某些固定结构的联系,以及成词理据等,都可以从核心义理论中找到依据和根源。

核心义理论需要进一步完善,核心义研究大有可为。汉字是形音义的综合体,相比于字形与字音,字义无形、多变且鲜活,在汉字的三要素中是最难把握的,也是最重要的。而核心义的研究方法是一把钥匙,可以打开把握词义演变的规律之门。

2022年岁末于青云山居

第一编

◆

核心义总论

关于本义的两个问题[*]

詹鄞鑫

本文讨论两个问题:

1. "本义"是就字而言的还是就词而言的?诸家论著及《辞海·语言文字分册》,基本上都是从词的角度来下定义的。[①] 本文认为,本义只能从文字的角度来谈。

2. 造字本义一定是所有有引申关系的义项的发源点吗?这似乎是毫无疑义的问题,学术界从来未见异说,本文则持否定态度。

本文不对现有各种观点一一引述和剖析,只从正面加以论述。

一、字本义论

(一)汉字在词义发展研究课题中的影响

语言的产生,至少有几万年的历史。文字的产生迟得多,汉字的历

---

* 原文载于 1990 年华东师范大学中文系《汉语论丛》编委主编《汉语论丛》,后又收于 2006 年中华书局《华夏考——詹鄞鑫文字训诂论集》。又相关讨论还可参看 1991 年辽宁教育出版社《汉字说略》第四章"汉字的意义"。

① 也有个别以文字为出发点谈本义的,如傅东华(1964:15)。但傅氏的定义有缺陷,使人感到"字的本义"不是从词义来的,而且字的本义一定是字义发展的起点。这是本文所否定的。

史还不到四千年。① 在汉字产生以前,词的发展纯粹以音义的发展为标志。汉字产生以后,词获得了记录符号。对早期书面汉语来说,字的单位与词的单位基本上是一致的,以致传统语言学论述(如《马氏文通》以前的著作)所谓"字"往往指的就是词。

词的音和义是它的实质,而记录它的汉字只是书面形式。两者之间并不是天然结合、完全对应的。同一个词,可以有不同的书面形式,如简册的"册"也可以写作"策";反之,相同的书面形式可以代表不同的词,如从竹束声的"策",既可以表示用竹简编成的书册,也可以表示竹制的演算筹码,还可以表示竹制的马鞭。所以,研究词义发展中词与词的关系时,字形不是最终标志,归根结底要从音义上去看。由此可见,虽然语言学中有所谓"语源"问题和"词义引申"问题之分,两者的本质则是一样的,都是词义的发展问题。其区别仅仅在于,语源问题不限于书写形式相同的词,而词义引申问题则限于书写形式相同的词。如"阴"与"暗",音义都有发展关系,但字形不同,它们之间的联系被当作语源问题;长短的"长"与长幼的"长",音义也都有发展关系,由于字形相同,它们之间的联系被当作词义引申问题。文字产生以前就存在的词,绝大多数在文字产生以后都获得了书面形式,并由文献保存下来。只不过由于书面形式的变化和差异,大批在音义上关系本来很密切的词与词之间的联系模糊起来。

(二)词义发展是连续性与阶段性的统一过程

词汇发展,是一个由少到多的无限过程。在词汇发展中,词义既有变化的一面,又有继承的一面。变化性表现在新词不断产生,不适用的

---

① 这里指的是用于记录语言的成体系的汉字。

旧词不断消亡。继承性表现在任何新词,都不是突然冒出来的,而是由旧词或基本词汇发展而来的;同时,基本词汇如大、小、高、低之类,将随人类永存,不可能消失。

变化性和基本词汇的继承性,是不言而喻的,但新词与旧词的继承性,则不容易完全被理解,比如说,代表新事物的新词,是不是也可以无中生有呢? 这里试举一个人类发明了陶冶以后才产生的新事物——"壶"的命名为例,来说明这种继承性。

壶用于盛水浆,是陶器发明以后的事。在那以前,原始人主要用掏空的瓠(今称葫芦)作为盛器。① 从食用的瓠变成器用的瓠,名称不变,但词义已悄悄地转移了。发明陶冶以后,人们除了继续使用天然瓠器以外,开始用陶或铸的仿制瓠作盛器。② 从天然的瓠变成仿制的瓠,名称不变,但它的含义又一次悄悄地转移了。文字产生以后,天然的瓠与人造的瓠获得了不同的书写形式:前者写作"瓠"或"葫",后者写作"壶"。③ 由于意义分化而且文字不同,人们不再把瓠和壶看作一个词,它们之间的引申关系才变得隐蔽起来。

如果继续上溯,还可以发现,"瓠"这个词也不是人们在发现这种植物以后任意命名的。"瓠"或"壶"在古代又称为"庐"或"卢"。④ "瓠"和"庐"其实就是联绵词"葫芦"的单音节书写形式(补记,宜称为"单字书写形式"。参看詹鄞鑫,2005)。⑤ 根据语族研究,葫芦、果蓏、

———————

① 《庄子·逍遥游》有用大瓠"以盛水浆"和"剖之以为瓢"的记载。民间至今还有此俗。

② 出土的古壶,形状多与瓠相似,有时还能见到完全仿照天然瓠而造的所谓"铜瓠壶"。

③ 就文字而言,"瓠""葫"等字产生较迟,但与词的产生先后无关。

④ 瓠称为"庐",见钱剑夫(1982)。壶称为"卢",见《汉书·司马相如传》"文君当卢"注,又见《食货志下》注。

⑤ 古汉语联绵词也有写作单音节形式的。如"浑沦"作"浑","猗那"作"猗"或"那","昆仑"作"昆"或"仑","果蓏"作"果"或"蓏","窟窿"作"孔"或"窿"(客家方言如此)等等。

括楼、栲栳、骷髅、窟窿、昆仑、浑沦等联绵词在语音上都有声转关系,在意义上都含有浑圆义。由此可知,瓠之所以称为"瓠"或"葫芦",乃是由于更基本的联绵词"浑沦"(这里姑且用"浑沦"作为这个基本词汇的代表字,不必拘泥其字形)孳乳发展而成的。

从瓠到壶,反映了词义发展有一个由量变到质变的过程。由食用瓠到器用瓠,这个变化就跟肉用牛与耕牛都称为"牛"一样,只是量变;由天然瓠到陶瓠铜瓠,这个变化就跟天然花和塑料花都称为"花"一样,也只是量变。但两个量变积累起来,从瓠到壶,就发生了质变,成为不同的两个词了。词义发展过程中每完成一次质变,便成为一个阶段。这就是词义发展的阶段性。词义发展的全过程,便是连续性与阶段性相统一的过程。

(三)词的同一性问题

要确定词义发展的阶段性,涉及词的同一性问题,也就是如何确定和划分相同的词和不同的词的界限问题。

人们常说,词义引申造成一词多义。当这样说的时候,显然是把书面形式相同而且意义有引申关系的若干词当作一个词来看待的。但实际上,如果词义发生了质变,就不应当再看作是同一个词了。如《诗经》"八月断壶"(《七月》)的"壶"和"清酒百壶"(《韩奕》)的"壶",虽然如上文所述具有引申关系,大家都不认为是一个词。可是,表示本义竹管的"管"和表示引申义管钥的"管"尽管意义已发生质变,大家仍看作是一词多义。究其原因是书面形式在影响人们的观念。人们习惯于以文字形式的相同与否作为区分词的标志。管钥的"管"与竹管的"管"文字形式相同,甚至由管钥义再引申的掌管的"管",文字形式仍然相同,大家就理所当然地把它们作为一词多义来对待了。至于"八月断壶"的"壶",后来写作不同的文字形式"瓠"或"葫",于是又理所当然地把它看作与酒壶的"壶"不是一个词了。书写形式相同的词,只有当它们显然没有引申关系(如"花钱"的"花"和"养花"的"花")时,才承认它们不是一个词。

由此可见,以书面形式作为词的同一性主要标志的习惯是不科学的。我们认为,要区分相同的或不同的词,主要的根据不是作为书面形式的字形,而是作为实质的音义。即使音义上确有引申关系的几个词,也未必是同一个词,还必须再根据词义发展的量变和质变进一步判断:如果词义的发展只是量变,就属于一词多义的范围;如果词义发生了质变,就不再是同一个词了。不仅书面形式不同的"瓠"与"壶"不是一个词,就是书面形式相同的竹管之"管"、管钥之"管"、掌管之"管",也不是一个词。

也许在具体把握词义发展中量变与质变的区别时,很难定出界限原则,但如果不从理论上认识这个问题,就很难从本质上解决词的同一性问题。

(四)所谓"词的本义"究竟是什么?

从道理上说,词既然有引申义,似乎就应该有本义。但一接触具体问题,就会发现,不管做怎样的规定,"词本义"在理论上的矛盾和实践上的无能为力都要暴露出来,最后只好用字的本义来充当"词的本义"。

"本义"就是本来的或最初的意义。问题在于,"最初"是从哪儿算起的?

一种规定是,以词义发展的阶段性为原则,词的"本义"只追溯到新词从旧词中分化出来的意义为止,就是说,本义与引申义之间没有质的差异。这种规定不考虑词与词之间(不管词的书面形式是否相同)的发展关系。从理论上说,"词的本义"应该是这样的。如果要考虑词与词之间的意义关系,那就属于传统的词源问题了。可是这样一来,就将出现两个问题:

其一,新词的起点是很难具体掌握的。如《诗·南山》"取妻如之何"的"取"(这个词后来写作"娶"),它与"获取"的"取"算一个词还是算两个词,恐怕很难说得清楚。如果按后人的习惯,把"取"(娶)和"取"当作两个词,从而认为"取"(娶)的本义是"讨老婆",这样处理不利于分析古书词义;反之,如果把它们当作一个词,由于"娶"的意义已经分化,恐怕也不会有人赞成。

其二,更主要的问题在于,不追溯旧词的意义联系,就失去了探求本义的价值。试想,如果我们说"兵败如山倒"的"兵"本义是军队("兵败"的"兵"与"兵甲"的"兵"意义已发生质变),那么"本义"与"词义"就没有多少区别了。这就等于取消了"本义"的存在价值。

另一种规定是以词义发展的连续性为原则,词的"本义"要一直追溯到发源的端点。从道理上说,这样做势必突破词与词的界限,把"本义"与"词源"混为一谈。这样一来,"清酒百壶"的"壶"这个词的"本义"就不仅要追溯到"瓠",还要追溯到"浑沦"为止(?),这是显然不合适的。从实践上看,突破词的界限,虽然也可能追溯到一些更早的词义,但要确凿无疑地追溯到发源的端头,恐怕谁也做不到。这问题过去也曾有人意识到,如王力主编(1981:90)的《古代汉语》教材上说:

所谓词的本义,就是词的本来的意义。汉语的历史是非常悠久的,在汉字未产生以前,远古汉语的词可能还有更原始的意义,但是我们现在已经无从考证了。今天我们所能谈的只是上古文献史料所能证明的本义。

就是说,承认词义发展的源头不可能找到,不能不规定用"上古文献所能证明的本义"——实际上指的是记录词的文字的本义,作为"词的本义"。我们发现,所有的教科书在考查"词的本义"的时候,实际上都在探求文字的本义。

(五)"本义"势必以文字为出发点

早期的汉字有两个特点:字与词具有明显的对应关系;字形本身是根据词义来设计创造的,通常寓有表意符号。汉语的发展,一方面由于复合词的大量增加以致字与词的对应关系逐渐减弱,一方面由于词义继续发展而记录词的文字通常并不随之而改变,由此造成字形与它所代表的词义逐渐相脱离。但既然文字形体在起初与它所代表的词义有某种联系,那就为后人依据字形探求文字起初所代表的词义提供了线索。这对后人阅读和理解早期文献很有帮助。所以,文字由字形所揭示的它在创始时所代表的词义,便是我们探求本义的起点。

上文已述,词与词的关系仅仅与它们的音义有关,而与书面形式的文字没有必然联系。然而,自从有了文字,历史词汇学的内容自然地形成两个领域:语源问题和词义引申问题。探索语源问题时,应当排除字形的干扰,纯粹从音义发展寻求词与词的关系;探索词义引申问题时,又务必通过字形包含的词义信息来区分本义、引申义和假借义。文字看来仅仅是书面语的符号形式,但它却把本质上完全相同的语源问题和词义引申问题自然地分开来了。可见,以文字在造字时所代表的词义作为"本义"的出发点,在理论上是完全合理的。

　　从实践看,以文字为本义的出发点是唯一可行的原则。如"取妻"的"取"如果要问这个词的本义,我们觉得很难办。要说本义是"取得"吧,这个"取"又明明应读为"娶";要说本义是"获得妻子"吧,它的词义又显然是由泛指的获取义引申来的。如果要问这个字的本义,就可以明确地指出"取"的本义是获取;这里表示娶媳妇,用的是它的引申义。如果是后来的文献,写作"娶妻",我们也可以明确地指出,"娶"字的本义是"获得妻子",而不必考虑它的语源义。这样,"本义"就完全是以字形为依据了,跟这个字形起初所代表的词义在词汇发展的长河中所处的地位是没有关系的。

　　以字形为依据探求本义的原则,同样适合于联绵词和复合词的词素的意义分析,由于情况比较复杂,本文暂不讨论。

　　结论:汉语词义学中所说的"本义",应该是文字的本义,而不是词的本义。文字的本义是文字在创造时通过形体来反映的它所代表的词义。对于词义的发展来说,文字的本义通常并不是这个词的源头,而只是词义发展长河中的某一个阶段而已。

二、抽象本义论

(一)从同源词看抽象义与具体义的源流关系

　　在整理字义系统时,人们总是把造字本义作为有引申关系的诸义项的起点。如"张"字在《辞源》(1979:1047)中的义项有:(1)拉紧弓弦,(2)使强大,(3)展开、扩大,(4)打开,(5)张网捕捉,(6)张望,(7)自大,等等。其中义项(1)与字形相应,是造字本义。通常认为,其他义项都是由这个义项引申来的。这种认识带有普遍性,以致许多论著都总结出这样一个规律:由具体到抽象,由个别到一般,是词义引申的最常见规律。

可是,我们把"张"的词义放在语族中看,就会发现,抽象的张大义并不仅仅存在于"张"字诸义项中,与张字古音相同或相近的许多字,也寓有张大义。如:

> 长(zhǎng),生长,长大;
>
> 胀,膨胀变大;
>
> 涨,水涨变大;
>
> 撑,撑开,张开;
>
> 帐,《释名》:"张也,张施于床上也。"

这些与"张"语音相近的词都含有张大义,也就是说,这些词义都是由抽象的张大义引申或具体化而形成的。可见,抽象的张大义不可能是由张弓义引申以后才具备的;相反地,抽象的张大义应是这组同源词的共同的语源。就"张"字来说,张弓义应是张大义的引申义(确切地说应称为"具体化")。

文字义项中的抽象义是具体性的造字本义的意义来源,这是一种有代表性的语言现象。为了说明这种现象,下面再举数例:[1]

横(古音为阳部匣纽,以下只列韵部和声纽的代表字),造字本义:阑(栏)木也。抽象义:纵横的横。同源字:衡(阳·匣),车辕上的横木。桁(阳·匣),屋横木,一说械足横木。航(阳·匣),横渡。

彊(阳·群),造字本义:弓有力。抽象义:强有力(这个意义后来

---

[1] 造字本义多据《说文》《玉篇》等,为免烦琐,除可疑者外,一般不引出处和书证。

写作"强")。同源字:刚(阳·见),强断、刚强。勍(阳·群),强有力。硬(阳·疑),坚、强。鞕(阳·见),刚强,通常写作耿。劲(耕·见),强有力。

柔(幽·日)、**弱**(药·日),造字本义:嫩枝柔曲软弱。抽象义:柔弱。同源字:而(之·日),柔软的髯须(《说文》);音转为髵(元·日)。耏(之·日),因柔软得名。輭(元·日),木耳,因柔软得名。耎(元·日),柔软。偄(元·日),弱也;音转为儒(侯·日),义同。稬(元·日),软性稻谷;音转为糯(侯·日),义同。媆(元·日),女性柔媚貌;音转为娆(宵·日),义同;又转为嫋(宵·泥),义同。蝡(元·日),虫体柔动貌;音转为蠕(侯·日),义同。泥(脂·泥),柔土。软(元·日),柔软。

深(侵·书),造字本义:水深。抽象义:程度深厚。同源字:沈(侵·定),下沉、深厚。酖(侵·端),饮酒过度。罙(侵·定),深洞。淫(侵·定),过度。甚(侵·禅),过度。湛(侵·定),沉没。耽(侵·端),玩乐过度。探(侵·透),向深处取。

浓(冬·泥),造字本义:露浓。抽象义:浓厚,浓重。同源字:襛(冬·泥),衣厚貌。秾(冬·泥),草木浓茂。狨(冬·泥),多毛犬。脓(冬·泥),癰烂浓汁。醲(冬·泥),酒浓。

陰(侵·影),造字本义:山北为阴。抽象义:阴暗。同源字:暗(侵·影),日无光。闇(侵·影),闭门无光。荫(侵·影),树荫。黯(侵·影),深黑无光彩。侌(侵·影),云蔽日(阴天的"阴"本字)。窨(侵·影),地窖("纳于凌阴"的"阴"本字)。湆(侵·影),幽湿也(阴沟的"阴"本字)。罯(侵·影),覆蔽(暗藏的"暗"本字)。

陽(阳·喻₄),造字本义:山南为阳。抽象义:光明、明亮。同源字:光(阳·见),明亮。明(阳·明),明亮。煌(阳·匣),光辉。亮

(阳·来),光亮。朗(阳·来),明亮,又特指月明。易(阳·喻),开朗。
晹(阳·帮),明亮。炳(阳·帮),火光明亮。晃(阳·晓),明也。

　　缺(月·溪),造字本义:器破也。抽象义:缺损。同源字:决(月·
见),堤防缺口。玦(月·见),有缺口的玉环。陕(月·见),山陵崩缺,
地裂。月(月·疑),因缺而得名。兀(物·疑),缺一足的人。[1] 鬎
(月·疑),缺发秃头。齾(月·疑),缺齿。聉(物·疑),缺耳。瞎
(月·匣),缺目。馼(月·疑),缺鼻。奄(月·见),[2]又作"阉",割除
生殖器的人。歺(月·疑),残骨。趹(月·溪),城墙缺破。杌(月·疑),
残木。此外还有许多含有割除使缺义的动词,如:齧(月·疑),啮咬。刖
(月·疑),锯足刑。髡(文·溪或疑),剃发刑。抉(月·见),挖眼。劓
(脂或月·疑),割鼻刑。刵(月·疑),断耳刑。辖(月·见),割除生殖
器;音转为犍(元·见),义同。割(月·见),割损。刈(月·疑),割草。
掘(月·见),挖坑。垅(微·见),毁坏墙垣,劈(月·疑),断截。

　　像这样的例子多不胜举。只要对照同源词所包含的共同意义因
素,就可以相信,许多文字的抽象义并不是由造字本义引申出来的,而
是造字之前语言中固有的基本词义。

　　《说文解字》的释义,常常也用声训来揭示语义来源,如"月,阙
(缺)也"之类。对此曾有人不以为然,因为按认识论规律,只能先有具
体的个别的"月"的认识,然后抽象出一般的"缺"的概念,而不可能反
过来先有抽象的"缺"的认识,后产生具体的"月"的概念。我们认为,
就人类认识客观世界的总体来说,无疑是先有感性认识,后有理性认
识。不过,这里要提醒同志们注意两点:第一,抽象的理性认识不可能

---

① 《庄子·德充符》"鲁有兀者"李注:"刖足曰兀。"
② "奄"古音又读如"盖"。周公东征灭商奄,《墨子》《韩非子》记其事作"商盖",见
陆宗达(1981:61)。

是由某一个具体事物得出来的,而是从无数同类现象中归纳出来的;第二,不管定义怎么说,大家讲的"本义"实际上都不是词的最原始意义,而只是文字的造字本义,既然文字的产生才数千年的历史,那么由"本义"引申出来的引申义,其产生一定不会早于文字产生的时代了。但就人类的认识水平来说,最基本的理性认识即抽象性词义如圆缺、纵横、上下、大小、高低、强弱、曲直、浓淡、轻重、深浅、升降、集散、明暗、方圆之类,绝不可能是迟至文字产生以后才逐渐获得的,而是早在文字产生之前很远很远,就已经获得,并在语言的词汇中反映出来的。理性认识反过来要指导人类对整个世界同类现象的观察和命名,这样就造成某些表面性质相近的事物或现象,都获得了语音相同或相近的名称。至于理性认识中的最一般概念如全缺、纵横之类,尽管它们不断地分化出大量滋生词来,而它们本身的词义始终处于极稳定状态,必能永存于语言中,属于最基本的词汇。

(二)字与词的矛盾运动是汉字兼有双重本义的原因

根据上文的分析,岂不是说,在某一个字的众多义项中,造字本义未必是所有其他义项(假借义项不包含在内,下同)的发源点了吗? 正是如此。这是由字与词的矛盾运动造成的。

为了便于掌握和交流,文字的数量是很有限的,但用来描绘客观世界的词汇则是无限丰富而且日益增多的。这就必然造成一个汉字可以代表许多词的现象。另一方面,汉字起源于图画文字,在表意方面有其局限性。即使以"会意"济"象形"之穷,以"形声"济"会意"之穷,对于十分抽象的词义,还是很难通过文字形体来表达。这种局限性又决定了本来为表达较具体词义而设计的文字同时也必然承担表达抽象词义的功能。

　　由于上述原因,许多文字在创造之初就具备两种功能:既用来表达由字形所揭示的具体性词义,又用来表达这个具体性词义所由来的抽象性词义或原始词义。如"张"字既表示具体性的张弓义①,又表示抽象性的张大义;"缺"字既表示具体性的器破义②,又表示抽象性的缺损义。当然,随着词义的发展,文字还用来表示这两种词义的引申义以及仅仅语音相同相近的假借义。

　　为了区分与字形有关的具体性本义和与字形没有必然联系的抽象性语源义,我们把文字由字形所揭示的本义称为"造字本义",而把造字本义所由来的而且由这个文字同时承担的抽象性词义称为"语源本义"或"基本义";把这种文字身兼两重本义的现象称为"本义的双重性"。这是本文的主要思想。

　　在语言交流的实际活动中,抽象义的应用常常比具体性本义的应用广泛得多,频繁得多,这就使得双重本义文字在文献中极少用来表达造字本义,而通常都用来表达基本的语源义。如"横"字极罕见用于表示栏木的场合,"张"字专指张弓也不多见。所以,在文字的义项中,双重本义文字的许多义项实际上不是由造字本义引申出来,而是由语源义引申出来的。如"张"字的义项发展关系应该如图1所示:

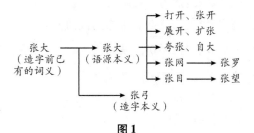

图1

----

① 如《诗·吉日》"既张我弓"。
② 如《诗·破斧》"既破我斧,又缺我斨""又缺我锜(锅)"。

　　探讨双重本义现象的具体形成过程,是文字学重要的却被忽视的课题。我们认为,文字的孳乳与淘汰运动在其中起了重要的作用。大体上有下述两种情形。

　　1.具体性词义专用字的孳乳与淘汰。在汉字产生的早期,人们不善于设计表示抽象词义的文字。如语言中的"牝""牡"两个词,本来可以代表任何兽畜的性别,但要为它造字时,只知道用"匕"或"土"作声符,却不知道该用什么符号作意符,因为牛、羊、马等无论哪一个都不能代表所有的动物。于是,甲骨文中表示牡牛、牡羊、牡豕的几个牡字分别从牛、从羊、从豕(牝字的情况相同)。那时,"牡"字只有具体的牡牛义,而不能表示牡羊、牡豕。这是一种原始的很不高明的造字法,因为这样一来造成大量区别字而仍然不可能穷尽所有的客观事物。于是人们逐渐地废弃用于区别兽畜种类的各种不同的写法,统一用"牝""牡"表示所有兽畜的性别,这样,"牝""牡"二字就具备了表达语源义的资格。《说文》中有大量区别不同情形的同源字,后来被淘汰,而由另一个造字本义比较狭隘的字来表示抽象的语源义。如:

　　落,造字本义:草木落叶。语源义:落下。
　　霝,造字本义:落雨。被淘汰。

　　阴,造字本义:山北面。语源义:阴暗。
　　侌,云蔽日,阴天的阴。被淘汰。
　　窨,地窨,"凌阴"的阴。被淘汰。

　　浓,造字本义:露浓。语源义:浓厚。
　　醲,酒浓。被淘汰。
　　襛,草木浓茂。被淘汰。

　　漏,造字本义:报时的铜漏壶(据《说文》)。语源义:漏水。
　　屚,屋顶漏雨。被淘汰。

这类例很多。可以说,现在感到生僻难认的字,其实大多数都是语言中的常用词;它们的死亡,只是文字的死亡,而不是词汇的死亡。这些词汇基本上都改用常用字来承担了。常用字之所以能承担同源字的字义,反映了它具有表达抽象性语源义的功能。

2. 抽象义代表字的淘汰。有时候,若干个同源字都曾经具有表示抽象性语源义的资格。但随着历史的发展,有的抽象义代表字逐渐被淘汰。如含有缺损义的"缺""阙""决""齾"等字,都曾经充任过表达抽象义的职能。[①] 其中最通用的是"缺""阙"二字。后来"阙"字也被淘汰,只用"缺"字了。又如"横""衡"二字都曾作为抽象的横义的代表字,经过历史的淘汰只剩下了"横"字。今人习惯于把"阙"看作"缺"的借字,"衡"看作"横"的借字。这就更加掩盖了赖以认识抽象义早于造字本义的历史痕迹了。

先孳乳后淘汰的结果,使得本来为具体义而造的文字势必兼表抽象性的语源义。这是文字发展史的一大进步。这种进步,是由文字形式与词义内容既相适应又不适应的矛盾在不断的冲突和调整的过程中实现的。

(三) 单纯抽象本义字

双重本义文字在文献中,基本上是用来表达抽象性语源本义的。我们之所以承认它具有具体性的造字本义,一方面是承认形声字的意符在起初曾有过表示词义类属的作用,如"张""弛"从弓,本义应与弓有联系;更主要的是《说文》和先秦文献中确能找到用这些字表示造字本义的用例。但双重本义现象并非概括一切的通例。还有大批文字

[①] "决"的用例如《荀子·仲尼》:"是天下之大决也。""齾"的用例如《淮南子·人间》:"剑之折,必有齾。"注:"齾,缺。"

（主要是会意字），本来就只有抽象性本义，而通常以为它们所具有的具体性本义，往往是由于不了解"会意"功能，望形生义强加给它们的。如"获"字甲骨文写作"隻"，像用手抓获"隹"形。这个"隹"虽然本是鸟类的象形字，但它已经抽象化了，它在"隻（获）"字里面不再是鸟类的代表，而是所有猎物（包括敌人）的代表。所以在卜辞中"隻"表示抽象性的动词，有"隻兕""隻鹿""隻虎""隻豕""隻象""隻雉"乃至"隻羌（羌族敌人）"等用例（岛邦男，1977:230）。从六书手法看，"隻"不是象形字，而是会意字，也就是说，其造字本义不是看图识字就能理解的，而需要体会才能得其义。所以，"隻"的本义不是获鸟，而是抽象的获取。既然"隻（获）"的本义是抽象性的，自然它不具备双重本义，更不存在字义发展由具体到抽象的问题了。

唐宋文人为诗作画，对我们理解会意造字法很有启示。要画"踏花归来马蹄香"，最难的是如何表现"香"。聪明的画家用一群蜜蜂围着马蹄飞舞暗示其香，便是用具体形象表示抽象意义的"会意"之法。如果用"象形"的观念去读这幅画，那么画意就成为"群蜂飞舞"而没有诗意了。对于会意字的本义，同样不能拘泥于形体本身的形象做死板的理解。我曾在另一篇文章中指出："以个别代表一般，以具体代表抽象的手法，是会意区别于象形的最根本特点。"（詹鄞鑫，1985）

在会意字中，特别容易混同于象形字的是独体会意字①。如大小的"大"，甲骨文像正面的人体形，以致有人认为"大字最初是人的意义，可能是大人的意义"，然后才引申为大小的大义（王力，1981:646）。其实，古人是用大人的形体来表示抽象的大义，因为世界上并不存在抽象的大物，既然甲骨文中大人与小孩的形象可以区分（小孩的形象是

①　"独体会意字"，《华夏考》一书改作"象事字"（裘锡圭称为"象物字式的象事字"）。

"子"),根据近取诸身的法则,不能不用具体的大人形来表示抽象的大义。"大"字在卜辞中的用例也证明"大"的本义是抽象性的。我们把这种由单个形象符号来表示抽象意义的文字称为"独体会意字"。

如果说,双重本义文字(基本上是形声字)还包含有具体性的造字本义的话,那么,以具体代表抽象的会意字就只有抽象性本义了。这类字也有很多,下面再举一些例证(见图2)。

图2

图2上栏是独体会意字,依次为:高,用高楼的形象表示抽象的高。屰(后来写作"逆"),用倒人的形象表示倒逆。左,用左手表示左面。右,用右手表示右面。冏(后来写作"炯"),用太阳表示光亮。力,用耒耜表示用力。屮(后来写作"有"),用牛头表示拥有财富,本义是拥有。中栏是准合体会意字,依次为:至,用箭头所至表示达到。之,用足趾离地表示往某处去。奠,用酒鼌奠置于地表示奠置祭品。下栏是合体会意字,依次为:取,用获取耳馘表示取得。得,用获得钱贝表示得到。薂(后来写作遘),用两鱼交遇表示遘遇。明,用日月表示光明。弃,用抛弃小孩表示抛弃。即,用就食表示靠近、往就。逐,用追逐野猪表示追逐。

这类例子多不胜举。我们之所以不承认它具有狭隘的具体性本义,一方面是会意字的表意功能不同于象形字和形声字,更主要的是早期文献(如卜辞金文)中它们都没有狭隘的用例。

（四）两类不同范畴的"具体抽象"对立

那么,由具体到抽象,难道不是词义引申的一条规律吗? 诚然,这是其中一条规律。不过,当我们这样说的时候,其实已经在暗中偷换了概念。原来,所谓"具体"与"抽象",本身就有两类不同范畴的意义。让我们先从一则纠缠谈起。陈原同志(1983:99)在《社会语言学》这部很有哲理的著作中指出,在"我不穿衣服"这句话中,"衣服"是抽象的意义。衣服相对于上衣、外衣、夹克、背心等是概括性名词,抽象名词。可是有人却认为,"概括性名词未必都是抽象名词。例如'人'不是抽象名词,它虽然是从男人、女人、老年人、青年人等等概括出来的,可是人是可以看得见摸得到的实体而不是属性,所以'人'这个词是具体名词。同样,'衣服'也是具体名词,不能说是抽象名词"。并指责陈原"把概括性名词和抽象名词混为一谈"(王宗炎,1984:33—34)。其实,陈原是从哲学的意义来谈"抽象",而批评者则是从通俗的意义——人的感觉是否"看得见摸得着"来衡量具体抽象。两者说的不是一回事。

哲学意义的抽象与具体,是共性与个性,一般与个别的关系:个性包含共性,共性寓于个性之中。所谓"具体"就是丰富多彩的个别的事物,所谓"抽象"就是从一批个别事物中,撇开其非本质属性,抽出共同属性的事物的总体。而且,"抽象"和"具体"又是相对的。如"开端"义相对于"时间的开端""空间的开端"等具体义即是抽象义;而"时间的开端"相对于"一天之始""一年之始""一生之始","空间的开端"相对于"水源""线头""跑道起点"等,又成为抽象义。但我们日常讲的抽象与具体,就不是共性与个性、一般与个别的相对关系,而仅仅把身体能感觉到的东西如人、衣服等当作具体义,身体无法感觉的东西如美恶仁义等当作抽象义。不过，通俗意义的抽象具体观是不严密的。有些概念如天、电子、氧气、鬼等，都看不见摸不着，似乎是抽象义，又似乎是具体义。

本文所论的抽象义与具体义，是从哲学意义讲的。至于所谓由具体到抽象的词义引申规律，其"抽象具体"却是从通俗意义讲的。如"道"字本义为道路，引申为途径，又引申为"大道之行也，天下为公"的"道"；"防"的本义为堤防，引申为提防；"首"的本义为人头，引申为开端；"派"的本义为支流，引申为流派；等等，都是由具体义引申为抽象义。但这种具体义与抽象义的关系，不是一般与个别、共性与个性的相对关系，换言之，引申义通常不再包含原先的本义在内了。如"派"的流派义不再包含支流义，与"张"的张大义包含张弓义的情形是不同的。由此可见，双重本义现象中所反映的抽象具体关系，跟词义引申"由具体到抽象"现象中的抽象具体关系，是不同范畴的两类现象。明乎此，我们才可以避免把词义引申中"由具体到抽象"的规律用于解释双重本义之间的源流关系。

结　语

以上所论，是汉语研究和教学中积习难返的两个问题。限于篇幅，有些地方还未能展开讨论。论述时涉及的具体例证或个别提法也许还可以推敲，但提出的问题则是值得注意的。

参考文献

陈原,1983,《社会语言学》,上海:学林出版社。

岛邦男,1977,《殷墟卜辞综类》,东京:汲古书院。

傅东华,1964,《字义的演变》,北京:北京出版社。

广东、广西、湖南、河南辞源修订组,商务印书馆编辑部(编),1979,《辞源(修
    订本)》,北京:商务印书馆。

陆宗达,1981,《说文解字通论》,北京:北京出版社。

钱剑夫,1982,《诗"田中有庐"解新探》,吴文祺(主编)《语言文字研究专辑
    (上)》,上海:上海古籍出版社。

王力(主编),1981,《古代汉语》,北京:中华书局。

王宗炎,1984,《评陈原〈社会语言学〉》,《读书》第 12 期。

詹鄞鑫,1985,《怎样根据字形探求本义》,《中文自学指导》第 3 期。

詹鄞鑫,2005,《联绵词与单字词音近义同现象的思考》,《浙江大学学报(人
    文社会科学版)》第 5 期。

《说文解字》与先秦文献词义*

宋永培

一、先秦文献词义是后代词义的源头

（一）先秦文献词义是有众多书面语言材料证明的最古而成系统的汉语词义

中国是有悠久历史和灿烂文化的国家。这种悠久历史与灿烂文化主要是靠文献典籍来记载的。我国现存的最早的文献典籍，是先秦时期的文献典籍。先秦指秦代以前的历史时期。从远古起，直到公元前221年秦始皇统一全中国为止。这段时期的文献典籍，我们现在能见到的，主要有"五经"和"诸子"。"五经"指《诗经》《尚书》《礼记》《周易》《春秋》五部儒家经典；"诸子"指《孔子》《孟子》《荀子》《墨子》《老子》《庄子》《韩非子》等春秋战国时期有影响的学派的代表著作。五经、诸子的内容，总的来说是记载先秦时期人们的生产、生活，经历的历史事件，风俗习惯、典章制度和思想观念的。五经、诸子是凭借什么东西来表述这些内容的呢？是用先秦时期特定历史阶段的语言词义。这种表述先秦时期历史文化内容的，至今保存在五经、诸子经籍文献中的词义，我们称为先秦文献词义，简称文献词义。

* 原文载于《青海师范大学学报(哲学社会科学版)》1992 年第 2 期。

　　先秦文献词义不是一般的历史词义，它是到今天为止我们所能见到的有众多书面材料证明的最古而又成系统的汉语词义。汉语词义的产生同汉民族历史文化的发生同样古老。在汉民族历史文化的发生期，汉语词义是怎样发生的，有什么特点，这些问题由于历史久远、史料丧失而无法做出确切的说明。我们考察古老的汉语词义主要凭借现存的古代典籍。我们凭借现存的最早的典籍得以考察古代最早的汉语词义。古代的汉语词义用以表述古代汉民族的历史文化。古代汉民族的历史文化内容是成系统的，表述这种历史文化内容的汉语词义也是成系统的。我们从地下出土古物上的文字符号固然可以取得某种证据，从而窥见古代历史文化的端倪；同时这些文字符号也有助于证实文献词义。但后世发现的古老的文字符号往往已是一鳞半爪，它们的形与义往往显得零碎，不成系统。而先秦文献词义却有明显的两大优点：一是它拥有众多的书面材料——主要是五经、诸子的丰富语料可资证明；二是这些词义构成体大思精的系统。如果我们以这两大优点作为衡量的标准，那么既有丰富的书面语料作证明，又具有严密系统性的词义，在汉语词义史上比较起来，其年代最古的，就应当推举先秦文献词义了。

　　先秦词义具有严密的系统性，不仅表现于单个词的词义系统，而且表现于众多的词相互联系、相互作用构成的词义系统。众多的词构成的词义系统是错综复杂的、体大思精的。这里先以"通"的词义系统为例，说明先秦文献词义的两大优点。

　　先秦文献中记录了"通"的早期语言词义，这种词义，是先民对草木春萌精细观察与领悟之后作出的。在当时人们的心目中，春雷震动、草木破土是新的一年中天地生机的开始。所以先民特意选取春日发动、草木萌生的形象特征来规定与使用"通"的词义。请看《说文》对于"屯"这个词义的解释：

屯,难也。象草木之初生,屯然而难。从中贯一。一,地也。
尾曲。(一下·中部)

"屯"的本义是难,具体指称草木萌生时出土艰难的形象。其萌芽
被土层压着,所以萌芽的尾部呈弯曲之状。这一意义在《周易》中是有
证明的。《屯》卦说:"屯,刚柔始交而难生。"《序卦传》说:"屯者,物之
始生也。"这是说天地交合而化生万物。万物化生以草木萌生为代表。
草木萌生是艰难的。这一意义在甲骨文中也可得到证明。甲骨文
"屯"的形体正像一枚萌发的子芽(高明,1980:296)。萌芽之所以屯
难,尾部之所以弯曲,是因为受到土层的阻塞,使得它不易冒头,因而
《尔雅·释诂》说:"阻,难也。"

面对土层重压,子芽萌生的基本方式是"彻通"。《说文》云:

彻,通也。(三下·支部)

"彻"的词义是指子芽"彻除"阻塞,开辟地层上接于天的孔道①。
故《说文》十四下"辰"的训释义下面徐铉说:"三月阳气成,草木生,上
彻于土。"在一下"中,草木之初生也,⋯⋯读若彻"的训释义下面徐铉
又说:"象草木萌芽通彻地上也。"子芽上彻于土,必须把土层打穿,这
就是"穿""疏""贯"。《说文》云:

穿,通也。从牙在穴中。(七下·穴部)

————————

① "彻"后来引申指"吃完饭后彻除酒席",又引申指"一般的除去"。

字形"从牙在穴中"的"穿",就是文献《诗·召南》"谁谓鼠无牙,何以穿我墉"之"穿",古人心目中,子芽破土,与鼠牙持续有力地"穿透"墙墉是相似的。

这一穿透土层的举动,也与"刻疏"的功效相同。《说文》云:

疏,通也。(十四下·厺部)

《说文》段注解释说:"疏为刻镂","疏,刻穿之也"。就是说,"疏"的词义是"刻镂"。必须沿着一个方向连贯着刻镂,阻塞才可能穿透。于是"通"就有了"连贯、贯穿"之义,"贯"本来包含着"穿"。《说文》云:

毌,穿物持之也。(七上·毌部)

包含"穿"义的"贯",本字是"毌"。子芽把由里到外的土层一气贯穿,土层阻碍就彻除了。可见与穿彻土层相联系的,是"推弃",由此活现出"春"深藏的原始义。《说文》云:

春,推也。从艸从日,草春时生也,屯声。(一下·艸部)

"春"的"推"义包含着"排挤摧折",这从《说文》以下训释可以看出:

推,排也。(十二上·手部)
排,挤也。(十二上·手部)

摧,挤也。(十二上·手部)

可见,萌芽是通过拼力排挤、摧折压在头上的土层才得以出世的。上古"春"之"推"义,正是指草木萌芽推弃土层而上出。甲骨文也可证明,甲骨文"春"字,即是子芽向日挺出之形(高明,1980:302)。

因此,萌芽彻除土层阻塞,开辟地下与天上连通的孔道,这是"通"的形象特征。这个形象特征凝聚了"通"的核心词义——经过内部除阻,连通对立的两个方面。这个核心义把"疏、穿、毌、彻、推、排、摧"等意义联系在一起,构成"通"的早期词义系统。

$$
通\begin{cases}疏(镂刻)\\穿(穿透)——毌(连贯)\\彻(彻除)——推(推弃)——排(排挤)——摧(摧折)\end{cases}
$$

图1　"通"的早期词义系统

以上对于先秦词义"通"的分析与综合表明,一方面,"通"的词义是成系统的,另一方面,这些词义有文献语言材料可以作为证明,例如《周易》《诗经》等,此外还有《尔雅》、甲骨文等。

不仅是"通"的单个词义,其他先秦词义也都有上文提到的两大优点。所以说,对于先秦文献词义不可等闲视之,先秦文献词义在汉语词义史上占有举足轻重的地位,它是有众多书面材料证明的最古而又成系统的汉语词义。

说先秦文献词义拥有众多的书面材料证明,是说明它可靠,信而有征;说先秦文献词义是有众多书面材料证明的最古的汉语词义,是强调它充当了汉语词义发展的源头;说先秦文献词义是有众多书面材料证明的最古而又成系统的汉语词义,是揭示它发挥源头作用的方式,它往往从整体规模上,成体系地、深刻地推动后代汉语词义的发展。连山千里,必尊主峰,汇水百川,当循正派。先秦文献词义,简直就是后代汉语词义尊崇的主峰和循行的正派,它潜移默化而又无处不在地影响着后代汉语词义的发展演变。

(二)先秦文献词义通过形象特征凝聚的核心义影响后代汉语词义的发展

先秦文献词义在汉语词义史上的地位是不可低估的。我们打比喻,说它像源头,像正派,像主峰,影响着后代汉语词义的发展演变。那么,它是怎样发挥这种作用的呢? 它是通过形象特征凝聚的核心义来发挥这种作用的。

先秦文献词义生动深刻地保存了中国早期语言词义记录、指称客观事物的方法与经验。我们的先民沉浸于特定的情境,采取整体连贯与具体实证的方法,通过对普遍联系的自然万象与人事百态的精心观察与领悟,把选取、加工过的客观事物的形象特征升华、积淀成为意义,贮存在词里面。形象特征不是客观事物的形象,而是古人对客观事物的形象有了感受、认识之后对形象进行选择、加工的结果。因此,形象特征是古人对客观事物形象的再造。这种再造包括三个内容:一是摹拟形象的外貌或特征,二是把情感注入形象,三是从形象中概括出概念。形象特征这三个内容综合、凝聚而成的意义,就构成词的核心部分,我们称为核心词义。词的核心义对词的其他相关意义起统率作用。经过形象特征的再造与核心义的凝聚,就产生了早期语言词义。中国早期语言词义和它们表述的历史事件、风习典制经过口口相传,后来记载到先秦文献里。

我们来看"通"的近义词"达"这个词义蕴含的形象特征。

萌芽在彻除土层阻塞之后,即以其锐利的锋芒迅疾、畅利地射出地面:

《诗·周颂·载芟》："驿驿其达。"毛传："达，射也。"正义："苗生达也，则射而出，故以达为射。"

"达"不仅指称萌芽出土的迅疾与畅利，也直接指称萌芽出土。这是表明它"已至"地面的结局的：

《诗·周颂·载芟》笺："达，出地也。"《诗集传》："达，出土也。"

"达"还包含"向上"义，因为萌芽出土是向上的。我们看到，《说文》中"达""出""上"这三个词义往往连用：

出，进也，象草木益滋，上出达也。（六下·出部）
乾，上出也。从乙。乙，物之达也。（十四下·乙部）
生，进也。象草木生出土上。（六下·生部）

"达"还包含"增大"义，因为草木从萌芽到出土，到继续向上滋长，其形体日益增大。《说文》与"出"相联系的"之"，即含有"增大"义。《说文》云：

之，出也，象草过中，枝茎益大有所之。（六下·之部）

根据以上分析，可知词义"达"蕴含的形象特征是"草木迅疾畅利到达地面并向上滋长、形体增大"，简称"草木上出"。

"通""达"的形象特征包含着古人对草木形象选取与加工的内容。

他们选取了草木萌芽弯曲未伸但锋芒锐利、精力盈满的形象,给草木形象注入了赞颂"生生之谓易"的情感。所以草木萌芽屯聚力量显得那样巧妙,彻除阻塞显得那样顽强,向上滋长显得那样欢畅。古人还赋予草木形象以"两分相合""天人合德"的观念。古人认为,草木萌发且破土而出,是两分而对立的天地双方重新整合的结果,如《礼记·月令》所说,孟春之月,"天气下降,地气上腾,天地和同,草木萌动"(阮元,1980:1356)。并且,萌芽在地下"通彻"时是有阻而除阻,草木来到地上时是无阻而"畅达",说明"通"与"达"是对立的。但"达"是从"通"中分化出来的,二者共同指称草木萌生出土的全过程,这说明二者又是统合的。因此"通""达"的关系是"两分相合"①。"两分相合"观念反映了古人对于天地、万物、人事正常的运行变化规律的认识,《易·系辞传上》的"易有太极,是生两仪""一阴一阳之谓道",正是对这种观念的表述。不仅如此,草木萌生的形象特征还显示了古人"天人合德"的观念。"天人合德"是"两分相合"观念在人与自然关系上的表现,古人认为,人虽然与天地分开了,但人应当"与天地合其德"(《易·乾》)。德是什么?"天地之大德曰生""日新之谓盛德"(《易·系辞传上》),德指称天地日新的生机。人只有与天地再度整合,才能畅行自身的生机与万物的生机,从而发挥积极的作用。古人将春草木的形象寄寓到"通"与"达"的词义中,意在反映人与万物初始状态的蓬勃生机。春草木有如此健行勃发的生机,是因为它顺应了天地间四时更迭的规律。这种顺应本属自然无为,但一当摹拟为"通""达"词义里的形象特征,即灌注了古人追求"天人合德"境界的观念。

---

　　① 《说文》"通,达也"段注:"'达'之训'行不相遇也','通'正相反。经传中'通''达'同训者,正乱亦训治、徂亦训存之理。""乱亦训治"之理指的就是"分而相合",即由一个整体分为对立的双方,之后双方又出现整合。

　　包含在"通""达"形象特征中的上述内容(选取形象、注入情感、赋予观念)经过综合,就凝结为"通""达"的核心词义。不难看出,"通"的核心词义是:经过内部除阻,连接对立的两个方面。"达"的核心词义是:畅利到达、上出。

　　认识先秦文献词义的存在与发展演变,就要始终抓住由形象特征凝聚而成的核心词义。核心词义既是联系这个词的相关意义的统率,又是这个词的意义发展演变的枢纽。

　　五经、诸子中的文献词义,较为系统地保存了中国早期语言词义蕴含的形象特征及其凝聚的核心义,从而成为影响后代汉语词义发展演变的源头。

　　后代汉语词义不断发生着体现各个时代内容的演变。这种演变往往可以从先秦文献词义中找到发生的源头与发展的脉络。这种演变词义与先秦文献词义是一脉相承的。

　　先秦文献词义是通过它保存的、由早期语言词义的形象特征凝聚的核心义来制约或影响后代词义的演变的。先秦词义在影响后代词义的发展演变时,并非只是对个别词义施加零散的、表面的影响,而是从整体规模上系统地、深刻地发挥制约或影响的作用。

　　现在举例来看,五经、诸子的文献词义中既有早期语言词义,也有春秋战国时代新产生的词义。新词义与早期词义是一脉相承的。拿《周礼》来说,它是东周时代的作品(金景芳,1984),它记录了东周时代由早期词义演变出的新词义。我们以《周礼》对"通""达"这两个词的使用为例,看看其中出现了什么新义。

　　　　《秋官·司寇》:"掌邦国之通事。"(掌理两国之间往来沟通的事物。)疏:"言邦国通事,是两国交通之事。"

《秋官·司寇》:"以路节达诸四方。"(用路节使宾客畅行于四方。)

这两个例句有代表性地反映了东周时代"通"与"达"词义的发展演变,第一个例句中,"通"的词义指经过道路的往返沟通两国之间的联系,第二个例句中,"达"的词义指在道路上畅行。《周礼》全书使用"通"这个词 16 次,其中指称经由道路以沟通双方者 14 次,占 88%。使用"达"这个词 38 次,其中指称道路畅行者 31 次,占 82%。这说明上述两个新义是"通""达"在东周时代发展出的主要的新义,"通""达"之所以产生这两个主要的新义,是因为东周时代保持周王室与各邦国间道路的畅达是维系周王室统治的明显要求,当时,"那些分散各地的封疆区域,相互间也常通声息,对周天子中央王室,亦常有往来,这里便需要不断的道路工程之修整。周王室便凭借着这几条通路,和几十处农业自给的军事据点,来维系它当时整个天下之统治"(钱穆,1988:48)。

除了上述"通"的主要的新义,《周礼》还记载了"通"的其他新义,例如:

《夏官·司马》:"通其财利。"注:通谓"懋迁其有无"。

这个"通"指流通,即在财利上互相沟通有无。

《天官·冢宰》:"内竖掌内外之通令。"注:"使童竖通内外之命。"

这个"通"指通报,即传送王者给内宫外宫的命令。

《春官·宗伯》:"作六辞,以通上下、亲疏、远近。"

这个"通"是联通各种关系。在联通每种关系时,也是对立的双方相互沟通。

"通"的以上几个新义,虽然所指各异,但其中都贯串着一个共同的意义,就是"经过内部除阻的过程,沟通两个对立的方面"这一核心义,这表明,这些有代表性的新义围绕着核心义构成了东周时代"通"的词义系统。而这个核心义是由早期词义"通"的形象特征凝结而成的,因此我们说,早期词义"通"的形象特征制约着"通"的词义在东周的发展演变,造成了"通"新的词义系统。

除了上面提到的"达"的主要的新义"在道路上畅行",《周礼》还记载了"达"的其他新义。例如:

《冬官·考工记》:"同间广二寻,深二仞,谓之浍,专达于川。"注:"谓浍直至于川复无所注入。"

这个"达"指浍中的水直接流到川中。

《秋官·司寇》:"虽道有难而不时,必达。"疏:"只由有难,故不时,云必达者,虽不时必达于所往之处也。"

这个"达"指到达目的地(终点)。

《天官·冢宰》:"七日达吏。"孙诒让《正义》:"小吏爵秩卑
微,有勤劳者,则亦察举之,俾通于上,故谓之达。"

这个"达"指把小吏推举到上面去。

《春官·宗伯》:"达声赢。"注:"达谓其形微大也,达则声有余
若大放也。"

这个"达"指钟的形体较大。

"达"的上述五个新义虽所指各异,但它们都受着早期词义"达"的
形象特征的制约,贯串着由这个形象特征凝聚的核心义。"达"的形象
特征是"草木迅疾畅利到达地面并向上滋长、形体增大",这个形象特
征凝聚的核心义是"畅利到达、上出"。第一、二、三个新义"道路畅行"
"水流畅利""到达终点"都包含着核心义"畅利到达"。第四个新义
"推举小吏"包含的核心义是"上出"。推举小吏是向上推举,使小吏冒
头,所以核心义是"上出"。第五个新义"钟形较大"包含的核心义也是
"上出"。我们探求"达"的形象特征时已说明,草木从萌芽到出土,到
继续向上滋长,其形体日益增大,所以"达"的核心义"上出"中已含有
"增大"义。

可见,"达"的有代表性的新义围绕着核心义构成了东周时代"达"
的词义系统:早期词义"达"的形象特征制约着"达"的词义在东周的发
展演变,造成了"达"新的词义系统。

根据上面的分析与综合,我们看到《周礼》中"通"的新义、"达"
的新义都是在"通"与"达"的早期词义的形象特征制约之下产生的,
这些新义都以形象特征凝聚的核心义为主干而构成了东周时代新的

词义系统。

早期词义的形象特征、核心义,把新产生出来的词义组织成了一个系统。所以这种制约作用是从整体规模上对新词义施加系统影响的。同时,这种影响一直渗透到新词义的深层,使词义牢固地嵌入了早期词义的形象特征凝聚的核心义,使词义的演变不能脱离形象特征涉及的范围,不能脱离核心义这个主干。所以这种制约作用是深刻的,不是表面化的。

还应看到,早期词义的形象特征凝聚的核心义对后代词义发展演变的影响不是局限于一个时代,而是贯通各个时代,其影响甚至涉及现代汉语词义,直到今天还发挥着作用。

我们仍以"通""达"词义为例来说明这个问题。"通"的核心义是"经过内部除阻的过程,沟通两个对立的方面"。这个核心义灌注到各个时代"通"的词义中,成为"通"新产生的意义的主干,无论是春秋战国时代《易·系辞上》的"通乎昼夜之道",《左传·昭公二十五年》的"通外内而去君",《孟子·滕文公下》的"通功易事,以羡补不足",还是汉代《报任安书》的"通古今之变",唐代《初学记》的"通天地",无不如此。

如果把"通"与"达"对照着看,那么这两个词的新义中贯串的核心义就显现得更加鲜明。"通""达"对照着使用时,"通"不但表示"沟通对立的双方",还强调"内部穿行、经由","达"不但表示"到达",还强调到达的程度"深",强调"达到变化的结果"。因为早期词义"达"的形象特征是草木上出,古人认为草木破土而出,是表明天地和同,是连通了深奥的天理、天机,所以"达"强调"到达的程度深";同时古人还认为地下的萌芽长成地上的草木,这是一个鲜明的变化,所以"达"强调"达到变化的结果"。例如:清代《红楼梦》第五回说:"可神通而不可语达。""神通"指"经由意念内部"或"在意念内部穿行";"语达"指"言语外在表述"或"用言语表达深奥的道理"。现代人的口头上,还流行着"通宵达旦""通情达理""通权达变"等成语。这里的"通"的对象都是对立的两个方面:宵与旦,情与理,权与变,"通"的具体意义为"经由"。"达旦"之"达",是向上到达。"达理"之"达",是深深到达。"达变"之"达"则是"达到变化的结果"。

二、《说文》是先秦文献词义的集大成

(一)《说文》是许慎对先秦词义的精审总结

先秦文献词义是后代汉语词义的源头,已如上所述。我们现在怎样了解与把握这些词义呢? 这有两个途径:一是直接地去学习、研究五经、诸子等先秦文献,全面地清理这些文献中的词义及其联系。二是深入地去学习、研究《说文解字》,采用整体贯通的方法把握其中贮存的词义及其系统。

经由这两条途径去了解、把握先秦文献词义都需要下很大的功夫,但是比较而言,前者因为文献典籍浩繁,其中的词义多为使用义①,意义之间的关系错综纷繁,要清理这种词义及其联系需要较多的人力分工协作,用长久的时间做大量精细的工作;而后者呢,由于许慎已经对先秦文献词义做了积分整理的工作,已经按照特定的条例把这种积分整理的结果贮藏到《说文》中,这样就创造了有利的条件,使我们的研究范围相对集中,把全书的 9353 文作为一个自成体系的整体来看待,

---

① 使用义指具体人的笔下或口中使用的意义。

便于我们提纲挈领、以简驭繁地研究与把握先秦文献词义及其系统。

我们之所以能够经由研究《说文》的途径去把握先秦文献词义及其系统，从根本上说是因为《说文》是许慎对先秦文献词义的精审总结，是先秦文献词义的集大成。

许慎博学、精研五经文献，学有本源，他编著《说文》具有丰厚深湛的文献基础。

其著《说文》的主要目标，是整理先秦文献词义。《说文·叙》指出："慎博问通人，考之于逵，作《说文解字》，六艺群书之诂皆训其意，而天地鬼神、山川草木、鸟兽昆虫、杂物奇怪、王制礼仪、世间人事莫不毕载。"可见《说文》的目标是整理、贮存包括五经、群书、通人说、方言在内的词义。其中，由五经、群书记载的先秦文献词义是主要的部分，其数量非常之多。《说文》解释词义时往往引用经典、群书、通人的说法与方言。有的标出了所引经典、群书、通人、方言区的名称，有的则不标出这些名称。《说文》在证义时标出了书名、人名、方言区名的有1304 个词条，其中引用西周至秦的典籍、方言的有1182 个，占证义词条的91%，引用《周易》《诗经》《尚书》《周礼》《左传》的有920 个，占70%①；而引用汉代的书籍、通人说的只有122 个，占9%。② 以上说明，《说文》整理的词义材料主要来源于先秦的文献典籍与方言口语，其中绝大多数来自《周易》《诗经》《尚书》等五种儒家经典。清代研究《说文》的专家做了大量精细的"以字考经""以经考字"的工作，现代也有人全面地做过《说文》"引经考""引群书考"的研究，都证明《说文》的绝大多数词义训释与"六艺群书之诂"是吻合的。

---

① 　此处数值按四舍五入应为71%，为尊重作者，保留原刊数值。——编者注
② 　限于篇幅，这里不能把证明、统计的具体内容与过程表述出来。

　　许慎整理文献词义的态度是十分精审的。对于不清楚的问题，在《说文》中就用"阙"来表示；对于无法解决的问题，则存而不论。解释词义力求信实可靠，有理有据。具体办法是：遵守旧文，博问通人。就是遵循经籍群书对词义的表述，并广泛地向博通的专家请教如何确定词义。许慎遵守的旧文，有《易》孟氏、《书》孔氏、《诗》毛氏、《礼·周官》、《春秋》左氏、《论语》、《孝经》等经典，还有《司马法》《春秋国语》《逸论语》《老子》《墨子》《史篇》《师旷》《尔雅》《逸周书》《孟子》《甘氏星经》《伊尹》《春秋公羊传》《楚辞》《仪礼》《韩非》《吕不韦》《传》《方言》《山海经》《礼记》等群书①。许慎博问的"通人"，共二十七家，有董仲舒、司马相如、京房、欧阳乔、桑钦、刘向、刘歆、爰礼、扬雄、宋弘、杜林、贾侍中（逵）、班固、傅毅、卫宏、徐巡、张林、王育、谭长、官溥、尹彤、黄颢、庄都、张彻、周盛、宁严、逯安，为汉代人。《说文》依据的经典、群书是对生动丰富的先秦词义的书面记载，而引用的"通人说"则是对生动丰富的先秦词义②的口头记载。此外，许慎还考察方言俗语，以进一步收集、确定先秦词义的解释。有一部分先秦词义是流传、保留于方言和俗语之中的，方言俗语中的词义是先秦词义的分支或补充。

（二）《说文》包容先秦文献足够的词汇量

　　先秦时期的语言词汇以单音词为主。《说文》中也是单音词占绝大多数。根据考证与统计，《说文》9353 文之中有单音词 8834 个。先秦经典文献中的单音词，就每本书来统计（不重复），《论语》有 1513个，《周易》1596 个，《周礼》1628 个，《孟子》1960 个，《尚书》1965 个，《诗经》2939 个。《春秋左传》虽为鸿篇巨制，也只收 4066 个，尚不及

---

① 　根据考证，以上书籍均成于周秦时期。
② 　也包括少量秦汉时代的词义。

《说文》的一半。被誉为"训诂渊海"的《尔雅》,不过 3332 个,占《说文》三分之一多。

可见,就词汇量而言,《说文》大大超过任何一部先秦经典文献,包容了先秦文献足够的词汇量。

《说文》精审地总结了先秦文献词义,并且包容了先秦经典文献足够的词汇量,因此我们说,《说文》确实是先秦文献词义的集大成。

参考文献

高明(编),1980,《古文字类编》,北京:中华书局。

金景芳,1984,《周礼》,《文史知识》编辑部(编)《经书浅谈》,北京:中华书局。

钱穆,1988,《中国文化史导论》,上海:上海三联书店。

阮元(校刻),1980,《十三经注疏》,北京:中华书局。

论《说文》中单个词的词义系统*

宋永培

经由东汉许慎对形成于春秋战国时期的儒家经典和有影响学派的代表著作中的汉语词义，以及行用于先秦至秦汉间各地的方言中的词义，以及流传、保留于汉代的通人口头的先秦、秦汉之际的词义进行精审的总结，《说文》记载的先秦汉语词义贮存了先秦时期的人们对自然、人事、思维的深刻、系统的体验与认识，记录了先秦时期的汉语词义系统。这是代表了汉语词义发生源头的体大思精、博综融贯的先秦汉语词义系统。这个词义大系统由成百上千、成千累万个相互联系、相互作用的单个词的词义系统交织而成。这个词义大系统的各个部分以及各个部分相互联系与作用的纽带和机制是血肉不分、息息相通的。它的宏大精微和复杂多变使得人们很不容易用形式化的方法去拆卸与表现它。但是为了适合于表述，我们这里沿用人们较为习惯和易于了解的方式来指称与说明这个词义大系统的两种基本样式。第一种基本样式是单个词的词义系统，第二种样式是众多的单个词的词义系统交织而成的词义系统。第二种样式的词义系统包容第一种样式的词义系统。为了便于区别和称说，我们把第一种样式的词义系统就叫作词义

＊ 原文载于 1994 年河南人民出版社《〈说文解字〉与文献词义学》，题作《〈说文解字〉与多义词的本义、引申义》，又分别刊于 1994 年《川东学刊》第 4 期和 1995 年《河北大学学报（哲学社会科学版）》第 3 期；后收于 2001 年巴蜀书社《〈说文〉与上古汉语词义研究》，题名仍作《〈说文解字〉与多义词的本义、引申义》。今以 1995 年论文版为据。

系统,而把第二种样式的词义系统叫作意义体系。

在单个词的词义系统中,词的本义起着统率的作用。这时,本义既是由它发展出来的其他词义的起点,又是围绕在它周围的其他词义的核心。在先秦文献及其注疏中,在《说文》中,本义是与本字、笔意密切相关的。本字是本义的书面形式,笔意是凝结与表达本字和本义之间表里一致的关系的存在方式。《说文》不但记录了单个词的词义系统,而且为人们探求这种词义系统提供了一系列重要的线索与条件。这主要是:在确定词义时从本义出发,在分析字形时从本字出发,在阐释本义与本字的关系时从笔意的解说出发。这是《说文》"义例精密"在记录单个词的词义系统上的鲜明体现。那么,《说文》怎样为人们探求词义系统提供一系列线索的呢?《说文》使用的根本方法是:结合着全书中与被解释的词有联系的众多的词来解说本义与本字的统一,同时引用大量的语言材料来证明。

一、运用全书众多的词的联系来解说本义与本字的统一

先秦时期汉语中的每个词,其词义绝大多数是多义的。在多个义项中,有本义,有引申义。本义是文献语言材料能够证明的最早的词义。引申义是沿着本义决定的方向,朝相关的方向延伸而产生的新词义。总的来看,《说文》是记载先秦时期汉语词的本义的书。字词下面列举的意义,大多数是词的本义。所谓"大多数",是说有少部分词条下面列举的意义不是词的本义。这些,都是可以通过引证文献语言材料,通过考察全书词义的相互关系,来加以说明的。正如江沅所说:"许书之要,在明本字之本义而已。"(《说文解字注后叙》)而记录本义

的字形是本字。本字是直接为语言中的某个词所造的字,它以这个词的本义为造型依据。本义与本字是吻合的、统一的。认识这种吻合与统一,需要分析笔意。笔意是最早的造字意图,这种造字意图产生与固定下来时,就已把本义与本字熔铸在一起了。因此可以说,笔意是表明本义、本字统一的手段,我们今天来认识本义与本字,要经由解说笔意这个途径。《说文·叙》指出:对于早期文字,"厥意可得而说"(许慎,1963:315)。《颜氏家训》也指出:《说文》"隐括有条例,剖析穷根源,……若不信其说,则冥冥不知一点一画有何意焉"。这两段话中,"说"和"意"都是连在一起的,"说意"就是解说笔意,这是认识本义与本字相互统一,也就是认识早期汉字词义的内容与形式相互统一的桥梁。

　　通过解说笔意来认识《说文》中词的本义与本字的统一,这是以往人们采用的方法,而由近代的文字训诂名家黄侃做了总结。黄侃说:

> 《说文》之作,至为谨慎。《叙》称博考通人,至于小大,是其所说皆有来历。今观每字说解,俱极谨严。如"示"云:"天垂象,见吉凶,所以示人也。从二。三垂,日月星也。观乎天文,以察时变,示神事也。"示,合体指事字,为托物以寄事,故言天垂象,见吉凶,所以示人也。如不说"天",则"二"无根据,不说"垂象",则"三垂"无所系,言"示神事",为在下凡从示之字安根。……凡说解中从字必与其形相应,字不虚设。(《训诂学讲词》)

　　黄侃以解说"示"这个词的笔意为例,具体论证了《说文》中词的本义与本字的统一。"示"的本义是:上天通过显示天象,来表现出或吉或凶的征候,以便给人们看。"示"的本字是"示"这样一个合体指事字。怎样说明它的本义、本字是统一的呢？这就需要分析"示"的笔意，也就是看"示"有哪些笔画，这些笔画是怎样结合的，当初这些笔画及笔画之间的结合体现了古人什么样的意图。"示"的本字是由"二"和"⺮"这两部分笔画组成的，"二"是古代的"上"字，"⺮"指称日、月、星。"二"与"⺮"结合为"示"是要表达这样的意图：在上面的天通过日、月、星的排布构成某种天象，以便表现出吉凶的征候给人看。这就是"示"的本义。可见本字与本义是紧密吻合在一起的。笔意正是凝结与表达这种吻合与统一的方式。我们是通过分析字词的笔意，也就是分析古人造出这些笔画并把几种笔画结合起来究竟是什么意图，来认识本字与本义的统一的。

古人造字的意图已经成为历史。后人在考察古人造字的意图时，由于受到时间久远、笔画改窜、文献丧失、观念变化的影响与限制，这种考察往往不易确切，甚至容易出错。为了避免错谬，克服局限，许慎对于字词的形、义的表述、来历和依据做了长时期的、大量的精细而切实的调查研究工作，具体表现为核证文献、博访通人、查证方言。因而段玉裁在注《说文》时常说："许氏必有所本。"黄侃也指出："《说文》所说皆有来历。"由于许慎对先秦汉语字词的形与义的确定有他自己"五经无双"的丰厚学养作为根基，他对于形与义的考察经历了几十年的调研、比较和深思熟虑，下了极为浩繁、精细和切实的功夫，这样他就得到两个结果：一是众多汉语字词的形、义是彼此联系与会通的，二是这些形、义及其联系与会通都有大量翔实的语言材料①可作证明。这两个结果后来都展示于许慎笔下，融汇于《说文》全书中了。所以我们今天见到的《说文》，其中所载本义与本字的统一，不是局限在单独的或少

---

① 即群经、群书的证据，方言、通人的说法。

数的字词的表述上,而是贯串于全书成千累万个字词的密切联系上,就是说,全书绝大多数字词是直接间接地会通的,字词与字词之间往往是可以相互连接、补充、映衬和证明的。后人感悟到《说文》的这一最大优点与特色,就提出了对全书的字词及其形、义进行"参伍比较"的方法、"以许证许"的方法①。同时,《说文》在展示绝大多数字词直接间接地会通的时候,往往指明这有何种书籍,以哪家的说法为证,也就是引用文献的语言材料和口头的语言材料来证明。以上表明,《说文》对汉语字词的确定,都不是凭空臆说,都不是以今律古。

现在我们来看,《说文》在阐释某个词的本义与本字的统一,也就是解说其笔意时,是怎样做到:一,联系着全书中与这个词相关的其他词;二,引用语言材料来证明。

例如《说文》对"屯"这个词的解释:

屯,难也。象草木之初生,屯然而难。从中贯一。一,地也。尾曲。《易》曰:屯,刚柔始交而难生。(一下·屮部)

"屯"的本义是"难",特指草木之初生,屯然而难。"屯"的本字是由"从中贯一。一,地也。尾曲"的笔画构成。《说文》明确地引用《易》象传"屯,刚柔始交而难生"的话来解说"屯"的笔意,证明其本义与本字是统一的。"刚柔始交",是说天地阴阳相合孕生万物,就是说万物始生。这里,万物始生是用草木的萌芽刚刚出生来表示的。草木萌生要受到土层的压迫,万物始生要遇到很多阻碍,所以都很难。王筠(1987)指出:

---

① 见《说文》段注及清有阐释《说文》的著述。

凡草木之生，其根必直下。若根先曲，则生意不遂。唯其芽有
所碍，始有曲耳。而屯字曲其尾者，字本取难意。(《说文释例》)

可见，"屯"的笔画"从中贯一，尾曲"表述的意图是"芽有所碍"，有
"难意"。这也就表明，"屯"的本字贴切地表述了"屯"的本义，本字与
本义是统一的。

以上是《说文》引用《易》的语言材料来解说、证明"屯"的笔意、
"屯"的本义与本字的统一。

乙，象春草木冤曲而出。(十四下·乙部)

中，草木初生也。……读若彻。(一下·中部)

春，推也。从艸从日，草春时生也。屯声。(一下·艸部)

段玉裁说"乙，象春草木冤曲而出"，是表述"万物皆抽乙而出，物
之出土艰屯"(段玉裁，1981：740)。他还说：中"读若彻，彻，通也，义存
乎音"(段玉裁，1981：21)。又说："春"字形中的"屯字象草木之初生"，
"从艸，从日，屯声"是"会意兼形声"(段玉裁，1981：47)。出土艰难的
萌芽要彻除、推弃土层。这种彻除，就是段注所说的"中读若彻，义存
乎音"。这种推弃，就是段注所说的"会意兼形声"的"从艸，从日，屯
声"("春")表述的内容。

在《说文》里，既有"屯"下称引《易》的语言证明"屯"的本字与本
义统一，又有与"屯"相关的"乙""中""春"的说解从其他方面印证
"屯"的本字与本义统一。这使我们看到，《说文》确定本义，解说笔意，
是在提供语言材料的证明的前提下，把全书的字词作为一个整体来看
待，在词与词相互联系中解说本义与本字的统一的。

　　这种基于语言材料证明并从词的相互关系来确定本义、解说笔意的方式，在《说文》全书中是随处可见的。例如对"乳"的本义和笔意的说明：

> 乳，人及鸟生子曰乳，兽曰产。从孚从乙。乙者玄鸟。《明堂月令》：玄鸟至之日祠于高禖以请子。故乳从乙。请子必以乙至之日者，乙，春分来，秋分去，开生之候鸟，帝少昊司分之官也。（十二上·乚部）

　　"乳"的本义为"人及鸟生子"。其本字为"从孚从乙"。《说文》引用《礼记·月令》的一段话"玄鸟至之日祠于高禖以请子"来解说"乳"的本字"从孚从乙"的意图。为什么要"从乙"呢？因为乙是玄鸟。《月令》注："玄鸟，燕也。燕以施生时来，巢人堂宇而孚乳，嫁娶之象也。媒氏之官以为候。高辛氏之世，玄鸟遗卵，娀简吞之而生契。后王以为媒官嘉祥，而立其祠焉。变媒言禖，神之也。"（阮元，1980：1361）燕子春天飞来，在人们的房舍堂宇筑巢孵蛋养子，古人认为这是嫁娶的象征。传说高辛氏那个时代，汤的先祖有娀氏之女名叫简狄的，吞食燕子的蛋而生了契。后王为此而建立了高禖祠。此后人们希望生孩子时，就在燕子飞来的春分日到高禖去祭祀。所以"人及鸟生子"这一个本义，就用"乳"来记录。"乳"字从乙的意图，是表明生养后代。

　　《说文》是以引征《礼记·月令》的文献语言材料为前提来解说"乳"的造字意图的。但它不是孤立地用"乳"的本字来解释其本义。它在确定全书中与"乳"相关的其他词的本义时，一再地解释或涉及"乳"的本字与本义。例如：

孔,通也。从乙从子。乙,请子之候鸟也。乙至而得之,嘉美之也。(十二上·乙部)

字,乳也。从子在宀下,子亦声。(十四下·子部)

孚,卵孚也。从爪从子。一曰信也。古文孚从古文保(三下·爪部)。徐锴曰:鸟之孚卵皆如其期,不失信也。鸟抱恒以爪反覆其卵也。(就是说,鸟孵蛋是有一定日期的,从不失信。鸟孵蛋的时候常常用爪子把蛋翻来翻去。所以"孚"的本字是"从爪从子"。)

保,养也。从人从孚省。(八上·人部)

与"乳"的本义和本字相关的词,有"孔""字""孚""保"等。《说文》在解释这些词时都解说或涉及了"乳"的形义。"孔"的本字"从乙从子",其本义"孔通"即"乙至而得子",就是春分日燕子来时,夫妻到高禖祭祀之后两两相合而得子。所以段玉裁说"孔通"的意义同于毛传的"孔,甚也"。而"甚",《说文》确定的本义是"尤安乐也"。就是指夫妻经过请子的祭祀仪式后,安乐相合而得子。"夫妻相通,相合而得子"与"乳"的"生养孩子"是先后连续、彼此统一的两个意义,所以"孔"与"乳"的本义、本字是密切相关的。

"字"的本字与"乳"小有区别,它是强调"在宀下""生养孩子",因而本义就是"乳"。可见"字"的本义、本字也与"乳"密切相关。

"孚"的本字是构成"乳"的本字的一个部分。"孚"的本义是"卵孚",另一义是"信",都是具体地说明"乳"(生养孩子)的方式与特点的:方式是"以爪反覆其卵",特点是"信,皆如其期"。所以"孚"的本字、本义也与"乳"密切相关。

"保"的本字中有简省了笔画的"孚",也就是"乳"字的一个组成部分。"保"的本义指"孩子的生养",特指"提抱孩子",它表示"孩子生养"的一种方式、一个阶段。所以"保"的本字、本义也与"乳"密切相关。

由此可以看到《说文》分析词的本字,确定词的本义是多么谨严、周详。它提供了语言材料的证明,作为解说词的本字和本义统一的依托。它解说词的本字和本义统一时不是就字论字,就词论词,不是仅仅凭借孤证,而是在全书的范围内展示诸多的证据,对于与某词相关的其他的词,它在解说的时候都要涉及这个词的本义与本字,这样就有联系地从多个角度重申与印证了这个词的本义与本字的统一。

许慎这种确定本义、本字的方法和表述本义、本字的方式,既简略又周严。因为他抓住了最根本最重要的两条:一是语言材料的证实,二是词义整体联系的印证。这样就从总体上确保了《说文》所载先秦汉语词义的真实性、可靠性。

回顾与涵泳许慎这种既简略又周严的方法与方式,对照今天研究汉语字词本义的许多人的做法,不禁感慨系之。许慎确定本义、本字的方法和表述本义、本字的方式是在两千年前做出的,而两千年后不少解说汉语字词本义的人,却从许慎的立场上来了个大倒退。在这些人的心目中,讲本义必须以分析字形为前提,所谓分析字形,就是自觉不自觉地从"我"出发,从现代的观念出发,苦心孤诣地捉摸一个字的形体究竟像个什么物体,象征什么意义。有的人对于同一个字形的解释,一会儿说像只碗碟,一会儿又说像个馅饼,而且硬要别人服从,真是霸道得离奇。这种人的字词研究不要语言材料的证明,也没有字词的相互联系的印证,纯然是毫无佐证的猜测与向壁虚造的臆说。这应当视作训诂学、文字学的末流,他们的做法与文字学、训诂学的宗师许慎开创与实行的正确的文字学、训诂学研究方式与方法,已没有丝毫共同之处了。

二、以本义为起点发展出多层多向的引申义列

在本义与本字的关系中,本义是重点,是主导的方面;因为本义是词的内容,本字是词的形式。在单个词的词义系统中,本义既是它发展出来的其他词义的起点,又是围绕在它周围的其他词义的核心。所以在本义和由它发展出来的其他词义的关系中,本义是重点,是主导的方面。

由本义发展出诸多新的词义。这种发展出新词义的方式、类型是多种多样的。古代汉民族发展新词义的主要方式和常见的类型是推演,就是词义循着某种联系不断地推导、递演。发展新词义的另一种方式和类型是总分,就是词义由总体向着它统摄的各个部分变化,发生分裂或分化。发展新词义的又一种方式和类型是交错,就是两个词义交叉重合时,它们的临界点或结合部独立出不成为新词义或者延展出新词义。发展新词义还有一种方式和类型是正反互补,也叫相反相成,就是一个词包含着或发展出两个相对、相反的意义,这往往由于人们对同一个事物、同一种变化选取不同的观察角度,怀着不同的感情,或者对于不同的发展过程抱着相同的看法。古代汉民族发展新词义还有别的方式与类型,但是较多地出现的是上述四种。以往人们说到发展出的词义,经常说的是引申义,也有说比喻义、假借义的。我们认为,引申的说法古已有之,而且引申就是指延伸、发展,这个说法在今天也用得很普遍,所以我们这里就用"引申"来指代由本义发展出的意义,它包括上面提到的本义发展新词义的多种方式、类型,诸如推演、总分、交错、正反互补等等。

汉语中单个的常用词,有许多在先秦时期已由本义发展出成系列的引申义。我们看到,一大批单个词的词义系统是以本义为起点、为核心的多层多向的引申义列。所谓多层,是指引申义列中可以分析出多个层次来,其中有距离本义近的词义,叫近引申义,有距离本义较远的引申义,叫远引由义。所谓多向,是指引申义列中的词义以本义为核心,朝着多个方向延展。引申义列的多层与多向是交织在一起的。有些单个词的本义发展出来的词义多而复杂,这样的引申义列就显现为多向之中有多层,多层之中有多向,整个引申义列犹如古木峥嵘,但见"枝枝相覆盖,叶叶相交通",分合勾连,异彩纷呈,郁郁然蔚为系统大观。

就总体上看,《说文》是记载词的本义的书。其中收载的单个词的词义,往往是这个词的本义,只有少数词义是该词的引申义。有些单个词的词之训释中包含几个义项,在大多数情况下第一个义项是该词的本义,第二个或第三个义项则是本义的引申义。如果不只是局限于分析单个词包含的几个义项的相互关系,而是着眼于分析众多的单个词与单个词在意义上的相互关系,就会发现,甲词的训释是它的本义,而乙词的训释却是甲的本义的引申义。《说文》的"旁见说解"中也不时记录着某些词的引申义。所谓"旁见说解",是指在其他词的训释中存在着与这个词的形、音、义相关的解释材料。人们发现,一些"旁见说解"或者保存着某个词的引申义,或者保存着揭示引申义的线索。以上情况,《说文解字注》分析了大量实例,并做了系统性的论说。

《说文》贮存了先秦时期汉语词义的系统。其中,一部分是单个词的词义系统,而绝大部分是由成千累万的单个词的本义相互联系、相互作用交织而成的意义体系。这说明,《说文》贮存的主要不是单个词的词义系统,而是众多的词的意义体系。

　　与《说文》中单个词的词义系统、众多的词的意义体系相互联系与照应的,是先秦时期的经书、群书中生动丰富的使用义构成的单个词的词义系统、众多的词的意义体系。经书、群书中的词义系统、意义体系与《说文》中的词义系统、意义体系之间存在着何种关系呢? 一般地说,前者是后者的基础,后者是前者的综合;具体地说,二者存在着复杂的互渗、互补的关系。就单个词的词义系统而言,经书、群书中的词义系统显得丰富、详尽,《说文》中的词义系统虽然显得凝练,却并不丰富。原因在于《说文》主要记载单个词的本义,而不是单个词的引申义。《说文》中的词义系统之所以显得凝练,是由于《说文》中的贮存义①是对经书、群书中的使用义进行精心整理与博综融贯的结果,是先秦词义的集大成,因而《说文》贮存义凝聚了经书、群书中的使用义的意义特点,从而可以贯通经书、群书中的使用义构成的词义系统。

　　我们对《说文》单个词的训释中包含的本义、引申义进行分析综合,对《说文》中相关的词的训释和旁见说解包含的本义、引申义进行分析综合,并且参照经书、群书中单个词的词义系统的启示,则可归纳整理出与经书、群书中的词义系统相联系的,《说文》中单个的词以本义为起点发展出的多层多向的引申义列。

　　引申义列的多层与多向受着本义的制约。具体说来,是由本义蕴含的形象特征以及形象特征凝聚的核心义决定的。形象特征是一个多侧面的整体,由形象特征凝聚而成的核心义也是一个包括多方面特点的整体。形象特征的多侧面集合在核心义的多方面的特点中,这些多方面的特点像基因、像血液那样活跃与灌注于本义的引申运动中,由此

———————
　　① 主要是本义。

而生发出多种层次多个方向的引申义列来。我们的先民怎样通过形象特征的再造与核心词义的凝聚而创造先秦汉语词义,这个问题在拙文《〈说文〉与先秦文献词义》中已经说明。在那里我们探求了《说文》所载"达"的先秦词义——由语言材料证明了的本义,以及"达"在东周《周礼》中发展出的引申义。至此可以把"达"的引申义列阐说和总结一下。

草木萌芽在彻除土层阻塞之后,即以其锐利的锋芒迅速、顺畅地射出地面。这个"迅速、顺畅射出地面"的词义,《诗经》毛传称为"达射",也就是畅利,《说文》二下根据为"逞,通也,楚谓疾行为逞"。

"达射、畅利、逞通"是表述萌芽出土的状态的。还有表述萌芽彻除土层阻塞的结果的词义,就是"出土",《说文》六下概括为"生,进也,象草木生出土上""出,进也,象草木益滋,上出达也"。在《诗集传》中,则表述为"达,出土也"。

由于萌芽出土的方向是朝上的,所以"达"还有"向上"义。这个意义我们是从"乾""出""生"(六下,十四下)三个词的联系中看出来的。《说文》训释这三个词时,"达"与"出""上"连用。

"达"还含有"增大"义,因为草木从萌芽出土,到继续向上滋长,其形体日益增大。《说文》中与"出"相联系的"之",即含有"增大"义(六下·之部)。

把上述词义归纳综合起来,可以看到"达"的本义是"草木出土",其形象特征是:"草木迅疾畅利到达地面并向上滋长、形体增大。"它凝聚的核心义是:"畅利到达、上出。"包含着这种形象特征与核心义的"达"的本义把由它发展出与贯串着的意义汇聚成一个系统。这些意义有:草木达射(畅利、逞通)、草木出土、草木向上、草木增大。画成平面图,就是:

图1

"达"的本义,到东周时代的《周礼》中有了一系列引申发展。"达"的本义是"草木萌生",到《周礼》中主要发展出的引申义是"道路畅行",具体指在周王室与四方邦国间畅行无阻。此外还发展出"水流畅利""到达终点""推举小吏""钟形较大"等引申义。这五个新发展出的引申义,都是由"达"的本义"草木萌生"中包含的形象特征及其核心义决定的。可见"达"发展出的引申义围绕着本义包含的核心义形成了新的词义系统。画成平面图,就是:

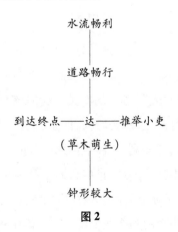

图2

"达"的上述两个词义系统是两个内容不同的引申义列,因为它们的具体所指不能等同。但二者又是相通的,因为它们都受着"达"的早期词义(本义)包含的形象特征与核心义的制约。从本源上说,"达"的本义促成了这两个词义系统的形成,造成了这两个词义系统的联系。画出它们相互联系的平面图,就是:

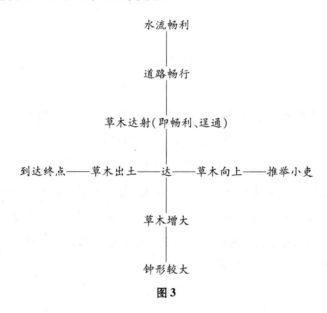

图3

"达"的两个引申义列是相通的,所以画出它们相互联系的平面图后,更能明显看出这两个引申义列其实是一个多向、多层的引申义列。它沿着四个方向引申,表明"达"的本义包含的核心义中有四个不同的特点:一是畅利,二是向上,三是增大,四是到达。在四个方向中,最多的层次是三层,即包含"畅利"义特点的那个方向上的三层。

探求本义与引申义的关系,直接目的不是要考察它们历时的源流关系,而是在同一个平面上寻找它们在形象特征、在逻辑事理上有什么联系。把形象特征包含的多个侧面综合、凝聚为包括几方面特点的核心义,这一综合、凝聚正是分析、归纳本义、引申义之间存在何种逻辑事理的关系。

但是,先秦词义(本义)对后代词义的发展演变往往发挥着重要的制约作用,它是从整体规模上对后代词义的发展施加系统而深刻的影响的。就是说,由于形象特征与核心义的影响,先秦词义形成了系统,后代引申发展出的词义也形成了系统。这两种系统是彼此沟通的。形象特征与核心义制约着系统中的每个词义,而且一直影响到每个词义的深层。单词的词义系统也就是单词的本义造成的引申义列。因而单个词的本义包含的形象特征与核心义既造成了先秦词义的引申义列,也造成了后代发展出的词义的引申义列。当我们把先秦词义的引申义列同后代发展出的引申义列加以比照的时候,就会发现,这两个分期(或时代)的引申义列之间,也就是两个分期(或时代)的词义系统之间确实存在着历时的源流关系。这种历时的源流关系反映出先秦词义系统发展出后代词义系统的关系。这与上文提到的“先秦词义是从整体规模上对后代词义的发展施加系统的影响”这个说法是相一致的。现在,我们把前面所画的两个不同分期(或时代)的词义系统彼此沟通的平面图改画为立体图,则更能显豁地体现出具有历时的源流关系的两个引申义列之间存在的早期词义系统发展出后期词义系统的关系,以及由互有联系的两个引申义列构成一个多向、多层的引申义列后,这个义列内部整体贯通的关系,见下图4。

图中,达$_1$那个平面涉及的四个义项构成“达”的早期词义系统,达$_2$那个平面涉及的五个义项构成“达”在东周《周礼》中的词义系统。达$_1$的平面通过竖轴贯通达$_2$的平面。竖轴代表“达”的本义包含的形象特征与核心义,表明形象特征与核心义像主干一样联通了两个不同分期(或时代)的词义系统。两个平面的义项做到了上下两两对应,表明不同分期(或时代)的两个词义系统是按照相同的词义核心发生贯通联系的,从而表明两个词义系统具有历史的源流关系。

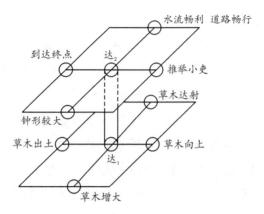

图4

参考文献

阮元(校刻),1980,《十三经注疏》,北京:中华书局。

王筠(撰),1987,《说文释例》,北京:中华书局。

许慎(撰),段玉裁(注),1981,《说文解字注》,上海:上海古籍出版社。

许慎(撰),1963,《说文解字》,北京:中华书局。

谈词的核心义*

张联荣

本文主要讨论两个问题:什么是词的核心义,研究词的核心义有什么意义。

一

词的核心义,是就词的意义结构而言。分析多义词的意义关系,一般都要从本义说起,这当然很正确,因为不先从根儿里说,后长出的枝叶就说不清楚,不免还要发生本末倒置的事儿。不过,要理清一棵大树的枝枝杈杈,光说根儿,有时还嫌不够,因为有的枝叶离根儿太远,一时连不上,还需要说说树心儿,树心儿连着树根儿,也连着树枝。这就是说,对一个意义比较复杂的多义词来讲,要理清那么多意义的支派脉络,光认清本义还不够,还需要进一步分析这个多义词的意义核心,这就是下面要说的核心义。比如"发"这个词,其主要意义可以做如下分析:

(1)箭射出(引而不发):拉弓 + 使箭 + 离开

(2)发生,产生(发芽,发声):某种事物 + 脱离本体 + 出现

---

* 原文载于《语文研究》1995 年第 3 期。

(3)派遣,出发:有目的地＋派人＋离开;人有目的地＋离开

(4)打开(探囊发匮):使覆盖的部分＋离开

(5)启发(抽象意义,如发蒙):使蒙蔽思想的部分＋离开

(6)显现,表露(发扬):被蒙蔽的部分＋(向上)离开＋达于表面

(7)发散:原来聚集的东西(如气味)＋互相离开

(8)表达(发怒):言语、感情等＋离开(自身)＋显现

从上面的分析可以看到,发的各项意义之所以能够结合在一起,构成一个有机的整体,是因为有"离开"这样一条主线贯穿其中;换句话说,"离开"这样一个意义在"发"的整个词义结构中处于一种核心地位,其他意义都与之相联系,我们可以把"离开"称作发的核心义。

乘(chéng)这个词,依《辞海》所列,在古汉语中的主要意义有:

(1)坐,驾。《易·系辞下》:"服牛乘马。"

(2)登,升。《诗·七月》:"亟其乘屋。"

(3)趁,因。贾谊《过秦论》:"因利乘便。"

(4)欺凌。《国语·周语中》:"乘人,不义。"

(5)追逐。《汉书·陈汤传》:"吏士喜,大呼乘之。"

(6)战胜。《吕氏春秋·权勋》:"天下兵乘之。"

(7)防守。《史记·高祖本记》:"兴关内卒乘塞。"

登、升谓由低加于高物之上;坐、驾谓加于车马之上;趁、因谓在上有所凭借,多用于抽象意义;欺凌谓加于人之上。由加于其上又引申为战胜义。《盐铁论·非鞅》:"乘燕赵,陵齐楚。"乘、陵对文见义。由登城塞引申为防守,是一种转义。乘字作追逐讲当是假借义,本当作"趁"。唐玄应《一切经音义》卷十九:"趁,谓趁逐也。"《纂义》云:"关西以逐物为趁。"《广韵·震韵》:"趁,趁逐。"由此可以推知,乘的核心义是"加于上"。

放，《古汉语常用字字典》列有五项意义①：（1）驱逐，流放。（2）释放，解脱。（3）放纵，放任。（4）开放。（5）安放。比较分析可以确定，放的核心义为（自由）离散。使罪人自由离散为释放，人的思想言行自由扩散发展为放纵，植物的花蕾扩散开来②为开放③，操持的器物脱离操持者而置于一处为放置，用强力使人离移而置于四方僻远之地为放逐。《礼记·王制》："是故公家不畜刑人，大夫弗养，士遇之途，弗与言也。屏之四方，唯其所之，不及以政。"④放工亦称散工，山西晋中有的地方称放学作散学。《尚书·武成》："放牛于桃林之野。"此谓放牧，放还是散的意思。《释名·释天》："风，放也，气放散也。"放与散连用，更显示出这个词的核心义。

通常说词的引申义由词的本义引申而来，上面又说到多义词的一系列引申义与词的核心义密切相关，这样看来，词的核心义和本义都与引申义有关，事实也的确如此。不过，从理论上说，核心义和本义还是两个概念，严格地讲，二者并不相当。本义和引申义的关系，侧重于分析词义历时的变化；核心义和引申义的关系，是就两者在词义结构中的地位而言⑤，是一种共时的关系。就词和概念的关系而言，核心义集中体现人们对事物本质特征的认识，它和词的本义并不一定完全重合。

一些词汇学著作在谈到词的多向引申⑥时常举到"节"这个词。《说文》："节，竹约也。"本义是竹节，引申为木节、关节、时节、节奏、节操、法度、节约。木之约曰木节，骨之约曰骨节，时之约曰时节，音之约

---

① 仿照义除外。
② 与离散义相关。
③ 开也是扩展的意思。
④ 转引自杨树达《增订积微居小学金石论丛》卷一《释放》。
⑤ 核心义处于中心地位。
⑥ 又称辐射引申。

曰节奏,言行思想之约曰节操,制度之约曰法度,财务用度之约曰节约。归纳分析不难看出,节的核心义是约,照现在的话讲,就是分段限制。本义是竹约,核心义是约,两者不完全重合①。依《说文》,"缺"的本义是"器破",常见的引申义是缺点、败坏、缺少、空缺。本义是器破,核心义是残缺、不完整。间,本义是门缝,核心义是间隔,由此引申为中间、距离(空间的间隔)、嫌隙(人与人的间隔)、离间(使产生间隔)、更迭(有间隔不相连续)、空闲(时间上的间隔)。绩,本指绩麻。《诗·七月》:"八月载绩。"引申指功业(前后相继的事业)。《尔雅·释诂下》:"绩,业也。"《诗·大雅·文王有声》:"维禹之绩。"又引申指继承。《左传·昭公元年》:"子盍亦远绩禹功而大庇民乎?"由此可知,绩的核心义是接续。《尔雅·释诂上》:"绩,继也。"又《释诂下》:"绩,成也。"郝懿行义疏:"绩取缉续之名,与成实之义又近也。"从上面的例子可以看出,有些词的本义相对地讲比较具体,其内容由两部分构成:一是词义所指示的客观对象(事物、行为、性质、状态、关系等),如节中的竹、间中的门、发中的射、绩中的麻;二是词义所标示的对象的特征,如节中的约、目中的缝隙、发中的发②、绩中的续。从上面的例子还可以看出,认定一个多义词的核心义,主要考虑的是词所标示的对象的特征,而对这个词所指示的对象则往往含而不论。多义词的若干意义所指示的对象可以有种种不同,但由某种共同的特征把它们联系在一起,正是这种

---

① 张永言先生(1982:50)在谈到词义结构的共时分类时,把词义划分为中心意义和边缘义,并解释说:"有一些多义词,它们的各个引申义或转义都是从一个共同的语义中心发展出来的,这个语义中心就是所谓中心意义,各个引申义或转义对中心意义而言就是边缘意义。词义发展的这种方式叫作'辐射'式。"并以"头"为例进行了分析。对照本文的分析可以看出,"头"的中心义正相当于"节"的本义,和我们所说的核心义有所不同。如依我们的分析,头颅、脑袋是词义指示的对象(人体的一部分);而这个对象的特征是最顶端、最前端,统领人体的其他部分,这个特征才是构成核心义的基础。

② 《说文》:"发,射发也。"

特征构成了词的核心义的基础。

另有一些词,表述它们的本义时,只是说明对象的特征,并没有指明对象。如《说文》:"穷,尽也。""窘,迫也。""偏,颇也。"《广雅·释诂四》:"困,穷也。"《尔雅·释诂》:"谐,和也。"对这种情况,我们可以认为是词的本义和核心义的重合。上文说词的核心义不等于词的本义,是讲这两个概念对词义从不同角度进行的分类,在有一些词中,它们所包含的内容是一致的。

在对词义的某些分析中我们还可以发现,这里所说的核心义又被称作引申义。如上面提到的"乘",李孝定(1960:1934):"乘之本义为升为登,引申之为加其上。许训覆也,与加其上同意,字象人登木之形。"再比如"集",郭锡良先生主编《古代汉语·词的本义探求例》:"'集'字古今都有一个常用的意义,即'聚合'……但这不是它的本义,它的本义是'鸟群停在树上'……由一群鸟聚合在树上引申为一般事物的聚合,又引申为诗文的汇集。"这样的讲法,自然不能说错,但上文的分析已经告诉我们,许慎训乘为覆①,正点明了乘的核心义。集这个词,核心义正是聚合。《说文》:"集,群鸟在木上也。"简言之,集就是鸟之聚,聚是这个词所体现的概念的特征。通常说词义的发展是从具体到抽象,从个别到一般;如果从另一方面看,因为词的核心义舍弃了词所指示的具体对象,就更能够集中体现这个抽象和一般。概括和抽象是词义最重要的特点。词义的形成是一个抽象的过程,经过对客观事物的抽象,形成了词的本义;经过归纳,又将词所标示的事物的本质特征从其所指示的对象中分离出来,归结为它的核心义。从这个角度讲,核心义的确认是一种"二次抽象"的过程。

---

① 段注:"加其上曰乘。"

词的核心义与词的理据既有联系,又有区别。研究词的理据(也叫词的内部形式),其特点在于摆脱汉字字形的束缚,通过声音去寻求词所以得义的根据。这个根据,从另一个角度讲,就是某一民族的人在运用某一语音形式表现某一概念时所选取的特征。如"桌"这个词,汉族人着眼的特征是卓(高),同俄罗斯人、法国人、德国人着眼的特征就不一样(参见薄鸣,1961:42)。"宣"这个词(分析见下文),佟大概是它的"得名之由",也是它的核心义,这是理据和核心义的交叉重合。不过研究词的理据,注重的是声和义的贯通,目的在于寻求语源,并在此基础上揭示词与词之间的内在关系,从而建立起一种语言的词汇系统。研究词的核心义,注重的是寻求词义的主干和核心,揭示一个词内部义与义之间的内在关系,并在此基础上勾画出一个词的语义系统,并不一定要通过声音这个手段。所以,词的理据和它的核心义既有联系又有不同。雄,从公得声,杨树达先生认为"雄之受名盖以其大"(杨树达,1954:214;1955:30)。通过比较分析,我们可以认定雄的核心义为强有力,一般字典中列举的几个义项(雄鸡、雄性、威武雄壮、杰出的人物或国家)都与这个核心义相关。所谓"盖以其大"的"大",杨先生没有说明是力量之大,还是形体之大,如果是力量之大,那么就与雄的核心义相吻合了。

从上面的分析不难知道,确定词的核心义需要将词的本义和引申义综合起来加以归纳,经过一番挖掘的功夫,才能将其揭示出来,如上文所说,这是一个"二次抽象"的过程。从这个角度上讲,词的核心义是一种隐含义,也是一种深层义。当然,如上文谈到的那样,词的核心义也有和它的本义或引申义相重合的情况,但即使如此,也还需要做进一步的分析,才能确定这种重合点。

有些词,其核心义要"潜藏"得更深一些。

宣,《古汉语常用字字典》列举的义项是:(1)通,通达。(2)普遍。(3)公开。(4)泄漏,发泄。(5)宣扬,发扬。(6)宣布君主的诏谕。《说文》:"宣,天子宣室也。"《说文通训定声·乾部》:"当训大室也,与宽略同。"室是对象,大是特征。《经义述闻》卷六"谓我宣骄"条:"宣与广义相因。《易林·需之萃》曰:'大口宣舌。'《大有之蛊》曰:'大口宣唇。'又《小畜之噬嗑》'方啄广口',《井之恒》作'方啄宣口'。是宣为侈大之意。"宣的核心义当为宽大,侈大,用作动词,使范围扩大。《汉书·魏相传》:"奉职不修,不能宣广教化。"由此派生出一系列引申义。段玉裁注:"(宣)盖谓大室,如璧之大谓之瑄也……引申为布也、明也、遍也、通也、缓也、散也。"上面字典所列的六个义项,无不与此核心义相关联。

二

通过上面的分析不难看出,研究词的核心义对我们深入了解词义的系统性无疑有重要的意义。说深入了解,是因为研究一个意义复杂的多义词,一方面不能限于对各个义项的零碎的刻板的了解;另一方面,也不能满足于对本义和引申义的一般了解。如果能进一步把握住一个词的核心义,那么就像找到了一根红线,可以把各个零散的义项贯穿起来,使之成为一个完整的意义网络。

说,张永言等编《简明古汉语字典》列举的义项是:(1)谈,讲。(2)说明,解说。(3)告,告诉。(4)说法,主张。(5)理由。(6)文体的一种。《现代汉语词典》列举的第一义项是"用话来表达意思"。但从研究词义的角度看,这样的理解还嫌不够。"说"是一种口头运用语言的行为,需要进一步探究的是这种行为的特征。《说文》:"说,说释也。"段玉裁注:"说释者,开解之意。"《墨子·经上》:"说,所以明也。"
《广雅·释诂》:"解,说也。"王念孙疏证:"徐锴《通论》云:'悦犹说也,
解脱也,人心有郁结,能解释之也。'"《礼记·檀弓下》:"而天下其孰能
说之?"郑玄注:"说,犹解也。"《荀子·致士》:"诵说而不陵不犯,可以
为师。"杨倞注:"说谓解说。"《淮南子·俶真》:"辨者不能说也。"高诱
注:"说,释也。"在古汉语中,说的核心义当是解(解析,解释)。古书中
这样的例子可以举出不少。《汉书·外戚传》:"君知其解未?陈平曰:
'何解?'"颜师古注:"解犹解说其意。"《晋书·王戎传》:"张华善说史
汉。"典籍有《说文解字》,成语有郢书燕说。

　　主,核心义为中心。用作名词,指处于中心主导地位的人或事物。
《说文》:"眩,目无常主也。"谓视觉散乱,难以集中到一点。《尚书·武
成》:"(商王)为天下逋逃主,萃渊薮。"孔颖达疏:"主,魁首也。"常指
在一定范围内处于中心地位的人物:就天下或一国之范围讲,就是君
主;就卿大夫封邑的范围讲,大夫之臣称其大夫曰主;就一家的范围讲,
指家长,一家之主。就隶属关系言,指权力或财物的支配者,主人;就祭
祀言,指神主。《穀梁传·文公二年》:"丁丑,作僖公主。"范宁注:"为
僖公庙作主也。主,盖神所凭依。"用指事物,指处于中心地位的、主
要①的部分。主为中心,起决定作用,用作动词,基本义是主宰、掌握。
《玉篇》:"主,典也。"《左传·隐公三年》:"请子奉之,以主社稷。"中心
为一,主又有专义。《汉书·佞幸传》:"(淳于)长主往来通语东宫。"颜
师古注:"主犹专。"

　　"注"是主的滋生词(就字形说,注是形声兼会意字)。《说文》:
"注,灌也。"特征是水流集中。《周礼·天官·兽人》:"及弊田,令禽注

---

　　①　"主要"一词,"主"本指中心部分,"要"本指腰部,转指事物的主要部分。

于虞中。"贾公彦疏:"注,犹聚也。"双音词有注意、注目、注视,都反映了注的这一意义特征。

《说文》:"主,灯中火主也。"《玉篇》:"炷,灯炷也。"段玉裁认为主、炷是古今字。主字上面的一点,即火主。商承祚认为其甲骨文字形"象燔木为火"。李孝定(1960:1735)按:"主即今炷字初文,契文象燃木为炷,商说可从。"这样看来,主的本义当指灯芯,由此也可以证明它的核心义。

研究词义的发展有两方面的工作:(1)确定每个词在各个时期的意义。(2)研究各项意义产生和发展的情况。完成这两项任务,也有赖于对核心义的认识。族,《说文》释为"矢锋"(后作"镞")。《现代汉语词典》列的第一个义项是"家族"。把矢锋和家族联系起来是一件费周折的事。经分析,我们可以认为族的核心义是聚集、丛聚。《广雅·释诂三》:"族,聚也。"又《释言》:"族,凑也。"王念孙《疏证》卷三下:"族、凑、聚声并相近。"王力先生(1982:198)认为聚、族同源,举例丰富,可参阅。《字典》按语说:"古人聚族而居,故族、聚同源。"《周礼·秋官·朝士》:"禁慢朝、错立族谈者。"郑玄注:"族谈,违其位傅语也。"①贾公彦疏:"族,聚也。云违其位,解错立;傅亦聚也。聚语解族谈也。"《逸周书·程典》:"士不族居,不足以给官。"孔晁注:"族,犹群也。"

族的滋生词是簇。《正字通》:"簇,小竹丛生也。"丛聚一义沿用至今。

《说文》:"族,矢锋也。束之族族。"段玉裁注:"族族,聚貌。"《诗·鲁颂·泮水》:"束矢其搜。"毛传:"搜,众意也。""其搜"当即《说

---

① 《说文》:"傅,聚也。"

文》之"族族"。① 就本义言,箭镞的锋刃集中于一点,正与聚义相合。族的核心义既为聚合,故筋骨聚合处亦称族。② 施之于人,有血缘关系的人的聚合即为家族。

汉语中有些词,意义比较抽象,表述时也就比较困难(所谓难以言传),如能对这类词的核心义有一个认识,有助于比较准确清晰地把握它们的各项词义。豪,《说文》释为"鬣如笔管者",指豪猪身上长而硬的刺,意义很具体,但"豪迈""雄豪"这一类词就比较抽象。豪猪的刺,特征是刚硬而长(所谓"如笔管"),非一般兽毛可比。转指人,指才德出众者、豪杰。《鹖冠子·博选》:"德千人者谓之豪。"陆佃注:"此以兽之豪制名也。"又指豪帅或一方之有势力者,如土豪、豪族之类,所谓"里之贵者"③,均与豪刺之刚硬义有关。作修饰语用,则指强横有力,双音词有豪横、豪强、豪壮、豪夺等。有力则不为常格所拘束,又引申为豪迈、豪放。归纳上面的分析,可以确定豪的核心义是刚硬有力。

检,《说文》释为"书署",指封书题签。《急就篇》十三章:"简札检署椠牍家。"颜师古注:"检之言禁也。削木施于物上,所以禁闭之,使不得辄开露也。"《汉书·循吏传·黄霸》:"郡事皆以义法令检式,毋得擅为条教。"颜师古注:"检,局也。"检的核心义是限止。作名词用,引申指法度、法式。又引申指人的节操(言行的限止),双音词有行检。作动词用,限止、拘束,双音词有检束、检局、检制、失检等。又引申指以一定的规制查验,如检校,检核之类。从语源讲,从佥得声的一部分字有收束义。王力先生(1982:628)将敛、殓列为一组同源字,很是。杨

---

① 参看《说文解字义证》"族"字条。
② 《庄子·养生主》:"每至于族,吾见其难为,怵然为戒。"郭象注:"交错聚合为族。"
③ 《列子·杨朱》:"对乡豪称之,乡豪取而尝之。"张湛注:"乡豪,乡之贵者。"

树达先生《积微居小学述林》卷一："贾子《新书·道术》篇：'广较自敛谓之俭，反俭为侈。'此以敛释俭也。"证之上文，可知敛、殓、俭、检当同出一源。

把握词的核心义，有助于我们对古书中词义的准确理解。《世说新语·政事》有"陶公性检厉，勤于事"一句。对"检厉"一词，曾有文章加以讨论。顾久（1990）文中列举的不同解释有：（1）检厉盖谓综核之义。（2）仔细认真。（3）俭约严肃。（4）检，于事审核；厉，于人劝勉。新出版的《汉语大词典》（简称《大词典》）又释为方正严肃。文章认为以上几说不妥，应于"检"后点断，释检为检点。对这句话，刘孝标注引《晋阳秋》说："侃练核庶事，勤务稼穑，虽戎阵武上，皆劝厉之……性纤密好问，颇类赵广汉……侃勤而正，自强不息，又好督劝于人。"陶侃的"勤于事"，正是刘注的所谓"勤务稼穑""自强不息"；"检厉"的"厉"，正是刘注的"劝厉""督劝"。刘注所谓"性纤密好问，颇类赵广汉"一语，正是"检厉"一词中"检"的注脚。赵广汉其人，据《汉书》本传，"天性精于吏职"，其处事精细，他人效者莫能及。这样分析起来，检当指陶侃处事细密周详。如上所述，检的核心义为限止，由此引申为虑事的周严不疏漏。《颜氏家训·文章》："陈琳实号粗疏，繁钦性无检格。"检格与粗疏对文，可以看出它的详密周严义，按之陶书竹头木屑之事，正相吻合。比较上面的四种解释，第四说较贴近文意。

《老子》三十九章："天无以清，将恐裂；地无以宁，将恐发。"发，修订版《辞源》解释为震动，《汉语大字典》《汉语大词典》相同。本文开始谈到，发的核心义是离开。《老子》一文，第二句的"发"与第一句的"裂"相应，正是开裂的意思。诚然，就自然现象讲，地裂时伴有震动。但联系词的核心义，解释为开、开裂更为合适。

参考文献

薄鸣,1961,《谈词义和概念的关系问题》,《中国语文》第 8 期。

顾久,1990,《"陶公性检厉勤于事"解》,《古汉语研究》第 3 期。

李孝定(编述),1960,《甲骨文字集释》,台北:"中研院"历史语言研究所。

王力,1982,《同源字典》,北京:商务印书馆。

杨树达,1954,《积微居小学述林》,北京:中国科学院。

杨树达,1955,《积微居小学金石论丛(增订本)》,北京:科学出版社。

张永言,1982,《词汇学简论》,武汉:华中工学院出版社。

论汉语词汇的核心义*

——兼谈词典编纂的义项统系方法

王云路

  制约汉语词义发展的要素有两个:词的核心义和基本读音。核心义是由本义概括而来,贯穿于所有相关义项的核心部分,是词义的灵魂,制约词义的发展与演变。基本读音产生了语音磁场,前人所说的"因声求义"法就是在语音磁场制约下进行的。绝大多数义项的产生源于核心义,这里主要探讨汉语核心义的性质、作用、意义、推求方法以及核心义与同义词、同源词、常用词、后起新词的关系等问题,同时结合《汉语大词典》分析词语义项的统系方法。

一、关于核心义与核心义磁场

  古人说:"有智而无术,虽钻之不通;有百技而无一道,虽得之弗能守。"①黄侃说得更明白:"夫所谓学者,有系统条理,而可以因简驭繁之法也。明其理而得其法,虽字不能遍识,义不能遍晓,亦得谓之学。不得其理与法,虽字书罗胸,亦不得名学。"(黄焯、黄侃,1983:2)可见理

---

  * 原文载于2006年台北"中研院"语言学研究所《山高水长:丁邦新先生七秩寿庆论文集》,后又收于2011年中华书局《中古汉语论稿》。
  ① 《淮南子·诠言》语。

论方法之重要。许慎研究造字的规律,研究早期的用字和词义产生规律,在前人研究的基础上归纳了"六书",是可以统括早期汉字构成及使用的基本方法的,可以称之为"学"。汉语词义从"说文"时代发展到现在,发生了许多变化,这些变化是循着什么样的路线走的?清代学者王念孙、段玉裁都提出了形音义三者、六者互相求的研究方法,当今学者归纳了词义引申、相因生义、词义渗透或沾染等一系列词义变化规律,这些规律和方法用来解释某些已知词义之间的关系是行之有效的,但还有许多潜在的联系难以发掘。

古人说得好:"凡物之然也,必有故。而不知其故,虽当,与不知同,其卒必困。"①一个词发展出许多义项,这一组聚合成员肯定不是一盘散沙。那么有什么样的内在制约性与外在一致性?如何从认知心理上加以解释?词语之间联系的纽带是什么? 一系列同源词有什么样的特点和规律,其机制、动因是什么?

笔者以为,制约词义发展的要素有两个:词的核心义和基本读音②。

何谓"核心义"? 核心义不是本义,不是常用意义,而是由本义抽象概括而来,贯穿于所有相关义项的核心部分,是词义的灵魂。《管子·内业》说:"夫道者,所以充形也,而人不能固。其往不复,其来不舍。谋乎莫闻其音,卒乎乃在于心;冥冥乎不见其形,淫淫乎与我俱生。不见其形,不闻其声,而序其成,谓之道。"用古人所描写的"道"的特征和作用来比喻词汇核心义对诸多义项的作用,恐怕不为过。

---

① 《吕氏春秋·审己》。

② 当然使用过程中因为语言环境(也就是"相因生义"、"词义沾染"、词组或跨层结构的凝固等)产生的义项也是一个方面,这里不做讨论。

由这个核心义统摄的范围我们称之为核心义磁场。一般说来,一个词有一个核心义磁场。基本读音产生了一个语音磁场,前人所说的"因声求义"法就是在语音磁场制约下进行的。在这两个磁场的统摄下,可以囊括绝大多数义项,可以清楚说明义项产生的原因和联系。通假造成的义项毕竟有限,绝大多数义项的产生源于核心义,所以这里主要探讨核心义问题①。

为什么会产生"核心义"？就是基于先民对事物本质的认识,对事物之间本质联系的认识。古人具有缜密的推论方式②,具有辩证的思维观念,有所谓"道生一,一生二,二生三,三生万物"③,以及"相反相成""相辅相成"的主张。汉语语言学研究大致有句法学、构词学、音系学和语义学四方面,都受辩证思维的影响,而语义学最能体现古人的辩证思维精神。一个词有诸多义项,这些义项绝大部分受着深层辩证关系的支配,表面看来杂乱无章,其实都有着相互依赖的脉络联系,清晰而深刻。由合而分,是一分为二;由分而合,是合二为一。先民这种对自然、社会的认识也贯穿到词语意义的演变和发展中。

那么如何捕捉深藏着的核心义呢？以下试从核心义的性质、特

---

① 核心义或核心义磁场与现代语义学常说的"语义场"没有多少联系。当代常用的语义场指义位的聚合关系,比如亲属场由父亲、儿子、哥哥、叔叔、姨、奶奶、姑姑等组成。"亲属场"可按直系、旁系、父系、母系、婚姻、生育等义位关系分类,形成更小的语义场;也可以概括成更大的语义场,如动物场、植物场,加上微生物场可构成生物场等。所有大大小小的语义场构成一种语言的语义总场,不能再分的称为"最小子场"。所以这与笔者所讨论的一个词的核心义不属于同一范畴。

② 《韩非子·解老》:"凡物之有形者易裁也,易割也。何以论之? 有形,则有短长;有短长,则有小大;有小大,则有方圆;有方圆,则有坚脆;有坚脆,则有轻重;有轻重,则有白黑。短长、大小、方圆、坚脆、轻重、白黑之谓理。理定而物易割也。"是其例。

③ 见《老子》第四十二章。《淮南子·天文》的解释是:"道始于一,一而不生,故分而为阴阳,阴阳合和而万物生。"

点,核心义与同义词、同源词、常用词、后起新词的关系等方面举例说明。因为涉及词典编纂的相关问题,姑且以《汉语大词典》所引词语为例①。

二、核心义产生词义并制约义项发展

汉语词汇在运用和发展中遵循着古人的认识规律,体现着先民对事物之间关系的本质看法。所以,找出事物现象间的联系,就能够找出词义发展的脉络,这是研究词语的根本办法。而事物间的联系就是我们所说的核心义磁场。现今的语词研究已有了长足的进步,但仍多以单个词的解释为主,对词语之间的联系和义项间的制约关系缺乏深入分析,词典编纂工作还没有达到这一目标。

比如为什么称"副手""副主任""副司令"？为什么称"一副对联"而不是"一幅对联"？为什么称"一副担子"而不是"一付担子"？为什么可以说"名不副实"？我们翻看词典或其他语文工具书,不能找到合理的解释。

"副"字,《大词典》有两个读音。"fù"音下的词义排列是:1. 居第二位的;辅助的。2. 辅助。3. 书籍、文献等的复制本。4. 相称;符合。5. 假髻。古代贵族妇女头饰。6. 敷,流布。7. 交付,付与。8. 犹甫,方才。9. 量词。用于成对成套之物。10. 量词。用于面相表情等。11. 姓。"pì"音下的义项是:割裂,剖分。

这两个读音是什么关系？各个义项之间有什么联系？我们显然看

_____

① 《汉语大词典》是目前最完备的词典,这里无意于批评,只是希望更加完善。以下简称《大词典》。

不出来,也就无法回答前面提出的问题了。

笔者以为"副"字各义项间有两种联系脉络。一是从核心义发展而来,就是我们所说的语义磁场;一是从声音通假产生,就是我们所说的语音磁场。

《说文·刀部》:"副,判也。""副"的本义是以刀判物,就是用刀从中间把东西剖开①。一物剖为二物,就产生了相对应的两部分。这"两部分相对应"就是"副"的核心义,就是其他各个义项产生的根源。所以读音应当从"pì"而来②。试分析如下:

一物具有相对应两部分就用"副"计数,如"一副面孔""一副眼镜",面孔从鼻子中间看,是对应的两部分;眼镜从中间看,也是对应的两部分。眼泪通常是从双眼中流出来的③,故也称"副"。《宋书·刘怀慎传》:"又令医术人羊志哭殷氏,志亦呜咽。他日有问志:'卿那得此副急泪?'志时新丧爱姬,答曰:'我尔日自哭亡妾耳。'"是其例。

一物具有对应关系并可分开成两部分的也以"副"计数④,故有一副手套,一副对联,一副手镯,一副耳环,一副担子,一副象棋⑤。

两物具有对应关系,成套使用的,也以"副"计数。如衣服成套、被

---

① 就是《大词典》"pì"下的"割裂,剖分"。《大词典》的例证就足够证明了。《诗·大雅·生民》:"不坼不副,无菑无害。"陆德明释文:"副,孚逼反,《说文》云:分也。《字林》云:判也。"《礼记·曲礼上》:"为天子削瓜者,副之,巾以绤。"郑玄注:"副,析也。"《山海经·中山经》:"其祠泰逢、熏池、武罗,皆一牡羊副。"汪绂释:"䰝同。音劈。"

② 当然现在读音只能一仍其旧。

③ 常说"双泪流""双泪落"。如南朝宋乐府民歌《石城乐》:"布帆百余幅,环环在江津。执手双泪落,何时见欢还。"

④ 换言之,就是成双成对的物品的计数称"副",略等于"双"。段玉裁注《说文》"副"字曰:"副之则一物成二,因仍谓之副,因之凡分而合者皆谓之副。"

⑤ 象棋有对应的两方。

褥成套、鞋袜成套、马鞍马辔成套,都称"副"①。

具有主次大小之分的两物,或由一物衍生出的事物,就把居于次要位置的或衍生的事物称"副",表明是与主位(也就是正位)相对而言的。《史记·刺客列传·荆轲》:"乃令秦舞阳为副。"即令秦舞阳作荆轲的助手。与正王相对的是"副王",对主要负责人起助手作用的称"副手","副将""副官""副尉"都是各级主将的辅佐将领。现代汉语的"大副"也是此义②。

著作、书籍或文件正本衍生的复制本称"副本"。《史记·太史公自序》:"藏之名山,副在京师。"司马贞索隐:"言正本藏之书府,副本留京师也。"《汉书·魏相传》:"又故事诸上书者皆为二封,署其一曰副,领尚书者先发副封,所言不善,屏去不奏。"

妇女所用假髻是与真髻相对而言的,故也称"副"③。"副辂""副车",即皇帝的从车,是与皇帝所乘车相对而言的。姓氏"副吕氏"也是与吕氏相对而言的,后来简称"副"④。

两物具有对应关系,通常是一致的、吻合的。故吻合、相应、配合也称"副"。如"名实相副","盛名之下,其实难副"。《春秋繁露》卷十二《阴阳义》:"天亦有喜怒之气,哀乐之心,与人相副,以类合之,天人一也。"又卷十三《人副天数》:"天以终岁之数,成人之身,故小节三百六

---

① 而由此扩展,凡是成套使用的物品,无论这一套是两个还是两个以上,都可以以"副"计数了。比如"一副麻将""一副肚肠""全副武装"等。至于单个物品也有称"副"者,是类推的结果,是一种误用。久而久之,也习非成是了。

② 那么"二副""三副"如何解释?"大副""二副""三副"都是船长的助手,一主对三副的格局是后来繁衍和发展的结果。

③《诗·鄘风·君子偕老》:"君子偕老,副笄六珈。"毛传:"副者,后夫人之首饰,编发为之。笄,衡笄也。"郑玄笺:"副,既笄而加饰,如今步摇上饰。"都没有说明为什么称"副"。

④《广韵·宥韵》:"《后魏书》副吕氏,后改为副氏。""副吕氏"即吕氏助手。

十六,副日数也;大节十二分,副月数也;内有五脏,副五行数也;外有四肢,副四时数也;乍视乍瞑,副昼夜也;乍刚乍柔,副冬夏也;乍哀乍乐,副阴阳也;心有计虑,副度数也;行有伦理,副天地也;此皆暗虑着身,与人俱生,比而偶之,弇合。于其可数也,副数;不可数者,副类,皆当同而副天一也。”从这些例子中我们可以清楚地看出,必须有相对应的两物,才称“副”。《汉书·循吏传·龚遂》:“时遂年七十余,召见,形貌短小,宣帝望见,不副所闻,心内轻焉。”“不副所闻”谓所闻之貌与所见之貌不吻合。《全梁文》卷四十六陶弘景《授陆敬游十赍文》:“今故赍尔香炉一枚,熏陆副之,可以腾烟紫阁,昭感上司。”“熏陆副之”谓熏陆(香木名)与之相配。

以上是“副”字核心义磁场的三重关系:(1)为量词用法;(2)为名词或形容词用法;(3)为动词用法。各个义项间起主要系联作用的是“两部分(或两物)相关联”这一核心义。

而一个词语可能是不同层次含义的运用,同样需要分辨。这里举“自副”一词为例。

《大词典》“自副”的解释是“辅助自己”。《汉书·张汤传》:“(霍)光以朝无旧臣,白用安世为右将军光禄勋,以自副焉。”《三国志·吴书·孙坚传》裴注引《续汉书》:“卓虽惮俊,然贪其名重,乃表拜太仆以自副。”“自副”犹言当自己的副手,也就是辅助自己,配合自己。这是“副”(3)义的应用。

“自副”还有一个数量词的用法。《六韬·虎韬》:“垒门拒守,矛戟小橹十二具,绞车连弩自副。”《全三国文》卷一魏武帝曹操《上杂物疏》:“御物三十种:有纯金香炉一枚,下盘自副;贵人公主有纯银香炉四枚。”《搜神记》卷十六:“寻传教将一人,提幞衣,与充相问曰:‘姻缘始尔,别甚怅恨,今复致衣一袭,被褥自副。’”晋张敞《东宫旧事》:“皇太子纳妃,有漆龙头支髻枕一,银花镮钮自副。"《宋书·礼志》:"绛绯袍、皂缘中单衣领袖各一领,革带袷袴各一,舃、袜各一量,簪导饷自副。"《宋景文公笔记》卷下《治戒》:"右置米面二㪷,朝服一称,私服一称,靴履自副。"寻其义,这些"自副"当是与前文所述数量相对应、相一致,大多是一对或者一套的意思,因而是"副"(3)义的特殊应用。所以《大词典》对"自副"的解释还不够完备。

如果用水的波纹作比喻,则"相对应的两部分"就是一石激起的涟漪,层层扩展,靠近中心的是具有相对应两部分的一物,中间是具有对应关系的两物,最外层是具有对应关系的属性——吻合、相应。

通过以上分析,《大词典》所列 1、2、3、4、5、9、10、11 等义项都有了归宿,可谓井然有序。这就是核心义磁场的作用。至于6、7、8 三义,均与核心义无关,是有语音联系的通假字①。经过这样的梳理,十多个看似杂乱无章的义项就层次分明了。古人的逻辑思维和推理是相当谨严的,于此可见一斑。

如果汉语词典能从这个角度告诉读者一个词的核心义是什么,在此语义磁场中包含几个义项,这些义项间是什么关系,那词典的作用就大了,就称得上是一部真正科学意义上的语言学词典了,循着这个思路,读者自己就可以解释碰到的常用词语。我想这应当是汉语词典的发展方向,更是汉语词汇史研究者的努力方向。

---

① 6.数,流布,是"數"的假借字。7.交付,付与,是"付"的假借字。后来繁简字的转化使二者产生了混淆。"付"也假借为"數"。道理是一样的。8.犹甫,方才,是"甫"的假借字。

三、核心义磁场具有单一性

一个词有一个核心义,所以就只有一个核心义磁场。如果一个词的许多义项无法统括,就要考虑是否为两个不同的词,是否把两个核心义磁场混淆起来了。

我们举与"副"相关的"贰"字为例。

《大词典》"贰"的义项有十七个:1. 副手;副职。2. 辅佐。3. 增益;增添。4. 复制副本。5. 数词。"二"的大写。6. 再次,重复。7. 匹敌;比并。8. 不信任;怀疑。9. 不专一;怀有二心。10. 离异;分裂。11. 违背;背叛。12. 变易;变化。13. 犹业。事务。14. 通"腻"。污秽。15. 通"忒"。16. 古国名。17. 姓。这些义项无论如何分析,都无法在一个核心义磁场下统括。为什么呢? 原来这里把动词"副贰"的"贰"与数词"二"大写的"贰"这样两个形体相同而实质不同的字的义项混合到一起了。

"贰"与"副"本义相同,即一物分为二。《说文》:"贰,副益也。"段注:"当云副也,益也。"所以在表示"相对应的两部分"这一意义上,"贰"和"副"是一对同义词。《国语·晋语一》:"夫太子,君之贰也。"韦昭注:"贰,副也。"

根据前一节的分析,"贰"与"副"同义,是"副"的早期用法,则"贰"的核心义与"副"相同,其核心义磁场制约《大词典》中 1、2、4、7 这四个义项。这几个义项与"副"同。《孟子·万章下》:"舜尚见帝,帝馆甥于贰室。"赵岐注:"副宫也。"即与"正宫"相对。《礼记·王制》:"五十异粮,六十宿肉,七十贰膳,八十常珍。"孔颖达疏:"贰,副也;膳,善食也。恒令善食有储副,不使有阙也。"唐皮日休《刘枣强碑》:"武俊善骑射,载先生以贰乘,逞其艺于野。""贰乘"即副车。还有"贰相""贰官""贰郡"等,例略。所以《说文》"副"字段玉裁注:"周人言贰,汉人言副,古今语也。"

上一节已经讨论了"自副"一词,"自副贰"也表示"辅助(配合)自己"义。《魏书·僭晋司马睿传》:"敦乃转王导为司徒,自领扬州刺史,以兄含子应为武卫将军,以自副贰。"又《岛夷桓玄传》:"玄所亲仗,惟桓伟而已,先欲征还,以自副贰。"由此也可以证明"副""贰"同义①。

"贰"又是数词"二"的大写,这是另一字②。其本义是数目二③,核心义是非单一、不相同。相对于"一"而言,二是一的重复,故有"再次,重复"义;一是单一的,二是变化的,故有"变易;变化"义。《诗·卫风·氓》:"女也不爽,士贰其行。""贰其行"即行为不一致、不相同。《论语·雍也》:"有颜回者好学,不迁怒,不贰过。"邢昺疏:"不贰过者,有不善,未尝复行。"即不重复犯错。《左传·昭公十三年》:"贰偷之不暇。"杜预注:"不壹也。"《国语·越语上》:"无是贰言也。"④皆其义。

《大词典》8—11义项是依照"不相同"的程度而产生的抽象义,由浅入深,由轻渐重:起初是不信任,逐渐变成怀疑,后来离异,最后是背叛。《国语·晋语一》:"君立臣从,何贰之有?"《国语·晋语四》:"子盍蚤自贰焉。"韦昭注:"贰,犹别也。"《后汉书·光武帝纪上》:"自是始

---

① 但是《大词典》未收此词,当补。
② 而数词"二"所以选用"贰"作为其大写,恐怕也与一物剖而为二的"贰"义有直接联系。
③ 《易·系辞下》:"因贰以济民行,以明失得之报。"孔颖达疏:"贰,二也。谓吉凶二理。"
④ 现代汉语还有"没有贰话(或二话)",就是完全同意的意思,而"贰话"即指不相同的意见。

贰于更始。"李贤注："贰，离异也。"《宋史·刘爚传》："公道明，则人心自一，朝廷自尊，虽危可安也；公道废，则人心自贰，朝廷自轻，虽安易危也。"此例"人心自一"与"人心自贰"对应，可以看出"贰"与"一"相对，其含义显然。《明史·阉党传·贾继春》："庄烈帝即位，继春方督学南畿，知忠贤必败，……群小始自贰。""自贰"即"贰于己"，也就是背叛①。

而"13.犹业。事务"，不在这两个核心义磁场范围之内，应当排除②。其他是通假义或地名、姓，这里不做讨论。

《大词典》把"贰"（"副"义）与"贰"（"二"的大写）两个不同的词放到一起，义项不别，词条混杂，原因就是没有分清不同的词有不同的本义和核心义。

四、同义（近义）词具有不同的核心义磁场

核心义具有单一性，所以即便是同义词也有各自的核心义和核心义磁场。因而核心义磁场可以帮助判断同义词或近义词的联系与区别（古今字不在此范围内）。这里讨论一组表示怪异的词"怪、异、奇"。

[怪]《说文·心部》："怪，异也。"《论衡·自纪》："诡于众而突出曰怪。"《山海经·南山经》："其中多怪兽，水多怪鱼。"郭璞注："凡言怪者，皆谓貌状倔奇不常也。"本义是奇异、怪异，包括怪异的现象和事物。如《庄子·逍遥游》："齐谐者，志怪者也。"《史记·高祖本纪》："诸父老皆曰：'平生所闻刘季诸珍怪，当贵，且卜筮之，莫如刘季最

① 《大词典》未收此词条，当补。
② 《大词典》仅有一个例子：汉扬雄《太玄·夷》："初一，载幽贰，执夷内。"范望注："贰，业也。"属于随文生义。此处"贰"也是有二心的意思。

吉。'"怪"的核心义是不寻常。核心义磁场包含不寻常事物引起的各种感觉:

中性的感觉是惊诧。《荀子·天论》:"夫星之队,木之鸣,是天地之变,阴阳之化,物之罕至者也。怪之,可也;而畏之,非也。"《史记·商君列传》:"民怪之,莫敢徙。"

坏的感觉依照变化的程度依次是不悦、埋怨和愠怒。例如《荀子·正论》:"今世俗之为说者,不怪朱象而非尧舜,岂不过矣哉!"《史记·秦本纪》:"闻缪公贤,故使由余观秦。秦缪公示以宫室、积聚。由余曰:'使鬼为之,则劳神矣。使人为之,亦苦民矣。'缪公怪之,问曰:'中国以诗书礼乐法度为政,然尚时乱,今戎夷无此,何以为治,不亦难乎?'"《抱朴子内篇·袪惑》:"始皇当时大有怪吾之色,而牵之果不得出也。"《南史·齐高帝诸子传下·武陵昭王晔》:"上仍呼使射,屡发命中,顾四坐曰:'手何如?'上神色甚怪。晔曰:'阿五常日不尔,今可谓仰藉天威。'帝意乃释。"《太平广记》卷二百二十一"张囧藏"条(出《定命录》):"则天怪怒,乃出为果州刺史。"此以"怪怒"连言。所以有"责怪""怪罪"等词,现代汉语有"怪不得他""怪他不好"等说法。

好的感觉是喜欢,是乐和笑。《史记·张丞相列传》:"苍坐法当斩,解衣伏质,身长大,肥白如瓠,时王陵见而怪其美士,乃言沛公,赦勿斩。"又《五宗世家》:"及生子,因命曰发。以孝景前二年用皇子为长沙王。"集解引应劭曰:"景帝后二年,诸王来朝,有诏更前称寿歌舞。定王但张袖小举手。左右笑其拙,上怪问之,对曰:'臣国小地狭,不足回旋。'帝以武陵、零陵、桂阳属焉。"又《留侯世家》:"及燕,置酒,太子侍。四人从太子,年皆八十有余,须眉皓白,衣冠甚伟。上怪之,问曰:'彼何为者?'四人前对,……上乃大惊,曰:'吾求公数岁,公辟逃我,今公何自从吾儿游乎?'"唐圆仁《入唐求法巡礼行记》卷四:"仍仰中官收纳家中钱物,象牙满屋,⋯⋯自余宝佩奇异之物不可计数。皇帝到内库看,拍手怪曰:'朕库不曾有此等物。'"这些"怪"都是惊奇喜欢引起的感觉。

其实不寻常事物引起的感觉是微妙的、复杂的,远不止这几类。《史记·扁鹊仓公列传》:"简子疾,五日不知人,大夫皆惧,于是召扁鹊。扁鹊入视病,出,董安于问扁鹊。扁鹊曰:'血脉治也,而何怪! 昔秦穆公尝如此,七日而寤。寤之日,告公孙支与子舆曰:'我之帝所甚乐。'"大夫皆惧",故扁鹊言"而何怪",意思是你们怕什么! 又《李将军列传》:"李广上马与十余骑奔射杀胡白马将,而复还至其骑中,解鞍,令士皆纵马卧。是时会暮,胡兵终怪之,不敢击。"这是惧怕的感觉。

《史记·孟尝君列传》:"文曰:'⋯⋯文闻将门必有将,相门必有相。今君后宫蹈绮縠而士不得短褐,仆妾余粱肉而士不厌糟糠。今君又尚厚积余藏,欲以遗所不知何人,而忘公家之事日损,文窃怪之。'"又《平原君虞卿列传》:"居岁余,宾客门下舍人稍稍引去者过半。平原君怪之,曰:'胜所以待诸君者未尝敢失礼,而去者何多也?'"这是担忧的感觉。

以上表示"惧怕""担忧"两种感觉的义项在《大词典》中都未收录,当补之。

在近代汉语中,"怪"字又产生了不平常感觉的抽象义:非常,很。清蒲松龄《聊斋志异·阿绣》:"见北向一家,两扉半开,内一女郎,怪似阿绣。"《红楼梦》二十九回:"宝钗笑道:'罢,罢! 怪热的,甚么没看过的戏! 我不去的。'"现代口语有"怪怕、怪冷、怪难受"等,皆是其例。

[异]《说文·异部》:"异,分也。"本义是把不同的事物(或事物的不同部分)分开。"异"的核心义是不同,由此产生的核心义磁场包括:

不同的性质——有别,别的。《礼记·乐记》:"乐者为同,礼者为异。"清楚说明"同""异"相对。郑玄注:"异谓别贵贱。"《论语·子张》:"异乎吾所闻。"汉贾谊《过秦论上》:"仁义不施,攻守之势异也。"汉刘向《列女传·赵将括母》:"执心各异。"所以有"异地、异趣、异己、异居"等。《吕氏春秋·上农》:"贾不敢为异事。"时间上的不同,即有别于现在,故"异日""异时"既可指以前,也可指以后①。

不同的感觉——从一般中分离出去的往往是特殊的,《玉篇·异部》:"异,殊也。"故有特殊的感觉和事物。

中性的感觉和(引起中性感觉的)事物。A.惊诧,惊奇。《孟子·梁惠王上》:"王无异于百姓之以王为爱也。"晋陶潜《桃花源记》:"渔人甚异之。"《玉篇·异部》:"异,怪也。"《广韵·志韵》:"异,奇也。"B.引起惊诧的奇特事物。《公羊传·隐公三年》:"己巳,日有食之。何以书? 记异也。"何休注:"异者,非常可怪,先事而至者。"

坏的感觉和(引起坏感觉的)事物。A.埋怨,怨恨。《国语·晋语》:"处一年,公子夷吾亦出奔,曰:'盍从吾兄窜于狄乎?'冀芮曰:'不可。后出同走,不免于罪。且夫偕出偕入难,聚居异情恶,不若走梁。'""异情恶"谓怨情重。又:(子犯之妻姜氏劝说子犯不要离开晋文公)"自子之行,晋无宁岁,民无成君。天未丧晋,无异公子,有晋国者,非子而谁? 子其勉之!""天未丧晋,无异公子"意思是天不亡晋,天不怨晋公子。B.引起埋怨、怨恨的事物,即灾异之事。《汉书·刘向传》:"往者众臣见异,不务自修,深惟其故,而反晻昧说天,托咎此人。"颜师古注:"异,灾异也。"C.灾异之事的抽象含义是邪恶,所以有"异端邪说""异教"之说。

① 《汉书·高帝纪下》:"异日,秦民爵公大夫以上,令、丞与亢礼。今吾于爵非轻也,吏独安取此!"颜师古注:"异日,犹言往日也。"《史记·张仪列传》:"轸曰:'吾为事来,公不见轸,轸将行,不得待异日。'"指以后。是其例。

好的感觉和(引起美好感觉的)事物。A.美好,妙,佳。《诗·邶风·静女》:"自牧归荑,洵美且异。"今人高亨注:"异,出奇。"《华阳国志》卷一:"益州刺史张乔表其尤异,徙右扶风,民为立祠。"《晋书·阮籍传》:"(阮籍)嗜酒能啸,善弹琴。当其得意,忽忘形骸。时人多谓之痴,惟族兄文业每叹服之,以为胜己,由是咸共称异。"《玉篇·异部》:"异,尤也。"B.看重、喜爱。《战国策·赵策四》:"太后曰:'丈夫亦爱怜其少子乎?'对曰:'甚于妇人。'太后笑曰:'妇人异甚。'""妇人异甚"谓妇人爱怜得更重。《史记·张丞相列传》:"君之史赵尧,年虽少,然奇才也,君必异之,是且代君之位。"《后汉书·皇后纪上·明德马皇后》:"遂见宠异,常居后堂。"C.引起喜悦的美好事物。南朝宋谢灵运《登江中孤屿》诗:"怀新道转迥,寻异景不延。"

对待不同的态度——分辨、区别。汉陆贾《新语·道基》:"异是非,明好恶,检奸邪,消佚乱。"《列子·杨朱》:"徒失当年之至乐,不能自肆于一时。重囚累梏,何以异哉。"

《大词典》"异"有十二个义项,有些杂乱。如果按照核心义磁场把握,就非常清楚了,而且能够解释为什么"异日"可指以前、以后这样完全相反的含义。这也是我们认为许多"反义相训"说法应当被重新审视的原因之一。

[奇]《说文·可部》:"奇,异也。"奇异、奇怪是其本义。核心义是超出一般,由此产生的核心义磁场包括:

超出一般的,即特殊、奇特、出人意料。《礼记·曲礼上》:"国君不乘奇车。"《老子》第五十七章:"以奇用兵,以无事取天下。"汉刘向《列女传·晋羊叔姬》:"且吾闻之有奇福者必有奇祸,有甚美者必有甚恶。"引起的感觉是惊奇、惊异。北魏郦道元《水经注·浊漳水》:"啸父,冀州人,在县市补履数十年,人奇其不老,求其术而不能得也。"

超出一般的好,即佳、妙。《楚辞·涉江》:"余幼好此奇服兮。"①
《玉台新咏·古诗为焦仲卿妻作》:"今日违情义,恐此事非奇。"引起的
态度是看重、欣赏。《史记·袁盎晁错列传》:"书数十上,孝文不听,然
奇其材,迁为中大夫。"《三国志·魏书·武帝纪》:"太祖少机警,有权
数,而任侠放荡,……故世人未之奇也。"②

超出一般的抽象义,即甚、非常。《世说新语·贤媛》:"许允妇是
阮卫尉女,德如妹,奇丑。"北魏郦道元《水经注·沮水》:"(青溪水)以
源出青山,故以青溪为名,寻源浮溪,奇为深峭。"唐段成式《酉阳杂
俎·语资》:"劼问少退曰:'今岁奇寒,江淮之间,不乃冰冻?'"

关于奇、异、怪三词的联系与区别。相同点是:不寻常。《周礼·
天官·阍人》:"奇服怪民不入宫。"《国语·晋语一》:"君赐之奇,奇生
怪,怪生无常,无常不立。"还有"奇异、奇怪、怪异"等词,这些都说明了
三者的联系。不同点是:"奇"是超出一般,侧重在事物特殊和美好的
方面;"异"侧重在不同(包括不同的事物、不同的感觉),好坏兼备,因
而需要分辨;"怪"侧重在各种奇特的感觉。

简言之,核心义磁场具有单一性,即便是同义词也有各自不同的核
心义磁场;利用核心义磁场有助于辨析同义词。

五、同源词具有相同的核心义磁场

同源词由一个根词生发开来,这个根词的核心义就是其同源词的

---

① 是特殊还是美好在于感觉,难以截然划分。《荀子·非相》:"今世俗之乱君,乡曲
之儇子,莫不美丽、姚冶,奇衣、妇饰。"杨倞注:"奇衣,珍异之衣。"可以说二义兼而有之。

② 《说文·可部》:"奇,异也。一曰不耦。从大,从可。"段玉裁注:"会意,可亦声。"
"可"即有认同、赞美义。

核心义,也就是说,同源词具有相同的核心义磁场。我们举一组同源词。

"伶俐"是怎么来的?为什么泻肚称"痢疾"?"顺利"是什么结构?我们用核心义磁场可以回答这些问题。

"利"古文字作\{图\},左边是成熟的庄稼,右边是一把刀,本义是用刀割庄稼,会意字。刀刃锋利就成为其基本义。《易·系辞上》:"二人同心,其利断金。"《荀子·劝学》:"木受绳则直,金就砺则利。"汉王充《论衡·案书》:"两刃相割,利钝乃知。"《史记·刺客列传》:"于是太子豫求天下之利匕首。"用的都是基本义①。以刀收割庄稼,是一种收获,由此产生了获利、利益以及好处等义项,这里不做分析。而刀刃锋利则无阻碍,则顺畅、通畅,这就是"利"的核心义。有以下证据可以证成此说:

"利"作形容词,多表示快捷、顺畅。《荀子·劝学》:"假舆马者,非利足也,而致千里。"《史记·仲尼弟子列传》:"子贡利口巧辞。"还有"利趾""利舌"等。现代汉语中的"利落""利索"都是此义。

由"利"与其他语素构成的并列双音词多表示顺畅。

有"宣利"。隋代巢元方《诸病源候论》卷二十九《鼻病诸候·鼻窒塞气息不通候》:"肺气通于鼻。其脏为风冷所伤,故鼻气不宣利,壅塞成齆。"《管子·心术》:"去欲则宣,宣则静矣。"尹知章注:"宣,通也。"

有"通利"。《东观汉记·赵憙传》:"敕憙从骑都尉储融受兵二百人,通利道路。""通利道路"犹言疏通道路。《诸病源候论》卷三十八《妇人杂病诸候·八瘕候》:"其后月水为之不通利,或不复禁,状如崩中。"《吕氏春秋·开春》:"饮食居处适,则九窍百节千脉皆通利矣。"高

---

① "锐利"也是其基本义。

诱注:"通利,不壅闭。"《说文·辵部》:"通,达也。"

有"流利"。《法书要录》卷二引南朝梁庾元威《论书》:"敬通又能一笔草书,一行一断,婉约流利。"

有"麻利",谓动作敏捷、迅速。《二十年目睹之怪现状》二十回:"你出门没有几时,就历练的这么麻利了!"

有"快利",指言语动作流畅快捷。宋朱熹《答蔡季通书》:"自觉语意蹇拙,终不快利也。"

"利"与其他语素组成双音词还可用于表示抽象意义的顺利。《孟子·离娄下》:"由君子观之,则人之所以求富贵利达者,其妻妾不羞也,而不相泣者,几希矣。""富贵利达"同义平列,犹言富贵显达。《管子·法禁》:"交于利通而获于贫穷,……枉法以求于民者,圣王之禁也。""利通"犹言通达,也就是显贵。

"利通""利达"与"通利""宣利""流利""快利""麻利"同为同义并列结构,核心含义是顺畅、无阻碍。

近代汉语中出现了"顺利"一词,也同样指没有阻碍。《朱子语类》卷六十八《易四》:"如君臣父子夫妇兄弟之义,自不同,似不和。然而各正其分,各得其理,便是顺利,便是和处。"明李贽《又与杨凤里书》:"行李已至湖上,一途无雨,可谓顺利矣。"《初刻拍案惊奇》卷八:"自此以后,出去营运,遭遭顺利,不上数年,遂成大富之家。"《清史稿·康基田传》:"请将仁、义二坝先改其一,俟大汛果见顺利,再议添所建。"此谓水流顺畅。所以"顺利"是同义并列结构。

从"利"之字多有顺利无阻碍义。

"犁",从利从牛,谓犁田顺畅无阻碍。《庄子·山木》:"孔子穷于陈蔡之间,七日不火食,左据槁木,右击槁枝而歌焱氏之风,有其具而无其数,有其声而无宫角,木声与人声,犁然有当于人之心。"一本作"犁然"。焦竑曰："犁然,如犁田者,其土释然也。"《说文·牛部》:"犂,耕也。"段注:"俗省作犁。"

"伶俐"本作"伶利",指言语动作流畅、敏捷。《朱子语类》卷三十二《论语》:"仁只似而今重厚底人;知似而今伶利底人,然亦在人看。"又卷六十三《中庸》:"如今伶利者虽理会得文义,又却不曾真见;质朴者又和文义都理会不得。""伶利"即聪明、言词无阻碍。后来作"伶俐",可以看作偏旁类化的结果。《官场现形记》四十八回:"荐头道:'现在院上用的老妈一大半是我荐得去的。'刁迈彭道:'有甚么伶俐点的人没有?'荐头道:'可是太太跟前要添人?'刁迈彭道:'不是。现在没有这样伶俐人,也不必说;等到有了,你告诉我。'"是其例。也可以错综成文。如元张国宾《合汗衫》第二折:"你休听那厮说短论长,那般的俐齿伶牙。"

"痢"谓泻肚,本作"利",是由其无阻碍义得名。什么事都有个限度,过度的通畅并不是好事,泻肚是一个例子。《三国志·魏书·华佗传》:"东阳陈叔山小男二岁得疾,下利常先啼,日以羸困。""下利"同义并列,谓泻肚。《宋书·谢庄传》:"利患数年,遂成痼疾,吸吸惙惙,常如行尸。"《隋书·王勇传》:"我为患利,不脱衣卧。昨夜欲得近厕,故在后房。"《资治通鉴·陈宣帝太建十三年》:"帝尝合止利药,须胡粉一两。"胡三省注:"泄泻不禁者曰利。"

《医宗金鉴·张仲景〈伤寒论·痉湿暍病〉》:"湿家下之,额上汗出,微喘,小便利者死,若下利不止者,亦死。"集注引程知曰:"二便不禁,盛阴欲下脱也,阴阳离决,死矣。"可以看出,"小便利者"指小便不止,"下利不止"指大便不止(泻肚),故注曰"二便不禁"。

后来则作"痢"。《魏书·于栗磾传》:"自去秋苦痢,缠绵迄今,药石备尝,日增无损。"

所以根据"利"的核心义磁场,我们能够解释"痢疾""伶俐"的由来,可以分析"顺利"等词的结构。也就是说,根据单音词的核心义磁场,可以分析双音词的结构;根据根词的核心义和核心义磁场,可以分析其同源词的得名缘由。

以上各节探讨核心义的性质、特点和基本推求方式,以下则探讨核心义的其他推演方式和功用。

六、同源词与核心义的推演——逆推法

以上我们举例运用的是推求核心义常见的方式:根据本义推演出核心义,核心义产生出核心义磁场,即本义→核心义→核心义磁场。如果不知道本义,如何推演核心义?办法之一是利用同源词共有的核心义磁场逆推和印证某一词的核心义。因为同源词具有同一个核心义。

《荀子·富国》:"国安于磐石。""磐石"怎么解释?《易·渐》:"鸿渐于磐。"王弼注:"磐,山石之安者。"孔颖达疏引马融曰:"山中石磐纡,故称盘也。""磐石",《大词典》的解释是"厚而大的石头"。而"磐陀石"则解释为"不平的石头"[①]。究竟该如何判断?准确的意思是什么?"磐"的核心义是"安""磐纡""厚而大"还是"不平"?

我们看"磐"的同源词。考"磐"从"般"(音 pán)得声取义,《方言》卷一:"般,大也。"《玉篇·舟部》:"般,大船也。"《孟子·公孙丑上》:"今国家闲暇,及是时,般乐怠敖,是自求祸也。"赵岐注:"般,大也。大作乐,怠惰敖游。"《广雅·释诂》:"般,大也。"故"般"的核心义

---

①　引清曹寅《雨夕偶怀同皋僧走笔得二十韵却寄》:"千秋磐陀石,潮汐应腑眺。"

是"大"。许多从"般"字有大的语义。如：

鞶，《说文·革部》："大带也。"《左传·桓公二年》："鞶、厉、游、缨，昭其数也。"杜预注："鞶，绅带也。一名大带。"汉扬雄《法言·寡见》："今之学也，非独为之华藻也，又从而绣其鞶帨，恶在《老》不《老》也。"李轨注："鞶，大带。"《易·讼》："或锡之鞶带，终朝三褫之。"孔颖达疏："鞶带，谓大带也。"

幋，《说文·巾部》："幋，覆衣大巾也，或以为首幋。"

槃，《仪礼·士冠礼》"周弁"汉郑玄注："弁名出于槃。槃，大也。言所以自光大也。"《世说新语·赏誉》"后来出人郗嘉宾"条刘孝标注引南朝宋檀道鸾《续晋阳秋》："大才槃槃谢家安，江东独步王文度，盛德日新郗嘉宾。""槃槃"，大貌。多指才能出众。

"般"与"磐"通。《汉书·郊祀志上》："鸿渐于般。"而《易·渐》作"磐"。

"磐"与"槃"通。晋葛洪《抱朴子外篇·擢才》："夫珪璋居肆而不售，刢乃翳于槃璞乎？""槃璞"谓未雕琢的大块玉石。"磐石"与之结构相同。

既然从"般"之字多有大的核心义，则"磐"的核心义是"大"，"磐"为形声兼会意字，即大石。大当然安然不动，王弼说"山石之安者"近似而未尽确。《玉台新咏·古诗为焦仲卿妻作》："君当作磐石，妾当作蒲苇。蒲苇韧如丝，磐石无转移。"正说明磐石安然稳固。"厚"是大的附加义。《文选·木华〈海赋〉》"竭磐石"李善注引《声类》曰："磐，大石也。"此说甚是。

我们还可以从文献实证中看出古人心目中"磐石"究竟是什么样子。

《韩非子·显学》："石非不大，数非不众也，而不可谓富强者，磐不生粟,象人不可使距敌也。"又:"磐石千里,不可谓富;象人百万,不可谓强。""石非不大"就是对下文"磐"的解释,"磐石千里"更说明磐石之巨大。《全宋文》卷二十六载释慧通《驳顾道士夷夏论》:"唯泰山不为飘风所动,磐石不为疾流所回。"以"泰山"与"磐石"对举,可见其大。如果说前面的说法都是夸张和含糊的,下面的例子则具体而可感知了。《太平广记》卷四四"萧洞玄"条(出《河东记》):"庭中有磐石,可为十人之坐。"大致能坐十人,看来不小。宋方勺《泊宅编》卷三:"平江府朱勔造巨舰,载太湖石一块至京,以千人舁进……勔遂为威远军节度使,而封石为磐固侯。"巨舰载,千人抬,可见太湖石确实巨大,故戏称磐固侯。

那么"磐陀石"是什么样的呢?《寒山诗·秉志不可卷》:"秉志不可卷,须知我匪席。浪造山林中,独卧磐陁石。"项楚注:"磐陁石:表面平坦的大石。"项注引的其他例证是修雅《闻诵〈法华经〉歌》:"空林之下,磐陀之石。石上有僧,结跏横膝。"敦煌本《八相变》:"南北东西行十步,问阿那个磐陁石最平。"敦煌本《前汉刘家太子传》:"至于城北十里已来,不知投取之地,遂于磻陁石上而坐。"(项楚,2000:466)又《寒山诗·磐陁石上坐》:"磐陁石上坐,溪涧冷凄凄。"项注:"磐陁石:平坦的巨石。"(项楚,2000:698)①

由以上例证可以看出:"磐陀石"(或"磐陁石""磻陁石")就是"磐石",同样表示巨大的石头。其内部结构是:"磐陁(陀)"是"磐"的音节扩展,或者说是缓读②。《大词典》解释"磐陀石"为"不平的石头",

---

① 《寒山诗·我向前溪照碧流》:"我向前溪照碧流,或向岩边坐磐石。心似孤云无所依,悠悠世事何须觅。"项楚注:"磐石,厚重平坦的巨石。"项注分为三处,如果能相互照应就更好了。

② 有些双音节词语是由此种延长音节的方式产生的。

与"磐"(或"般")的核心义磁场毫无关系,当属误释。"磐石"就是大石、巨石,因为大,才会觉得平坦。就像地球表面大我们才觉得平。所以"厚重平坦"或"安稳"都是其附加义,不是其核心义。

利用一组从"般"的同源词的核心义,就能够知道"磐"的核心义;抓住了"磐"的核心义"大",对"磐石"就不会有其他模糊不确切的解释了。这也证明核心义有助于词语含义的准确理解。

七、中古新字(词)与核心义的推演——概括法

后起新字没有古文字形和《说文解字》作依傍,怎样寻找核心义?同样可以从大多数义项中概括核心义磁场,从而帮助确定其核心义和本义。

现代汉语有"不慌不忙"这一固定结构,究竟是什么意思?《大词典》的解释是"从容不迫"。这一解释对于理解这一四字句的内部形态是没有任何意义的。《大词典》对"慌忙"的解释是"急忙",也于义无补。那就再看"忙"的解释。《大词典》"忙"有八个义项:1. 怪异。2. 急促,急迫。3. 赶快;赶紧。4. 慌,难受。5. 事情多,没空闲。6. 清代田赋名。7. 见"忙祥""忙然"。8. 姓。

一路看下来,无法对"不慌不忙"或者"慌忙"做出准确的理解。而且"忙"的2—5义项是受紧张这一核心义磁场制约的,因为这几个义项是紧张的表现:内心紧张是急迫,行为紧张是赶快,是忙碌①,紧张得厉害是难受。按照词典通常的排列顺序,第一义是其本义或基本义,而"怪异"与紧张这类心理状态或行为的词义没有必然联系,

_____

① 就是没有空闲。

不能管辖以下几个义项。而最能够产生紧张状态的心理词语应当是惧怕、慌张义。因为惧怕，才出现心理和行为的紧张。所以"忙"的基本义应当是惧怕。至于后三个义项属于专名、通假等，这里不讨论。

从几个词义概括出的结论是："忙"的本义是惊慌、惧怕，其核心义磁场是从心理到行为的紧张，以上 2—5 义项都可统括在此范畴之内；"怪异"义不属于核心义磁场范畴，应属误释①。这一推论是否正确，我们可以用事实验证一下：

异文的例子。《乐府诗集》卷二十五《木兰诗》："出门看火伴，火伴皆惊忙。同行十二年，不知木兰是女郎。""惊忙"，《诗纪》卷九十六、《梁诗》卷二十九作"惊惶"，可证"惊忙"是惊慌义②。《敦煌变文集·降魔变文》："外道是日破魔军，六师胆慑尽亡魂。"校记："丁卷'胆慑'作'忙怕'。"③可为证。

双音词的例子。"忙"多与其他表示惧怕、惊慌义的语素构成双音词或多音词，同样表示惧怕义。

《搜神记》卷十六"女化蚕"条："言未及竟，马皮蹷然而起，卷女以行。邻女忙怕，不敢救之，走告其父。"

《敦煌变文校注·叶净能诗》："（净能）见五百人拔剑上殿，都不忙惧。"

唐薛用弱《集异记·裴通远》："至天门街，夜鼓将动，车马转速，妪亦忙遽而行。"清蒲松龄《聊斋志异·锦瑟》："生忙遽未知痛楚，但觉血

---

①　前面已经讨论了"怪"的本义与核心义及其磁场，也可以看出"怪"产生不了"忙"的诸多义项。

②　这也是《大词典》作为"怪异"义的唯一例子，也说明"怪异"义不可靠。

③　项楚（1991：70）引此文后云："知'忙怕'即胆慑之义。"张涌泉、黄征（1997：587）："按，忙怕，即害怕，同义连文。"

溢如水,使婢裂衿裹断处。""遽"通"懅",有惧怕义①。《世说新语·雅量》:"远近久承公名,令于是大遽,不敢移公。"《后汉书·方术传下·徐登》:"炳乃故升茅屋,梧鼎而爨,主人见之惊懅。"李贤注:"懅,忙也。"是"忙遽"为同义并列结构,谓惧怕。

清蒲松龄《聊斋志异·小谢》:"二女争奔而去。小谢忙急,忘吞其符……不得入,痛哭而返。"

《明成化说唱词话丛刊·包龙图公案断歪乌盆传》:"耿婆见说心忙乱,只得将身便进呈。"

叠音词"忙忙"表示惊慌、慌张义。《论衡·书解》:"居不幽,思不至。使著作之人,总众事之凡,典国境之职,汲汲忙忙,何暇著作?"元郑廷玉《后庭花》第二折:"他两个忙忙如丧家之狗,急急似漏网之鱼。"

联绵词"忙郎"表示惊慌义。《刘知远诸宫调·君臣弟兄子母夫妇团圆》:"欲待拏捉难当覷,三婆二妇号逃哭,忙郎脱命,怎藉牛畜。""忙郎"实际是"忙"的缓读,就是音节扩张构成双音词。

联绵词"忙然"("茫然")有惊慌义。唐段成式《酉阳杂俎·诺皋记上》:"(僧)恍惚间以刀刺之,妇人遂倒,乃沙弥误中刀流血死矣。僧忙然,遽与行者瘗之于饭瓮下。"《敦煌变文校注·降魔变文》:"帝王惊叹,官庶愱然。"清蒲松龄《聊斋志异·刘姓》:"刘茫然改容,呐呐敛手而退。"②"茫""愱"与"忙"通。

单音词的例子。"忙"字单用表示惧怕、慌张义。唐李咸用《题陈正字山居》诗:"几日凭栏望,归心自不忙。"《刘知远诸宫调》:"村夫用拳戳,知远也不忙,侧身早闪过,扑一个水牛另有方。"元赵善庆《山坡

---

① 《资治通鉴·唐肃宗至德元载》:"国忠集百官于朝堂,惶懅流涕。"胡三省注:"懅,急也。"

② 通常词典解释为"犹茫然。若有所失貌"。未确。

羊·燕子》曲:"语喃喃,忙怯怯,春风堂上寻王谢。""忙"与"怯怯"同义。

"忙"的古义在今西部方言里仍有保留,如青海话"忙"仍有怕义:小孩被人打怕了,说被人打忙了;被人缠怕了,说被人缠忙了。

由此证明"忙"有惊慌、惧怕义,前面的说法是正确的。

那么"忙"是怎样产生的呢?在上古乃至汉魏时期惧怕义多用"怖"。《文选·宋玉〈神女赋〉》:"意离未绝,神心怖覆。"李善注:"谓恐怖而反复也。"《淮南子·诠言》:"福至则喜,祸至则怖。"汉赵晔《吴越春秋·勾践伐吴外传》:"会秦怖惧,逆自引咎,越乃还军。"《汉书·尹翁归传》:"翁归至,论弃仲孙市,一郡怖栗,莫敢犯禁。"晋干宝《搜神记》卷三:"(乔玄)因起自往,手扪摸之,壁自如故。还床复见,心大怖恐。"《三国志·魏书·夏侯尚传》"丰不知而往,即杀之"裴松之注引三国魏鱼豢《魏略》:"丰怖遽气索,足委地不能起。"是其例。

而到了汉魏时期,产生了新的形声字"忙",同样谓惊惧、害怕[①]。《方言》卷二:"茫,遽也。吴扬曰茫。"《广韵·唐韵》:"恾,怖也。忙,上同。"《字汇·心部》:"恾,失据貌。"是中古以来的新词。很可惜,在《大词典》中"忙"字惧怕、慌张这一本义(或曰早期含义)没有收录[②]。

到了现代汉语中,惧怕义主要由"怕"等承担,"怖"只在"恐怖"等双音词中保留其义,"忙"则主要担负忙碌、繁忙的意思了,其惧怕义只在"慌忙""不慌不忙"等固定词语中出现。

---

① 怖、迁、忙、悝、怕等有惧怕义的词均有双声或叠韵的关系。《说文·心部》:"悝,怯也。"《左传·昭公二十一年》:"子无我迁,不幸而后亡。"杜预注:"迁,恐也。"《文选·司马相如〈长门赋〉》:"惕寤觉而无见兮,魂迁迁若有亡。"李善注:"迁迁,恐惧之貌……《楚辞》曰:魂迁迁而南行。王逸曰:迁迁,惶遽貌。"

② 《大词典》义项4为:慌,难受。例证为清李渔《奈何天·筹饷》:"人儿倦得慌,马儿饿得忙,把肩背事权安放。"显然这里是表示程度之甚,没有明确为惧怕慌张义。

再看"不慌不忙"的结构形态。可以从词义和结构两方面分析：

"慌"有恐惧、害怕义，容易理解①。现代汉语仍有"好吓人，心里慌死了"的说法。既然"慌""忙"同义，那么"不慌不忙"就应当是不慌张、不害怕，属于同义并列结构。

现代汉语"不……不……"四字句类型的考察。此类结构主要有两类。

同义并列：如不言不语，不明不白，不干不净，不屈不挠，不当不正，不管不顾，不折不扣，不伦不类（也包括"不尴不尬，不三不四，不哼不哈"这类结构）。

反义并列：如不紧不慢，不阴不阳，不上不下，不即不离，不多不少，不好不坏，不卑不亢。

"不慌不忙"属于同义并列类型。如果释义为不慌张不忙乱，就既不是同义并列，也不是反义并列，不符合这两种类型中的任何一种，因此也就不符合"不……不……"的结构类型了。

简言之，"忙"是"惧怕"的意思，"不慌不忙"本来就是不慌张、不惧怕，为同义并列结构②。所以，用"忙"的核心义磁场，可以排除磁场之外的误释义，可以统括各义项，也可以反过来帮助其本义的确定。

---

① 明贾仲名《对玉梳》第三折："贼汉意下慌，楚臣心头恕。"《二刻拍案惊奇》卷三十五："孙小官自是小小年纪，不曾经过甚事体，见了这个光景，岂不慌怕？思量道：'弄出这人命事来，非同小可！我这番定是死了。'"又卷三十七："心里慌怕，不敢移动脚步，只在床上高声大叫。""慌怕"同义并列。还有"慌忙"表示恐惧、害怕义。元王晔《桃花女》楔子："三更前后，不知是什么人叫我三声，我在睡梦中应了三声，慌忙出窑来看时，这窑便忽的倒了。"清如莲居士《说唐前传》十六回："雷明看司马超这把大刀，神出鬼没，自己招架不住，慌忙要走。"是其例。

② 当然在现代汉语中，由于"忙"义的改变，人们的理解也发生了变化，其含义如同《大词典》所说。但这毕竟不是其本来面目。

八、常用词与核心义磁场

不仅词的诸多义项可以用一个核心义磁场来统摄,一个词与其他词的联系也取决于核心义磁场。时至今日,我们对许多耳熟能详的词语也未必清楚其本来面目,原因就在于我们没能清晰地把握住词的核心义。

比如人们常说"表里如一""始终如一","如一"是什么结构形态?

《荀子·劝学》是大家熟悉的名篇:"施薪若一,火就燥也。平地若一,水就湿也。""若一"是什么意思?遍检《大词典》之类工具书没有这一词条;众多收有此文的古代汉语教材也均没有注释此词。

事实上,"如一""若一"二词在古籍中屡见,从先秦一直到近代汉语都频繁使用。"如一"用例如西晋张华《博物志》:"菊有二种,苗花如一,唯味小异,苦者不中食。"《礼记·月令》:"(孟夏之月)乃收茧税,以桑为均,贵贱长幼如一。"《商君书·定分》:"法令以当时立之者,明旦,欲使天下之吏民皆明知而用之,如一而无私,奈何?"汉王延寿《鲁灵光殿赋》:"千门相似,万户如一。"

再看"若一"用例,《周礼·冬官·考工记》:"凡为甲,必先为容,然后制革。权其上旅与其下旅,而重若一。"《论衡·齐世》:"气之薄渥,万世若一。帝王治世,百代同道。"《史记·滑稽列传》:"其齿前后若一,齐等无牙,故谓之骒牙。"《南齐书·刘悛传》:"钱货既均,远近若一。"

还有"始终如一""始终若一"的例子。《北齐书·封隆之传》:"自出纳军国,垂二十年,契阔艰虞,始终如一。以其忠信可凭,方以后事托之。"《周书·于谨传》:"故功臣之中,特见委信,始终若一,人无闲言。"

凡此都证明"如一""若一"就是相同、一样。然则其内部结构如何分析？

"一"是相同、一致的意思，这是容易理解的。《孟子·离娄下》："先圣后圣，其揆一也。"赵岐注："言圣人之度量同也。"《淮南子·说山》："所行则异，所归则一。"《王梵志诗》第 325 首："盛衰皆是一，生死亦同然。"即其例。

关键是"如"和"若"的意思。

"如"有相同的意思，主要表现在"相如"这一词中。《墨子·备城门》："〔门〕广八尺，为之两相如。"孙诒让《间诂》："谓门左右两扇同度。"《后汉书·文苑传上·杜笃》："厥土之膏，亩价一金，田田相如。"李贤注："相如，言地皆沃美相类也。"《三国志·魏书·王朗传》："此二王者，各树圣德，无以相过，比其子孙之祚，则不相如。盖生育有早晚，所产有众寡也。"《宋书·颜延之传》："朱公论璧，光泽相如，而倍薄异价。"

"若"也有相同的意思，主要表现在"相若"这一词中。《孟子·滕文公上》："布帛长短同，则贾相若；麻缕丝絮轻重同，则贾相若；五谷多寡同，则贾相若；屦大小同，则贾相若。"《墨子·经说下》："权重相若也，相衡则本短标长。两加焉，重相若，则标必下，标得权也。"《韩非子·显学》："今夫与人相若也，无丰年旁入之利而独以完给者，非力则俭也。与人相若也，无饥馑疾疚祸罪之殃独以贫穷者，非侈则堕也。"《史记·龟策列传》："人民莫知辨也，与禽兽相若。谷居而穴处，不知田作。"

"相若""相如"都是相同、一样的意思。

所以，"如一""若一"均为同义并列结构，意思是相同、一样。但是《大词典》未收"若一"，收了"如一"，解释是："一律；一样。"也没有说明结构关系。作为大型的语文词典，如果能在释义之外再进一步探讨其得义由来、解释词语的结构关系就更好了。

我们要解决的问题不止如此，关键是为什么"如""若"有"相同、一样"义①？兹略做分析：

"如"字，《大词典》有以下义项：1. 随顺；依照。2. 像；如同。3. 及，比得上。4. 往，去。5. 遭遇，际遇。6. 奈。7. 相敌；抵挡。8. 应当。9. 不如。10. 犹乃，是。11. 农历二月的别称。12. 表示举例。13. 通"汝"。尔，你。14. 通"拏"。交错。15. 副词。将要。16. 副词。犹乃，这才，然后。17. 介词。于。18. 连词。表示假设关系。假如，如果。19. 连词。表示承接关系。而；就。20. 连词。表示转折关系。至于；却。21. 连词。表示并列关系。和，与。22. 连词。表示选择关系。或者。23. 形容词后缀。犹然。24. 吐蕃国之行政单位名。25. 佛教语。26. 姓。

《说文·女部》："如，从随也。"《左传·宣公十二年》："有律以如己也。"杜预注："如，从也。""如"的基本意义是"顺，随"②，其核心义是与某物的比较（或者说是"关系"），在此语义磁场中包含的义项有：

与某物一样或一致，即相当、相同、相宜③。《史记·李将军列传》："汉法，博望侯留迟后期，当死，赎为庶人。广军功自如，无赏。"王念孙《读书杂志·史记五》："自如者，自当也。"《维摩诘所说经·菩萨品》："如者，不二不异。"也是相当、相同义。只有相同才可以抗衡，所以抵挡是其引申义。用于抽象意义就是表示并列关系的连词"和，与"。词

---

① 这个义项不被人们所认识，至今在词典中没有收录。

② 《公羊传·桓公元年》："继弑君不言即位，此其言即位何，如其意也。"汉班固《白虎通·嫁娶》："女者，如也，从如人也。"《汉书·京房传》："臣疑陛下虽行此道，犹不得如意，臣窃悼惧。"现代汉语仍有"如意"一词，就是顺义、合心意。

③ 《大词典》"8. 应当"义，解释为"相宜"义更妥。又，农历二月的别称，或许表示气候的"相宜、适宜"。

组"神情自如(或自若)""谈笑自若(或自如)",其中"自如""自若"是相宜、自然的意思,谓神情、谈吐与原来一样,没有(因为突然的事情)变化。

与某物接近,即像,如同;如同也包括"乃、是"义。而"像"和"如同"是一种比较,就有"比如,列举"。用于抽象意义就有表示假设关系的连词"假如,如果",表示选择关系的连词"或者"。表示转折关系的"至于;却"是选择关系的发展。

顺应、趋向某物,即去,往①。《史记·项羽本纪》:"坐须臾,沛公起如厕。"用于抽象意义就是表示承接关系的连词"而;就"。

"如"一词各个义项间的核心义是与物的联系程度。依据顺应的程度,有一个磁场,完全顺应,就是相同,一致;略微接近,是像、如同,是比较;差距较大则是朝着、趋向,就有去、往之义。而这些不同程度含义的虚化和抽象,就有了介词、连词等不同用法。所以以上三方面义项也有一个从核心向外水波涟漪般扩散的图形。

《大词典》与"如"有语音联系的通假字是:通"汝",尔,你;通"于",介词;通"然",形容词后缀;通"奈","如何"与"奈何"同义②。吐蕃国的行政名只是音译词。另外有的义项是解释者的随文生义,不必单列③。

---

① 《尔雅·释诂上》:"如,往也。"

② 奈,《广韵》奴个切,去声,个韵,泥母。如,《广韵》人恕切,去声,御韵,日母。可以通假。

③ 比如《大词典》所举"15.副词。将要"。例证是《左传·宣公十二年》:"有喜而忧,如有忧而喜乎?"王引之《经传释词》卷七:"如,犹将也……言忧喜各因其事,若有喜而忧,则亦将有忧而喜乎?"这里"如"表示的是选择义,犹言"或者"。王说不确。"14.通'挐'"的说法根据不足。"5.遭遇"义只是偶尔一例,根据不足。"9.不如"义也属于临时用法。以上诸义不在"如"的核心义磁场中,应当排除。当然也许还会有其他义项,但都不出核心义磁场范围。

如此则《大词典》所列大多数义项都包含在其中了。

"若",在《大词典》中有 27 个义项①。《尔雅·释言》:"若,顺也。""若"的基本意义也是顺,随②。所以与"如"具有相近的核心义磁场,通假字也相同,故不做分析③。"若"比"如"多出的几个义项是:

"若"有三个名字是特殊的,即海神名、香草名、灵木。

"和善"义其实是由顺、随义发展而来,非常顺从就是和善了,《大词典》所举例句完全可以理解为顺从,不必根据解经者的随文生义而单列义项④。

要之,因为人们没有意识到"如""若"有"相同、一样"义,就不知道"如一""若一"是并列结构;甚至没有意识到"若一""如一"是词;还因为"如一""若一"字面上很普通,也就没有注释、收录。如果理清"如""若"的核心义,就会发现其"相同、一样"的含义,就可解决这些问题了。可见常用词的解释离不开核心义磁场。

---

① 《大词典》"若"的义项是:1. 顺;顺从。2. 善;和善。3. 选择。4. 如;像。5. 及得上,比得上。6. 至,到。7. 等同;一致。8. 你(的);你们(的)。9. 他(的);他们(的)。10. 如此;这样的。11. 这,这个。12. 哪。13. 怎么;怎样。14. 好像;似乎。15. 乃;就。16. 连词。假如,如果。17. 连词。至于。18. 连词。或;或者。19. 连词。和,及。20. 连词。而;而且。21. 连词。然后。22. 助词。形容词词尾。23. 助词。表示语气。24. 海神名。25. 香草名。即杜若。26. 灵木。27. 姓。

② 甲骨文"若"的字形,像一个女人跪着,上面中间像头发,两边两只手在梳发,表示"顺从"。

③ "至、到"与"去、往"只是不同的表达方式而已。"若"与"如"一样通"奈",就有"如何"义,可以表示询问。《南齐书·王敬则传》:"我昔种杨柳树,今若大小?"即其例。《大词典》13"怎么、怎样"义即此类。

④ 这是《大词典》义项稍显凌乱的原因之一。

九、新兴词语与核心义磁场

古今一理,新词与旧词有同样的词义产生方式,因而核心义对中古以来的新词有同样的管辖机制。我们举一个中古新词的例子。

《三国志·吴书·朱桓传》:"桓性护前,耻为人下。每临敌交战,节度不得自由,辄嗔恚愤激。"其中"护前"是一个引起不少学者关注的新词。台湾学者曲守约(1968:506)说:"护前,寻绎文意,护与爱常相连文,前犹上,故护前乃谓爱居人上。而下句不欲人居己上,正相通贯。"这一说法与大陆一些学者不谋而合。究竟对不对呢? 这里用推求核心义的方法验证一下。

"护"的本义是监督(执行)。《说文·言部》云:"护,救视也。"《汉书·霍光传》:"光薨,上及皇太后亲临光丧。太中大夫任宣与侍御史五人持节护丧事。"又《孔光传》:"少府供张,谏大夫持节与谒者二人使护丧事,博士护行礼。太后亦遣中谒者持节视丧。"前言"持节护丧事",后言"持节视丧",可以证明"护"与"视"同义。《东观汉记·马严传》:"严年十三至雒阳。留寄郎朱仲孙舍,大奴步护视之。""护视"同义并列。《新序》卷十《善谋下》:"上虽疾,卧护之,诸将不敢不尽力。"此例生动地说明了"护"的监督义。《汉书·王嘉传》:"引王渠灌园池,使者护作。"颜师古注:"护,监视也。""护卫、护送"等词都是监督执行某项任务的意思①。

---

① 因为词典常常把"保护"当作本义,故这里用较多例证证明其本义。

因为监督执行本身就是上对下的行为,是强者的举动①,所以"护"的核心义是对弱者的救助。

对个人是救助、保护。《史记·萧相国世家》:"高祖为布衣时,何数以吏事护高祖。"②《新序》卷十《善谋下》:"上曰:'烦公幸卒调护太子。'"

保护的具体行为有遮蔽、照顾。《搜神记》卷十五:"将护累月,饮食稍多,能开目视瞻。"又:"以斧剖棺。斧数下,娥于棺中言曰:'蔡仲,汝护我头!'"《梁诗》卷二十九《捉搦歌》:"粟谷难舂付石臼,弊衣难护付巧妇。"此谓"护体"。另外如"护膝""护肤品"等都是遮蔽义。"爱护""养护""护理"都有照顾义。

对他人弱点、错误的保护就是袒护。三国魏嵇康《与山巨源绝交书》:"仲尼不假盖于子夏,护其短也。"《世说新语·方正》28:"王含作庐江郡,贪浊狼籍。王敦护其兄,故于众坐称:'家兄在郡定佳,庐江人士咸称之。'"《金史·完颜仲德传》:"仲德状貌不逾常人,平生喜怒未尝妄发,闻人过,常护讳之。""护讳"同义。

对自己弱点、错误的保护就是忌讳。护前、护失、护短的"护"都是忌讳义。详见下文。

对群体是管理、总领。《管子·形势解》:"治安百姓,主之则也。教护家事,父母之则也。"《史记·乐毅列传》:"乐毅于是并护赵、楚、韩、魏、燕之兵以伐齐,破之济西。"司马贞《索隐》:"护谓总领之也。"

对住所、地域是守护、占据。《宋书·羊玄保传》:"占山护泽,强盗

---

① 对皇帝的保护可以说是另一回事。但是,皇帝本身的体力相对于卫兵来说也属于弱者吧。

② 当然也有自我救助的例子。《素问·离合真邪论》:"其气以至,适而自护,候吸引针,气不得出。"

律论。"唐白居易《香山寺新修经藏堂记》:"尔时,道场主、佛弟子香山居士乐天,欲使浮图之徒,游者归依,居者护持,故刻石以记之。"

可见"护"的核心义磁场中没有"爱"义。"爱护"语义重在保护,侧重点在行为而不是心理。《颜氏家训·治家》:"借人典籍,皆须爱护,先有缺坏,就为补治,此亦士大夫百行之一也。"即其义。我们说"爱护身体"也侧重指行为。

那么"护前"如何解释呢?

我们看与"护前"类似的说法:

晋葛洪《抱朴子内篇·勤求》:"诸虚名之道士,既善为诳诈以欺学者,又多护短匿愚,耻于不知。"《魏书·王肃传》:"然性微轻佻,颇以功名自许,护疵称伐,少所推下,高祖每以此为言。"《新唐书·李绛传》:"但矜能护失,常情所蔽,圣人改过不吝,愿陛下以此处之。"又:"帝曰:'朕擢用卿等,所冀直言。各宜尽心无隐,以匡不逮。无以护失为虑也!'"以上"护短、护疵、护失"都指回护、忌讳自己(或尊者)的弱点和失误。

再如宋周敦颐《通书·过》:"今人有过,不喜人规,如护疾而忌医,宁灭其身而无悟也。""护疾"谓隐讳疾病。与之类似的还有"护痛""护疼"。《西游记》第七十回:"却不是怎的?只为护疼,所以不曾答应。"明李贽《又与焦弱侯书》:"有则幸为我加诛,我不护痛也。"都是比喻因害怕而隐讳、忌讳。俗语有"讳疾忌医"也是这个意思。

对自己的缺点、失误或疾病都忌讳,对他人居前也要忌讳。"护前"就是忌讳居前者,忌讳强者①,换言之就是嫉贤妒能。《三国志·蜀书·关羽传》:"羽闻马超来降,旧非故人,羽书与诸葛亮,问超人才可

———————
① "前"与"后"相对,谓正面的或位次在头里的。在前的往往是强者、先进。

谁比类。亮知羽护前,乃答之曰:'孟起兼资文武,雄烈过人,一世之杰。'"《梁书·沈约传》:"先此,约尝侍宴,值豫州献栗,径寸半,帝奇之,问曰:'栗事多少?'与约各疏所忆,少帝三事。出谓人曰:'此公护前,不让即羞死。'帝以其言不逊,欲抵其罪,徐勉固谏乃止。"《新唐书·李林甫传》:"于时有以材誉闻者,林甫护前,皆能得于天子抑远之,故在位恩宠莫比。"宋陆游《老学庵笔记》卷四:"时中司误以驳为剥,众虽知其非,畏中司者护前,遂皆书曰'剥',可以一笑。"皆是其义。

《宋书·刘穆之传》:"瑀性陵物护前,不欲人居己上。"《新唐书·于志宁传》:"宰相李揆矜己护前,羞与同史任为等列,奏徙休烈为国子祭酒。"清钱谦益《奉直大夫左春坊左谕德赠詹事缪公行状》:"好为人规切过失,不少鲠避。或其人护前讳短,面颈发赤,更刺刺不已。"以上三例以"护前"与"陵物""矜己""讳短"等并列,义亦近。

与"护前"类似的词语还有"妒前""忌前"。《三国志·魏书·傅嘏传》注引《傅子》:"邓玄茂有为而无终……,多言而妒前;多言多衅,妒前无亲。"《魏书·李兴业传》:"每语人云:'但道我好,虽知妄言,故胜道恶。'务进忌前,不顾后患,时人以此恶之。""护前"与之完全相同。

所以曲守约"谓爱居人上"的说法虽然大体意思对,但属臆测而没有理据;《大词典》解释为"回护以前的错误。亦泛指护短",在许多例证中不通。吴金华先生在举出许多例证之后说:"'护前'一词的内涵应是:逞强好胜,不容许别人争先居前。""前"指胜己之人,"护"为提防、阻遏、排摒之义(参见吴金华,1986:120)。按:吴先生功力极深,所说意思皆是,唯"护"字的核心义未明,故其解释未达一间。

与此相关的一个词组是"不护细行"。三国魏曹丕《与吴质书》:"观古今文人,类不护细行,鲜能以名节自立。"《大词典》将其作为"护"作"谨饬"义的例子。根据"护"的核心义磁场,"护"没有"谨饬"义。

《大词典》所释误。

该如何理解"不护细行"呢？

"护"有隐讳、忌讳的意思，"细行"指小节，则"不护细行"就是不拘小节。古代文人通常率性天然，不拘泥于小节，此类记载颇多。《三国志·魏书·刘劭传》裴注引缪袭《昌言表》载仲长统事曰："统性倜傥，敢直言，不矜小节，每列郡命召，辄称疾不就。"《宋书·颜延之传》："好读书，无所不览，文章之美，冠绝当时。饮酒，不护细行，年三十，犹未婚。"是其例。

不管束细节会影响名节和官运。《梁书·张充传》："武帝尝欲以充父绪为尚书仆射，访于俭，俭对曰：'……绪诸子又多薄行，臣谓此宜详择。'帝遂止。先是充兄弟皆轻侠，充少时又不护细行，故俭言之。"《隋书·卢思道从父兄昌衡传赞》："史臣曰：……李、薛纡青拖紫，思道官途寥落，虽穷通有命，抑亦不护细行之所致也。"《旧唐书·于休烈传》："颢谓琮曰：'子人才甚佳，但不护细行，为世誉所抑，久而不调，能应此命乎？'"①是其例。

当然，从另一方面看，不拘小节也有大度慷慨之誉。《晋书·阎缵传》："缵不护细行，而慷慨好大节。"又《太祖五王·鄱阳忠烈王恢传》："世子嗣，字长胤。容貌丰伟，腰带十围。性骁果有胆略，倜傥不护细行，而能倾身养士，皆得其死力。"是其例。

综上看来，"不护细行"就是不拘小节，"护"是隐讳、忌讳（或掩盖）的意思，符合"护"的核心义磁场。而"整饬"不在此核心义磁场范围之内，属于误释。

---

①　"不护细行"更早的说法是"不矜细行"。《书·旅獒》曰："不矜细行，终累大德。"孔传："轻忽小物，积害毁大，故君子慎其微。"

由"护前"和"不护细行"两例的解释可以看出,核心义磁场对新词(或词组)有同样的制约作用。以往的解释容易随文生义,原因是没有抓住核心义,也就无法找到根据。

结　语

核心义及其来源。核心义是由本义概括而来,贯穿于所有相关义项的核心部分。由这个核心义统摄的范围是核心义磁场。核心义磁场制约大部分义项发展(通假义属于核心音磁场)。核心义源于先民对事物本质的认识,对事物之间本质联系的辩证思维。

核心义磁场的类型。如果用声波或水波作比喻,激起声音或水波的石子就是本义,本义产生的力量(即本质联系)是核心义,由核心义辐射出的回声或涟漪就是核心义磁场。用图形描写就是:最中间的点是本义,紧紧围绕着的小圈是核心义,扩展出去的大圈是语义磁场(分为由近及远,由具体到抽象,由实词到虚词的排列布局,磁场控制力渐远渐弱)。核心义的另一构形模式是树形结构,即本义是根,核心义是干,核心义磁场是枝。树根产生树干,树干产生并支撑树枝。无论水波结构还是树形结构,其制约力量都是核心义。

核心义的作用。古人云:"夫天地运而相通,万物总而为一。能知一,则无一之不知也;不能知一,则无一之能知也。"[1]用在语义中,这个"一"就是核心义,知道了核心义,就能准确排列语义场中各义项的位置布局。具体说来,包括:

串联和统括义项和语义。一个词有核心义,一组词也有核心义。

---

[1]　见《淮南子·精神》。

抓住了核心义,就能够把单音词所有义项(通假除外)贯穿起来,把所有具有这一语素的双音节(包括联绵词)或多音节词语贯穿起来,从而理清含义,理清结构形态。所以词语考察都需要以核心义磁场为基本线索。

排除误释的义项。核心义像一个无形的磁场,能把相关的含义吸附到一起。不在这个语义磁场范围之内的,就应当属于语音磁场范畴。如果这两个范畴都不能统括,则必然是错的,或者是临时的语用现象,应当排除在义项之外。

科学阐释词语义项的产生途径。比如"怪"有"笑"义,当是由喜欢的感觉而来,不是后来由"怪笑"连言产生①。不能因为"爱护"连言而认为"护前"的"护"有"爱"义。外因通过内因而起作用,如果一个词从核心义磁场中不能产生某义,而是使用中因为相邻关系而连带产生一义,通常具有偶然性,需要谨慎论证。

有助于重新认识反义相训等说法。如"异日"为何有"过去"和"未来"两个时间含义? 是因为"异"表示有别于现在的时间,既可以是过去的,也可以是未来的。再如"乱"为什么有治理的意思? 有人说是反义相训,其实不对。"乱"是会意字,像上下两手在整理架子上散乱的丝。所以本义是理丝。核心义是由纷乱而渐趋于理顺的过程。由这一核心义磁场出发,(1)过程开始于乱:A. 自然现象的乱:混乱、纷繁、弥漫和混杂。B. 社会秩序的乱:动乱、扰乱。而这源于个人行为的乱②:程度轻的是随意,重的是无道;不合伦理的是淫乱,神志不清的是迷

_____

① 唐宋作品中,有"怪笑"连言者,如:《敦煌变文集·丑女缘起》:"王郎不用怪笑,只缘新妇幼少。"《祖堂集》卷十一:"师云:'还解怪笑得摩?'"有学者认为"怪"有"笑"义是因为"怪笑"连言,是词义沾染的结果,恐怕未必。

② 《管子·君臣下》:"为人君者,倍道弃法而好行私谓之乱。"

乱①。(2)过程结束于治和理:A. 理顺、治理。《书·顾命》:"其能而乱四方。"蔡沉注:"乱,治也。"杨树达(2007:139)说得好:"<ruby>矞</ruby>从爪从又者,人以一手持丝,又一手持互以收之,丝易乱,以互收之,则有条不紊,故字训治训理也。"B. 因为理丝要在"互"这个架子上收治,归结为一,其比喻用法产生了一系列义项:横渡②、乐曲的最后一章、末尾的演唱、辞赋篇末总括全篇要旨的话等等③。所以理丝的结果必然是理顺、治理,不能说是反义为训。一词而具有相反二义,通常体现了古人对事物的辩证认识,绝不是毫无根据的"反训"。

各类语义学的研究都需要核心义的支撑。如同形词(或曰字)的关系靠核心义磁场理清;同义词或近义词的异同借助于核心义磁场辨别;同源词的联系有赖于核心义相同;其他如常用词、后起字(词)和新词新义都在核心义控制中。

推求核心义的方法。

如何捕捉深藏着的核心义呢? 如果知道其本义(或基本义),可以从本义出发,看它现象之后的本质是什么、目的是什么、途径是什么、过程是什么、结果是什么、对象是什么,这通常是其核心义。如果不知道其本义,就看诸多义项之间的内在联系,那些能够有具体义联系、抽象义联系或概括义联系的共有的东西就是核心义;也可以根据一组同源词的核心义推导出某一词的核心义。

具体的分析步骤是:从一个词的本义入手,如"副""利";从一组同源词的核心义入手,如"磐石"与"般、槃、鎜、幋"等;从一个词的语用构

---

① 《易·萃》:"乃乱乃萃,其志乱也。"高亨注:"乱者,神志昏乱也。"
② 《诗·大雅·公刘》"涉渭为乱"孔颖达疏:"水以流为顺,横渡则绝其流,故为乱。"笔者以为还是总括意思的比喻用法。
③ 《楚辞·离骚》:"乱曰:已矣哉,国无人莫我知兮,又何怀乎故都!"王逸注:"乱,理也,所以发理辞指,总撮其行要也。"

词入手,如与"忙"结合的双音词有"忙遽""忙急""忙怕""忙乱""慌忙""惊忙"等;从同义词的联系入手,如"如一"与"若一","怪、异、奇"等。

词典编纂的初步构想。

科学意义上的词典编纂离不开核心义磁场。笔者以为目前词典编纂有一定缺陷,应当改进。具体包括以下几点:

缺乏核心义。应当在本义后列核心义。因为绝大多数核心义从其本义而来,它所产生的磁场是统括和吸附通假义之外所有义项的灵魂。

双音词或多音词与义项的对应关系不明确。应当在义项下标注词条,或者在词条中标明义项序号,以相呼应,说明其间联系。如"护前"对应的是"护"的"忌讳"义。不在义项下的词条更无从统括。比如"自副"排列在"自"字下,与"副"诸多义项的照应关系应当标明,或者互见更好。

双音词或多音词的解释含混,不能字字落实,不能说明结构关系。比如《大词典》没有列"不废"作为词条,没有解释其不妨碍、无妨的意思,却列"不废江河"作为词条,引杜甫诗"不废江河万古流",云:"后以'不废江河'赞扬作家或其著作流传不朽。"这不属于语言词典的解释范畴。

前人的随文生义以及仅有孤例的义项也列入释义中,容易混淆核心义。确有参考价值者可在附录或备考栏目中列出,便于查找和研究。

笔者初步拟构词典编纂中每一词的基本框架可分为三部分:

第一部分:本义(或基本义,《说文》/古文字)→核心义→核心义磁场:由近及远,由实到虚。

第二部分:基本音(上古音或广韵)→核心音磁场:通假义。

第三部分:备考栏。对不能确定的旧义或无法归类的前人的说法,暂存备考,以俟达者。

　　以前的词典框架其实也基本根据这个思路,但是因为没有抓住核心义和核心义磁场,所以无力统括各个义项,布局缺少章法,排列有点混乱。其下属的双音节词、词组和多音词也无法在磁场的统括下展示,不便于理解。

参考文献

黄侃(述),黄焯(编),1983,《文字声韵训诂笔记》,上海:上海古籍出版社。

黄征、张涌泉(校注),1997,《敦煌变文校注》,北京:中华书局。

曲守约,1968,《中古辞语考释》,台北:商务印书馆。

王梵志(著),项楚(校注),1991,《王梵志诗校注》,上海:上海古籍出版社。

吴金华,1986,《"护前"不是"护短"》,上海辞书出版社辞书研究编辑部(编)
　　《疑难字词辨析集》,上海:上海辞书出版社。

项楚,2000,《寒山诗注》,北京:中华书局。

杨树达,2007,《积微居小学述林全编》,上海:上海古籍出版社。

段玉裁与汉语词汇核心义研究[*]

王云路

笔者(2006)通过对多义词本义的推演,并对各个义项之间起主要联系作用的词义特征进行归纳总结,提出了"核心义"及"核心义磁场"的观点:

> 何谓核心义? 核心义不是本义,不是主要意义,不是常用意义,而是由本义概括而来,贯穿于所有相关义项的核心部分,是词义的灵魂,因而是看不见的,没有一个具体词是这个意义。……由这个核心义统摄的范围我们称之为核心义磁场。

2014年,笔者又与王诚博士完成并出版了专著《汉语词汇核心义研究》,该书列入国家哲学社会科学成果文库。笔者的"核心义"概念,强调了核心义来源于本义,是词义的核心组成部分,而不是具体的义位。核心义对词义系统中的相关义项具有统摄性。笔者认为:在一个词的意义系统中,词义产生的方式主要有三类:一是由核心义统摄的引申义,二是与语音相关的通假义,三是使用中产生的语用义。具体来说,本义产生核心义,核心义制约绝大部分义项的产生和发展;语音相同或相近的词通用,从而产生通假义;在具体语境中产生的是语用义

---

　　* 原文载于华中科技大学出版社《华中国学2016年·春之卷(总第六卷)》。

（包括语句中的结构关系决定的语法义）。

早在 1994 年，宋永培、苏宝荣以及张联荣等先生就提出了"核心义"等类似看法，只是角度等有所不同。笔者更加强调其源于本义，从本义抽象、概括而来的特点，并做了详尽的论述。而从源头上看，笔者以为，段玉裁、王念孙等清代学者已经充分关注了单个词语的核心义，提出了精炼的概括性结论，只是没有提出"核心义"这样的概念而已。在《说文解字注》中，段玉裁每每于例证分析后提出其核心义。如：

> 《说文·金部》："釭，车毂中铁也。"段注："木部曰：'槈，车毂中空也。'今《考工记》作薮。大郑云：'薮读为蜂薮之薮。谓毂空壶中也。'按壶中谓三十辐蔀所趋，非以铁鍱里［裹］之，惧其易伤也。其里［裹］之之铁鍱曰釭，因之壶中亦曰釭。《释名》曰：'釭，空也，其中空也。'《方言》曰：'自关而西谓之釭。'引申之，凡空中可受者皆曰釭。"

从段注可知刘熙的观点是正确的，"中空"（"空中可受"）是"釭"的核心义。

兹从核心义的角度，约举段玉裁的贡献如下。

一、对《说文》中的抽象性解说加以强调

许慎《说文解字》的主要任务是解释字的本义，但在某些情形下，许慎说解的正是本义抽象出的核心义，段玉裁对此往往加以强调，明确其统括其他义位的功能。如：

　　《说文·攴部》："彻，通也。"段注："《孟子》曰：'彻者，彻也。'
郑注《论语》曰：'彻，通也。为天下通法也。'按《诗》'彻彼桑土'，
传曰：'裂也。''彻我墙屋'，曰：'毁也。''天命不彻'，曰：'道也。'
'彻我疆土'，曰：'治也。'各随文解之。而'通'字可以隐括。"

　　段玉裁逐一列出六家的说法"彻、通、裂、毁、道、治"等，指出：诸家
对"彻"的解释皆为随文释义，许慎的"通"字可以隐括，而"通"就是
"彻"的核心义。

　　《说文·比部》："比，密也。"段注："今韵平上去入四声皆录此
字，要'密'义足以括之。其本义谓相亲密也。余义偪也、及也、次
也、校也、例也、类也、频也、择善而从之也、阿党也，皆其所引伸。"

　　段玉裁列出"比"的本义为"相亲密"，其实就是两人相近。而"比"
其他的义项段玉裁一气列出九个，并明确指出是本义的引申义，均可以
用"密"字来概括。这个"密"就是"比"的核心义。所以，除了没有用
"核心义"这个术语外，段玉裁已经完完全全揭示了"密"是"比"的核心
义，而不是本义。所以，把核心义研究的发端上推到段玉裁是顺理成
章的。

　　《说文·广部》："廉，仄也。"段注："廉，隅也。又曰：廉，棱也。
引申之为清也、俭也、严利也。许以仄晐之。"

　　段玉裁不仅指出"廉"的本义是"隅"，还列举"廉"字可以用"仄"
统摄的诸义项，而"仄"正符合核心义的特征。当然，段玉裁的研究主

要依循词义引申的模式,核心义并不是他的研究主体。但核心义是汉语词义发展的灵魂,自然处处体现,因而许慎会不自觉地用核心义释词而不是用本义,段玉裁则在揭示被释词本义的基础上指出其为抽象义,足以统括诸多义项。

二、对《说文》中的本义加以抽象概括

更可贵的是,在分析词义的实践中,段玉裁能从《说文》的造字本义中概括出词的核心的抽象意义,并用它来和词的各个引申义相关联。比如:

> 《说文·玉部》:"理,治玉也。"段注:"《战国策》:'郑人谓玉之未理者为璞。'是理为剖析也。玉虽至坚,而治之得其鳃理以成器不难,谓之理。凡天下一事一物,必推其情至于无憾而后即安,是之谓天理,是之谓善治,此引伸之义也。戴先生《孟子字义疏证》曰:理者,察之而几微必区以别之名也,是故谓之分理。在物之质曰肌理、曰腠理、曰文理;得其分则有条而不紊,谓之条理。郑注《乐记》曰:理者,分也。许叔重曰:知分理之可相别异也。古人之言天理何谓也?曰:理也者,情之不爽失也,未有情不得而理得者也。天理云者,言乎自然之分理也。自然之分理,以我之情洁人之情,而无不得其平是也。"

许慎已经指出"理"的本义是治玉,段玉裁从中抽象、概括出"剖析、分理"义,可以说这就是"理"的核心义,它统摄分理、肌理、腠理、文理、条理、天理等诸义项。

《说文·目部》:"相,省视也。"段注:"《释诂》、毛传皆云相视
也,此别之云省视,谓察视也。按目接物曰相,故凡彼此交接皆曰
相。其交接而扶助者,则为相瞽之相。"

"相"的本义是视、察看,为什么有"互相"之义?段玉裁指出:"目
接物曰相,故凡彼此交接皆曰相。"这个"交接"就是"相"的核心义,而
"互相"正是"交接"的表现之一。

《说文·音部》:"竟,乐曲尽为竟。"段注:"曲之所止也。引伸
之,凡事之所止、土地之所止,皆曰竟。毛传曰:疆,竟也。俗别制
境字,非。"

所以"竟"的核心义是停止、终止,"境"是边界的停止。《诗·大
雅·瞻卬》:"鞫人忮忒,谮始竟背。"郑玄笺:"竟,犹终也。"亦其例。从
范围的终止看,就是遍、全。《汉书·王莽传上》:"莽休沐出,振车骑,
奉羊酒,劳遗其师,恩施下竟同学。"从时间的终止看,就是从始到终的
整段时间。《史记·齐太公世家》:"竟顷公卒,百姓附,诸侯不犯。"从
事件的终止看,就是终于、到底。《史记·陈涉世家》:"陈胜虽已死,其
所置遣侯王将相竟亡秦,由涉首事也。"如果终止的结局出乎意料,就
是竟然、倒。《史记·陈丞相世家》:"及吕后时,事多故矣,然平竟自
脱,定宗庙,以荣名终,称贤相。"从向终止发展的过程看,就有穷究、追
究义。《史记·司马穰苴列传》:"余读《司马兵法》,闳廓深远,虽三代
征伐,未能竟其义。"所以"竟"的核心义统摄了大部分义项。

《说文·永部》:"永,水长也,象水巠理之长。"段注:"引申之,

> 凡长皆曰永。《释诂》、毛传曰：'永，长也。'《方言》曰：'施于众长谓之永。'"

从段注可知，汉代学者已经清晰地指出了"永"的形态特征——长。而这个特征就是核心义。时间长谓永远、永久。有"永夕""永夜""永日""永昼"表示漫长的夜晚或白天；作动词，谓延长时间。《尚书·盘庚上》："天其永我命于兹新邑。""永命"表示延年长寿。"永啸"犹言"长啸"，"咏"是其增符字。《尚书·舜典》："诗言志，歌永言。"孔传："歌咏其义，以长其言。"就是拖长声调吟唱。空间长，即距离远，有"永巷""永路"等。《汉书·高后纪》："四年夏，少帝自知非皇后子，出怨言，皇太后幽之永巷。"颜师古注："永，长也。"以上含义都蕴含"长"这一核心义，而这正是"永"的形态特征。

> 《说文·水部》："汲，引水也。从及水，及亦声。"段注："各本有于井二字，今依玄应引及《玉篇》订。其器曰瓶，曰瓮。其引瓮之绳曰绠，曰繘。《井》九三曰：可以汲。引伸之，凡擢引皆曰汲。《广雅》曰：'汲，取也。'"

据段玉裁分析，"擢引"就是"汲"的核心义。从井中向上提水这个生活中的具体动作，引申出抽象含义引荐、提拔，即把人从基层提到高位。如《汉书·刘向传》："禹稷与皋陶传相汲引，不为比周。"《后汉书·张王种陈传论》："张晧、王龚，称为雅士，若其好通汲善，明发升荐，仁人之情也。"还有获取、汲取义，从略。

三、用抽象义揭示相关词间的联系与区别

两个相关或相近词语有诸多联系和区别,段玉裁每每指出这些词义间的共同特点和本质区别,其辨析的主要方法就是通过揭示其各自的抽象义,而从今天的眼光看,这种抽象义本质上就是"核心义"。在表述上,段玉裁常用"凡……皆曰某"的句式,表现了对义项间联系的抽绎和归纳,概括力极强。

> 《说文·异部》:"戴,分物得增益曰戴。"段注:"《释训》曰:'蓁蓁、孽孽,戴也。'毛传云:'蓁蓁,至盛貌。孽孽,盛饰。'是皆谓加多也。引伸之,凡加于上皆曰戴,如土山戴石曰崔嵬,石山戴土曰砠是也。又与载通用,言其上曰戴,言其下曰载也。"

我们以"戴"与"载"为例。

"戴"的本义是把东西加在头上或用头顶着。《孟子·梁惠王上》:"颁白者不负戴于道路矣。"《庄子·让王》:"于是夫负妻戴,携子以入于海,终身不反也。"是其例。据段注"凡加于上皆曰戴","戴"的核心义是加于上,即在上;段注还进一步明确了相关词语"载"与"戴"的关系:"言其上曰戴,言其下曰载也。"看看我们流传至今的词语如"不共戴天""车载斗量"等,无不证明段说的精确可信。

抽象的加于上,就是尊奉、拥戴。《尚书·大禹谟》:"众非元后何戴,后非众罔与守邦。"《国语·周语上》:"庶民不忍,欣戴武王。"韦昭注:"戴,奉也。"引申指感恩。《三国志·吴书·朱桓传》:"桓分部良

吏,隐亲医药,飧粥相继,士民感戴之。"现代汉语还有"爱戴""感恩戴德"等。

　　具体的加于上,就是穿戴、佩戴等,如戴花、戴眼镜、戴帽子。高于上,则是值、当。《晏子春秋·杂下四》:"古之立国者,南望南斗,北戴枢星。"如"披星戴月""不共戴天"等。

　　加于上的持续动作,就是持、奉等。《史记·鲁周公世家》:"周公北面立,戴璧秉圭,告于太王、王季、文王。"而捧、举的状态就是竖着、立。唐段成式《酉阳杂俎·黥》:"从者惊觉,毛戴。""戴目"是侧目,也受其核心义制约。

　　段玉裁还对众说纷纭的"土山戴石、石山戴土"说进行了讨论:"如土山戴石曰崔嵬,石山戴土曰砠是也。"言简意赅,一语中的。用核心义解释:"土山戴石"谓山顶上是石头,即石头加于土山之上;"石山戴土"是山顶为土,即土加于石山之上。

　　我们再讨论"载"。《说文·车部》云:"载,乘也。""载"从"车",本义是车载,车、船等交通运输工具,乘坐、装运、装运的货物等义,都是本义的直接应用。"载"虽然也是增加物,但是从承受者(车)的角度看,就是居于下位,是对物的容纳、承受。这是其核心义。从引申出的抽象义看,有任、担负义,是对责任、事业等的承受和容纳。《荀子·富国》:"以国载之,则天下莫之能隐匿也。"杨倞注:"载,犹任也。以国委任贤士则天下莫能隐匿,言其国声光大也。"作名词,则谓事业、事情。《书·舜典》:"谘四岳有能奋庸熙帝之载。"孔传:"载,事也。"孔颖达疏:"群臣之内,有能起发其功,广大帝尧之事者,我欲使之居百揆之官。"《后汉书·南匈奴传》:"永言前载,何恨愤之深乎!"李贤注:"载,事也。"

　　"载"还可以表示"盟词",这与核心义"容纳"有何关系?《周礼·

秋官·司盟》：“司盟,掌盟载之法。”郑玄注：“载,盟辞也。盟者书其辞于策,杀牲取血,坎其牲,加书于上而埋之,谓之载书。”郑玄注得非常明晰：书写的盟誓言辞要置放在祭品之上,从祭祀的牺牲看,就是承载和容纳。《左传·僖公二十六年》：“载在盟府,太师职之。”杜预注：“载,载书也。”亦其义。①

通过分析,可以证明段注“言其上曰戴,言其下曰载也”的结论是深中肯綮的,所谓“顶戴”“承载”正是其义。

意义相关,抽象出的核心义并不相同。段玉裁每每指出其相同与相异。我们再以“际”“间(閒)”与“隙”为例。

《说文·𨸏部》：“际,壁会也。”段注：“两墙相合之缝也。引申之,凡两合皆曰际。际取壁之两合,犹间取门之两合也。”

段注讨论了同样具有“两合”义的“际”与“间”。“际”的核心义是两合,即两物交会、相合。

《说文·门部》：“间,隙也,从门从月。”段注：“隙者,壁际也。引申之凡有两边有中者皆谓之隙。……门开而月入,门有缝而月光可入,皆其意也。”

徐锴《系传》：“夫门当夜闭,闭而见月光,是有间隙也。”“间”的本

---

① 据古注,“载”还有“行;施行”义。从核心义角度看,施行与容纳不相吻合,笔者以为诸家所说不确。《汉书·曹参传》：“曹参代之,守而勿失。载其清靖,民以宁壹。”颜师古注：“载犹乘也。”王先谦补注引王念孙曰：“载,行也,谓行其清靖之治也。师古训载为乘,失之。”按,颜注“乘”正是承载、容纳义,王念孙说不确。

义指门缝,泛指有缝隙,"间隔"就是"间"的核心义。"间"的义位可分空间与时间意义两大类,每一类中都有小类,如空间类中,有间隔处、进入间隔处、产生间隔这样三类,而时间类通常可以细分为时间点、时间段、时间段的接续等。例略。

古人的观念中,时间和空间概念可以互相转化,"际"可以由表示空间上两物相交接转指时间上前后两段相交接。《论语·泰伯》:"唐虞之际,于斯为盛。"这是表示时间段。还表示抽象的时机义。《晋书·杨佺传》:"恒慷慨切齿,欲因事际以逞其志。"是其例。成语"因缘际会"亦其义。这也是"际"与"间"的相关性。

> 《说文·𨸏部》:"隙,壁际也。"段注:"际,自分而合言之;隙,自合而分言之。"

"隙"和"际"本义都与墙壁有关,"隙"指的是墙壁上裂开的缝隙,"际"指的是墙壁与墙壁交接的边线。二者在所指的对象上相同,在引申义上有重合的义位:都可以指缝隙,抽象都有接近、到达义。所以"隙"和"际"在这一点上属于同义词。

这两个词的差异段玉裁说得很透彻:"际,自分而合言之;隙,自合而分言之。""隙"强调的是"分","际"强调的是"合",因此"隙"和"际"的核心义大不相同。"国际""人际""交际""际会",都强调双方的联系;"裂隙""间隙""空隙""嫌隙",都强调双方的裂痕。而在"缝隙"的含义下,"隙"与"间"倒是真正的同义词:"隙"是墙缝,"间"是门缝,虽然造字取象不同,但目的、功用是相同的,即表达缝隙义。但其不同的核心义又导致了完全不同的引申义:"间"从空间到时间,应用很广;"隙"则以实际的缝隙义和抽象的嫌隙义为主,比较局限。

简言之：在"两合"意义上，"际"与"间"相关。在"缝隙"的含义下，"隙"与"间"同义。在"墙壁缝隙"这一点上，"隙"和"际"属于同义词。

通过核心义的统系，可以看到，不同的词存在诸多相关性：义位之间存在由特指到泛指的转变、由名词到动词的转变、由具体到抽象的转变等，以及时间与空间的互相转变。这些正是词义发展的通例和基本模式。段玉裁的分析往往为我们提取核心义，进而分析呈现词义的演变规律提供了极大的便利和启示。

四、用词语的抽象义分辨引申与假借

除了辨析同义词外，核心义还能够为我们辨析引申与假借提供依据。段玉裁抽绎和归纳出了词语的抽象义，从而能准确地判断出引申和假借。如《说文·刀部》："副，判也。"段玉裁注引颜师古《匡谬正俗》曰："副贰之字，副字本为福字。从衣畐声。今俗呼一袭为一福衣，盖取其充备之意。非以覆蔽形体为名也。然而书史假借，遂以副字代之。"并指出其误："按颜说未尽然也。副之则一物成贰，故仍谓之副。"段说是。他精准地把握了"副"的核心义，故能指出"副贰"之"副"并非"福"之假借，而是"副"字本义的引申。"一袭"即一套衣服。衣服成套称为袭。《史记·赵世家》："赐相国衣二袭。"裴骃集解："单复具为一袭。"《汉书·昭帝纪》："有不幸者赐衣被一袭。"颜师古注："一袭，一称也，犹今言一副也。"都证明了段说正确。

五、揭示声符表示抽象义的作用

揭示声符的表意作用,就是揭示同源词义项间的联系。段玉裁说:"凡从某者皆有某义。"这虽然依托于右文的形式,但揭示的其实是声音和意义的关系,即词的抽象义。

首先,段玉裁十分注重同声符字的意义联系,认为声符相同则意义相近或相关。段玉裁有一个很精彩的概括:"凡字之义必得诸字之声者如此。"①段玉裁注《说文》面对的是字而不是词,因此他的归纳常常以右文的形式出现,但他敏锐地发现了并且真正重视的是声符与意义的联系,这是同源词的构词理据,也是探索和掘发核心义的途径之一。如下面几例:

> 《说文·言部》:"謘,悲声也。"段注:"斯,析也。澌,水索也。凡同声多同义。锴曰:今谓马悲鸣为嘶。"
>
> "娃"字段注曰:"凡圭声字义略相似。"
>
> "庄"字段注曰:"此形声兼会意字,壮训大,故庄训艹大,古书庄壮多通用,引伸为凡壮盛精严之义。"
>
> "力"字段注曰:"筋下曰:肉之力也。二篆为转注。筋者其体,力者其用也,非有二物。引申之,凡精神所胜任皆曰力。象其条理也。人之理曰力,故木之理曰朸,地之理曰防,水之理曰泐。"

---

① 　见段玉裁《说文解字注》"德"字注语。

段玉裁关于"形声兼会意"的观点,有力揭示了声符表达核心义的重要作用。

段玉裁经常在注释单字的时候连类而及同声符的字,指出它们之间的联系,在表述上,使用"凡从某之字多训某""凡某声字多取某义"等句式,这类说法可以看作对其同源词的核心义的一种阐释。如下例:

> 《说文·儿部》:"兀,高而上平也。从一在儿上。"段注:"儿各本作人。今正。一在儿上,高而平之意也。凡从兀声之字多取孤高之意。"

段注所谓"孤高"就是"兀"字的核心义,同时也是从"兀"之字的核心义。如:"阢,石山戴土也。"段注:"《释山》曰:'石戴土谓崔嵬。'然则崔嵬一名阢也。""矹"为石之突出,"屼"为山之高耸,"杌"为树木之孤零,"虺"为不安,这些都与"孤高"义相关。《寒山诗·平野水宽阔》:"平野水宽阔,丹丘连四明。仙都最高秀,群峰耸翠屏。远远望何极,矹矹势相迎。"项楚(2000:693)注:"矹矹:同'屼屼',山势高耸貌。"并引段注曰:"'矹矹''屼屼'皆高耸之义。"而孤高才容易摇动,义亦相因。还有"扤""䡾"等多表示摇动,而孤高才容易摇动,义亦相因。

凡此,都能够反映出段玉裁已经隐约看出了汉语词义系统中,在一个词的诸多义项间、一个词与其同源词的意义间,以及同义词之间有一个联系相关意义的纽带,或者说,某类词语含义有其本质上的内在一致性,而这些正是汉语词汇具有核心义的证据。

当然,段玉裁的说法并非都正确,需要加以鉴别与验证。这里就不讨论了。

参考文献

项楚,2000,《寒山诗注》,北京:中华书局。

许慎(撰),段玉裁(注),1981,《说文解字注》,上海:上海古籍出版社。

谈谈汉语词汇核心义的类型*

王云路

　　核心义研究可以为建构多义词词义关系提供一种模式。核心义源于造字之义,是造字义特征的抽象化。核心义贯穿和统摄多义词的大多数义项,因而核心义研究和词义演变研究紧密关联。虽然"核心义"的概念是由当代学者提出的,但核心义作为贯穿、统摄词义的一种抽象意义,在传统训诂的研究中早就有所涉及,从许慎《说文解字》以来的诸多学者在释义时都在不经意中有所涉猎,特别是清代乾嘉学者在实际的研究中对词的核心义多有揭示。笔者(与王诚合作)2014 年出版的《汉语词汇核心义研究》尝试对核心义研究做理论上的建构,较为系统地阐述了核心义研究的原理、方法和实践意义(参见王云路,2006;王云路、王诚,2014)。

　　核心义都是来源于事物的特征义,而这种特征义大多可从造字本义来总结。许慎《说文解字·叙》说到古人的造字之法时说:"仰则观象于天,俯则观法于地,观鸟兽之文与地之宜,近取诸身,远取诸物。"我们从以下字形或词例中也能够体会这一点。

　　本文用具体例证探讨核心义的产生类型。这里大致根据造字义把词义分为三类:一是名物的特征义,二是动作的特征义,三是现象或性质的特征义。古人把字的这些特征义提取出来,施用于方方面面,就体

　　* 原文载于《西南交通大学学报(社会科学版)》2021 年第 1 期。

现了词语的表意功能,使单个词的意义变得越来越丰富,应用的面也越来越广。

一、名物的特征义

名物的特征义主要体现在物体形状、物体位置和物体作用上,包括天然之物和人造之物两方面,以名词居多。下面举四组例子:

(一) 节

《汉语大词典》"节"字有 27 个义项,除了本义和假借义外,主要有以下义项:(1)节令;节气。(2)节日。(3)礼节。(4)节操;气节。(5)节奏;节拍。(6)节约;节省。(7)控制;限制。(8)适度。

前 5 义是抽象名词,第 6 和第 7 义是抽象动词,第 8 义是抽象形容词义。这些抽象意义都由"节"表达,那么"节"是如何联系以上诸多义项的?

这是"远取诸物"的例子。《说文·竹部》:"节,竹约也。从竹即声。"段注:"约,缠束也。竹节如缠束之状。《吴都赋》曰:'苞笋抽节。'引伸为节省、节制、节义字。又假借为符卪字。"可见"节"的本义是竹节,其形状特征是缠束状,就是限制和约束,竹子一节与另一节的连接处,即"关节",同时也是段之间的区分处,区分与连接,就是"节"的功能特征。

"节"的这个特征义施用于竹子和树木以外的事物,就是特征义的运用。具体说来,时间段之间的连接处称节气、节日;人体骨头的连接处是骨节、关节,《说文·肉部》:"肘,臂节也。"段注:"厷与臂之节曰肘,股与胫之节曰䐐。"规范的节点是礼节、节操、仪节,就是合礼与否的界限;音乐小段的连接处即节奏、节拍;对动作或物品使用等的约束限制就是节约、控制。《易·颐·象》曰:"君子以慎言语,节饮食。"更为抽象的约束就是适度。同义并列有"节度""守节",就是遵守节度。

"节"本义的延伸包括:(1)植物茎的节。《说文·艸部》:"藆,水艸也。"段注:"今水中茎大如钗股,叶蒙茸深绿色,茎寸许有节者是。"(2)作量词,表示植物的"段"。《颜氏家训·书证》:"然今水中有此物一节长数寸,细茸如丝,圆绕可爱,长者二三十节,犹呼为菁。"也表示其他事物的段,如"一节课""一节车厢"。

应当说明的是,上文段注称"又假借为符卪字",这里的"假借"应当看作引申。《说文·竹部》:"符,信也。汉制以竹,长六寸,分而相合。从竹付声。"段注:"《周礼》:'门关用符节。'注曰:符节者,如今宫中诸官诏符也。小宰傅别,故书作傅辨,郑大夫读为符别。汉《孝文纪》:'始与郡国守相为铜虎符、竹使符。'应劭云:铜虎符一至五,国家当发兵,遣使至都合符,符合乃听受之。竹使符皆以竹箭五枚,长五寸,镌刻篆书第一至第五。张晏曰:符以代古之圭璋,从简易也。按许云六寸,《汉书》注作五寸,未知孰是。""符节"以竹为之,作为凭证,所以称"符节",不是假借。

(二)耳、眉

这是"近取诸身"的例子。"耳",其本义是耳朵。《孟子·梁惠王上》:"声音不足听于耳欤?"其本义的延伸义包括"听见",这是耳朵的功能。《韩非子·外储说左上》:"君其耳而未之目耶?"包括"耳语",即贴近耳边说话。《三国志·魏书·刘放传》云:"太尉亦至,登床受诏,然后帝崩。"裴松之注引晋郭颁《世语》:"帝问放、资:'谁可与太尉对者?'放曰:'曹爽。'帝曰:'堪其事不?'爽在左右,流汗不能对。放蹑其足,耳之曰:'臣以死奉社稷。'"卢弼集解引胡三省曰:"附耳语之也。"这些含义与耳朵本身有直接联系,所以属于本义的自然延伸。

"耳"的词义特征包括弯曲似耳形或贴附、对称。因为耳朵有紧贴面颊的特点,也有双耳对称的特点。可以从耳朵的形状取义,"木耳""石耳""银耳"弯曲似耳形,就包含了其形状特征;可以从人耳的贴附性取义,房子旁边紧贴的小房子可以称为"耳房""耳舍",大门旁边的小门称为"耳门";也可以从人双耳的对称性取义,将器物两旁供人提挈的部分称"耳子";旧式戏台台前正厅称池子,两边座位的地方则称为"耳池"。

所以,简单的"耳"在核心义上就有耳形、紧贴以及紧贴而对称三方面特征,当然,取的是形状与位置的特征义。

可以比较的是"眉"。《说文·眉部》:"眉,目上毛也。""眉"是眉毛,因其在眼之上,可表示事物的上端,如书眉、眉批、眉端。又表示旁侧,《汉书·陈遵传》:"观瓶之居,居井之眉。"颜师古注:"眉,井边地,若人目上之有眉。""湄"谓水和草相接的岸边;"楣"指房屋的次梁,或门框上边的横木,即门楣,取其在上义,都可以证明"眉"的位置特征。

形状特征义包括位置特征,"耳""眉"即其例,"耳"取其对称的特征,"眉"取其居上或旁边的特点。

(三)吕

"吕"是取象人体的一个字①。《说文·身部》:"身,躬也。"段注:"吕部曰:躬,身也。二字为互训。躬必入吕部者,躬谓身之躯,主于脊骨也。"《急就篇》卷三:"尻髋脊膂腰背吕。"颜师古注:"吕,脊骨也。"

---

① 甲骨文的"吕"有不同的解释,这里从略。我们依照《说文》的解释,也有同源字作旁证。

可见"吕"的本义是脊椎骨,与"吕"相关的"背""脊"等可以充分印证这一点。

《说文·㲋部》:"脊,背吕也。""脊"是脊柱,上象脊骨之形,下从肉。段注:"《释名》曰:脊,积也。积续骨节脉络上下也。兼骨肉而成字也。""脊"是人或动物背部中间的骨肉,可表示物体中间高起的部分,如山脊、书脊等。又表示条理。《诗·小雅·正月》:"维号斯言,有伦有脊。"毛传:"脊,理也。"可以起支撑作用,如"脊梁骨"。《说文·肉部》:"背,脊也。"段注:"㲋部曰:脊,背吕。然则脊者,背之一端,背不止于脊,如髀者股外,股不止于髀也。云背脊也,股髀也,文法正同。《周易》:艮其背,不获其身。""背吕"就是后背的脊椎骨。《说文·㲋部》:"㲋,背吕也。"段注:"吕下曰:脊骨也。脊兼骨肉言之,吕则其骨,析言之如是。浑言之,则统曰背吕,犹俗云背脊也。"段注对"脊""吕"关系的分析很精彩。

"背吕"也称"脊吕"。《说文·肉部》:"膌,瘦也。"段注:"广部曰:瘦,臞也。许欲令其义错见也。膌亦作瘠,瘦亦作膄。凡人少肉则脊吕历历然,故其字从脊。"现代汉语中"吕"已经不是脊椎骨的意思了,但是在一些同源词中,还能够看出"吕"的特征。那么"吕"有什么特征呢?

第一,位置的特征义——居中。《说文》段注可以给我们一些启迪,《说文·宫部》:"宫,室也。从宀,躳省声。"段注:"《释宫》曰:宫谓之室,室谓之宫。郭云:皆所以通古今之异语。明同实而两名。按宫言其外之围绕,室言其内。析言则殊,统言不别也。毛诗:作于楚宫,作于楚室。传曰:室犹宫也。此统言。宫自其围绕言之,则居中谓之宫。五音宫商角徵羽。刘歆云:宫,中也。居中央,唱四方,唱始施生,为四声纲也。"分析字形,段注:"按说宫谓从宀吕会意,亦无不合。宀绕其外,吕居其中也。吕者,脊骨也,居人身之中者也。"所以"吕"应当有居中之义。而目前只有段注揭示的"宫"字符合这个含义。我们看相关的例子。

建筑物称"宫",侧重于表示位置"居中"。《吕氏春秋·知度》说得很明白:"古之王者,择天下之中而立国,择国之中而立宫,择宫之中而立庙。"因为其居中的地位,所以可以指帝王之宫,也指宗庙。《诗·召南·采蘩》:"于以用之?公侯之宫。"毛传:"宫,庙也。"《公羊传·文公十三年》:"周公称大庙,鲁公称世室,群公称宫。"也可指神殿、佛寺、道观等庙宇。《楚辞·九歌·云中君》:"謇将憺兮寿宫,与日月兮齐光。"王逸注:"寿宫,供神之处也。祠祀皆欲得寿,故名为寿宫也。"相应地,"宫"指居于其中的帝王、后妃也是很自然的。

显示其居中,则需要环绕的围墙等,所以"宫"也表示"环绕"或起环绕作用的围墙,即段注所谓"宀绕其外,吕居其中也"。《仪礼·觐礼》:"诸侯觐于天子,为宫三百步,四门,坛十有二寻,深四尺,加方明于其上。"郑玄注:"宫谓壝土为埒,以象墙壁也。"《礼记·儒行》:"儒有一亩之宫,环堵之室,筚门圭窬,蓬户瓮牖。"郑玄注:"宫谓墙垣也。"以上是宫的名词义。《礼记·丧大记》:"君为庐宫之,大夫、士襢之。"郑玄注:"宫,谓围障之也。"《尔雅·释山》:"大山宫小山,霍。"郭璞注:"宫,谓围绕之。"邢昺疏:"谓小山在中,大山在外围绕之,山形若此者名霍。"以上是动词义。

上古五刑之一的"宫刑"的得名恐怕也源于其刑罚的对象是人体最中间的位置。《书·舜典》:"五刑有服。"孔传:"五刑:墨、劓、刖、宫、大辟。"《周礼·秋官·司刑》:"掌五刑之灋,以丽万民之罪,墨罪五百,劓罪五百,宫罪五百,刖罪五百,杀罪五百。""墨"是脸上刺墨字,"劓"指割鼻子,"刖"指剜掉膝盖骨或断足,"月"的基本特点是"缺""阙"。

"宫刑"主要指阉割男子生殖器(也包括破坏妇女生殖机能)的刑罚。而生殖器居于人体(从头到脚)之正中位置,这大约是刑罚"宫"得名的缘由。《书·吕刑》:"宫辟疑赦。"孔传:"宫,淫刑也。男子割势,妇人幽闭,次死之刑。"《太平御览》卷六百四十八引《尚书大传》:"男女不以义交者,其刑宫。"

另外,"宫"还可以假借为表示自身义的"躬"。《国语·楚语上》:"余左执鬼中,右执殇宫,凡百箴谏。吾尽闻之矣,宁闻他言?"王引之《经义述闻·国语下》引王念孙曰:"宫读为躬,中、躬皆身也。执殇宫,犹言执鬼中,作'宫'者假借字耳。"明汤显祖《紫钗记·回求仆马》:"花星有喜不为孤,身宫所恨悭奴仆。"而"躬"亦作"躳"。"身"与表示脊椎骨的"吕"合并指身体,应当是会意字;作"躬"当属于形声字。

第二,作用的特征义——支撑。《说文·吕部》:"吕,脊骨也。象形。昔大岳为禹心吕之臣,故封吕侯。"段注:"吕象颗颗相承,中象其系联也。沈氏彤释骨曰:项大椎之下二十一椎通曰脊骨,曰脊椎,曰膂骨。或以上七节曰背骨,第八节以下乃曰膂骨。……皇天嘉之,胙以天下,赐姓曰姒,氏曰有夏。谓其能以嘉祉殷富生物也。胙四岳国,命为侯伯,赐姓曰姜,氏曰有吕,谓其能为禹股肱心膂,以养物丰民人也。""吕"是象形字,后作"膂",为形声字,都指脊骨。"心吕之臣",犹言"心腹之臣","心吕"即"心膂",所以"吕"还有坚强支柱的比喻用法。这个用法也比较少见,可以参照上述"脊"字。

第三,形状的特征义——连接。段注"吕象颗颗相承,中象其系联也",是说"吕"有相连的特征。所以《广雅·释宫》:"梠,相也。"王念孙《疏证》云:"凡言吕者,皆相连之意。众谓之旅,绖衣谓之绺,脊骨谓之吕,榱端檐联谓之梠,其义一也。"因为"吕"已经没有脊椎的用法了,我们只能从"吕"的同源词的角度来看其核心义。

　　"侣"是同伴,指人的相连,表关系密切义。《说文·人部》"伴"字段注:"《广韵》云:侣也,依也。今义也。夫部'夶'下曰:'读若伴侣之伴。'知汉时非无伴侣之语,许于俗语不之取耳,至《声类》乃云伴侣。"①

　　"闾"谓民户聚居处,即里巷,表人家的相连。《说文·门部》:"闾,里门也。《周礼》:'五家为比,五比为闾。'闾,侣也,二十五家相群侣也。"段注:"周制,二十五家为里。其后则人所聚居为里,不限二十五家也。里部曰:里,尻也。里门曰闾。从门吕声。"因此"闾"还有聚集义。《庄子·秋水》:"尾闾泄之,不知何时已而不虚。"郭庆藩集释引司马彪曰:"闾者,聚也。水聚族之处,故称闾也。"

　　"绍"指缝纫,即将布片连缀,从而制成衣服。

　　"栺"是屋檐椽端的横板,屋檐椽头由横板相连而成,其状正像脊骨相连比次之状,就是"屋栺"。《说文·木部》:"栺,楣也。"段注:"《释名》曰:栺,旅也,连旅之也。《士丧礼》注曰:宇,栺也。宀部曰:宇,屋边也。"《说文·木部》:"楣,秦名屋櫋联也。齐谓之庐,楚谓之栺。""櫋联",就是连绵。又:"槐,栺也。"段注:"槐之言比叙也。《西京赋》曰:'三阶重轩,镂槛文槐。'按此文槐,谓轩槛之饰与屋栺相似者。"可见"栺"的特点是绵延相连。

　　"稆"谓野生的禾。《后汉书·献帝纪》:"州郡各拥强兵,而委输不至,群僚饥乏,尚书郎以下自出采稆。"李贤注:"《埤苍》曰:'稆自生也。'穞与稆同。"《晋书·郭舒传》:"(郭舒)留屯沌口,采稆湖泽以自给。"《新唐书·马燧传》:"是秋,稆生于境,人赖以济。"北魏贾思勰《齐民要术·种胡荽》:"六月连雨时,穞生者亦寻满地,省耕种之劳。"缪启

____

　　① 《说文·夫部》:"夶,并行也。从二夫。辇字从此。读若伴侣之伴。"段注:"侣字许无,当作旅。"

愉校释："稆,也写作'稆',指落粒自生。"《北齐书·循吏传·宋世良》:"狱内稆生,桃树、蓬蒿亦满。"从这些文献记载可以看出,"稆"生命力旺盛,落地即生,而且"寻满",短时间就长满了,连成片,所以这个特征使其得到了"稆"的名称。①

"旅"是军队的编制,人数众多,《国语·齐语》:"以为军令:五家为轨,故五人为伍,轨长帅之;十轨为里,故五十人为小戎,里有司帅之;四里为连,故二百人为卒,连长帅之;十连为乡,故二千人为旅,乡良人帅之。"所以"旅"是众多人联系在一起。

"旅"与"侣""招"相通,有连缀在一起的意思。铠甲是一组一片片连缀在一起的,称"旅"。《广雅·释器》卷八上王念孙疏证:"凡甲聚众札为之谓之旅,上旅为衣,下旅为裳。"人相从而行也称"旅"。《诗·周颂·有客》:"敦琢其旅。"朱熹集传:"旅,其卿大夫从行者也。"马瑞辰通释:"旅、吕亦双声。《汉志》:'吕,旅也。'又通作'侣'。《广雅·释兽》:'麟不旅行。'《玉篇》引《草木疏》作'麟不侣行'。敦琢其旅,犹云雕琢其侣也。"三国魏曹植《名都篇》:"鸣俦啸匹旅,列坐竟长筵。""匹旅"即匹侣。还通"膂",指脊骨。

由此可见"相连"是"吕"的主要特征,是其核心义,也是从"吕"的同源词的核心义②。

---

① 《说文》:"秜,稻今年落来年自生谓之秜。"段注认为秜亦作"稆",古作"旅","野生曰旅"。

② "炟",《汉语大词典》说"义未详"。推其义,当是火燃烧蔓延连成片的意思。当然,目前没有见到文献用例。越南喃字有"炟",《康熙字典》:"爧,[喃]从燃省变声。△爧炟:曼烧、燎烧。"《康熙字典》:"炟,[喃]从火吕声。△烽炟:烧伤。炟兵:兵燹,战火。炟悥:情欲。"可证我们的推断。

（四）茎、柄

《说文·艸部》："茎，艸木榦也。""茎"是草木的枝柱，主要起到支撑的作用，因此"茎"可以表示器物的柄。《周礼·考工记·桃氏》："以其腊广为之茎围，长倍之。"郑玄注："茎在夹中者。茎长五寸。"孙诒让正义："程瑶田云：'茎者，人所握者也。'……戴震云：'刃后之铤曰茎，以木傅茎外便持握者曰夹。'""茎"也可以表柱、竿等物。如《文选·班固〈西都赋〉》："抗仙掌以承露，擢双立之金茎。"李善注："金茎，铜柱也。"

可以比较"柄"。《说文·木部》："柄，柯也。""柄"的本义是斧子的把手，从事物的用途来看，"柄"所体现的特征一方面是自我主动的掌握，是对事物的控制，因此有执掌、掌握义，"窃柄"即窃权，"夺柄"即夺权，"专柄"即专权。另一方面，是由他人掌握，就有"把柄"义，比喻在言行上被人抓住失误之处。元刘埙《隐居通议·文章八》："咸谓胡君文笔甚奇，而指摘太切，惧陈公借此以为辞召之柄，则朝廷推求，罪必相及。"双音词还有"话柄、语柄、笑柄、谗柄"等。

综上可知，"茎"可以有支撑义，还指器物的柄；"柄"主要是掌握义，也指可以操控的对象。二者还是不同的。

以上举到的主要是名物词，古人观察事物是很细密的，物体形状的特征义也包含了方方面面，包括：（1）外形位置特征：如"耳""眉"分别有两旁对称与处于高位的特点。（2）内外结合的形状特征：如"节"表示节之间的关联与区分，"管"兼顾内部中空与外部圆柱体。（3）名物作用的特征：如"茎""柄"的用途是支撑和掌控义。（4）综合多方特征：如"吕"相连的外形特征、居中的位置特征、支撑的作用特征等。

二、动作的特征义

动作的特征义,包括人的动作和动物的动作两大类,而以人的动作为主,其他自然现象的运动等也看作动作。动作是丰富的,因而动作的特征义也是丰富的,其区分的主要根据是动作的哪一方面特征在核心义中占据主导地位。下面简单分为动作结果、动作过程、动作状态、动作频率、动作方向等几类,从中提取其特征义,约举以下五例。

(一)夺

这是人与鸟的动作。《说文·奞部》:"奪(夺),手持隹失之也。从又从奞。"段注:"引伸为凡失去物之称。凡手中遗落物当作此字,今乃用脱为之,而用夺为争敓字,相承久矣。脱,消肉臞也。徒活切。郑康成说《礼记》曰:'编简烂脱。'脱音夺。又,手也。持隹而奞,少纵即逝也。""夺"指鸟一下子挣脱手的束缚飞走,是本义,因而"夺"的核心义是失去(或离开),其动作是短暂而迅速的,"夺门而出""眼泪夺眶而出",都体现了这个特点,这都是自动的、自主的动作。后来的"夺"则主要向两个方向发展:一是表示被动的离开或失落。《素问·通评虚实论》:"邪气盛则实,精气夺则虚。"王冰注:"夺,谓精气减少如夺去也。"汉班婕妤《怨歌行》:"常恐秋节至,凉风夺炎热。"是说"凉风"来了,使"炎热"消失。《汉语大词典》引此例释为"压倒",属于随文释义。古籍校勘的术语"夺文",也体现了失落、丢失的含义。二是表示主动的强取、抢夺。《易·系辞上》:"小人而乘君子之器,盗思夺之矣。"《荀子·王制》:"王夺之人,霸夺之与,强夺之地。"获取(或强取)与失去二义相因,一方失去,则另一方得到,因而"夺"也可以有强取、剥夺等义。

　　失去与夺走这两者本质上是一体的两个方面,因为夺走对方的东西,也就意味着使对方丧失了原有的东西。《论语·宪问》:"夺伯氏骈邑三百。"《左传·桓公五年》:"王夺郑伯政,郑伯不朝。"杜预注:"夺,不使知王政。""夺"的无论是土地还是权力,对其原来的拥有者来说都是一种丧失。《墨子·非乐上》:"且夫仁者之为天下度也,非为其目之所美,耳之所乐,口之所甘,身体之所安。以此亏夺民衣食之财,仁者弗为也。"这里以"亏夺"连言,也可以证明"夺"有两面性:"亏"是自动减损,"夺"是失落(在语义中是及物动词,表"夺取"的意思),这两个语素能够结合的主要原因在于二者有共同的核心义:失去、丧失。在鸟飞以外的应用中"夺"都离不开其动作结果的特征义——"失落",因而叫作核心义。

　　下面讨论"夺目"一词。《汉语大词典》"夺"有一个义项是"耀。指光线或光采特盛,使人眼花"。例证为晋崔豹《古今注·草木》:"荆葵似木槿而光色夺目。"明宋濂《元故奉训大夫杨君墓志铭》:"如睹商敦周彝,云雷成文,而寒光横溢,夺人目睛。"从核心义的角度看"夺"不可能有"耀"的意思,"夺目"就是把目光吸引走了,使目光离开了原来的对象。

　　段玉裁有两个相关的说法需要讨论。一是《说文·攴部》:"敚,强取也。"段注:"此是争敚正字,后人假夺为敚,夺行而敚废矣。"段注认为,"夺"的强取义本字当是"敚",属于假借义。笔者以为用核心义理论解释,"夺"的"失落"义是可以说通的,只是角度不同而已,详见上[①]。

---

　　① 同样的观点段玉裁在注释中几次出现。如《说文·厶部》:"篡,屰而夺取曰篡。"段注:"夺当作敚。夺者,手持隹失之也。引伸为凡遗失之称。今吴语云:夺落,是也。敚者,强取也。今字夺行敚废。但许造说文时,画然分别,书中不应自相刺谬。"

二是《说文·肉部》:"脱,消肉臞也。从肉兑声。"段注:"消肉之臞,臞之甚者也。今俗语谓瘦太甚者曰脱形。言其形象如解蜕也。此义少有用者,今俗用为分散、遗失之义。分散之义当用挩,《手部》挩下曰:解挩也。遗失之义当用夺。《奞部》曰:夺,手持佳失之也。"从"夺"字段注也可以看出段氏这一主张:"凡手遗落物当作此字,今乃用脱为之,而用夺为争敓字,相承久矣。"这个说法也不够准确。"脱"的本义是消瘦得厉害,肉少了其特征也是脱落、减少,与"夺"的脱离、消失义本质是相近的,因而"脱""夺"都可用于表消失、脱落。现代汉语还有"瘦得脱形"这个说法,正用本义,与段注说是一致的。

(二)奋

这是鸟的动作。《说文·奞部》:"奮(奋),翬也。从奞在田上。《诗》曰:'不能奋飞。'"段注:"叠韵。《羽部》曰:翬,大飞也。雉、鸡、羊绝有力皆曰奋。田犹野也。方问切。十三部。《邶风》文。毛云奋翼,即许云张毛羽自奋奞也。""奋"的本义是大鸟展翅飞过原野。《说文·奞部》:"奞,鸟张毛羽自奮奞也。凡奞之属皆从奞。读若睢。"段注:"奮、奞双声字。从大佳。大其佳也。张毛羽故从大。"可见"奋"的核心义是用力挺出,所以"奋勇""奋力""奋斗""奋不顾身"等都可表示人的昂然向上的、用力的行为。

再举一个相关的例子:"翬"也表示鸟奋飞的样子,如《尔雅·释鸟》:"鹰,隼丑,其飞也翬。"郭璞注:"鼓翅翬翬然疾。"《文选·张衡〈西京赋〉》:"若夫游鹢高翬,绝阬踰斥。"薛综注:"翬,飞也。"

可见"奋"是大鸟展翅飞过原野,具有用力向上的状态特征;"夺"指鸟从手中飞出,表示稍纵即飞的状态,具有动作结果的特征。

（三）精

《说文·米部》："精，择米也。"段注："择米，谓檗择之米也。《庄子·人间世》曰：'鼓筴播精。'司马云：'简米曰精。'简即柬，俗作拣者是也。引伸为凡最好之称。""精"本义是选择好的精米，就是米中的精华。《说文·米部》"糳"字段注可以帮助我们理解"精"的本义："稻米九斗而舂为八斗，则亦曰糳，八斗而舂为六斗大半斗，则曰粲，犹之禾黍糳米为七斗，则曰侍御也。禾黍米至于侍御，稻米至于粲，皆精之至矣。""以今目验言之，稻米十斗，舂之为六斗大半斗，精无过此者矣。"稻米八九斗舂成六斗米，就是"精米"，因而是米中精华，优中选优。《论语·乡党》："食不厌精。"刘宝楠《正义》："精者，善米也。"《易·乾》："大哉乾乎！刚健中正，纯粹精也。"高亨注："色不杂曰纯，米不杂曰粹，米至细曰精。"所以"精"的特征义就是"最好""纯粹"。用于米之外的事物，就是特征义的应用。

后世用"精"，只用其"纯""专"之义，比喻一切美好的事物。眼珠是眼中最主要的部分，可以称为"精"，早期的"眼睛"义都是用"精"表示。"精神""精彩"就是目光。《说文·目部》与"眼睛"相关的字均作"精"，可以为证。例略。《管子·心术下》："形不正者德不来，中不精者心不治。"尹知章注："精，诚至之谓也。"《淮南子·修务》："官御不厉，心意不精。"高诱注："精，专也。"这里用的是"精"的性质特征。干事情专一，称"专精"，全力做某事即"精进"。"精华"是形容词，也是名词；"精确"是形容词；"精简"则是动词。所以从提取的特征看，往往可以作动词或形容词用。这是动作结果的特征义。

（四）就

《说文·京部》："就，高也。从京尤。尤，异于凡也。"段注："《广韵》曰：就，成也，迎也，即也。皆其弓伸之义也。……京者，高也。高则异于凡。""成就高大"就是"就"的核心义，泛指则表示一切成就、完成。"就"应当是形声兼会意字。

段玉裁在许多词的注解中谈到了"就"字的含义，有助于我们理解"就"的"完成""成就"义。如《说文·玉部》"瑬"字段注："弁师：掌王之五冕，五采缫十有二就，皆五采玉十有二。……就，成也。"《说文·弦部》："竭，不成遂急戾也。"段注："不成遂者，不成就也。"可见"就"就是"成就"，表示完成的意思。

又《说文·辵部》："造，就也。从辵告声。谭长说：造，上士也。艁，古文造，从舟。"段注："'造就'叠韵。《广雅》：造，诣也。……《王制》：升于司徒者不征于乡，升于学者不征于司徒，曰造士。注：造，成也。能习礼则为成士。按依郑则与就同义。《释水》：天子造舟。毛传同。陆氏云：《广雅》作艁。按艁者，谓并舟成梁，后引伸为凡成就之言。"现代汉语依然有并列式双音词"造就"。

《诗·周颂·敬之》："日就月将，学有缉熙于光明。"孔颖达疏："日就，谓学之使每日有成就。月将，谓至于一月则有可行。言当习之以积渐也。"《仪礼·丧服》"疏衰裳齐"疏云："衰裳既就，乃始缉之。"汉桓宽《盐铁论·国疾》："女工难成而易弊，车器难就而易败。"《东观汉记·鲁恭传》："（鲁恭）年十二，弟丕年七岁……恭怜丕小，欲先就其名，托病不仕。郡数以礼请，谢不肯应。"《说文》"膌"段注："《大雅》：串夷载路。笺云：路，瘠也。天意去殷之恶，就周之德，文王则侵伐混夷以瘠之。"以上"就"是动词，表完成、成就、成全的意思。

《说文·戊部》:"成,就也。""成就"是同义并列复音词,有成全、成就、完成义,核心义都是变得高大、强大。汉袁康《越绝书·外传本事》:"当此之时,见夫子删《书》作《春秋》,定王制,贤者嗟叹,决意览史记成就其事。"《汉书·张禹传》:"禹成就弟子尤著者,淮阳彭宣至大司空,沛郡戴崇至少府九卿。"汉焦赣《易林·乾之离》:"胎生孚乳,长息成就,充满帝室,家国昌富。"是其例。

也作"就成"。《后汉书·张晧传》:"今皇太子春秋方始十岁,未见保傅九德之义,宜简贤辅,就成圣质。"《吴越春秋》:"两锲殖宫墙者,农夫就成,田夫耕也。"比较《后汉书·南匈奴传》:"孝章皇帝圣思远虑,遂欲见成就,故令乌桓、鲜卑讨北虏,斩单于首级,破坏其国。"这也是二词并列同义的证据。

与"就"含义相近的有"熟""老""成",段注揭示得清清楚楚。如《说文·禾部》:"稇,絭束也。"段注:"絭束谓以绳束之。……《方言》:'稇,就也。'注:'稇稇,成就皃。'《广韵》作'成熟'。盖禾熟而刈之,而絭束之。其义相因也。"这是"就"有"成熟""成就"义的证据。《说文·酉部》:"酉,就也。八月黍成,可为酎酒。"段注:"就,高也。《律书》曰:酉者,万物之老也。《律历志》曰:留孰于酉。《天文训》曰:酉者,饱也。《释名》曰:酉,秀也。秀者,物皆成也。此举一物以言就。黍以大暑而穜,至八月而成,犹禾之八月而孰也。"因而"就""成"有"老成""成熟"义,这也是"成就"并列连言的一个证据。

顺便讨论一个相关的词:"落成"。《汉语大词典》的解释是:"落,古代宫室筑成时举行的祭礼。后因称建筑物竣工为'落成'。""落"为什么是祭礼?《汉语大词典》所引的文献例证是:《诗·小雅·斯干序》"《斯干》,宣王考室也"汉郑玄笺:"宣王于是筑宗庙群寝,既成而衅之,歌《斯干》之诗以落之。"《左传·昭公七年》:"楚子成章华之台,愿与诸侯落之。"杜预注:"宫室始成,祭之为落。"唐韩愈《汴州东西水门记》:"辛巳朔,水门成……肃四方之宾客以落之。"①

笔者以为,这三个例子无法证明"落"是祭祀之礼的名称。这里的"落"也当是完成的意思,为什么完成了用"落"?段玉裁曰:"如花妥为花落,凡物落必安止于地也。"因而有"坐落"一词。"落"是"瓜熟蒂落"的"落",就是成熟而脱落,因而有成熟和完成义。《诗·卫风·氓》:"桑之未落,其叶沃若。"《汉书·杨恽传》:"种一顷豆,落而为萁。""落"是成熟义。段注引程瑶田《九谷考》:"八九月间子熟则落,摇而取之,子尽乃刈,沤其皮而剥之,是为秋麻,色青而黯,不洁白。"植物"脱落"源于两种情形:成熟而脱落;衰败而脱落,而成熟后就自然衰败,使命完成了。

对于"落成",段玉裁有很好的解释。《说文·系部》:"缫,落也。"段玉裁注:"木落乃物成之象,故曰落成,曰包落,皆取成就之意也。"所以"落成"当为同义并列结构,与"成就"同义。

其实"就"的本义当是前往靠近。这个含义在文献中普遍使用,现代汉语中依然保留。例略。"就"的"去往"义与"因""靠"是一致的。《说文·口部》:"因,就也。从口大。"段注:"'就'下曰:'就,高也。'为高必因丘陵,为大必就基址,故因从口、大,就其区域而扩充之也。"这是凭靠义。《战国策·燕策三》:"于是荆轲遂就车而去,终已不顾。"《国语·齐语》:"处工就官府,处商就市井,处农就田野。"这里是去、往义。那么,"就"与"完成""成就"是什么关系呢?"去往"是地点的达到,"凭靠"是物理空间的达到,"完成"是抽象目的的达到,三者联系紧密。

---

① 后两例是"落"字义项29"古代宫室建成时举行祭礼"的引例。

（五）双、副

"雙"（双）与"隻"（只）密切相关。《说文·隹部》："隻,鸟一枚也。从又持隹。持一隹曰隻,持二隹曰雙。"段注："雙下曰:佳二枚也。佳、鸟统言不别耳。依《韵会》订。造字之意,隻与雙皆谓在手者,既乃泛谓耳。"《说文·雔部》:"雙,隹二枚也。从雔,又持之。"

"只""双"的本义分别是手握一只鸟和手握两只鸟,这也当是动作状态。《方言》云:"飞鸟曰双,雁曰乘。"《广雅·释诂》曰:"双、耦、匹、乘,二也。"所以"双"的核心义是成双成对的,多数表示生命体的数量。《左传·襄公二十八年》:"公膳,日双鸡。"也指人的匹配,匹敌。《庄子·盗跖》:"生而长大,美好无双,少长贵贱见而皆说之,此上德也。""天下无双"就是天下没有和他一样的,即没有匹配相当者。"双亲大人""儿女成双"以及"双人舞""双打比赛"都指的是人的成双成对。"只"从手捉一只鸟之形,表示单个的,同样以生命体为主,但是体量小,如"一只鸡""两只蝴蝶"①。

作为量词,与"双"相对的应当是"副"。《礼记·曲礼上》:"为天子削瓜者,副之,巾以绤。"郑玄注:"副,析也。"剖开是本义。《说文·刀部》云:"副,判也。"段注:"副之则一物成二,因仍谓之副。因之凡分而合者皆谓之副。"将物品一分为二,这是"副"的结果,所以其核心义是"对应的两个"即一对,包含以下义项:

（1）相称、符合是对应的抽象义。《汉书·礼乐志》:"哀有哭踊之节,乐有歌舞之容,正人足以副其诚。邪人足以防其失。"《后汉书·黄琼传》:"盛名之下,其实难副。"

---

① 南方人"只"的使用范围比北方人要广很多。

（2）与本物相对的，为副。与正本相对，特指书籍、文献等的复制本。《史记·太史公自序》："藏之名山，副在京师。"司马贞索隐："言正本藏之书府，副本留京师也。"

（3）一对成套使用的物品称"副"。三国蜀诸葛亮《又与李严书》："吾受赐八十万斛，今蓄财无余，妾无副服。"

（4）转为量词，用于成对成套之物。如"一副对联""一副手套"等。三国魏曹植《冬至献袜履颂表》："情系帷幄，拜表奉贺，并献白纹履七量，袜若干副。"这是动作结果的特征义。

"副"是将物体一分为二，因此"副"在表示成对的东西时，往往强调两方互补配合，进而作为一个整体存在的事物，如手套左右手的互补，对联上下联的互补等，都是要两方结合为一个整体使用的，"副手"也是与"正手"的互补。"一副象棋""一副眼镜"都强调一套（或两部分）的整体性。而"双"从本义上看，强调的是成对的两个，而且应当是生命体，如"双亲""双人""一双儿女"等。当然，混用后则"双"有时候也可以表示非生命体的成双成对，如"一副碗筷"也可以称"一双碗筷"；但绝大多数时候"双"和"副"还是不可以交换的，如"一副对联"不能称为"一双对联"。总之"双"主要用于生命体的成双成对，有些时候可以用于非生命体；而"副"只能用于非生命体，不可以表示生命体的成双成对，所以不能称"一副儿女"，也不能称"一双象棋"，这都与其造字义提取的特征义密切相关。

以上我们举了5个例子："夺"表示手握的大鸟突然飞走，结果是"失落""脱落"；"奋"是大鸟用力展翅飞起，状态是昂然向上；"精"是选好米，结果是留下精华和美好；"就"的本义不够明晰，但是其"成就""完成"的核心义是很鲜明的，这也属于动作特征；"双"与"副"从动作结果转指量词，其区别性特征也与本义密切相关。

三、状态的特征义

事物呈现出的状态大约可以分为静态场景和动态场景两类。状态主要为形容词，表示动物、人或自然界的状态特征。核心义从本义中提取出来，就是本义的抽象性特征。许慎《说文解字》或段玉裁的《说文解字注》往往给我们提供了很多的信息，有助于我们提取核心义。

（一）伛、偻

《说文·人部》："伛，偻也。"段注："《问丧》注曰：伛，背曲也。《通俗文》：曲脊谓之伛偻。引伸为鞠穷、恭敬之意。又《庄子》：以下伛拊人之民。借为煦姁字。《左传》曰：一命而偻，再命而伛，三命而俯。析言之实无二义。"《说文·人部》："偻，厄也。"段注："《左传》昭四年注：偻，肩伛也。"从《说文》和段注中，我们能够知道其本义是肩背弯曲，就是"驼背"。而段注"引伸为鞠穷、恭敬之意"，就是特征义的应用。因为行礼时往往需要弯腰以示恭敬，生理上天然的弯腰是"伛偻"，心理恭敬而主动弯腰，是人为的举动，二者在弯曲的意义上是一致的，只不过前者是本义，后者是抽象的特征义。汉贾谊《新书·官人》："柔色伛偻，唯谀之行，唯言之听，以睚眦之间事君者，厮役也。"《后汉书·张酺传》："公其伛偻，勿露所勒。"李贤注："伛偻，言恭敬从命也。"这些例证证明段注所言不诬[1]。

---

[1]　宋欧阳修《醉翁亭记》："前者呼，后者应，伛偻提携，往来不绝者，滁人游也。"这里的"伛偻提携"应当是代指老人和孩子，"伛偻"指驼背的老人，"提携"是指需要手牵引的小孩子。而《汉语大词典》是作为"俯身"的例子出现的，不够准确和明晰。

"伛偻"后多视为联绵词,"伛""偻"单言均表示弯腰。"鞠躬"亦是此类。

(二)傲

"傲"的本义难以确认,我们可以从"敖"字入手分析"傲"的核心义。

"鷔"是传说中的凶鸟名,如《山海经·大荒西经》:"爰有青䲸、黄鷔、青鸟、黄鸟,其所集者其国亡。""獒"是高大凶猛的狗。段注引《尔雅·释兽》曰:"犬高四尺曰獒。"《左传·宣公二年》:"公嗾夫獒焉,明搏而杀之。"杜预注:"獒,猛犬也。"现代还有"藏獒"。"獓"为古传说中的兽名,或同"獒"。"鳌"是传说中海里能负山的大鳖或大龟,也作"鼇"。"螯"是螃蟹等节肢动物变形的第一对大脚,就是凶猛的大钳子。能开合,用来取食或自卫。《荀子·劝学》:"蟹六跪而二螯。"杨倞注:"螯,蟹首上如钺者。"又如同属于敖字的"骜",《吕氏春秋·察今》:"良马期乎千里,不期乎骥骜。"高诱注:"骜,千里马名也。""驁"字同"骜",例略。

综上,从"敖"的字多表示高大勇猛的动物,其核心义是"高大"。《说文·人部》:"傲,倨也。"指人骄傲、高傲;轻视。也作"慠"。《吕氏春秋·侈乐》:"勇者凌怯,壮者慠幼,从此生矣。"由此可见"骄傲"就是并列结构,人的高傲与马的高大核心义是一致的,所以是核心义的一致使两个语素结合到一起了。

《说文·口部》:"嗸,众口愁也。《诗》曰:'哀鸣嗸嗸。'"许慎这个说法需要好好理解,"嗸"或"嗷"应当是众口呼叫的意思。我们看段注:"《董仲舒传》:嚣嚣苦不足。《食货志》:天下嗸嗸。《陈汤传》:嗸嗸苦之。皆同音假借字也。"虽然是以为愁苦而众人呼叫,但本身是繁

杂的呼叫声。《荀子·强国》:"百姓谨敖,则从而执缚之。"唐杨倞注:
"敖……亦读为嗷,谓叫呼之声嗷嗷然也。"这里就不是愁苦之声。

(三)间(間、閒)

大家都见过物体之间的缝隙,但是造字的时候要用怎样的字形去
表现"缝隙"的含义呢? 古人想到了一个生活中的场景:晚上关上门之
后,还有月光透进来,就可以证明这个门是有缝隙的,不是严丝合缝的。
所以用两扇"門"中间加一个"月"的形式构成"閒"(后通作"間",简体
作"间")表示月光透进来,借此体现缝隙的含义。这是一个生活场景,
也属于静态的自然现象。《说文·門部》:"閒,隙也,从门,从月。"徐锴
《系传》:"夫门当夜闭,闭而见月光,是有间隙也。"段注:"门开而月入,
门有缝而月光可入,皆其意也。"其本义是门缝,核心特征是"间隔"。

《史记·管晏列传》:"晏子为齐相,出,其御之妻从门间而窥其
夫。"这里"间"是本义的使用,更多的场合是其核心义的应用,就是表
示时间和空间的距离。比如"一间房子",就是一个空间的距离。"间
隔很远",可以指空间上的间隔,又可以指时间上的间隔。把时间和空
间结合起来,如果是一个很大的空房子,可以叫"閒房"(在这个意义上
"閒"后作"闲",下同);如果一个人空闲的时间很多,叫"閒暇""閒适"。

除了时间的、空间的"间隔""缝隙"之外,"间"还表示心理上的距
离、人与人之间或社会的间隔,如表示"人为地参与其中",比如"肉食
者谋,又何间焉",说的就是何必参与其中呢? 居于两人中间,就是"中
间人",即推荐人、介绍人。在人之间造成心理上的嫌隙的行为叫"挑
拨离间",人在"离间"的时候,往往说一些恶意诽谤的话、造谣的话,这
里的"间"也就有了"挑唆""不实"的含义。在两方面利益集团之间传
递信息和谋求利益的人叫"间谍"。可见具体的、抽象的、心理上的、行

为上的"间隔""缝隙"都可以用"间"表示,这是一个现象意义的抽象化过程。这可以算作空间状态的特征义。

(四)丰

《说文·丰部》:"丰,豆之丰满也。"段注:"谓豆之大者也。引伸之,凡大皆曰丰。"丰表示容器"豆"盛满物品,本义是丰满、足实。段注"凡大皆曰丰","大"就可以看成是"丰"的核心义。

"丰"有大义。《易·序卦》:"丰者,大也。""大"的过程就是增大、扩大。《左传·哀公元年》:"今吴不如过,而越大于少康,或将丰之,不亦难乎?"形容容器为满。《说文》表示豆器所盛丰满,即此义。而因为主体的不同,也产生了不同的义项。形容人的体态时为丰满。《楚辞·大招》:"丰肉微骨,体便娟只。"形容人际交往为丰厚。《国语·周语上》:"树于有礼,艾人必丰。"韦昭注:"丰,厚也。"形容数量多为丰富。《左传·僖公二十七年》:"民易资者,不求丰焉,明征其辞。"杜预注:"不诈以求多。"形容土地为富饶。东汉张衡《西京赋》:"徒以地沃野丰,百物殷阜。"薛综注:"丰,饶也。"形容国家为兴盛。《国语·楚语下》:"夫事君者,不为外内行,不为丰约举。"韦昭注:"丰,盛也。"形容植物为茂密。《诗·小雅·湛露》:"湛湛露斯,在彼丰草。"毛传:"丰,茂也。"这是空间状态的特征义。

四、核心义的几个性质

以上我们从名物词、动作词和状态词三个方面大致分析了核心义呈现的类型。说是大致分析,因为有很多现象不能一概而论,很多词语不能截然划分。下面简单归纳核心义的几个性质。

（一）核心义都是词的抽象特征，存在于一个词的多个角度

如果抽象特征是显性的、单一的，就容易区分。《说文·习部》："习，数飞也。""数"就是频繁、屡次，就是动作的反复，这是"习"的核心义。"学习"是一种动作反复的模仿；"实习"是在实践操作中学习；"见习"是观看他人反复的动作；"温习"是动作的多次重复；"习得"是各种学习实践后的心理感受，即认知上的获得；"习见"是反复看见。这是动作频率的特征义。

有的词从不同的角度观察，会发现不同的词义特征。如前文说到的"吕"，就有位置的居中义、作用的支撑义、形状的连接义等不同角度。由此也说明核心义不一定是单一的，也可能是双向或多向的，只是层级主次略有不同。

（二）完全不同的词可以抽象出类似的特征义

如，"永"形容水流的状态。《说文·永部》："永，水长也，象水巠理之长。"段注："引申之，凡长皆曰永。""永"的形态特征是"长"，这就是其核心义，可以用于时空两方面。多指时间的"遥远"，如永远、永久、永恒、永世、永别、永生、永存、一劳永逸等。"永夜"是漫长的夜晚，"永巷"是长长的巷道。同源词"咏"指声调的悠长。再如《说文·辵部》："迈，远行也。"其核心义就是"远"。"迈步向前""迈开大步"是本义的使用。"豪迈""超迈"，是气魄上的远大；"清迈""冲迈""抗迈"大体指性情上的清高超逸；"年迈""衰迈"是年龄的大，也是时间的久；"迈"的核心义就是"远"，这是一个动作时间的抽象义。所以"永"的抽象特征是"长"，"迈"的抽象特征是"远"。二者相近。

"陶"是一个烧制黏土以成陶器的缓慢过程,所以有"孕化成器"的含义(参考王云路,2020)。与之同类的是"育"。《说文·云部》:"育,养子使作善也。"培养子女是一个漫长的过程,有抚养,更有教育,要"养子使作善也",所以"育"的核心特征也是养育成才,因而可以组成"陶育"。袁宏《后汉纪·光武帝纪》:"是以王者经略,必以天地为本;诸侯述职,必以山川为主。体而象之,取其陶育;礼而告之,归其宗本。"《抱朴子外篇·用刑》:"盖天地之道,不能纯仁,故青阳阐陶育之和,素秋厉肃杀之威。"是其例。"陶""育"的词义特征也是多方面的,但其主要特征是一个缓慢的动作过程,因而有"孕化成器"和"养育成才"的抽象义。所以,"陶"和"育"有近似的核心义。

(三) 同义词或近义词可以抽象出不同的特征义

这与前述正相反。如"保"是大人把孩子背在背上[①],"抱"是大人把孩子抱在怀里[②],意义和作用相近。《庄子·庚桑楚》:"全汝形,抱汝生,无使汝思虑营营。"郭庆藩集释引俞樾曰:"《释名·释姿容》曰:'抱,保也,相亲保也。'是抱与保义通。抱汝生,即保汝生。"这是"保""抱"相通的例子。有了凭靠也就会心理安稳,故有"保安""保守""保卫""保全""保证""保佑""保留"等双音词。"抱"的本义是包围、环抱,是以手环抱婴孩之意,这个动作的状态特征就是怀有、持有,因此有"抱憾""抱恨""抱节""抱素"等。这是动作状态的特征义。

《说文·秝部》:"兼,并也。从又持秝。兼持二禾,秉持一禾。"所以,手持一根禾苗是"秉",抽象意义就是持握,因而泛指一切持拿、握,

---

① "保"的甲骨文、金文分别作<img src="..."/>(《殷虚文字记·释保》)、<img src="..."/>(甲合 8311)、<img src="..."/>(甲合 16430)、<img src="..."/>(子保舣)、<img src="..."/>(作册大方鼎)、<img src="..."/>(保子达簋)等,均像大人反手负子于背。

② 《说文》无"抱"字,但有"袌,褱也"。

"秉烛夜游""秉持正义""秉公执法""秉承"皆其例。手持两根禾苗就是"兼"的造字之义,因而其特征是同时拥有两个。兼职、兼而有之、形声兼会意、兼并、兼收并蓄、"偏听则暗,兼听则明"等,都是其核心义的体现。"秉""兼"都是手握的一种状态,属于动作状态的特征义。前者的显性特征是持握拥有义,后者的显性特征是同时拥有两个。这就是二者的区别。

(四)核心义可以有层级

词的核心义不总是单一的,可能有几个方面特征。某个方面的发展,还会产生不同的层级。比如"管"本义是竹管,其特征是"圆而中空",就是中空的圆柱状,所谓"管状"。这就是其核心义。《说文·艸部》:"莞,艸也,可以作席。"段注:"莞之言管也。凡茎中空者曰管,莞盖即今席子艸,细茎,圆而中空。"段玉裁"凡茎中空者曰管",就是"管"的核心义。

第一,与竹管直接相关的器物称"管"。(1)用竹管制成的乐器称"管",故有管乐。《说文·竹部》:"竽,管三十六簧也。"段注:"凡竹为者皆曰管乐。"如笙、箫、笛、竽等。成为动词,则指吹奏管乐。(2)用细小竹管制成的毛笔。古时候毛笔用细小的竹管制成,所谓"笔管","握管"就是握笔。还有"一管笔","管"是"笔"的量词。第二,竹管状的物品称"管"。(3)古时候钥匙是中空管状的,称为"管"。《左传·僖公三十二年》:"杞子自郑使告于秦曰:'郑人使我掌其北门之管,若潜师以来,国可得也。'"杜预注:"管,钥也。"由"管钥"引申指掌管与控制、管理与照顾(提供)、顾及与关涉等。这是"管"字用得最广泛的意义。是其特征义的间接应用。进一步虚化有介词、副词和连词的用法,如"尽管""保管"等。(4)水管、电子管等称"管"。抽象指可以打通的或通过的途径、办法等,如"管道"。

其中,前两义是本义的直接延伸:竹制中空结构的物体可以称"管"。后两义源于其"中空"的核心义:中空的管状结构可以称"管"。"管"表示管理、照顾义,是从钥匙的功用而来的,是天然之物在使用中经过人造之物的转化而产生的特征义,可以看成二级核心义,因为与中空义已经较远。

参考文献

汉语大词典编辑委员会、汉语大词典编纂处(编纂),1986,《汉语大词典》,上海:上海辞书出版社。

王念孙(著),钟宇讯(点校),1983,《广雅疏证》,北京:中华书局。

王引之,2000,《经义述闻》,南京:江苏古籍出版社。

王云路,2006,《论汉语词汇的核心义——兼谈词典编纂的义项统系方法》,何大安等(编)《山高水长:丁邦新先生七秩寿庆论文集》(《语言暨语言学》专刊外编之六),台北:"中研院"语言学研究所。

王云路,2020,《从核心义谈"陶"的义位联系》,《汉语史学报》第22辑,上海:上海教育出版社。

王云路、王诚,2014,《汉语词汇核心义研究》,北京:北京大学出版社。

许慎(撰),段玉裁(注),1981,《说文解字注》,上海:上海古籍出版社。

试论核心义研究的价值[*]

付建荣

  张联荣(1995)、王云路师(2006:348)都曾做过这样的比喻:词义的引申就像一棵枝繁叶茂的大树,本义是它的根,引申义是它的枝,核心义就是树心。树根连着树心,树心连着树枝。光说树根还不够,因为树枝有时离根太远,所以还需要讲讲树心——核心义。核心义是本义隐含的贯穿于相关引申义项及派生词中的主导性词义特征,它揭示着词义的由来,是词义延伸的内部依据,又制约着词义发展演变的基本方向(付建荣,2012:4)。在词义构成中,"核心义"是最为核心和关键的一个语义要素,它与"范畴义"有机结合共同构成了词语的核心语义内容(付建荣,2021:190)。如果说义素分析法实现了词义的微观研究,那么,核心义分析就是对词义构成中核心语义特征的把握。因此,核心义研究无疑对词义及相关的研究具有重要的价值。本文从核心义与词汇研究、核心义与训诂研究、核心义与词源研究三个角度,撮举十余例以揭明核心义研究的价值。

---

  * 原文节选自笔者 2012 年浙江大学博士学位论文《汉语词汇核心义研究》。

一、核心义与词汇研究

（一）核心义研究有助于分析词义引申现象

词义和词义演变是历史词汇学研究的核心问题。词义是词所表达的内容。随着社会生活的发展，为适应人们交际的需要，词义不断地发展变化着，这是形成一词多义现象的主要原因。面对纷繁复杂的一词多义现象，学者们找到了一个"以简驭繁"的办法，那就是寻找词的本义，认为抓住了词的本义就抓住了词义的纲领，可以起到提纲挈领的效果。这话当然不错，因为本义是词义引申的起点，引申义都是从本义直接或间接延伸出来的。从这个角度讲，本义的确很重要。不过，是不是抓住了本义就掌握了词义的关键呢？恐怕还不行。词义的引申既多层又多向，距离本义较远的引申义，人们有时一下子看不出它与本义的联系，甚至会误以为是假借义。因此，研究词的核心义有助于分析意义联系比较隐晦的词义，厘清词义之间的内在联系。假借义是由于文字假借记录了他词的意义，本身不属于词义自身演变的结果，研究词的核心义还可以把假借义排除掉。

业

"业"主要有这样几个意义：(1)大版。(2)基业，功业。(3)职业。(4)学业。(5)家业。(6)次序。(7)创始。(8)继承。(9)已经。"业"的核心义是什么呢？这些词义之间有什么内在的联系呢？

《说文·丵部》："业，大版也。所以饰悬钟鼓，捷业如锯齿，以白画之。象其鉏铻相承也。"段注："凡程功积事言业者，如版上之刻往往可计数也。""业"的本义指古代乐架上悬挂乐器的大木板，刻为锯齿形

（如图 1 所示）。《释名·释乐器》：“笋上之板曰业，刻为牙捷，业如锯齿。”《诗·大雅·灵台》：“虡业维枞，贲鼓维镛。”毛传：“业，大版也。”《诗·周颂·有瞽》：“有瞽有瞽，在周之庭。设业设虡，崇牙树羽。”毛传：“业，大板也。所以饰枞为悬也，捷业如锯齿。”孔颖达疏：“其上加之以业，所以饰此枞而为悬设也。其形刻之捷业然如锯齿，故谓之业。”分析词的核心义主要是考虑词义所指示对象的特征，上举故训资料表明，“业”形如锯齿，齿牙节次相承排列。依此推演，“业”的核心义当为“接续”“相承”。“基业，功业”“学业”“家业”“职业”为“业”的常用意义，词义较为抽象，它们与“业”的本义“大版”是什么关系呢？这还需要从“业”的核心义“接续”“相继”来分析。

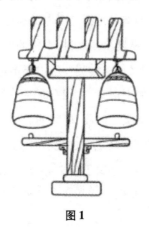

图 1

我们不妨先看“业”的同义词“绩”，《尔雅·释诂下》：“绩，业也。”“绩”的本义指捻麻线，就是把麻析成细缕捻接起来而成线。《说文·糸部》：“绩，缉也。”段注：“绩之言积也，积短为长，积少为多。故《释诂》曰：绩，继也，事也，业也，功也。”《诗·陈风·东门之枌》：“不绩其麻，市也婆娑。”引申为“功业”，《诗·大雅·文王有声》：“丰水东注，维禹之绩。”毛传：“绩，业也。”又引申为“继承”，《左传·昭公元年》：“子盖亦远绩禹功,而大庇民乎?"可见,"绩"的核心义也是"接续",来自本义"捻接麻线"的动作特征。依据段玉裁的说法,事业、功业都是长期积累而成的,就像析麻捻线一样,是不断积累的结果,所以才称之为"绩"。

我们再来看"业"的抽象名词义与核心义的关系。"功业"指长期积累起来的功勋事业,所以有"守业""修业""续业""继业""累业"等说法。《国语·周语中》:"以敬承命则不违,以恪守业则不懈,以恭给事则宽于死。"《易·乾·文言》:"君子进德修业。"孔颖达疏:"业,为功业。"《史记·夏本纪》:"于是舜举鲧子禹,而使续鲧之业。"《三国志·魏书·邓艾传》:"及魏建,邓艾以去卑功显前朝,而子不继业,宜加其子显号,使居雁门。"《隋书·经籍志》:"然则圣人之受命也,必因积德累业,丰功厚利。""业"均为前后相承接的事业。

"职业"指长期从事的工作业务,所以有"守业""乐业""世业"等用法。《国语·周语上》:"庶人、工、商各守其业,以共其上。"《汉书·元帝纪》:"使天下咸安土乐业,亡有动摇之心。"宋何薳《春渚纪闻·买烟印号》:"黄山张处厚、高景修,皆起灶作煤,制墨为世业。"可见,"职业"是先后持续的工作。

"学业"也是需要长期持续的。《荀子·劝学》:"君子曰:'学不可以已。'"就说明了这一点。《后汉书·郭太传》:"就成皋屈伯彦学,三年业毕,博通坟籍。"唐韩愈《进学解》:"业精于勤,荒于嬉;行成于思,毁于随。"这些都说明"学业"是需要长期坚持才能修成的。

"家业"指长期积累起来的家产。《史记·白起王翦列传》:"臣亦及时以请园池,为子孙业耳。"《三国志·魏书·明帝纪》:"他仕不遂,乃尽以家财赂监奴,与共结亲,积年家业为之破尽。"《魏书·食货志六》:"诸桑田皆为世业,身终不还,恒从见口。"可见,"家业"是世世代代相承的产业。

明确了"业"前后相承接的特征后，剩下的四个意义就不难理解了。"业"是前后相继积累起来的事业，从"相继"的特征引申，"业"就有了"次序"的意义。积业是一个长期的过程，要经过创业、承业直到完成的持续过程，由此"业"引申出三个相关的意义："创始""继承""已经"，举例如下：

（1）次序。《国语·晋语四》："信于事，则民从事有业。"韦昭注："业，犹次也。"

（2）创始。《史记·太史公自序》："秦失其道，豪杰并扰，项梁业之，子羽接之。"

（3）继承。《左传·昭公元年》："昔金天氏有裔子曰昧，为玄冥师，生允格、台骀。台骀能业其官。"

（4）已经。《汉书·李广传》："公卿议者皆愿罢宛军，专力攻胡，天子业出兵诛宛。"

上述分析可见，"业"的核心义"接续""相继"贯穿于词义的引申过程中，"业"的九个意义无不与此核心义相关联，每个词义的形成也都与核心义密切相关。从核心义视角来分析，"业"的各词义之间的内在联系就清晰了。

杜

"杜"，《汉语大词典》（4/748）列有这样几个意义：（1）木名，即杜梨。（2）香草名，杜衡。（3）冲击。（4）堵塞，封闭。（5）断绝，制止。（6）虚构的，随意臆造的。参见"杜撰""杜田"。（7）方言。自己，自家。（8）春秋时国名。（9）姓。其中，（8）、（9）两个义项表示专有名词，不在我们的讨论范围之内。那么，"杜"剩下的这几个意义是怎么产生的呢？它们之间是否存在内在的联系呢？《说文·木部》"杜"字段注：“借以为堵塞之杜。”段玉裁的这个说法又是否可取呢？

　　“杜”的本义指“杜梨”，又名“甘棠”“赤棠”，是一种野生梨。《说文·木部》：“杜，甘棠也。”段注：“《召南》：‘蔽芾甘棠。’毛曰：‘甘棠，杜也。’”《尔雅·释木》：“杜，甘棠。”郭璞注：“杜，今之杜梨。”邢昺疏：“白者为棠，赤者为杜。”《广韵·姥韵》：“杜，甘棠，子似梨。”《诗·唐风·杕杜》：“有杕之杜，其叶湑湑。”朱熹集传：“杜，赤棠也。”北魏贾思勰《齐民要术·插梨》：“插法用棠、杜，杜如臂已上皆任插。”杜梨是棠梨的一种，色赤而子涩。《说文·木部》：“棠，牡曰棠，牝曰杜。”段注：“赤棠子涩而酢无味。”朱骏声《说文通训定声》“杜”字：“实之白而甘者曰棠，赤而涩者曰杜。”《方言》卷7：“杜，涩也，赵曰杜。”郭璞注：“今俗语通言涩如杜，杜梨子涩，因名之。”可见，“杜”的显著特征是子涩，这是“杜”的命名依据。“杜”隐含“涩”义，“阻涩”就是“杜”的核心义。

　　苏宝荣（2000：18）指出，“引发词义演变的因素，往往不是理念的逻辑发展，而是特征的形象联想。”杜梨的显著特征是子涩，物涩则阻滞难通，因此“杜”很容易引申出“堵塞”义。《广雅·释诂》：“杜，涩也。”王念孙疏证：“《方言》卷7：‘杜、蹦，涩也。赵曰杜，山之东面或曰蹦。’郭璞注云：‘今俗语通言涩如杜，杜梨子涩，因名云。’……涩，不滑也。”郭璞所云“今俗语通言涩如杜”，就揭示了“堵塞”义产生的原因。《书·费誓》：“杜乃擭，敜乃穽。”孔传：“擭，捕兽机槛；当杜塞之。”《国语·晋语》：“谗言益起，狐突杜门不出。”《墨子·备城门》：“以柴木土稍杜之，以急为故。”《战国策·秦策》：“杜左右之口，天下莫之能伉。”鲍彪注：“杜，犹塞也。”

　　“堵塞”引申之，则有抽象的“排斥、断绝、制止”义。《后汉书·袁绍传》：“杜黜忠功，以疑众望。”晋葛洪《抱朴子内篇·论仙》：“故古人学不求仙，言不语怪，杜彼异端，守此自然。”《南史·齐废帝郁林王纪》："令胤受事，胤不敢当，依违杜谏，乃止。"排斥、断绝、制止也是一种阻碍行为。事物运行遇有阻滞，就会依势破除阻碍、有所冲击，由此"杜"又引申为"冲击"义。《管子·度地》："水之性，行至曲必留退，满则后推前，地下则平行，地高即控，杜曲则捣毁，杜曲激则跃。"尹知章注："杜，犹冲也。言水行至曲则冲，而冲有所毁伤。""杜"的这两个意义的产生都与核心义"阻滞"密切相关。

那么，"杜"的其他几个意义又是怎么产生的呢？我们先来看"杜衡"。"杜衡"，字或作"杜蘅""莊衡"，又名"土卤"，是一种似葵的香艸。《类篇·草部》："莊，莊衡，香艸。"《集韵·姥韵》："莊，莊衡，香艸。"《楚辞·离骚》："畦留夷与揭车兮，杂杜衡与芳芷。"汉王逸注："杜衡、芳芷，皆香草也。"考"杜"与"土"同源①，二字常通互使用。《集韵·姥韵》："土，通作杜。"《诗·大雅·绵》："自土沮漆。"《汉书·地理志》作"自杜沮漆"。《诗·豳风·鸱鸮》："彻彼桑土，绸缪牖户。"陆德明释文："《韩诗》作'杜'，义同。"《孟子·公孙丑上》："彻彼桑土。"焦循正义："土、杜古字通也。"《荀子·解蔽篇》："相杜作乘马。"杨倞注："世本云：相土作乘马。杜，与土同。"今按，"杜衡"即是"土衡"，"杜"乃"土"字之借。这可以从"杜衡"的异称得到证明。《尔雅·释草》："杜，土卤。"郭璞注："杜衡也，似葵而香。"郝懿行义疏："杜衡，土杏古读音同。杜、土古字通也。"《神农本草经·中品药》："杜若，味辛，微温。主胸胁下逆气，温中，风入脑户，头肿痛、多涕、泪出。久服益精，明目，轻身。一名杜衡。生川泽。"②尚志钧校注："杜衡：《艺文类聚》《本草和名》作'杜蘅'，王本作'土蘅'。'土蘅'乃本字也。""土蘅"或单

① 关于"土""杜""社"三字同源，可参戴家祥（1986：189—194）。
② 《神农本草经》是汉代本草官托名之作。参尚志钧（2008：3）。

称"蘅"，《楚辞·王逸〈九思·伤时〉》："蘅芷彫兮莹媄。"原注："蘅，杜蘅；芷，若芷。皆香草。"三国魏曹植《洛神赋》："践椒涂之郁烈，步蘅薄而流芳。""杜蘅"又名"土杏"，"土"亦用本字，"杏""蘅"古音俱在匣母阳部，"杏"即"蘅"借字。《史记·司马相如列传》："其东则有蕙圃、衡兰、芷若。"唐司马贞索隐："张揖云：'衡，杜衡，生下田山，田有草生，天帝之山。'案《山海经》云：'叶如葵，臭如蘪芜，可以走马。'《博物志》云：'一名土杏，其根一似细辛，叶似葵。'"

我们再看"杜撰"，《汉语大词典》据"杜撰""杜田"二词，归纳出"杜"有"虚构的"意义。《朱子语类》卷66："道理人却说得去，法度却杜撰不得。"又卷80："因论诗，历言小序大无义理，皆是后人杜撰。""杜撰"就是没有根据地胡编乱造。关于"杜撰"的语源，自宋代以来有"杜墨"说、"杜光庭"说、"杜道士"说、"杜田"说、"杜园"说等，其中以"杜墨"说影响最大。宋王楙《野客丛书》卷20"杜撰"条云："杜默为诗，多不合律，故言事不合格者为'杜撰'。"按，"杜撰"的词源至宋已不明，上说均为宋人猜测之辞。姚永铭指出，"杜"本字为"肚"，"杜撰"就是"肚撰"，唐代已见行用（姚永铭，1999）。唐慧琳《一切经音义》卷39"嬌憹"条："译经者于卷末自音为额剂，率尔肚撰造字，兼陈村叟之谈，未审嬌憹是何词句。"唐栖复集《法华经玄赞要集》卷35："世尊，此陀罗尼不是肚撰。胸襟恒河沙等诸佛所说，若有侵毁此法师者，则为侵毁是诸佛已。""肚撰"犹言臆造，理据甚明。更有异文可证，《鼓掌绝尘》第一回："遂说道：'有了，有了。'只是杜撰，不堪听的，恐班门弄斧，益增惭愧耳！"刘葳校注："杜撰，原本作肚。"又第四回："杜开先道：'已肚撰多时，只候老伯到来，还求笔削。'""肚撰"亦即"杜撰"。《大词典》据"杜撰""杜田"，归纳出"杜"有"虚构的，随意臆造的"意义，此义实是"肚"之假借义。

最后,我们看"杜"的"自己、自家"义。《何典》第五回陈得仁评:"将前半三世同活鬼吃辛吃苦挣起来的现成家当,让他杜做主张销缴干净。""杜"的这个意义产生于吴方言区。揆其来源,或从"杜撰"一词推演而来,既然"杜撰"是自己胡编乱造,那么凡自己做的事就可以用"杜"表达了。闵家骥等编《汉语方言常用词词典》"杜布"条:"杜布,吴方言,家庭手工纺织的布。""杜布"即自家织的布。"杜"的这种类推用法很生硬,最终没有进入通语。

通过上述一番分析,《汉语大词典》所列的这几个义项就有了归宿。"杜"的"堵塞,封闭""断绝,制止""冲击"义,是从本义"杜梨"逐渐引申而来的,这些意义都贯穿着核心义"阻涩""阻滞"。"杜衡"即"土蘅","杜"乃"土"字之借。"杜撰"即"肚撰","杜"乃"肚"字之借。"杜"的方言用法,当是据"杜撰"一词类推产生的。由于"杜"的这几个意义,都不是自身词义演变的结果,因此不受核心义的统摄。

(二)核心义研究有助于深刻认识词义的系统性

词汇是个系统,词义也是个系统。很多词在历史演变中形成了多种意义,这些意义不是零散的、互不相关的,而是互相联系的,构成了一个系统。但是,多义词的引申现象纷繁复杂,即使我们对义位的归纳比较恰当,但呈现的意义分割零散,难以把握。核心义是词义延伸的内部依据,是词义内在联系的集中反映,在词义结构中居于核心的地位,词义系统中相关的词义都与之有联系。因此,研究词的核心义可以找出义位之间的"血脉"联系,借以勾画出一个清晰的意义关系图谱,从而对词义的系统性有更加深刻的认识。

写

"写",《汉语大词典》(3/1623)列有这样几个义项:(1)移置;输送。(2)倾吐；发抒。(3)舒畅；喜悦。(4)尽，竭。(5)仿效；模仿。(6)用模型浇铸。(7)摹画，绘画。(8)映照。(9)描写。(10)抄写；书写。(11)写作，创作。(12)立约租赁。(13)订购。"写"的这些意义确实够纷繁复杂的了，它们之间有什么内在的联系呢？赵克勤(1994：94)曾说，"'写'，有'照着画'(杜甫《画鹘行》'写此神俊资')、'描写'(江淹《别赋》'写永诀之情者乎')、'抄写'(《后汉书·班超传》'为官写书受直')等义，与'写'的本义'倾泻'(《礼记·曲礼上》'器之溉者不写,其余皆写')无关,属于因假借而产生的另一个词。在这几个意义中,'照着画'是最原始的意义,由'照着画'引申出描写、抄写二义"。这种说法又是否可取呢？

《说文·宀部》："写,置物也。"徐灏注笺："古谓置物于屋下曰写,故从宀,盖从他处传置于此室也。"徐灏当是说解字形义。"写"的本义是"倾泻"。《周礼·地官·稻人》："以浍写水。"《礼记·曲礼上》："御食于君,君赐余,器之溉者不写,其余皆写。"汉郑玄注："写者,传己器中乃食之也。"汉董仲舒《春秋繁露·考功名》："其为天下除害也,若川渎之写于海也。"字后作"泻"。《玉篇·水部》："泻,倾也。"晋干宝《搜神记》卷14："掘堂上作大坎,泻水其中。"此谓把水倾注坎中。段注："写,谓去此注彼也。""去此注彼"就是移置,就是对"写"词义特征的揭示,"写"的核心义就是"移""移置"。

"写"由"倾泻"引申之,则有"倾吐、抒发"义,就是把内心的情感移除于外。《诗·邶风·泉水》："驾言出游,以写我忧。"毛传："写,除也。"在先秦汉语中,"写"多用来表示排解心中的忧伤之情,中古以来"写"也可以指抒发心中的抱负。南朝宋谢灵运《拟魏太子邺中集诗八首·平原侯植》："副君命饮宴,欢娱写怀抱。"唐李白《于五松山赠南陵常赞府》诗："远客投名贤,真堪写怀抱。"

内心的忧伤之情排解之后，心情就会舒畅。"写"由此引申为"舒畅、喜悦"，《诗·小雅·蓼萧》："既见君子，我心写兮。"郑玄笺："我心写者，舒其情意，无留恨也。"《诗·小雅·裳裳者华》："我觏之子，我心写兮。"朱熹集传："我觏之子，则其心倾写而悦乐之矣。"

"写"由"倾吐、抒发"义引申为"描写、创作"义，就是把内心的思想感情移置于纸面上。南朝梁刘勰《文心雕龙·诠赋》："赋者，铺也，铺采摛文，体物写志也。"《南史·庾肩吾传》："未闻吟咏情性，反拟《内则》之篇；操笔写志，更摹《酒诰》之作。"宋梅尧臣《矮石榴树子赋》："余作赋写其状，因以自励云。"

"写"又有"竭尽"义，由"倾吐"义相因引申而来。《广雅·释诂一》："写，尽也。"王念孙疏证："除之尽也。"汉董仲舒《春秋繁露·天地之行》："竭愚写情，不饰其过，所以为信也。"晋束晳《补亡诗·由仪》："宾写尔诚，主竭其心。""竭""写"对文同义，此谓以竭诚之情相待。

"写"的其他意义是怎么产生的呢？在"写"的词义系统中有"模铸"一义，就是通过模型浇铸雕像的行为。模铸雕像需要把液体金属倾注于模子中，由此引申为"模铸"，是动作到行为的关联性引申。《国语·越语下》："王命工以良金写范蠡之状而朝礼之。"韦昭注："谓以善金铸其形状而自朝礼之。"明宋应星《天工开物·像》："凡铸仙佛铜像，塑法与朝钟同，但钟鼎不可接，而像则数接为之，故写时为力甚易。"清俞樾《茶香室续钞·蜀中写像》："蜀中有良金写像之事，又不止画像已也。""写像"即铸像。"写像"是通过模铸的方式把物象移置于雕像上。

"写"由"模铸"义引申之，就有了"摹画、绘画"义，模铸与摹画都是模仿物之真象制作仿品。《墨子·经说上》："圆，规写交也。"孙诒让间诂："写，谓图画其象。"《世说新语·巧艺》："顾长康好写起人形，欲图殷荆州。"北魏贾思勰《齐民要术·园篱》："既图龙蛇之形，复写鸟兽之状。"北齐颜之推《颜氏家训·风操》:"孝征善画,遇有纸笔,图写为人。"摹画即是通过描画的方式将物象移置于图像上。

"写"由"摹画、绘画"义引申有"模仿"义,就是把物之原样移置于仿物,更治仿品。《史记·秦始皇本纪》:"秦每破诸侯,写放其宫室,作之咸阳北阪上。""写放"即模仿。《淮南子·本经》:"雷震之声,可以鼓钟写也。"高诱注:"写,犹放效也。"《论衡·纪妖篇》:"召师涓而告之曰:'有鼓新声者,使人问左右,尽报弗闻。其状似鬼,子为我听而写之。'师涓曰:'诺!因静坐抚琴而写之。'"此谓用琴声模仿"新声"。

"写"由"摹画、绘画"义引申为"抄写、书写"义。在上古汉语里,今天的"写字"义用"书"表示,"写"则仅指抄写,就是依照原本复制副本。《释名·释书契》:"书称刺,书以笔刺纸简之上也,又曰到写,写此文也。"《汉书·艺文志》:"(孝武)建藏书之策,置写书之官。"晋葛洪《抱朴子内篇·遐览》:"谚曰:'书三写,鱼成鲁,虚成虎。'"《广韵·马韵》:"写,传本曰写。"因为抄写副本是以写字的方式进行的,由此发生关联性引申,"写"产生了"书写""写字"义。"书写"的核心义也是"移置",是把记忆中的字形移置到纸上。

"写"还有"映照"义,这是光线在光滑的表面上经过反射形成的物象移置现象。隋李播《周天大象赋》:"建星含曜于黄道,天弁写映于清流。"唐黄滔《水殿赋》:"镜豁四隅,远近之风光写入;花明八表,古今之壮丽攒将。"宋张孝祥《浪淘沙》词:"溪练写寒林,云重烟深,楼高风恶酒难禁。"此义当由"描画"义引申而来。梁元帝萧绎《和王僧辩从军诗》:"宝剑饰龙渊,长虹画彩斿。山虚和铙管,水净写楼船。""写"与"画"相对为文,可以看出这两个意义的联系。

明清时期,"写"可以借代指立约租赁。《醒世恒言·蔡瑞虹忍辱报仇》:"且说蔡武次日即教家人蔡勇,在淮关写了一只民座船。"也可以借代指订购。李伯元《文明小史》第 15 回："吃了一开茶,当由姚老夫子到局里写了五张客舱票,一张烟篷票。"这两种用义是"写"的"书写"义产生的借代用法,不必列为义项。

"写"的词义引申义列,可做如下整理:

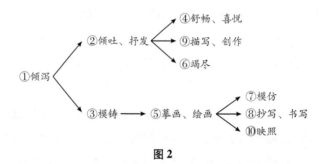

图 2

通过上述分析可知,"写"的核心义"移置"统摄着词义系统的两层关系:

(1)原物由此处移置于彼处。"写"向"倾吐"义方向的引申义都属于这一层次,该层次的引申特点是移置的对象是原物本身,移置的结果是原物离开了原处。

(2)原物之象移置于他处。"写"向"模铸"义方向的引申义都属于这一层次,该层次的引申特点是原物没有离开原处,移置的对象是原物的形象,移置的结果是原物产生了某种复制品。

(三)核心义研究有助于辨析同义词

汉语词汇中大量同义词的存在,使得语言的表达丰富准确。同义词之间存在着程度不等的差别。人们在运用语言时,为了准确地选择词语,就需要注意同义词的细微差别;在阅读和研究古汉语书面语时,同样需要注意同义词的细微差别。因此,辨析同义词是汉语词汇研究的重要内容。同义词的辨析包括识其同和辨其异两个方面,同异相比,异的方面往往更难识别。黄金贵(2002:187)指出:"古汉语同义词以单音词为主,这是与现代汉语不同的。因此古汉语同义词的特点是:'异'的表现比较隐蔽,其理性意义之异比较突出。"这说得很对。核心义是对词义特征的精确揭示,通过分析同义词的核心义,有助于我们深刻地了解一些同义词的本质差别,可以从根本上讲清楚造成词义差别的原因。

界、境

在表示"边境、国界"概念上,"界"和"境"是一对同义词。这两个词常常互训,如《玉篇·土部》:"境,界也。"《广韵·梗韵》:"境,界也。"《广韵·怪韵》:"界,境也。"《战国策·齐策三》:"故三国欲与秦壤界。"鲍彪注:"界,境也。"《吕氏春秋·赞能》:"至齐境,桓公使人以朝车迎之。"高诱注:"境,界也。"《大戴礼记·曾子制言下》:"是以君子不犯禁而入,人境及郊,问禁请命。"王聘珍解诂:"界,境首也。"

"界"本义指"田界",《说文·田部》:"界,竟(境)也。"段注:"界之言介也。介者,画也。画者,介也。象田四界,聿所以画之。介界古今字。"朱骏声《说文通训定声》:"界,田畔也。"《孟子·滕文公上》:"夫仁政必自经界始。经界不正,井地不钧,谷禄不平,是故暴君污吏必慢其经界,经界既正,分田制禄可坐而定也。"朱熹集注:"经界,谓治地分田。"《急就篇》卷3:"顷町界亩畦埒封。"颜师古注:"田边谓之界。"《史记·周本纪》:"入界,耕者皆让畔,民俗皆让长。""界"是田与田之间的分界,词义的特征重在于分,这是"界"的核心义。"界"有如下几组引申义:

1."界"本义为田与田之间的分界,由此引申为国与国之间的分界,表示"国界"义。又引申为不同事物的分界,表示"边界"义。"界"由具体事物的分界,又引申为抽象事物的分界,表示"界限"义。这是

"界"的名词用法。

（1）田界。汉陆贾《新语·道基》："于是后稷乃列封疆,画畔界,以分土地之所宜。"

（2）国界。《史记·卫康叔世家》："乃使太子伋于齐,而令盗遮界上杀之。"

（3）边界。汉刘向《九叹·离世》："立江界而长吟兮,愁哀哀而累息。"

（4）界限。《后汉书·马融传》："奢俭之中,以礼为界。"李贤注："界,犹限也。"

2. 田界是人们划分的边界线,由此转为动词,引申为"划分"。田界又有隔离的作用,由此引申为"隔离",表示使具体事物分离开来;由此进一步引申为"离间",表示使人与人之间的关系疏远、分离。这是"界"的动词用法。

（5）划分。《汉书·西域传》："皆以为此天地所以界别区域,绝外内也。"

（6）隔离。汉班固《东都赋》："殊方别区,界绝而不邻。"吕延济注："界绝谓绝远不相近。"

（7）离间。《汉书·扬雄传》："（范雎）界泾阳抵穰侯而代之。"颜师古注引苏林曰："界,间其兄弟使疏。"

以上意义是着眼于"界"的"分离"特征而引申的。

3. 如果着眼于中间,"界"的两边是分着的;如果着眼于两边,"界"又是相夹、相合的。着眼于田界的两边,"界"又是连接田与田的界线,由此产生了"连接"义;由"连接"义又引申出"临近"义。

（8）连接。唐杜甫《怀锦水居止》诗："雪岭界天白,锦城曛日黄。"

（9）临近。宋孙光宪《清平乐》词："尽日目断魂飞,晚窗斜界残晖。"

　　这两个意义是着眼于"两边相夹"的特征引申的,使用并不普遍,这与人们在使用"界"时,对其词义特征"分离"自觉与不自觉的感受是密切相关的。

　　"境"字本作"竟",《说文·音部》:"竟,乐曲尽为竟。"段注:"曲之所止也,引申为凡事之所止、土地之所止皆曰竟。"《周礼·春官·乐师》:"凡乐成则告备。"汉郑玄注:"成,所谓奏一竟。"贾公彦疏:"竟则终也,所奏八音俱作一曲,终则为一成。""竟"由乐曲的终结,引申为国土的终结、尽头,表示"边境"义。《礼记·曲礼上》:"入竟而问禁,入国而问俗,入门而问讳。"《左传·隐公十一年》:"郑伯与战于竟,息师大败而还。"陆德明释文:"竟,音境。"又《宣公二年》:"亡不越竟,反不讨贼。"《荀子·富国》:"其候徼支缭,其竟关之政尽察,是乱国已。"杨倞注:"竟,与境同。""竟"均表"国境"义,此义后来写作"境"。《荀子·富国》:"入其境,其田畴秽。"《史记·廉颇蔺相如列传》:"臣尝从大王与燕王会境上。""境"是由"竟"派生而来的。"竟"的本义表示的是乐曲的终结,词义特征重在于"尽""终止",这是"竟"的核心义。"竟"有如下几组引申义:

　　1."竟"由乐曲的终止,引申为国土的终止,表示"国境"义。又引申为凡事物的终止,表示"终结、完毕"义。"竟"用作动词,还可以表示穷究某事直到尽头,引申为"追究"义。"竟"的词义特征是"终止",因此动作从始到终的过程也可以称为"竟",引申为"周遍"义。

　　(1)边境。《周礼·夏官·掌固》:"凡国都之竟,有沟树之固,郊亦如之。"

　　(2)终了,完毕。《史记·高祖本纪》:"及见怪,岁竟,此两家常折券弃责。"

　　(3)追究。《汉书·霍光传》:"此县官重太后,故不竟也。"颜师古

注:"竟,穷竟其事也。"

(4)周遍。《汉书·王莽传》:"莽休沐出,振车骑,奉羊酒,劳遗其师,恩施下竟同学。"颜师古注:"竟,周遍也。"

2."竟"用作副词,可以表示事情最终得到的结果,可译作"最终";也可以表示事情的结果同预料的相符合,可译作"果然";还可以表示事情的结果出乎人的意料,可译作"竟然"。这三个意义都是从动词"终结"义虚化而来的。"竟"用于疑问句中,则虚化为语气副词,表示对事情真相的追究,可译为"究竟""到底"。此义由动词"追究"义虚化而来。

(5)最终。《诗·大雅·瞻卬》:"鞫人忮忒,谮始竟背。"郑玄笺:"竟,犹终也。"

(6)果然。《论衡·指瑞》:"贾谊为长沙太傅,服鸟集舍,发书占之。云:'服鸟入室,主人当去。'其后贾谊竟去。"

(7)竟然。《史记·陈丞相世家论》:"及吕后时,事多故矣,然平竟自脱,定宗庙,以荣名终,称贤相。"

(8)究竟。《世说新语·品藻》:"人问抚军:'殷浩谈竟何如?'答曰:'不能胜人,差可献酬群心。'"

3."竟"用作介词,加上后面的宾语,介绍动作行为或事情最后终止的时间,可译作"直到"。此义亦由动词"终止"义虚化而来。

(9)直到。《史记·樊郦滕灌列传》:"婴自上初起沛,常为太仆。竟高祖崩,以太仆事孝惠。"

以上分析表明,"界"的核心义是"分离","竟(境)"的核心义是"终止"。正是由于它们的核心义不同,这两个词在表示"国境"这个概念上有本质的差别,"界"表示的是两国的分界,而"竟"表示的是一国疆域的尽头,词义的差别是显然的。从另一个角度讲,一国之境,往往又是两国之界,所以"竟(境)"和"界"这两个词又是同义的。尽管如此,有些情况"界"和"竟"是不能替换的,如《孟子·公孙丑下》:"域民不以封疆之界,固国不以山溪之险。""界"不能替换为"境"。《三国志·蜀书·后主传》:"陵王梁王,理为安平王,皆以鲁梁在吴分界故也。""分界"也不能换为"分竟"。《商君书·来民》:"兵虽百宿于外,竟内不失须臾之时。""竟内"通常不说"界内"。①

二、核心义与训诂研究

(一)核心义研究有助于训诂发疑

解字释词是训诂学的中心内容。训诂实践工作是从发现问题开始的,我们称之为训诂发疑。核心义能够统摄词语的大多数义项,如果词的某个意义受此核心义统摄,这个意义通常是词义自身演变的结果("同源通用字"现象除外②),那些被轻易断为"假借义"的说法往往是站不住脚的。比如上面提到的"写",下面将要讲到的"快",都属于这种情况。如果词的某个义项不受此核心义统摄,就会有三种情况:可能是词义自身演变出来的,也可能是从他词假借而来的,也可能混入了同形词,这就需要做一番考辨工作了。比如前面讲到的"杜"就是一种情况。下面我们再举个例子。

———————

①　蒋绍愚(2005:180)在阐述"同流而不同源"的现象时,已经对"境"和"界"的词义差别做了辨析。本文通过对"境"和"界"的核心义分析,以补充蒋先生的说法。

②　陆宗达、王宁(1996:47)指出:"新词因词义引申而派生后,便孳乳出相应的新字。新字的字义已由发源字分化出来,但是,由于过去长期的习惯,在新字尚未被完全习用的过渡阶段,有与发源字通用的情况。这就是同源通用字。"

桀

《说文·桀部》:"桀,磔也。从舛在木上。"又《桀部》:"磔,辜也。从舛石声。"徐灏注笺:"磔当作杰(傑),字之误也。桀、杰(傑)古今字。……同从二人在木上,取高出人上之意。""桀",甲骨文作"",金文作"",像人在树上之形。① 人在树上自然就高出他人,以此喻人的才能杰出。"桀"本义指杰出的人才。《诗·卫风·伯兮》:"伯兮朅兮,邦之桀兮。"郑玄笺:"桀,英桀,言贤也。"《吕氏春秋·孟秋》:"天子乃命将帅,选士厉兵,简练桀俊。"高诱注:"才过万人曰桀。"字后增旁作"傑(杰)"。《楚辞·九章·抽思》:"非俊疑杰兮,固庸态也。"汉王逸注:"千人才为俊,一国高为杰也。"《史记·屈原贾生列传》引作"桀"。才能高出众人谓之"桀",所以"桀"的核心义就是"高"。"桀"的核心义统摄着词义系统的大多数义项:

1."桀"本义指才能高的人。"桀"由才能之高,引申为"高、高出",核心义得到了呈现。物举则高,故"桀"又有"负举"义。

(1)才能高的人。《礼记·月令》:"命大尉赞桀俊,遂贤良,举长大。"郑玄注:"桀俊,能者也。"

(2)高、高耸。《诗·齐风·甫田》:"无田甫田,维莠桀桀。"毛传:"桀桀,犹骄骄也。""桀桀"指高而密的样子。《水经注·江水二》:"其颓岩所余,比之诸岭,尚为竦桀。"

(3)负举。《左传·成公二年》:"齐高固入晋师,桀石以投人。"杜预注:"桀,担也。"

2.人的才能出众可以是正面的、好的,也可以是反面的、不好的,由

①　邹晓丽(2007:74)指出,"桀,字形是一正面的人(大)站在树上。'大'(即人)身上画出两只脚而作'',这就是'乘'('乘风'的'乘'),'在……之上'的意思),有的字形保存'舛'(双足)而失去'大',就写成'桀'。"

此引申为褒义的"勇敢、健武"义和贬义的"凶悍、横暴"义。凶悍、横暴则恃强凌弱、加于人之上,故隐含"高"义。由"凶悍、横暴"引申为"桀骜、不顺",进一步引申为"坚硬"。

(4)勇敢、健武。《论衡·儒增》:"人桀于刺虎,怯于击人,而以刺虎称谓之勇,不可听也。"

(5)凶悍、横暴。《史记·货殖列传》:"桀黠奴,人之所患也。"

(6)桀骜不顺。《汉书·匈奴传》:"至本始之初,匈奴有桀心,欲掠乌孙,侵公主。"颜师古注:"桀,坚也。言其起立不顺。"

(7)坚硬。梁同书《笔史》:"制笔之法,桀者居前,毳者居后。"

以上我们分析了"桀"的词义引申情况,多数义项受核心义的统摄。此外,有些辞书还列有"桀"字的另外一个意义,即"小木桩"。如《汉语大词典》(4/987)列"桀"的首义为"小木桩",释义及举证如下:

❶小木桩。《诗·王风·君子于役》:"曷其有佸,鸡栖于桀。"朱熹集传:"桀,杙。"《墨子·备梯》:"城希裾门而直桀。"孙诒让间诂:"望裾门而置楬者,所以为识别,以便出击敌也。"清庄炘《徐孝子传》:"诘朝,视埘桀无鸡也。"

《汉语大字典》(1203)列"桀"的首义为"鸡栖息的木桩"。释义及举证如下:

❶鸡栖息的木桩。清朱骏声《说文通训定声·泰部》:"桀,此字当训鸡栖弋也,舛象鸡足。"《诗·王风·君子于役》:"鸡栖于桀,日之夕矣。"毛传:"鸡栖于弋为桀。"清庄炘《徐孝子传》:"诘

朝,视坿桀无鸡也。"引申为木桩或木桩似的。《水经注·淇水》:"淇水又东北,西流水注之,水出东大岭下,西流迳石楼南,在北陵石上,练垂桀立,亭亭极峻。"

　　既然"桀"是"小木桩",就是矮小的、低的,这与"桀"的核心义"高"恰好相反。朱骏声以为"此字当训鸡栖弋也,舛象鸡足",于"桀"的古文字字形不合。"桀"字此义究竟该如何解释呢?

　　今谓"桀"此义当借自"楬"。"桀""楬"古音俱在群母月部,二字音同。"楬"即"小木桩",多用来作标识。《说文·木部》:"楬,楬櫫也。"段注:"楬櫫,汉人语,许以汉人常语为训,故出櫫字于说解。"《周礼·秋官·蜡氏》:"若有死于道路者,则令埋而置楬焉。"郑玄注引郑司农曰:"楬,欲令其识取之,今时楬櫫是也。"《汉书·尹赏传》:"楬著其姓名。"颜师古注:"楬,杙也。"古籍中"楬"多借"桀"字,清人已发之。《广雅·释宫》:"楬,杙也。"王念孙疏证:"《尔雅》'鸡栖于弋为桀。''桀'与'楬'通。《方言》注云:橛、楬,杙也。江东呼都,都与櫫古同声,合言之则曰'楬櫫'。《说文》'楬,楬櫫也。'"《方言》卷5:"橛,燕之东北朝鲜洌水之间谓之椵。"郭璞注:"楬,杙也。"钱绎笺疏:"《说文》'楬,楬櫫也'。《尔雅》'鸡栖于弋为桀','桀'与'楬'通。"《墨子·备梯》:"城希裾门而直桀。"孙诒让间诂:"望裾门而置楬者,所以为识别,以便出击敌也。"王念孙《读书杂志·墨子第五·备梯》引之,谓"桀,与楬通"。据此,"桀"为"楬"字之借信矣。又《墨子·号令》:"吏卒民各自大书于杰。"孙诒让间诂:"杰与楬通。""杰(傑)"为"桀"增旁字,亦可佐证。

　　《汉语大词典》《汉语大字典》所引《诗·王风·君子于役》《墨子·备梯》例,"桀"均为"楬"字之借。清庄炘《徐孝子传》例,本毛诗而作,"桀"亦即"橛"字。《汉语大字典》引《水经注·淇水》例,当为误释词义。"淇水又东北,西流水注之,水出东大岭下,西流迳石楼南,在北陵石上,练垂桀立,亭亭极峻。"此"桀"为"高耸"之义,"桀立"与"极峻"文相对举,"桀立"即耸立。《水经注》中就不乏其例,如《水经注·济水》:"华不注山,单椒秀泽,不连邱陵以自高,虎牙桀立,孤峰特拔以刺天,青崖翠发,望同点黛。"又《浅水》:"尧山一名豆山。今山于城北如东,崭绝孤峙,虎牙桀立。"又《阴沟水》:"今城内东侧,犹有山亭桀立,陵阜高峻。""桀立"与"高峻"对文同义,即"高耸、耸立"之义,词义隐含核心义"高"。

综上,《汉语大词典》《汉语大字典》本条释义当是:"桀",通"橛",小木桩。

(二)核心义研究有助于词义考证

词义的引申就个别阶段来说,是由甲义延伸出另一个与之相关的乙义。蒋绍愚(2005:70)指出:"引申是基于联想作用而产生的一种词义发展。甲义引申为乙义,两个意义之间必然有某种联系,或者说意义有相关的部分。"我们知道,有些词意义的联系比较隐晦,而"相关"的情况也是纷繁复杂的。那么,如何证明词的乙义是从甲义演变而来的呢?传统训诂学对词义演变的研究,除了分析甲义与乙义的意义联系外,还有一种"比较互证"法。陆宗达、王宁(1983:131)指出:"运用词义本身的内在规律,通过词与词之间意义的关系和多义词诸义项关系的对比,较其异,证其同,达到探求和判定词义的目的,这种训诂方法,可以称作'比较互证'。"如前所述,核心义是词义延伸的内部依据,是词义内在联系的集中反映。因此,我们还可以通过分析词的核心义,利用核心义对词义相关义项的统摄性去证明它。在词义的训诂实践中,如果能综合运用上述几种方法去证明词义的演变,结论自然就会可靠一些。下面我们举个例子来说明。

快

"快"表"迅速"义是"快"在现代汉语中的常用意义,有关此义在汉语史上的来源和产生时代,学界的看法颇为分歧,很有必要做个案研究。张永言、汪维辉(1995)曾举出"快"表"迅速"义的早期用例,摘引两例如下:

1)何等为十六胜?即自知喘息长,即自知喘息短。……即自知喘息快,即自知喘息不快。即自知喘息止,即自知喘息不止。(东汉安世高译《大安般守意经》卷上,T/15/165a)

2)思十六事,一其心得禅。何谓十六?喘息长短即自知,……喘息快不快即自知,喘息止走即自知,喘息欢戚即自知。① (三国吴康僧会译《六度集经》卷7,T/3/40c)

关于"快"表"迅速"义的来源,曹广顺(1987)认为,"'快'字的'迅速'义可能是从'駃'字来的","魏晋以后,'駃'字逐渐被'快'兼并"。江蓝生(1988:118)也有相似的观点:"'快'本义为喜,捷义应是先有'駃',后借'快'字。"张联荣认为,"快"的"迅速"义来自"快"的"豪爽、快直"义。②

---

① 汪维辉(2017:363)脚注指出:"既然下文有'欢戚',则'快'不该是'快乐'之'快'而应是'快慢'之'快'可证。"极是。另可比较同书卷7:"道人自觉喘息长短,迟疾巨细,皆别知之,犹人削物,自知深浅,念息如此,一其心得禅。"(T/3/41a)这两段文字大意相同,"迟疾"对应"快不快",亦可为证。

② 张联荣(2000:142)所举的"快"表"豪爽、快直"义的2个早期例子,还可商榷。《三国志》"快士"犹言"佳士",《颜氏家训》"佳快"乃同义连文,董志翘(2003)有详辨。另外,考察现有文献资料来看,"快"之"豪爽、快直"义产生时代也晚于"迅速"义。

蒋绍愚认为,"快"的"迅速"义来自"快"的"畅快、痛快"义。①

事实上,段玉裁曾对"快"之"迅速"义的来源以及与"駃"字的关系,做过非常简洁的说明。《说文·心部》:"快,喜也。"段注:"快,引申之义为疾速,俗字作駃。"段注可以归纳为两点:1. "駃"是"快"的俗字;2. "快"的"迅速"义,是其自身词义引申的结果。以下以这两个问题为中心进行讨论。各家对"快"表"迅速"义的来源的分歧意见,以及对"快"部分用例词义理解上的偏差和相关语料的辨析,将随文讨论之。

"駃"最初是为"駃騠"之"駃"造的本字,与本文讨论的表"迅速"义的"駃"是同形字。② 如果认为"快"之"迅速"义是借自"駃"的话,必然意味着"駃"先有"迅速"义,然后由于文字假借,"快"字记录了"駃"的"迅速"义。然而语言事实表明,这种推论很难成立。检东汉及以前

---

① 蒋绍愚(2012:222)所举的"快"表"畅快、痛快"义的三组早期例证,也存在可商榷之处。A组《史记·项羽本纪》"今日固决死,愿为诸君快战"中的"快战"颇有异文,百衲本、中华书局本作"快战",武英殿本作"决战",又《汉书·陈胜项籍列传》、《汉纪·高祖皇帝纪》、《资治通鉴·太祖皇帝》、《太平御览》卷380、《册府元龟》卷847等记述此事,均作"决战",故作为语料未必可靠。B组和C组的"快雨"和"快雪",词义是指"好雨""好雪",在王羲之《杂帖》中,"快雨"和"快雪"的下文,或言"方得此雨为佳",或言"佳",其义显豁。在《三国志·魏书·管辂传》中,"快雨"如期而至,很及时也很大,也是指令人满意的好雨。又,在王羲之《杂帖》中,还有"雨快"和"晴快"的用法,如卷25:"雨快,想比安和,迟复承问。"卷26:"一昨省不悉,雨快,君可不? 万石转差也?"卷23:"晴快,足下各佳不? 长素转佳也? 甚耿耿。""雨快"与"晴快"句式相同,"雨快"犹言"雨好","晴快"犹言"晴好"。晋人书札中此类"快",多是先言天气好或雨雪下得好,后问对方身体好不好,"快"均表"好"义。《齐民要术》卷2"大小麦":"青稞麦治时稍难,唯快日用碌碡碾。""快日",指"好天气"。"晴快""快日"不含动作要素,是不能用"畅快、痛快"义解释的。

② 《说文·马部》:"駃,駃騠,马父赢子也。"又"騠,駃騠也"。《史记·鲁仲连邹阳列传》:"王按剑而怒,食以駃騠。"唐张守节《史记正义》:"駃騠,音决蹄,北狄良马也。"按,"駃"字,表示"駃騠"之"駃",音 jué。表示"迅速"义,音 kuài。

的文献,共见 6 例"驶"表"迅速"义的疑似用例①,但都有异文,不能算作确凿不刊的文献用例。其中有 2 例见于许理和(1987:225)确定的可靠的东汉译经《中本起经》中。

　　3)垂泪抆眼,而作颂曰:"容颜紫金耀,面满发绀青,大人百福德,神妙应相经。方身立丈六,姿好八十章,顶光烛幽昧(宋元明本作'照幽冥',当从),何驶(宋元明三本均作'便')忽无常?"(东汉昙果共康孟详译《中本起经》卷上,T/4/150b)

　　4)佛欲令迦叶必伏,便入泥兰禅河,其水深驶(明本作"驶")。(东汉昙果共康孟详译《中本起经》卷上,T/4/151b)

　　今按,在《中本起经》中,表"迅速"义用"快"字,如卷上:"(佛)应念忽至,迦叶大喜:'适念欲相供养,来何快耶? 间者那行? 今从何来?'"确凿而无异文。从用字角度讲,译经的笔受者在这里不大可能再换用"驶"字。从文意看,例 3)作"便"于义为胜。例文是迦叶等众弟子以为世尊在斗法时被龙火所害而作,"何便"义同"何就",意谓怎么就忽然灭度了呢? 反置惊诧之语,正接上文对世尊的赞誉之辞。句式可比较《经律异相》卷 34:"本见城完好,中人乐安居。所求未央足,何便忽空虚?"例 4)据汪维辉(2017:374)的考察,"'驶'多用于'风、

────────────

① 此外,还有 4 例出自旧题东汉安世高译《佛说自誓三昧经》和支娄迦谶译《佛说无量清净平等觉经》,均与"驶"字构成异文。《佛说自誓三昧经》:"招来诸佛贤圣大仁,于四驶(宋元明宫本作'驶')流为大法船。"(T/15/344c)《佛说无量清净平等觉经》卷 1:"池中水流,亦不迟亦不驶(元本明本作'驶')。"(T/12/284a)卷 2:"是两菩萨则俱飞行,则到飞行,驶(明本作'驶')疾如佛。"(T/12/290a)卷 3:"虽求道外若迟缓,内独驶(明本作'驶')急疾。"(T/12/293b)据理和(1987:225)的研究,这两种疑伪佛经并非可靠的东汉译经。因此,这 4 例不计算在内。

雨、雪、河流'一类的自然现象,着重强调它们流动的急骤猛烈"。"駃"应为"駛"字之讹。在汉译佛典中,"駛"字常形讹作"駃",慧琳《一切经音义》辨之者 12 条,可洪《新集藏经音义随函录》辨之者 8 条。如慧琳《一切经音义》卷 15"駛河":"师事反,《韵英》云:'急速也。'从马史声,或作决,今经文从夬作駃,书经人误也。"其说甚谛。

在东汉及以前的中土文献中,共见 4 例"駃"表"迅速"义的疑似用例,但均与"駛"字构成异文。

5)黄河龙门,駃流如竹箭。(《汉语大字典》"駃"字条转引《字汇》列首证《尸子》,4545 页)

6)先君招贤人,贤人往之,駃疾如晨风之飞入北林。(《诗·秦风·晨风》"鴥彼晨风,郁彼北林"毛传)

7)日南多駃牛,日行数百里。(东汉杨孚《异物志》)

例 5)今本《尸子》(清汪继培辑校本)不载此文,战国赵人慎到《慎子·外篇》:"河之下龙门,其流駛如竹箭,驷马追,弗能及。"按,上古只称"河",不称"黄河",上例显为后人窜改《慎子》语。例 6)阮元《校勘记》曰:"小字本作駛,案作駛是也。考此字《说文》在新附中,而《广雅》已有之,皆作駛,《玉篇》《广韵》皆作駛。"按,陆德明《经典释文》注音为"所吏反",阮说可从。例 7)其书早佚,《天中记》卷 55、《佩文韵府》卷 26 引作"駛牛"。按,"駃牛"中古文献未见他例,当作"駛牛",陈臧道颜有《駛牛赋》可证;在中古汉语中虽有"快牛"一词,但词义均指"好牛"(参付建荣,2018)。另外 1 例见《河图括地象》:"雍、冀商羽会,其气駃烈,(其)人声捷,其泉咸以辛。"文献出处和年代不太确定,且"駃"存在异文"駛",作为语料不甚可靠。清黄奭辑入《河图括地象》作"駛烈",清乔松年辑入《河图》作"駃烈"。今按,"駃烈"不见连文之例,据上揭汪维辉(2017:374)的考察,亦当作"駃烈",指其气流动的急骤猛烈。根据现有的资料来看,"駃"表"迅速"义较为可靠的用例,要晚在东汉之后①,使用时代晚于"快"字。因此,将这样一个晚出的字义看作是另一个字借义的来源,是否合于发展的事实还有待更严格的证据来检验②。

段玉裁认为"駃"是"快"的俗字,此说较胜。古人常依据形义相应的心理习惯造字。"快"本义为"喜",当"快"产生了"迅速"义后,字形与字义相去甚远,于是"快"有时便换旁作"駃"。《说文》"駃"下徐铉云:"駃,今俗与快同用。"元好问《乙酉六月十一日雨》诗:"今日复何日,駃雨东南来。"自注:"駃与快同音。"《字汇·马部》:"駃,苦拜切,音快。"《正字通·马部》:"駃与快同,……快之用駃为俗书。"更为重要的是,"駃"为"快"的俗字还能得到异文的证明。东汉张仲景《金匮要略》卷上:"又快药下利,重亡津液,故得之。"通行本《脉经》卷8引作"駃药"(参沈炎南,2013:340)。后秦鸠摩罗什译《大智度论》卷83:"待众生者,如贾客、大将虽乘駃马能疾到所止,故待众人。菩萨亦如是,乘智慧駃马,虽能疾入涅槃,亦待众生故不入。"(T/25/641b)文中两例

---

① 东汉之后的六朝时期,在中土文献和汉译佛典中都有不少"駃"表"迅速"义的疑似用例,多数例子与"駃"字构成异文,情况非常复杂。但从用字情况来看,用"駃"字记录"迅速"义,应该承认此时已经出现了。如《宋书·五行志》:"又白光覆屋,良久而转駃乃消。"《南齐书·五行志》:"酉时风起小駃,至二更雪落,风转浪津。"这两例出于正史且无异文,应是相对确定的例子。

② 另外,"駃"何以有"迅速"义,则未见深究意见。《汉语大字典》"駃"条(7/4837)、《汉语大词典》"駃"条(12/812)首列"快马"义项,并举晋崔豹《古今注·杂注》:"曹真有駃马,名为惊帆,言其驰骤如烈风之举帆疾也。"作为例证。若此,"駃马"则为"快马马"了。何况此例还存在异文,《四部丛刊三编》影宋本作"驰马",《渊鉴类函》卷433、《佩文韵府》卷30引作"駃马"。从下文"驰骤"来看,作"驰马"的可能性更大。今按,文献中未见"駃"单独指"快马"的用例,"駃"自身词义是无法引申出"迅速"义的。

"駃",宋元明三本均作"快"。S.6022《搜神记》"段孝直"条:"直所乘之马甚駃,日行五百里。"①蒋礼鸿(1994:188)说:"日本中村不折藏敦煌本《搜神记》'駃'作'快','駃'即'快'的俗字。"张涌泉、窦怀永(2010:151)注:"在迅捷一义上,'駃'为'快'的俗字。"极是。

"快"表"迅速"义的来源,还应从"快"的本义说起。《说文·心部》:"快,喜也。""快"的本义指"愉快",《易·艮卦》:"艮其腓,不拯其随,其心不快。"战国屈原《悲回风》:"愁郁郁之无快兮,居戚戚而不可解。"上言"愁郁郁",下言"无快",可见"快"不是一般的"喜",词义特征重在于心意的舒畅、通畅。由此推导,"快"的核心义是"通畅""无阻滞"。"快"的主要引申义项都受此核心义的统摄制约。在先秦文献中,"快"经常用于使动。《左传·襄公二十八年》:"君其往也,送葬而归,以快楚心。""快楚心"既可以理解为使楚心愉快,也可以理解为称楚心、合楚意,由此引申出了"称心""满意"义。《急就篇》卷1:"用日约少诚快意。"王应麟补注:"快,称心也。"《玉篇·心部》:"快,可也。"心理感觉和对外界事物的感受是密切相关的,让人感到称心满意的事物通常是美好的,"快"由此引申出"好"义。

8)如是等菩萨,其所止佛刹,刹极快好,其刹皆各,各自有名。(东汉支娄迦谶译《佛说兜沙经》,T/10/446b)

9)省《更生论》,括囊变化,穷寻聚散,思理既佳,又指味辞致亦快,是好论也。(《全晋文》卷63孙盛《与罗君章书》)

---

① "駃"字原卷抄作"駃",即为"駃"的讹俗字,末笔稍异。试比较敦煌写本中"快"的讹俗字,如"駃""快""快""快""快""快"等(参黄征,2005:226)。

"快"表"好"义，张相（1977：577）、董志翘（2003）、付建荣（2018）曾有专门揭示。在汉魏时期，"快"的这一词义已经用得较为普遍灵活了，推想口语中产生的时间可能更早。董志翘（2003）一文引早期译经的用例，将"快"的"好"义上溯至东汉。今按，"快"的"好"义可上推至战国末年。

10）有风飒然而至，王乃披襟而当之，曰："快哉此风！"（战国宋玉《风赋》）①

"快"由一般意义的"好"，可专指身体好、舒服无恙，由此又引申为"舒服"义②。此义不晚于西汉已产生，魏晋以来多用在否定形式"不快"中。王云路、方一新（1992：58）《中古汉语语词例释》"不快"条举例颇多，释作"身体不舒服；有病"。在古代医籍中，"快"表"舒服"义用例甚多，而且肯定否定形式兼有，这里只举几例肯定形式。

11）肌肉坚紧，荣血泣，卫气去，故曰虚。虚者聂辟，气不足，按

---

① 此例"快"多被理解为"畅快""痛快"义，也有理解为"舒适""凉快"义的。《大词典》（7/485）释作"舒适，畅快"。今按，这些语境要素固然存在，然恐缺乏通盘考虑，不论是心理上的感受（"畅快"），还是身体上的感受（"凉快"），以"好"释义则足之。联系上揭脚注"快雨""快雪""雨快"来看，也应指"好"义。又中古口语中"快哉"表叹好之辞，早期译经用例甚多，如"快哉斯言""快哉斯问""快哉福报""女言善快哉""是法快哉无比"等，皆可证成之。

② "快"表"舒服"义的来源，可以和"佳"比证。王云路、方一新师（1992：58）"佳"条指出："《说文·人部》：'佳，善也。''佳'由一般的善、好义，引申为专指身体好，无病，又转指病情减轻、好转。"无独有偶，"快"也可以"转指病情减轻、好转"，如晋葛洪《肘后备急方》卷5："如热痛，即顿易之，患当减快得分稳。""快"与"佳"的这几个义位存在平行引申轨迹，应有相似的心理认知基础。张相（1977：578）"快（一）、不快"条："'快'犹好也。……由'不快'之义引申之，则患病亦曰'不快'，言身体不好也。"其说泥于否定形式。

之则气足以温之,故快然而不痛。(《黄帝内经·素问》①卷17"调经论篇")

12)转筋者,立而取之,可令遂已。痿厥者,张而引之,可令立快矣。(《黄帝内经·灵枢经》卷1"本输"篇,晋皇甫谧《甲乙经》卷10"八虚受病发拘挛"同)

13)补则益实,实者,脉大如其故而益坚也;夫如其故而不坚者,适虽言快,病未去也。(《黄帝内经·灵枢经》卷2"终始"篇,晋皇甫谧《甲乙经》卷5"针道终始"同)

14)咽喉肿痛,轻按之痛,重按之快,食饮如故,曰腑实也。(东汉华佗《中藏经》卷上)

例中的"快(然)",或与"不痛"连用,或与"已""痛"对举,"快"表"舒服"义很显豁。人的身体需要通畅,所谓"九窍百节千脉皆通利矣"(《吕氏春秋·开春》),这样才能舒服,如遇不畅就会感到不适。"快"由"舒服"义进一步引申,就产生了"通畅"义,核心义得到了呈现。此义不晚于西汉已产生,用例甚多,未见专门揭示。

15)饮食不下,鬲咽不通,食则呕,腹胀善噫,得后与气,则快然如衰,身体皆重。(《黄帝内经·素问》卷22"至真要大论篇")

16)温病:脉细微而往来不快、胸中闭者死。(东汉华佗《中藏经》卷中)

---

① 《黄帝内经》包括《素问》和《灵枢经》,就成书时代而言,可分为三部分:第一部分,即其主体部分,绝大部分是战国时期的作品,还有一部分是秦和西汉时期的作品。第二部分,即其"七篇大论",它们是汉代甚至大都是东汉的作品,是唐王冰"受得先师张公秘本"而补的遗篇。第三部分:《刺法论》和《本病论》,这是宋林亿据流传本补进去的,当是唐宋人所作。参张显成(2000:17—18)。本文所引例证不在第二、三部分内。

17) 旦服,便利者,亦可停。若不快,更一服。下后即作酒粥,食二升,次作水餐进之。(晋葛洪《肘后备急方》卷3"治服散卒发动困笃方")

18) 腰背手足流肿,拘急,屈伸不快,以膏傅之日三。(南朝齐龚庆宣《刘涓子鬼遗方》卷5"相痈疽知是非可灸法")

例15) 既然"身体皆重",则"快"不再可能是"舒服"义,而是表"通畅"义,与上文"不下""不通",文相对举。例言排泄完大便("后")和屎气("气"),就会通畅如衰。例16) 至18)"不快"均表"不畅"义。正因为"快"有"通畅"义,故"快利""宣快"可同义连言。

19) 孔琳之书,放纵快利,笔道流便,二王后略无其比。(《全齐文》卷8 王僧虔《论书》)

20) 肾与膀胱合,俱主水,肾气通于阴。肾虚而生热,热则小便涩,虚则小便数,虚热相搏,虽数起而不宣快也。(隋巢元方《诸病源候论》卷42"妊娠小便数候")

有时"快"的"舒服"义和"通畅"义难以截然分开,这是由于二者存在因果联系。

21) 百合病者,……每溺时头痛者,六十日乃愈;若溺时头不痛,淅然者,四十日愈;若溺快然,但头眩者,二十日愈。(东汉张仲景《金匮要略》卷上"百合狐惑阴阳毒病证治")

何任(1990:26)注:"快然:舒畅貌;溺快然引申为小便通利,无何不适之感。"正说明"快"的这两个意义联系密切。

那么,"快"的"通畅"义和"迅速"义,是否有联系呢? 有的,而且有密切的联系。事物运行通畅,速度才能快,遇有阻滞,速度就会变慢,甚至停止。因此,速度快是事物运行通畅的表现。这不仅仅是一种推理,下面的例子便可证明。

22)又阴缩,小便不出,出而不快者,亦死。(东汉华佗《中藏经》卷中)

23)膀胱中有厥阴气,则梦,行不快;满胀,则小便不下。(东汉华佗《中藏经》卷中)

24)湿痹之候,其人小便不利,大便反快,但当利其小便。(东汉张仲景《金匮要略》卷上"大承气汤方")

25)肾主水,水行小肠,入胞为小便。肾虚则小便数,热结则小便涩,涩则茎内痛,故淋沥不快也。(隋巢元方《诸病源候论》卷6"解散热淋候")

26)小便热则水行涩,涩则小便不快,故令数起也。(同书卷14"小便数候")

例22)、23)均指小便不畅,表现出来就是小便速度慢。例24)"利""快"对文同义,"大便反快"指大便反而通畅,表现为大便速度快。例25)"淋沥不快"义即淋漓不畅,自然就是缓慢了。例26)既是阻涩,小便就会不畅,表现出来就是速度慢甚至停止,故须"数起"排尿。这几例的"快"虽指大小便的"通畅",但词义中隐含的"迅速"义已很显豁,看起来很像是"迅速"义,这是因为大小便的畅与不畅会通过速度的快慢表现出来。所以,"快"的这两个意义有时就很难分辨,早在西汉已然。

27) 心风之状,多汗恶风,焦绝善怒吓,赤色,病甚则言不可快,诊在口,其色赤。(《黄帝内经·素问》卷12"风论篇")

例27)"言不可快"指吐言不能流畅,表现为吐言困难、失音等综合症状。既是吐言不流畅,当然也就不可能快捷了。但此例还不是"快"表"迅速"义的典型例证,词义特征仍偏于"流畅""通畅"。这可以从中古医书记载吐言症候常用"蹇涩""涩滞""不通利"等搭配词看出来,如"言语蹇涩""言语难出""骨节风,绕腕风,言语涩滞""口噤失音,言语不通利"等。《类经·风证》引其语,注:"心主舌,病甚则舌本强,故言不可快。"病源为心客邪气引起舌根僵硬,故吐言不能流畅。

上揭诸例,"快"很容易让人产生歧解,这正可用作"快"在语言运用中发生重新分析、逐渐导致词义演变的过渡例证。从客观事理讲,"通畅"是事物运行的内在性状,"迅速"是事物运行的外在表现。二者之间既是内容和形式的内在联系,也是原因和结果的客观联系。这就是"快"的词义从"通畅"演变为"迅速"的理据。试看下面两组例子。

1. 快下、快利(痢)

28) 强人服一钱匕,羸人服半钱,平旦温服之;不下者,明日更加半钱,得快下后,糜粥自养。(东汉张仲景《金匮要略》卷中"十枣汤方")

29) 大黄、甘草炙、黄芩各二两,升麻二两,栀子一百枚,五物以水九升煮取三升半,服得快下数行,便止。不下,则更服。(晋葛洪《肘后备急方》卷5"大黄方")

30) 右五味切,以水五升,煮取二升四合,去滓,下消绞调。分温三服,快利为度。(南朝齐龚庆宣《刘涓子鬼遗方》卷3"大黄汤方")

31）高仙芝伐大食，得诃黎勒，长五六寸。初置抹肚中，便觉腹痛，因快痢十余行。初谓诃黎勒为祟，因欲弃之。以问大食长老，长老云："此物人带，一切病消，痢者出恶物耳。"（《太平广记》卷414"诃黎勒"条引《广异记》）

"下"和"利"（后作"痢"）都是"腹泻"的意思①，这里的"快"应该承认是"迅速"的意思了，"快下""快利（痢）"指服药后快速引起腹泻。特别是例28）、例29）"不下"和"快下"文相对举，其义显豁。例31）"诃黎勒"刚放肚兜里，"便觉腹痛，因快痢十余行"，说明"快下""快痢"都是指快速腹泻的意思。从医学的角度讲，这些药方都是破积逐水的峻剂，服后会在短时间内引起腹泻。

2. 快吐

32）右二味，杵为散，以香豉七合煮取汁，和散一钱匕，温服之。不吐者少加之，以快吐为度而止。（东汉张仲景《金匮要略》卷上"瓜蒂散方"）

33）右二味，……分二服，温进一服，得快吐，止后服。（东汉张仲景《金匮玉函经》卷7"栀子豉汤方"）

34）无时节发者，常山二两，甘草一两半，豉五合，绵里，以水六升煮取三升，再服，快吐。（晋葛洪《肘后备急方》卷3"治寒热诸疟方"）

这里的"快吐"也都是指服药后快速引起吐泻的行为，是中医学及时排除体内积食的治病方法。联系中古医书相应的表述，也可以证明

---

① "下"表"腹泻"义，周一良（1985）"王羲之书札"条、方一新（1989）"吐下"条已发之。

对上述两组词义的分析。以晋葛洪的《肘后备急方》为例,卷6:"葛氏方,取少蜜含之,即立下。"卷7:"又方:盐一升,淳苦酒和,一服立吐,即愈。"又:"煮取二升,且分再服,服了少时即吐。""立下""立吐""少时即吐",皆可比证"快下""快吐"的确切词义。中古医书表"通畅"义的词还常用到"通""利"和"宣",诸如"血气不通""小便不利"等表述十分常见,但不见"通下(吐、利)""利下(吐、利)""宣下(吐、利)"的表述,可推证"快下""快吐"的"快"并非"通畅"义。

那么,是什么原因引起"快"的词义发生变化的呢? 从句法结构看,上揭两组例子的"快"不再充当谓语,而是作状语,用来修饰行为动词"利""下"和"吐",而"快"表"通畅"义时,都是作谓语。这种整齐的对应规律,似乎揭示着"快"句法功能的变化和词义的变化存在某种必然的联系。试比较下面的例子。

35)病者脉伏,其人欲自利,利反快。(东汉张仲景《金匮要略》卷中"茯苓桂枝白术甘草汤方",晋王叔和《脉经》卷8"平肺痿肺痈欬逆上气淡饮脉证"同)

36)右三味,以水六升,先煮大黄取二升,去滓,内芒消,煮一两沸,内甘遂末,温服一升,得快利,止后服。(东汉张仲景《伤寒论》卷4"大陷胸汤方",《金匮玉函经》卷8同)

例35)"利反快"指腹泻反而通畅,可比较例24),但理解为腹泻反而迅速也可以,因为在事实上,腹泻的过程通畅,其速度也是迅速的。但例36)的"快利",就只能理解为服药后快速腹泻了。从语法功能来看,"快"作谓语是在描述前面主语进行过程的性状,"快"作状语是在修饰后面行为动词被引发过程的性状,这种变化就会导致"快"无法显现"通畅"义,因为引发过程(即服药后的攻泻过程)是发生在体内的,性状只能是"迅速",而不能是"通畅",这就导致"快"的词义彻底发生了变化。

由以上分析可知,"快"的核心义"通畅""无阻滞",贯穿于它的相关引申义项中,集中反映了各个词义之间的内在联系。"快"的其他引申义都遵循着"通畅""无阻滞"这个词义特征发展变化,从而形成了有秩序的词义引申系统。"快"的核心义反映在心情上是愉悦畅快,反映在动作上是迅速敏捷。这两个意义尽管相差很远,以至于让人一时感觉不到它们的联系,吕叔湘先生就曾把"快"的这两个意义视为"可联系上,可联系不上"的典型例子举例,但通过对核心义的分析捕捉,其间的内在联系依然清晰可见。

三、核心义与词源研究

(一)核心义研究有助于分析词语命名的理据

词义反映着人们对事物特征的认识和选取。任何事物都具有多种特征和标志,体现于词义当中的是全体社会成员对事物某些特征的一种选取。比如"日",依据黄侃的说法,上古人对"日"的认识是"既大且明,既圆且热",[①]"大""明""圆""热"就是"日"的四个特征。不过,反映在词义当中的只是个别显著的特征。人们在给"日"命名的时候,只是选取了"日"饱满盛实的显著特征。《说文·日部》:"日,实也,太阳

___

① 黄侃(1983:195):"如日之名日,太古人不知也,不知则谓之既大且明,既圆且热之物,则合数字形容一物,而每杂不可理矣,故造字必以简号代之。作为〇字,而圆形象矣。太阳之精不亏,益而作⊙,而光明之义显矣。"

之精不亏。"《释名·释天》:"日,实也,光明盛实也。"这个特征是通过对比"月"选取的,《说文·月部》:"月,阙也,太阴之精。"《释名·释天》:"月,缺也,满则缺也。"东汉班固《白虎通义·日月》:"日月所以悬昼夜者何? 助天行化,照明下地。故《易》曰:'悬象著明,莫大于日月。'日之为言实也,常满有节。月之为言阙也,有满有阙也。"太阳和月亮都是悬挂在天空的发亮物体,但它们有着显著的差别。那就是,太阳是饱满的,月亮经常是亏阙的。这两个显著的特征,就成了"日""月"命名时各自依据的特征。

张永言(1981)曾说:"人们在给它(指事物)命名的时候只能选择其中的某一个特征或标志作为依据,而这种选择在一定程度上是任意的。因此,在不同的语言或方言里,或者在同一语言的不同发展阶段,同一事物获得名称的依据可能有所不同。这就是说,表达同一概念的词可能具有不同的内部形式。"核心义是词义内部隐含的主导性词义特征,来自人们对事物显著特征的认识和选取,因此词的核心义往往揭示着词义的由来,掌握词的核心义有助于分析词语命名的理据。

落

"部落"为什么称"落"? "村落"为什么称"落"? "院落"为什么称"落"? 我们可以用"落"的核心义来回答这些问题。

"落"本义指枝叶坠落。《说文·艸部》:"落,凡艸曰零,木曰落。"《诗·卫风·氓》:"桑之未落,其叶沃若。"《楚辞·离骚》:"惟草木之零落兮,恐美人之迟暮。"王逸注:"零、落,皆坠也。"枝业坠落的显著特征是离开了树木,"分离""离开"就是"落"的核心义,来自动作的结果。"落"的核心义统摄着词义系统的绝大部分意义。

1."落"由枝叶坠落,引申为"掉下、下降",又引申为"掉进、落入"。枝叶坠落是衰败的表现,由此引申为"衰落",表示事物离开了繁荣的景象。"落"的这些词义都隐含从高到低"离开"的词义特征。

（1）枝叶坠落。《礼记·王制》："草木零落，然后如山林。"

（2）掉下。《汉书·宣帝纪》："朕惟耆老之人，发齿堕落，血气衰微，亦亡暴虐之心。"

（3）掉进。晋陶潜《归园田居》诗之一："误落尘网中，一去三十年。"

（4）衰落。《战国策·楚策》："江乙曰：'以财交者，财尽而交绝；以色交者，华落而爱渝。'"

2. 弃置事务不去执行就是"耽搁、荒废"，丢弃不要的东西就是"除去"。原本集中的事物相互离开就是"分散、散去"。"落"的这些词义也都隐含着"离开"的词义特征。

（5）荒废。《庄子·天地》："夫子阖行邪？无落吾事！"唐成玄英疏："落，废也。"

（6）除去。南朝宋谢灵运《昙隆法师诔》："慨然有摈落荣华，兼济物我之志。"

（7）散去、分散。《史记·汲郑列传》："郑庄、汲黯始列为九卿，廉，内行修洁。此两人中废，家贫，宾客益落。"司马贞索隐："落，犹零落，谓散也。"

3. 人死离世可称"落"，物品离失也可称"落"，人离开家园四处漂泊亦可称"落"。核心义都是"离开""分离"。

（8）死。《尔雅·释诂下》："落，死也。"《书·舜典》："二十有八载，帝乃殂落。"汉孔安国传："殂落，死也。"《说文·歹部》："殂，往死也。"段注："殂，之言徂也。徂，往也，故曰往死。""往"就是离开，可见"离开"是"死""殂"的命名理据。

（9）沦落。唐韩愈《祭河南张员外文》："我落阳山，以尹鼯猱。君飘临武,山林之牢。"

(10)丢失。《元典章·吏部八·案牍》:"追会一切公事合用元行文卷,回申多有推称更换人吏,失落不存。"

下面我们讨论部落、村落、院落称"落"的命名依据。

"落",部落。因分部屯居,故称"落"。《文选·郭璞〈江赋〉》:"夷群戎落,幽远必至。"唐吕向注:"落,谓聚居部落也。"《后汉书·种暠传》:"在职三年,宣恩远夷,开晓殊俗,岷山杂落,皆怀服汉德。"又《西羌传》:"不立君臣,无相长一,强则分种为酋豪,弱则为人附落,更相抄暴,以力为雄。""附落"即附属的部落。"落"也可以称"部落",《后汉书·西南夷传》:"其山有六夷、七羌、九氐,各有部落。"也可以称"区落",《文选·班固〈封燕然山铭〉序》:"蹑冒顿之区落,焚老上之龙庭。"张铣注:"区落,部落也。"还可以称"邑落",《后汉书·东夷传·挹娄》:"无君长,其邑落各有大人。"

"落",居室、院落。因房屋前后用墙或栅栏围起来与外面隔开而命名。《广雅·释诂二上》:"落,居也。"《后汉书·仇览传》:"吾近日过舍,庐落整顿,耕耘以时。"唐李贤注:"《广雅》曰:'落,居也。'案今人谓院为落也。"唐王维《渭川田家》诗:"斜阳照庐落,穷巷牛羊归。""落"也可以称"院落",唐白居易《宴散》诗:"笙歌归院落,灯火下楼台。"

"落",村落。居民聚集的居处之地,因与邻近村子相隔离而得名。《文选·沈约〈齐故安陵昭王碑文〉》:"由是倾巢举落,望德如归。"唐李善注:"落,谓村居也。"唐杜甫《兵车行》:"君不闻汉家山东二百州,千村万落生荆杞。"村落也称"屯落",《三国志·魏书·管宁传》"太祖为司空,辟宁,度子康绝命不宣"裴松之注引晋皇甫谧《高士传》曰:"管宁所居屯落,会井汲者,或男女杂错,或争井斗阋。"也称"聚落",唐薛能

《凌云寺》诗:"万烟生聚落,一崦露招提。"还可以称"邑落",《三国志·吴书·黄盖传》:"余皆奔走,尽归邑落。"

综合比较可知,"部落""村落""院落"称"落",都因空间上隔离而得名,"落"的核心义"分离"是它们的命名依据。

篱

"篱"指篱笆,用竹子、树枝等编成的栅子,一般环绕在房子、场地的周围。《玉篇·竹部》:"篱,藩篱。"《集韵·支韵》:"篱,藩也。"《慧琳音义》卷60"栅篱"注:"篱,小栅也。或以棘束或以树梢竖之为篱。"又卷65"都篱"注引《考声》:"篱,藩也,历也,或竹或木树为栅篱也。"《楚辞·招魂》:"兰薄户树,琼木篱些。"王逸注:"柴落为篱。"《三国志·蜀书·先主传》:"舍东南角篱上有桑树,生高五丈余,遥望见童童如小车盖。"晋陶潜《饮酒》诗之五:"采菊东篱下,悠然见南山。"《释名·释宫室》:"篱,离也。以柴竹作之。"按,《释名》以源词训释被释词,揭示了"篱"的命名依据。"篱"由"离"派生,故"篱"亦可写作"离",宋王禹偁《春居杂兴》诗:"一夜春雷百蛰空,山家离落起蛇虫。""离落"即"篱落",义即"篱笆"。

《说文·隹部》:"离,离黄,仓庚也。"段注:"借离为离别也。"陆宗达、王宁(1983:58)指出:"从形体看,不可能产生'分离'的意义。《十三上·糸部》:'缡,以丝介履也。''分离''隔离'义由此引申,而'缡'废'离'行。"《尔雅·释言》:"缡,介也。"郝懿行义疏:"缡,犹离也。"可资佐证。《汉语大词典》列出了"离"这样一些引申义:(1)离开;分开。(2)逃脱;避开。(3)整体分成若干部分;离散。(4)离散者。(5)离间。(6)离婚。(7)距离;相距。(8)分析。(9)开;裂。(10)背离;违背。(11)断绝。(12)割;分割。(13)经历;经过。(14)区别;不同。(15)罗列,陈列。比较分析不难看出,"离"的核心义是"分""分离"。

　　"篱"由"离"派生,核心义也是"分离"。因篱笆有隔离的作用,故名"篱"。《宋书·谢瞻传》:"乃篱隔门庭。"《世说新语·排调》:"德之休明,肃慎贡其楛矢,如其不尔,篱壁间物,亦不可得也。"《太平广记》卷345"刘方玄"条(出《傅异记》):"山人刘方玄自汉南抵巴陵,夜宿江岸古馆,厅西有巴篱隔之。"皆其证。我们还可以举"落"比证。"落"的核心义是"分离",故篱笆亦称"落"。《文选·张衡〈西京赋〉》:"揩枳落,突棘藩。"李善注:"藩,蓠也。落,亦蓠也。"《后汉书·姜诗妻传》:"贼乃遗诗米肉,受而埋之,比落蒙其安全。"唐李贤注:"落,藩也。"《三国志·吴书·周泰传》:"(孙权)意尚忽略,不治围落,而山贼数千人卒至。"晋葛洪《抱朴子外篇·自序》:"贫无僮仆,篱落顿决。荆棘丛于庭宇,蓬莠塞乎阶霤。""篱落",同义连言。

(二)核心义研究有助于判定同源词

　　王力(1982:3)提出了判定同源词的三个标准,一是"同源字必然是同义词,或意义相关的词";二是"同源字还有一个最重要的条件,就是读音相同或相近,而且必须以先秦古音为依据";三是"有同一来源"。王宁(1996:54)指出:"引申是词义运动的基本形式,它展示词义运动的内部规律,决定多义词的各义项关系和同源词意义相通的关系。"同源词具有"音近义通"的关系,"音近"主要来自派生时的音变,"义通"主要来自派生时词义的引申、分化。大部分的同源词具有相同的核心义,这是因为同源词派生的内在动因主要是词义的引申,源词的词义特征在派生新词的过程中多数会传递给派生词,并在派生词的引申义项中得到传递。所以,研究核心义有助于证明词的同源关系。

清、圊、晴、净、精、睛、腈

　　王力(1982:335)认为"清""圊""净"同源,进一步分析可以发现,

"精""晴""睛""腈"与"清""圊""净"也是同源的,它们具有相同的核心义。

先看"清"。

"清"的本义指水清澈透明,《说文·水部》:"清,朗也,澄水之貌。"段注:"朗者,明也。澄而后明,故云澄水之貌。引申之凡洁曰清,凡人洁之亦曰清。"《诗·魏风·伐檀》:"坎坎伐檀兮,置之河之干兮,河水清且涟漪。"《诗·小雅·黍苗》:"原隰既平,泉流既清。"后词义扩大指其他液体清澈透明。《诗·大雅·凫鹥》:"尔酒既清,尔肴既馨。"《黄帝内经·素问·腹中论》:"病至则先闻腥臊,出清液。"水质清澈透明是因为保持了纯一的本色,没有受到其他杂质的污秽,因此"清"的核心义是"纯一""不杂"。《释名·释语言》:"清,青也,去浊远秽,色如青也。"《类篇·水部》:"清,无垢秽也。"这些解释都揭示了"清"的词义特征。"清"的各项意义都是遵循着核心义决定的方向引申的,分析如下:

1."清"的本义为"清澈",形容水质纯一无杂质的状态,由此转为名词,指清水。"清"由"清澈"义引申为"干净、洁净",由此又引申为"清除",是一种使事物保持纯净的动作。清除则会空、尽,故又有"空、尽"义。

(1)清澈。《诗·郑风·溱洧》:"溱与洧,浏其清矣。"

(2)清水。《水经注·江水》:"春冬之时,则素湍绿潭,回清倒影。"

(3)洁净。《文选·张衡〈东京赋〉》:"京室密清,罔有不韪。"唐李善注:"清,洁也。"

(4)清除。《战国策·秦策》:"父母闻之,清宫除道,张乐设饮,郊迎三十里。"

(5)尽,空。东汉袁康《越绝书》:"清其壶浆而食之。"

2."清"的核心义反映在事物面貌上,可以表示事物面貌鲜明清楚的样子,引申有"鲜明"义;反映在思维上,还可以表示思维清晰不混乱,引申为"清晰"。

(6)鲜明。《山海经·西山经》:"丹木五岁,五色乃清。"郭璞注:"言光鲜也。"

(7)清晰。晋陆机《荐张畅表》:"畅才思清敏,志节贞励,秉心立操,蚤有名誉。"

3."清"的核心义反映在人的品德行为方面,引申为"高洁、纯洁",表示品行纯洁高尚、不同流合污;反映在政事上,引申为"公正、公平",表示政治清明公正、没有舞弊;反映在社会秩序上,引申为"清平、太平",表示社会平静安定、没有动荡的样子。

(8)纯洁。《楚辞·渔父》:"举世皆浊我独清,众人皆醉我独醒。"

(9)公正。《易·豫卦》:"圣人以顺动,则刑罚清而民服。"

(10)清平。《孟子·万章下》:"当纣之时,居北海之滨,以待天下之清也。"

4."清"的核心义反映在音质上,引申为"清亮",表示声音清脆响亮、不浊杂;反映在环境上,引申为"清静、没有干扰";反映在事务上,引申为"清闲",表示清闲不忙乱、没有杂事干扰。

(11)清亮。《礼记·聘义》:"叩之其声清越以长,其终诎然。"

(12)清静。《庄子·天下》:"芴乎若亡,寂乎若清。"

(13)清闲。唐杜甫《江陵节度阳城郡王新楼成王请严侍御判官赋七字句同作》诗:"杖钺褰帷瞻具美,投壶散帙有余清。"

5."清"在古代可以指厕所,此义后写作"圊"。《说文·囗部》:"圂,豕厕也。"段注:"引申之义人厕或曰圂,俗作溷;或曰清,俗作圊。"《说文·广部》:"厕,清也。"段注:"清圊古今字。"《广雅·释宫》:"圊,厕也。"王念孙疏证:"清与圊通。"明朱谋㙔《骈雅·释宫》:"清,厕也。"《荀子·王制》:"修采清,易道路。"明徐应秋《玉芝堂谈荟》卷16《四方佛》:"六近道作井,渴乏得饮。七造作清厕,便利僻处也。""清厕"同义连言,指厕所。厕所本是污秽之处,因其需要经常清洁而命名。《释名·释宫室》:"厕,或曰圊,言至秽之处宜常修治使洁清也。"毕阮疏证:"圊亦俗字,据《一切经音义》《御览》引作'清'。"《急就篇》卷3"屏厕清溷粪土壤"条:"清,言其处特异余所,常当加洁清也。"据此,"清"的核心义是"厕所"义的命名理据。

(14)厕所。汉应劭《风俗通·怪神·世间多有精物妖怪百端》:"女孙年三四岁亡之,求不能得,二三日乃于清中粪下啼。"

6."清"还可以表示"晴朗",用来形容天空纯净明亮、没有云雾遮盖的样子。《楚辞·九辩》:"沉寥兮,天高而气清。"朱熹集注:"清,无垢秽也。"《宋书·符瑞志》:"戊午午时,天气清明。"《艺文类聚》卷88引三国魏曹丕《槐赋》:"天清和而温润,气恬淡以安治。"由此派生为"晴",晋潘岳《闲居赋》:"微雨新晴,六合清朗。"

(15)清朗。宋吕祖谦《卧游录》:"非唯使人清开涤,亦觉日月清朗。"

再看"净"。

"净"最初指鲁国都城北城门的护城河。《说文·水部》:"净,鲁北城门池也。"段注:"净者,北城门之池。其门曰'争门',则其池曰'净'。"后来用以表示"干净"义,字本作"瀞"。《说文·水部》:"瀞,无垢秽也。"段注:"瀞,此今之净字也,古瀞今净,是之谓古今字。"《玉篇·水部》:"瀞,无垢也。"唐慧琳《一切经音义》卷第76"如滢瀞水":"《韩诗外传》云:'瀞,清也。'《考声》云:'洁也。'"《石鼓文·汧水》:"汧水既瀞,汧道既平。"后来写作"净",《广韵·劲韵》:"净,无垢也。"

核心义也是"纯一""无杂质"。

1. "净"表"干净"义,用来修饰具体事物纯一、无杂质的样子。由此引申为"洗净"义,又引申为"清除"义。清除则空、尽,由此引申出"空、尽"义。

(1)干净。《墨子·节葬下》:"若苟贫,是粢盛酒醴不净洁也。"

(2)洗净。《国语·周语中》:"净其巾幂,敬其祓除。"韦昭注:"净,洁也。"

(3)清除。唐张耒《景风扇物》诗:"晓来摇草树,轻度净尘蒙。"

(4)空、尽。南朝梁刘孝威《古体杂意诗》:"叶落枝柯净,常自起棋张。"

2. "净"用于抽象的事物,既可以指社会清平不动荡,也可以指人内心纯净不受世俗污秽。

(5)清平。《史记·曹相国世家》:"载其清净,民以宁一。"

(6)清净。《世说新语·言语》:"卿居心不净,乃复强欲滓秽太清邪?"

3. "净"用作形容词,还可以表示"单纯"的意义。由此虚化为范围副词,表示单纯而没有别的,可译作"只""光"。

(7)纯,纯粹。《宋史·食货志下》:"两浙酒坊于买上添扑净利钱五分,季输送户部。"

(8)只;光。《儿女英雄传》第31回:"听说又娶了位少奶奶,净嫁妆就是十万黄金,十万白银。"

最后看"精"。

"精"的本义指精米。《说文·米部》:"精,择米也。"段注:"米字各本夺,今补。择米,谓精择之米也。"《广雅·释诂二》:"精、繫、稗,小也。"王念孙疏证:"皆米之细者也。"《论语·乡党》:"食不厌精,脍不厌细。"刘宝楠正义："精者,善米也。"《庄子·人间世》："鼓筴播精,足以食十人。"王先谦集解引司马彪曰："简米曰精。"宋应星《天工开物·粹精》："播精而择粹。"宋方勺《泊宅编》卷中："下唯碓米,亦能播精。"自注："播精,为去其糠粃,以水运之。"精米是经过挑选的不含杂质的纯净米,因此"精"的核心义也是"纯一""无杂质"。《字汇·米部》"凡物之至纯者皆曰精"就是对"精"核心词义特征的揭示。

1.精米是不含杂质的米,因而是纯净的,由此引申为"纯洁、纯净"。纯净的事物往往给人以鲜明的感觉,由此引申为"鲜明",表示事物面貌纯真没有遮掩。由"纯净"义再引申,则有"晴朗"义,用来形容天空纯净、没有云雾遮盖的样子。

(1)纯洁。《国语·周语上》："被除其心,精也;考中度衷,忠也。"韦昭注："精,洁也。"

(2)鲜明。《战国策·魏策四》："今攻韩之管,国危矣,未卒而移兵于梁,合天下之从,无精于此者矣。"鲍彪注："精,犹明。"

(3)清朗。《史记·天官书》："天精而见景星。"司马贞索隐引韦昭曰："精,谓清朗。"

2.精米是经过挑选的优质米,因而是至纯的、最好的,由此引申为"精华、精粹",表示事物中最纯至的部分。精华用于具体的事物,则有"精液""精气""精灵""精神"等抽象的名词义,这些意义也都隐含着"至纯"的词义特征。

(4)精华。《易·乾卦》："大哉乾乎! 刚健中正,纯粹精也。"孔颖达疏："六爻俱阳,是纯粹也,纯粹不杂是精灵,故云纯粹精也。"

(5)精液。《易·系辞下》："男女构精,万物化生。"

(6)精神。《庄子·在宥》："必静必清,无劳女形,无摇女精,乃可以长生。"

（7）精灵。《管子·内业》："凡物之精,此则为生。"尹知章注:
"精,谓神之至灵者也。"

（8）精气。《管子·内业》："精也者,气之精者也,气道乃生。"尹知
章注:"气之尤精者为之精。"

3."精"还可以表示"精通、精诚"义。"精通"指某种技艺纯熟,达
到了炉火纯青的地步。"精诚"指信仰虔诚,不含一点杂念。这两个意
义也都隐含着"至纯"的词义特征。

（9）精通。《荀子·解蔽》："奚仲作车,乘杜作乘马,而造父精
于御。"

（10）精诚。《管子·心术下》："形不正者德不来,中不精者心不
治。"尹知章注:"精,诚至之谓也。"

4."精"用作副词,表示程度极高,相当于"甚""极",此义由"精"
的"至纯"特征虚化而来。又为范围副词,表示单纯而没有别的,可译
作"全""皆"。

（11）甚,极。《吕氏春秋·勿躬》："君自蔽则莫之敢禁,夫自为人
官,自蔽之精者也。"高诱注:"精,犹甚。"

（12）全,皆。《儒林外史》第5回:"乘着人乱,将些衣服、金珠、首
饰,一掳精空。"

5."精"可以指精肉,即不含脂肪的纯质瘦肉,此义由"精华"义引
申而来。北魏贾思勰《齐民要术·脯腊》："作度夏白脯法:用牛、羊、
獐、鹿肉之精者。"由此派生出"腈",《玉篇·肉部》："腈,腈肉也。"《广
韵·清韵》："腈,肉之粹者。"明高濂《遵生八笺·饮馔服食笺》："猪肉
嫩者去筋皮骨,腈肥相半,切作骰子块。"

（13）精肉。《水浒传》第3回:"再要十斤,都是肥的,不要见些精

的在上面。"

6.“精”还可以指眼珠,《正字通·米部》:“精,目中黑粒有光者亦曰精。”《荀子·解蔽》:“瞽者仰视而不见星,人不以定有无,用精惑也。”汉刘向《说苑·辨物》:“(灵龟)左精象日,右精象月。”《汉书·王莽传中》:“莽为人侈口蹙顄,露眼赤精,大声而嘶。”《世说新语·巧艺》:“顾长康画人,或数年不点目精。”由此派生出“睛”,《说文·目部》:“曈,目童子精曈也。”段注:“精,谓精光也,俗作睛。”《玉篇·目部》:“睛,目珠子。”

(14)眼珠。《文选·左思〈吴都赋〉》:“精若耀星,声若云霆。”刘良注:“精,目精也。”

分析表明,“精”“晴”“睛”“腈”“清”“圊”“净”等具有相同的核心义。“精”“睛”“腈”古音精母耕部,“清”“圊”古音清母耕部,“晴”“净”古音从母耕部,精清从旁纽,韵为叠韵。我们可以判定这是一组音近义通的同源词。

上述内容讨论了核心义研究的一些价值。核心义研究对辞典编纂和词汇系统的构建研究也有十分重要的价值,我曾用“语义二分法”将成语的核心语义切分为“范畴义”和“核心义”两个语义成分,据此构建了唐宋禅籍俗成语的系统(付建荣,2021:189—256)。我觉得今后核心义研究的重点方向仍然有两个:一是继续加强核心义理论研究,在描写核心义现象的基础上进行解释,进而总结普遍性的规律,在研究实践中丰富和完善核心义理论;二是充分发掘核心义研究的价值,解决更多的语言问题,核心义研究才有意义。

参考文献

曹广顺,1987,《试说"快"和"就"在宋代的使用以及有关的断代问题》,《中国语文》第4期。

戴家祥,1986,《"社""杜""土"古本一字考》,《古文字研究》第15辑,北京:中华书局。

董志翘,2003,《中古汉语中的"快"及与其相关的词语》,《古汉语研究》第1期。

窦怀永、张涌泉(汇辑校注),2010,《敦煌小说合集》,杭州:浙江文艺出版社。

方一新,1989,《全晋文解诂》,《杭州大学学报(哲学社会科学版)》第2期。

付建荣,2012,《汉语词汇核心义研究》,浙江大学博士学位论文。

付建荣,2018,《再谈中古汉语中"快"的相关词语》,俞理明、雷汉卿(主编)《汉语史研究集刊》第24辑,成都:四川大学出版社。

付建荣,2020,《试论"快"表"迅速"义的来源和产生时代——兼谈"駃"与"快"的字际关系》,俞理明、雷汉卿(主编)《汉语史研究集刊》第28辑,成都:四川大学出版社。

付建荣,2021,《唐宋禅籍俗成语研究》,北京:商务印书馆。

何任,1990,《金匮要略校注》,北京:人民卫生出版社。

黄金贵,2002,《古汉语同义词辨释论》,上海:上海古籍出版社。

黄侃(述),黄焯(编),1983,《文字声韵训诂笔记》,上海:上海古籍出版社。

黄征,2005,《敦煌俗字典》,上海:上海教育出版社。

贾思勰(著),缪启愉(校释),1998,《齐民要术校释》,北京:中国农业出版社。

江蓝生,1988,《魏晋南北朝小说词语汇释》,北京:语文出版社。

蒋礼鸿(主编),1994,《敦煌文献语言词典》,杭州:杭州大学出版社。

蒋绍愚,1985,《从"反训"看古汉语词汇研究》,《语文导报》第7、8期。

蒋绍愚,2005,《古汉语词汇纲要》,北京:商务印书馆。

蒋绍愚,2012,《词义演变三例》,《汉语词汇语法史论文续集》,北京:商务印书馆。

陆宗达、王宁,1983,《训诂方法论》,北京:中国社会科学出版社。

陆宗达、王宁,1996,《训诂与训诂学》,太原:山西教育出版社。

罗竹凤(主编),1986—1993,《汉语大词典》,上海:上海辞书出版社、汉语大词典出版社。

尚志钧(校注),2008,《神农本草经校注》,北京:学苑出版社。

沈炎南(主编),2013,《脉经校注》,北京:人民卫生出版社。

苏宝荣,2000,《词义研究与辞书释义》,北京:商务印书馆。

汪维辉,2007,《〈齐民要术〉词汇语法研究》,上海:上海教育出版社。

汪维辉,2017,《东汉—隋常用词演变研究(修订本)》,北京:商务印书馆。

王力,1982,《同源字典》,北京:商务印书馆。

王宁,1996,《训诂学原理》,北京:中国国际广播出版社。

王云路,2006,《论汉语词汇的核心义——兼谈词典编纂的义项统系方法》,何大安等(编)《山高水长:丁邦新先生七秩寿庆论文集》(《语言暨语言学》专刊外编之六),台北:"中研院"语言学研究所。

王云路,2010,《中古汉语词汇史》,北京:商务印书馆。

王云路、方一新,1992,《中古汉语语词例释》,长春:吉林教育出版社。

王云路、王诚,2014,《汉语词汇核心义研究》,北京:北京大学出版社。

许理和(著),蒋绍愚(译),1987,《最早的佛经译文中的东汉口语成分》,北京大学中文系《语言学论丛》编委会(编)《语言学论丛》第 14 辑,北京:商务印书馆。

姚永铭,1999,《"杜撰"探源》,《语文建设》第 2 期。

张联荣,1992,《词义引申中的遗传义素》,《北京大学学报(哲学社会科学版)》第 4 期。

张联荣,1995,《谈词的核心义》,《语文研究》第 3 期。

张联荣,2000,《古汉语词义论》,北京:北京大学出版社。

张显成,2000,《先秦两汉医学用语研究》,成都:巴蜀书社。

张相,1977,《诗词曲语词汇释》,北京:中华书局。

张永言,1981,《关于词的"内部形式"》,《语言研究》第 1 期。

张永言、汪维辉,1995,《关于汉语词汇史研究的一点思考》,《中国语文》第 6 期。

赵克勤,1994,《古代汉语词汇学》,北京:商务印书馆。

周一良,1985,《魏晋南北朝史札记》,北京:中华书局。

邹晓丽(编著),2007,《基础汉字形义释源》,北京:中华书局。

第二编

◆

核心义与同源词

说古书中跟"波""播"相关的几个问题[*]

沈　培

一、从清华简"波往"的释读谈起

2017 年 4 月份出版的《清华大学藏战国竹简（柒）》收有《越公其事》一篇简文，其简 48—49 有下面的话：①

> 东夷、西夷、姑蔑、句吴四方之民乃皆闻越地之多食、政薄而好信，乃波往归之，越地乃大多人。

整理者注曰："波往，比喻之辞，喻其多。"（李学勤主编，2017：139 注 19）陈伟（2017a，又见 2017b）首先表达了不同的看法：

> 古书未见"波往"一类说法。"波"恐当读为"颇"，皆、悉义。刘淇《助字辨略》卷三"颇"字条："《汉书·窦田传》：'于是上使御史簿责婴所言，灌夫颇不雠，劾系都司空。'此颇字，犹云皆也。颇不雠者，言婴为夫白冤皆不实也。若略不实，不应遂囚系婴矣。如

　＊　原文载于 2019 年商务印书馆《历史语言学研究》第 13 辑。
　①　参见李学勤主编（2017），图版在第 74—75 页，释文在第 137 页。本文所引释文从整理者读，采用宽式。

《赵充国传》:'将军独不计虏闻兵颇罢,且丁壮相聚攻扰田者,及道上屯兵复杀略人民,将何以止之。'《李广传》:'李蔡以丞相坐诏赐冢地阳陵,当得二十亩。蔡盗取三顷,颇卖得四十余万。'此颇字并是尽悉之辞。颇本训略,而略又有尽悉之义,故转相通也。尽悉则是遽事之辞。故颇、叵又得为遽也。"①以皆或尽悉之义解释简文,似无不合。

随后,胡敕瑞(2017)发表了跟陈说不同的意见。他认为"'波'古汉语有奔跑一义",并指出蒋礼鸿先生(1981:152、153)对"波"的这一词义曾有讨论,接着还说了这样的话:

> 表示奔跑义的"波"也许是一个古已有之的方言词。蒋礼鸿先生以为其本字为"逋",项楚先生认为"'波'是唐人口语(不限于唐人),跑的意思,并非'逋'的假借"。现在清华简出现了"波"的奔跑义,一下子把源头追溯到了上古,由此可见出土文献对历史词汇研究的价值。

在武汉大学"简帛"网站的"简帛论坛"里,网友"cbnd"也发表了意见:②

> (简49)其中的"波"字疑读作"播"。"播"有迁徙义。《后汉书·献帝纪赞》:"献生不辰,身播国屯。"李贤注:"播,迁也。"

---

① 原注见刘淇(1954:161—162)。
② 参看http://www.bsm.org.cn/bbs/read.php?tid=3456&page=16,158楼,2017年5月6日。

"波（播）往归之"是说东夷、西夷、姑蔑、句吴四方之民迁徙归往
越地。

把"波"与"播"联系，这显然是正确的。二字在古书中有互为异文
的现象，[①]但到底如何理解这个动词的含义，恐怕还需要讨论。

清代王氏父子对古书中"波""播"的关系以及它们的动词用法有
过较多的阐释。王引之《经义述闻》"波及晋国""楚斗般字子扬""楚
薳罢字子荡"条，皆谈到"波"与"播"的关系，对理解古书相关文句以及
上面的简文都很有帮助。例如王书在"波及晋国"条下说：[②]

> 其波及晋国者，君之余也。波字，杜无注。家大人曰：波，读为
> 播。郑注《禹贡》云：播，散也。言散及晋国者也。波与播古字通。
> 《禹贡》：荥波既猪，马郑王本并作荥播。《周官·职方氏》：其浸波
> 溠。郑注云：波，读为播。《管子·君臣篇》：夫水（句），波而上，尽
> 其摇而复下。言水播荡而上，尽其动摇而复下也。《庄子·人间
> 世篇》：言者，风波也。行者，实丧也。夫风波易以动，实丧易以
> 危。风波与实丧对文，言风播则易以动，实丧则易以危也。《外物
> 篇》：鲋鱼对庄周曰：我东海之波臣也。司马彪云：谓波荡之臣。

---

① 参看高亨、董治安（1989：223）。

② 参看朱维铮主编（2012a：414—415，又参看2012b：106"楚斗般字子扬""楚薳罢字
子荡"两条）。关于王氏对"楚薳罢字子荡"的看法，有人不同意，例如清人胡元玉《驳春秋
名字解诂》（1996：447）对王说驳议说：

《公羊》作颇，此正字也。《左氏》《穀梁》作罢，别本《公羊》作跛，见《释文》，皆同
音通假字。《说文》：颇，头偏也。《离骚经》王逸注：颇，倾也。《广雅·释诂二》：颇，
衰也。偏、倾、衰，皆不平之谓，故昭二年《左传》"君刑已颇"注云：颇，不平。《诗·南
山传》：荡，平易也。《广雅·释训》：荡荡，平也。名颇，字荡，以相反为义，改为播荡，
迂回甚矣。

波荡,即播荡也。司马相如《上林赋》:山陵为之震动,川谷为之荡波。荡波与震动对文。张衡《西京赋》:河渭为之波荡,吴岳为之陁堵。波荡与陁堵对文。荡波即波荡,波荡犹播荡耳。此皆古人借波为播之证,学者失其读久矣。

由此可见,早在东汉的郑玄已经明确把"波"读为"播",经过王氏父子的说明,古书中动词"波"的含义已大体清楚。[①]

在中古以后汉语中,特别是乐府诗歌和敦煌变文中,"波"表示动词的用法非常常见,一般研究者都将之解释为"奔跑"。[②] 早期研究者对其语源曾发生过误解,上引胡敕瑞文已经提到蒋礼鸿先生的意见,项楚先生认为不确,但也没有指出其语源到底是什么。后来,不少人都把这种所谓"奔跑"义的"波"跟"播"联系起来。[③] 王力(1982:444—445)已经把"波""播""簸"列为同源词。张雁(2013:348—352)进一步指出"波""播"是同源通假。此文在同类的论著中是最全面的论述,值得稍微多花一些篇幅来介绍。

---

① 持同样看法的人大概在清儒中不会少有,比王引之稍晚的胡绍煐(2007:63—64)在为《文选》所收张衡《西京赋》"河渭为之波荡"作笺证时就说:

注薛综曰:"波荡,摇动也。"按:"波荡"犹"播荡"。"波"与"播"同,《尚书·禹贡》"荥波",《史记》作"播"。《周官·职》"其浸波溠",注"波读为播"。左襄二十五年传"成公播荡",杜注"播荡,流移,即摇动之意"。水摇动谓之波荡,犹人震动谓之播荡,倒言之,亦曰荡波。本书《上林赋》"川谷为之荡波"文义与此同。善彼注引郭璞曰"波,浪起也",望文生训,失之。

胡氏大概没有看到王氏父子已有类似的看法。

② 当然,对动词"波"不解或误解的各种说法也很常见,这里不必一一列举。大家翻查一下各种书籍对于南朝梁《企喻歌》"鹞子经天飞,群雀两向波"里面的"波"的注释即可知道。

③ 比较早把中古汉语里面表示所谓"奔跑"义的"波"跟"播"联系起来的学者,有余冠英(1953:107)、樊维纲(1980:461)等。

张文根据《说文》"波,水涌流也"的解释,①认为"波"的本义是水涌而流布,"从本义引申出传播、散布义,进而引申为逃散义,似乎是很自然的事情"。他认为"播"的本义是布种、散布,并引戴侗《六书故》卷14 的说法:②

> 播,散布也。布、播音义相邻。播告犹言布告也,又引之为奔播、逋播、播迁、播弃,言如播扬而散越也。《说文》曰:"种。一曰布也。敊,古文。"又:"譒,敷也。"引《书》"王譒告之"。按,凡种黍稷者必散布其种,故谓之播。播非种也,不当别立文。

认为戴氏所言甚为有理。张文还进一步推论说:

> "播"从散布义引申出逃亡义。"播"的本义布种义中含有摇的特征,因此可引申为摇义。而"波"的本义是水涌而流布,其中也有摇动的特征,"波荡"一词可证。可见,"波""播"音近义通。王力(1982/1992:573)认为二词同源,证据确凿。王先生在《同源字论》中指出,"既然同源,读音相近乃至相同,就不免有通用的时候。"(王 1992:49)"波""播"二字正是这样的情况。③

通过以上征引的材料,可知"播""波"的动词义,经过戴侗、王氏父子、张雁等人的讨论,如果再加上学者们对中古以来的汉语,包括现代

---

① 王筠《说文句读》说:"流而且涌,涌而仍流,是之谓波。"
② 见张雁(2013:351)。张文引文和标点有错误,今已改正。
③ 见张雁(2013:351—352)。

汉语方言中表示"奔跑"义的"波"的讨论，①我们对这个词自古以来的常用词的书写形式、词义发展有了比较清楚的认识。

　　但是，动词义的"播""波"词义比较丰富，现在要问，上引清华简"波往"的"波"到底应该怎么解释呢？胡文认为是"奔跑"义，"cbnd"认为是"迁徙"义，两种看法还是有区别的，这应当如何看待呢？

二、古文字字形对了解"采""番""播"的
本义及其引申义的帮助

　　我们认为，弄清跟"播"相关的字形及其造字本义，对于了解此词的核心义和引申义有很大帮助。近年来古文字数据大量公布，也使得我们有了比较充分的条件解决过去不容易说清楚的问题。这里就来简单谈谈古文字材料对纠正《说文》关于"采""番"等字的误解，以期对上面提出的问题有一个明确的答复。

　　下面先将《说文》对"采""番""播"的解说列举出来：

　　　　采，辨别也。象兽指爪分别也。读若辨。釆，古文采。

　　　　番，兽足谓之番。从采，田象其掌。𤰔，番或从足、从烦。𪊍，古文番。[段注]兽足谓之番。从采，田象其掌。（段注：下象掌，上象指爪，是为象形。许意先有采字，乃后从采而象其形，则非独体之象形，而为合体之象形也。）附袁切。（十四部。）蹞，番或从足，从烦。（段注：此形声也。）𤲟，古文番。（段注：按《九歌》：𤲟芳椒

---

　　①　不少学者认为现代汉语方言中仍然有单用的"波"表示"奔跑"义，明代李翊《俗呼小录》就有记载："跑谓之波，立谓之站。"现代吴方言仍有这种用法。

分成堂。王注:布香椒于堂上也。<u>图</u>,一作播。丁度、洪兴祖皆云:
<u>图</u>,古播字。按播以番为声。此屈赋假番为播也。)

播,穜也。一曰:布也。从手、番声。<u>𢿥</u>,古文播。

应当说,很多学者早就认识到《说文》对"采""番"字形的解释有问
题,但由于资料不足,长期以来难以提出合理的解释。

新发表的战国竹书材料让我们清楚地看到,《说文》所谓"采"字可
以单独使用。① 李学勤主编(2012)收有《祝辞》一篇简文,简 1 曰:②

恐溺,乃执币(幣)以祝曰:"有上茫茫,有下汤汤,司湍滂滂,
句兹(使)某也发扬,乃予币。"

其中读为"币(幣)"的字作下面字形:③

<u>㞢　㞢</u>

这个偏旁出现在不少字中:

<u>㵦</u>郭・老乙・14　<u>㵦</u>系年068　<u>㵦</u>程寤02　<u>㵦</u>程寤07

前两个字形,李守奎(2003:483)、滕壬生(2008:727)、李学勤
(2014:213)将之隶定为"㞢",是不正确的。此字当分析为"从巾、采
声"。他们或将后二形等同于"敝",这也是不妥当的。④ 关于这个字

---

① 有的文字编收录了甲骨文、金文的"采"字。例如李宗焜(2012:687)第 2306 号字
头是"采",刘钊等(2009:42)也有"采",字形跟李宗焜书不同。但刘钊(2014:438)已将此
字改释为"㞢"。董莲池(2011:97)也收有"采"。但甲骨、金文里面的这些"采"都缺乏相
应的辞例,难以证明它们一定是"采",故本文对此不加讨论。

② 释文已据石小力(2017b)修改。

③ 参看李学勤(2014:28)。

④ 这里说的是楚地出土文字的情况,我们现在所使用的"敝""币(幣)"等字,应该是
从秦系文字来的,参看裘锡圭(1988)。

形,理论上存在多种分析,比如可以分析为从巾、敊声或从攴、罪声;还可以分析为从敊、采声或从采、敊声,①按照后两种分析,皆可视此字为双声字。从这个字比较固定地用来记录"币帛"之"币"来看,也许分析为"从巾、敊声"是最简便合理的。"敊"在西周金文中已经出现,一般认为记录的是"播"这个词。②

　　"采"可单用,又常常做"币(幣)"的声旁,那么,它是为哪个字而造的呢? 清华简里面还有这样的字形:③

　　　　🔲尹至05　　🔲越公其事04　　🔲越公其事23

　　《上博一·缁衣》有🔲(简15)字,显然是上面字形的省形。④《说文》的古文番字形"🔲"又是《缁衣》此字形的讹变。⑤ 从完整的字形看,该字当是从斗、从采,可见"采"可盛于"斗"中。结合"番""播"等字,我们认为所谓"采"应当表示东西播撒出来的样子,大概就是为"播撒""播洒"的"播"而造的。被播撒的东西一般比较细小,所以其形跟"米"很像,但区别也很明显。"米"的上下小点被中间的一横隔开,上下两边的中间两点不会连为一笔,而"采"则连成一笔。不啻如此,这个连成一笔的笔画还做上下弯曲的形状,应该就是表示东西在被播撒出去之后呈回旋的运动状态。⑥

---

　　①　关于"敊",参看裘锡圭(2011)等文。

　　②　参看董莲池(2011:1612)的"播"。

　　③　参看石小力(2017a)。

　　④　上博《缁衣》的"播"的字形,中间所从之形,跟蔡侯尊"子孙蕃昌"的"蕃"所从的一样(参看董莲池,2011:77)。有人认为中间是"米",非是。

　　⑤　另外,郭店简《缁衣》简29的🔲,右上也当是"斗"形,战国简中已有多个从"斗"之字作此形。参看袁金平(2014:124)。古人所说之"斗"有两种,一种是方升形,一种是勺子。"番"所从之"斗"当是勺子。

　　⑥　古文字的"子"多写成🔲、🔲等形(参看董莲池,2011:2144—145),其手形做曲折形,正是表示婴儿双手好动的特点。可见古人可用曲折形表示物体的运动状态。

如果我们对所谓"采"的造字本义理解不误的话，"番"应该就是专为"播种"的"播"而造的，其下从田，上面被播撒的东西显然是种子。

至于"播"或"敊"字，从古文字资料来看，后者出现较早，前者或是后者改换意符而成的。"敊"的本义可能是"播撒"的"播"的异体字，也可能是专门为"播弃"的"播"而造的分化字。

无论如何，以上各字形所表示的词，后来只用"播"来表示，但"播"的各种意义都可以从"播撒东西"这个意义上找到根据。

"播"用于农田，是播种；用于播水、播物，则有"弃除"之义，故有"播弃"一词。① 东西被播撒，往往呈现出分散的状态，因此"播"有"散"的意思，故有"播散"的说法。东西播撒出去，所分散的地方往往比较大，因此"播"有"散布"的意思。② 东西在播撒之前往往会摇动，在播撒过程中也会朝上下左右方向播撒，因此"播"有"摇动"的意思。东西在被播撒的过程中，彼此之间会有碰撞，故"播"有"播荡"的意思。东西被播撒，还会呈现上扬、下落的状态，因此，"播"又有"播扬"的意思。扬米去糠叫作"簸"，古有"簸扬"一词。东西被播撒之后，意味着离开自己，故"播"有逃离、逃散的意思，它跟一般的表示"逃跑"义的动词如"逋""逃""亡"的不同，可能就在于含有"逃散"的意思。由此可知，"播"的核心义应当是"分散"，其他各义都跟这个意义密不可分。

----

① 上引两例见于清华简《越公其事》的从斗、从采的字，就是跟"弃"一起连用的。表示弃除义的"播"后来写作"拌"。《广雅·释诂一》"拌，弃也"王念孙《疏证》："播与拌古声相近。《士虞礼》：尸饭，播余于篚。古文播为半。半即古拌字。谓弃余饭于篚也。"现代方言里面仍然有这个词，比如笔者家乡方言属于江淮官话，就仍然使用此词。
② 有学者认为"播"与"布"同源，甚至直接读"播"为"布"。我们认为，二词同源或有可能，但词义还是有所区别的。"播"是分布式或散点式的分布，"布"则是平铺式的分布。

以上我们分析的"播"的各义都可以在故训当中找到,只要把《故训汇纂》"播"下所收训释按照上面的说法重新排列一下,就可以看得很清楚:①

> 播,穜也。《楚辞·天问》"而禹播降"王逸注。
>
> 播,弃也。《楚辞·九叹·思古》"播规榘以背度兮"王逸注。
>
> 播,散也。《书·禹贡下》"又北播为九河"孙星衍今古文注疏引郑康成曰。
>
> 播者,布也。《书·盘庚》"王播告之"孙星衍今古文注疏引《广雅》。
>
> 播,犹摇也。《论语·微子》"播鼗武入于汉"何晏集解引孔安国曰。
>
> 播,扬也。《左传·昭公四年》"播于诸侯"杜预注。
>
> 播,遁也。《资治通鉴·晋纪三十二》"吾亦以嗣帝播越"胡三省注。

知道了"播"所表示的各项意义,再看"波",就可以很清楚知道把"波"和"播"看成是同源词,无疑是十分正确的。"波"有"播"的各种特征,最主要的就是分散、上下激荡的特征,显然跟播撒的"播"很相似的。古汉语往往"名动相因",无论是"波"之形成还是形成之后的"水波",古人都称之为"波",就是这个原因。从现有的数据来看,"波"这个字最早出现在战国时代,它很可能是为了分化"播"的引申义"波浪"

之"波"而专门造的字。① 在有了"波"字之后，古人又常常用"波"来表示"播"的词义，张雁先生把它看作"同源通假"，也是十分正确的。后代二字大体是有明确的分工的，"波"专门表示名词义，"播"表示动词义。但是历史上大概有相当一段时间，"波"和"播"在表词方面没有明确的分工，今人用现在的观念去理解"波""播"的用法，难免就会产生误解。

有了以上的认识，我们回头来检讨一下本文一开头所提到的清华简《越公其事》的"波往"的"波"到底应该如何理解。

胡敕瑞先生把"波"解释为"奔跑"，大致可从。要注意的是，这种"播"的准确含义是"分散""离散""逃散"。简文说"东夷、西夷、姑蔑、句吴四方之民……乃波往归之"，是指四面八方的人分散而逃往越国。② 胡文当中所引的敦煌变文等中古汉语材料，如"莫遣波逃星散去""遗氓波散""五百弟子奔波迸散"等都显示"波"与"散"有密切关系。可见这个词中古以后虽然可以理解为"奔跑"义，但仍然保留着"分散"这个义素。

至于"cbnd"的说法，他把"波往"的"波"跟"播"联系起来，这很正确，但把它理解为"迁徙"，恐怕是不太准确的。"播迁"的"迁"当是"离散"的意思：

《国语·晋语四》："成而不迁。"韦昭注："离散也。"

---

① 从"皮"之字多有"分开"义，跟"播"应该是同源词，这个问题在此不论。

② 也许会有人把"波往"理解为"像波浪一样往"，但这也是不确切的。前面我们已经讲过，"波浪"之"波"是从"播"来的，之所以叫"波浪"，跟"播"的上下激荡、相撞分散相关。后来用"波"这个字专门表示名词义的"波"，但仍然还可以看到用"波"表示动词的用法。只有当"波"固定表示名词义时，"波往"才可以理解为"像波一样往"。先秦时代没有必要这么曲折去理解，就应当按照"波"的动词义去理解。

《潜夫论·叙录》:"朋友之际,义存六纪,摄以威仪,讲习王道,善其久要,贵贱不改。今民迁久,莫之能奉。"

汪继培笺注曰:《论语》云:"民散久矣。"迁、散同义,《周语》云:"犹有散迁懈慢,而着在刑辟,流在裔土。"①

彭铎按:"散"之为"迁",犹"播散"之为"播迁","槃散"之为"蹒跚"矣。《志氏姓篇》作"今民散久"。

由此可见,"播迁"的"播"也应该是"离散"的意思。

三、《庄子》中的鲋鱼为什么自称为"波臣"?

《庄子·外物》里面"涸辙之鲋"的故事家喻户晓,原文是这样的②:

庄周家贫,故往贷粟于监河侯。监河侯曰:"诺。我将得邑金,将贷子三百金,可乎?"庄周忿然作色曰:"周昨来,有中道而呼者。周顾视,车辙中有鲋鱼焉。周问之曰:'鲋鱼来,子何为者邪?'对曰:'我,东海之波臣也。君岂有(斗升)〔升斗〕之水而活我哉?'周曰:'诺。我且南游吴越之王,激西江之水而迎子,可乎?'鲋鱼忿然作色曰:'吾失我常与,我无所处。吾得斗升之水然活耳,君乃言此,曾不如早索我于枯鱼之肆!'"

陆德明《释文》引司马云:"波臣,谓波荡之臣。"我们在前面已经引

---

① 参看王符(1985:479),下引彭铎按同。
② 引文据香港中文大学"汉达文库"数据库。

用过《经义述闻》，王引之用其父王念孙的说法，同意司马彪的说法。在《经义述闻》"楚薳罢字子荡"条，王引之还补充说：

> 波荡，即播荡也，东海之播臣犹《齐策》云：大鱼荡而失水耳。①

王叔岷（2007:1048 注7）用司马彪、王念孙说，并且指出：

> 按《御览》六〇、《锦绣万花谷前集》二四引"波臣"并作"波神"，恐非其旧。②

可见后人由于不晓"波臣"的含义，在流传过程中曾经发生过讹误。

对"波臣"的含义发生误解，发生得也比较早。

> 成玄英（1998:526）："波浪小臣，困于车辙，君颇有水，以相救乎？"
> 林希逸（1997:418）："波臣，犹曰水官也。"

---

① 其实《庄子》本书就有"砀而失水"的说法。《庚桑楚》："吞舟之鱼，砀而失水，则蚁能苦之。"关于"荡"与"砀"的关系，王叔岷（2007:863 注9）说：

成《疏》："吞舟之鱼，波荡失水。"《释文》："砀，徒浪反，谓砀溢而失水也。崔本作'去水陆居'也。苦，又作穷。"钱《纂笺》引王敔曰："砀与荡通。"按《疏》"波荡失水"，盖以荡说砀。《古钞卷子本》砀旁注荡字。《文选·吴都赋》注、《史记·贾谊列传·索隐》、《事类赋》二九《鳞介部》二《注》、《御览》九三五及九四九、《记纂渊海》九九及一〇〇、《事文类聚后集》三四引此皆作荡，《亢仓子》同。《韩非子·说林下篇》、《战国策·齐策一》、《淮南子·人间篇》及《主术篇》、《韩诗外传》八、《说苑·谈丛篇》皆有类此之文，亦皆作荡。

② 杨柳桥（2006:451 注4）引司马说，表示同意此说。但杨柳桥（2012:273 注4）删去"司马彪"，变成解释"波臣"为"波荡之臣"好像是杨氏自己的意见，不妥。

这两种说法后代都有不少人跟从。还有人随意加以没有根据的引申,例如:

> 龚延明(2006:454)"波臣"条:(历代)漂泊之臣。指放逐、贬谪之臣。《全唐诗》卷七九骆宾王《春日离长安客中言怀》:"揶揄惭路鬼,憔悴切波臣。"明吴昭明等《五车霏玉》卷五《百官总称》:"波臣:漂泊之臣。"
>
> 金平(1979:107注8):"波臣:随波逐流的人。指小鱼。"
>
> 方向东(2004:179注7):"波臣,管水波的小当差。"
>
> 曹础基(2007:320注9):"波臣,水界的臣子。东海之波臣,东海龙王的当差。"

这些说法显然都不如司马彪的说法。司马彪说法最有价值的地方,是把"波"看成动词。我们还可以为此提出一个证据。《文选》卷四十笺收有谢玄晖《拜中军记室辞隋王笺》,其中有下面两句:

> 不悟沧溟未运,波臣自荡;渤澥方春,旅翮先谢。
>
> 李善注:"沧溟、渤澥皆以喻王,波臣、旅翮皆自喻也。《解嘲》曰:若江湖之鱼,渤海之鸟。"

此处显然用的是《庄子》鲋鱼之典,"波臣"与"旅翮"对举,"波"和"旅"都是动词。

但是,司马彪说"波臣"是"波荡之臣"到底应该怎么理解,恐怕也不是没有问题。王引之说"东海之播臣犹《齐策》云:大鱼荡而失水耳",仍然不容易理解,"波臣"一词里面毕竟没有"荡"。其实,读为"播

臣"是正确的,应该把它跟《尚书·大诰》的"播臣"联系起来:

予得吉卜,予惟以尔庶邦,于伐殷逋播臣。

"逋播臣"中"逋播"连言,"逋"为"逃"义,"播"古人训为"散"①,可见"逋播臣"就是"逃散的臣"的意思。《大诰》孔安国传、孔颖达疏说"播谓播荡逃亡之意",显然是不够准确的。②

我们都知道,《史记》本传载楚威王欲聘庄子为相,庄子却之。《外物》篇表面上说的是庄周与鲋鱼的对话,其实很可能是庄周以鲋鱼自况,暗喻自己像东海逃散的臣子,不与"沧溟"同运,而宁愿独来独往。谢玄晖"不悟沧溟未运,波臣自荡"之语,真可谓深得庄子之意。当然,结果总是不好的。鲋鱼的最后处境,既反映了庄子对自身命运清醒的预见,也是一种无可奈何的自嘲。

四、关于古书中"下蟠于地"的理解

上博简《凡物流形》简 28 + 15 有这样的话:③

百姓之所贵唯君,君之所贵唯心,心之所贵唯一。得而解之,

---

①　参看宗福邦等(2003:934)义项第 12。

②　杨运庚(2009:117—118)对"逋""逃""播"三个词的词义有过辨析,但仍嫌不够准确。又,在现代学者中,有人认识到"波"是动词,并把其解释为"奔跑"义,但对"波臣"仍然没有正确理解,还是由于对先秦的"波"的用法没有完全理解。例如祝军(2007:658 注 7):"波:跑,奔波。波臣:奔波之臣,跑腿之臣。"

③　简文编联和读法采用复旦读书会(2008)之说。原简图版参看马承源(2008:105、92)。

上□于天,下番(播)于渊。

小驷指出最后两句可以跟下面古书里的说法对照:①

　　《十六经·三禁》亦曰:"番(播)于下土,施于九州岛。"(《马王堆汉墓帛书(壹)》)

　　字又作蟠。《庄子·刻意》:上际于天,下蟠于地。(下蟠于地,又见《说苑·指武》《韩诗外传》②)

　　《管子·内业》:道满天下,普在民所,民不能知也。一言之解,上察于天,下极于地,蟠满九州。

邬可晶(2009)认为简文与上引《管子》的话妙合。他把我们释文中用"□"表示的字释为"方",读为"宾",③并且补充了一些可以跟简文相对照的文句,加以解释说:

　　《淮南子·原道》:"是故一之理,施四海;一之解,际天地。"
　　《文子·原道》:"故一之理,施于四海;一之嘏,察于天地。"马王堆

---

① 见复旦读书会(2008)下面"学者评论"。
② 《韩诗外传》:
　　孔子与子贡子颜渊游于戎山之上。孔子喟然叹曰:"二三子各言尔志,予将览焉。由,尔何如?"对曰:"得白羽如月,赤羽如朱,击钟鼓者,上闻于天,下椠于地,使将而攻之,惟由为能。"
　　沈按:上引文中的"椠"是个误字,可能是由前引郭店简《缁衣》读为"播"的"𥼶"一类字形讹变而来的。
③ 沈按:此字释为"宾",与字形不合,似不确。宋华强(2009)就不同意此说。从文义来说,把"宾"解释为"至",用在这里也不合适。从古书多用"际"来看,这个词当是"接""连""属"之类的意思。到底是何字,待考,目前各家提出的说法似皆不可信。

帛书《十大经·成法》:"昔天地既成,正若有名,合若有刑(形),□以守一名,上拴之天,①下施之四海。""一之解,察于天地。一之理,施于四海。"也都与简文的表述一致。马王堆汉墓帛书整理小组指出《十大经·成法》和《管子·内业》的"察"似当读为"际",训为"至""接"。从《淮南子·原道》作"际天地"来看,其说可信。《淮南子·原道》"高不可际"高诱注:"际,至也。"上引这些"察"读为"际",与"极""施"对文近义,跟简文"上宾于天"的"宾"同意。

徐在国(2013:3083)解释上引的"蟠"为"遍及;充满"。

古人常常把这一类的"蟠"训为"委"。《管子·内业》"蟠满九州"尹知章注就说:"蟠,委地也。"《礼记·乐记》也有"及夫礼乐之极乎天而蟠乎地",裴骃《集解》引郑玄注:"蟠,犹委也。……言礼乐之道,上至于天,下委于地,则其间无所不之。"

其实,这些"蟠"都不能当"委"讲。《孔子家语·致思》也有类似的话:

> 子路进曰:"由愿得白羽若月,赤羽若日,钟鼓之音,上震于天;旌旄旗缤纷,下蟠于地,由当一队而敌之,必也攘地千里,搴旗执馘,唯由能之,使二子者从我焉。"

王肃注也说:"蟠,委。""委地""委于地"意同,《庄子·养生主》:"謋然已解,如土委地。"《汉语大词典》解释为"蜷伏于地"。但是《孔

---

① 沈按:此"拴"当是"旌"之误释。"上旌之天"即"上表之于天"的意思。

子家语》说的是"旃（旌）旗"，后面的"蟠"如当"蜷伏于地"讲，实在是于理不通。

上博简《凡物流形》的"下番于渊"，复旦读书会（2008）将"番"读为"播"，显然是正确的。① 同理，上面所引古书里面的"蟠"也当读为"播"。前面我们讨论"播"的词义时已经指出，"播"有分散、散布义，显然，以上"播于渊""播于地"的"播"都是此义。古书在说这种话的时候，确实是在强调被陈述的对象无所不在，充满天地间；但"播"本身是没有"充满，遍及"义的。②

上引《凡物流形》、马王堆帛书《成法》、《淮南子·原道》说的都是"一"能充满天地间。其中"一之解"的"解"需要略做考辨。高诱注《原道》时说："解，达也。"这大概不准确。其实，这里的"解"应该是"分析""解开""释放"的意思。③ 正因为如此，我们才会看到《淮南子·原道》在"一之理，施四海；一之解，际天地"之后接着说：

　　　其全也，纯兮若朴；其散也，混兮若浊。浊而徐清，冲而徐盈，澹兮其若深渊，泛兮其若浮云，若无而有，若亡而存。

---

① 马承源（2008：251—252）释为"番"，读为"审"，混淆了二字的区别，邬可晶（2009）已辨之。马书注释还引用到《庄子·应帝王》"鲵桓之审为渊"等语，我们下文将要讨论。

② 后代人在引用或化用"下蟠于地"的说法时，大概因为不甚明了其义，有的就直接将"蟠"改为"盘"字。例如《全后魏文》卷五十一温子升《寒陵山寺碑》："钟鼓嘈嘈，上闻于天；旌旗缤纷，下盘于地。"梁杨都建初寺释僧佑撰《弘明集》卷第二晋宗炳《明佛论》："夫精神四达，并流无极。上际于天，下盘于地。"

③ 《说文·采部》："释，解也。从采，采取其分别物；从睪声。"我们既然知道了所谓"采"就是"播撒"的"播"的初文，就可以知道"释"从"采"乃取其分散义，"解"是分散之，"释"也是。按：邬可晶兄提醒我，战国文字里"释"似乎都从"米"（参看何琳仪，1998：556—557）。如果确实是从"米"，"释"的构形则要做另外的解释。但是，战国文字里面"播"的表意初文"采"跟"米"已有混同，战国文字"释"所从的偏旁很可能还是"采"，而不是"米"。

其中的"其散也"正对应前面的"一之解",可见把"解"解释为"分析、解开、释放"是合理的。《凡物流形》的"得而解之"的"解"显然也当作此解。

《凡物流形》通篇都在强调"一"的重要性,这种观念在传世古书中同样能看到,例如《庄子·刻意》:

> 一而不变,静之至也;无所于忤,虚之至也;不与物交,惔之至也;无所于逆,粹之至也。故曰:形劳而不休则弊,精用而不已则劳,劳则竭。水之性,不杂则清,莫动则平,郁闭而不流,亦不能清,天德之象也。故曰:纯粹而不杂,静一而不变,惔而无为,动而以天行,此养神之道也。夫有干、越之剑者,柙而藏之,不敢用也,宝之至也。精神四达并流,无所不极,上际于天,下蟠于地,化育万物,不可为象,其名为同帝。纯素之道,唯神是守。守而勿失,与神为一。一之精通,合于天伦。野语有之曰:"众人重利,廉士重名,贤士尚志,圣人贵精。"故素也者,谓其无所与杂也;纯也者,谓其不亏其神也。能体纯素,谓之真人。

但是,在《管子·心术下》里面,与"一之解"相当的话则被改成了"一言解之":

> 是故内聚以为泉原,泉之不竭,表里遂通。泉之不涸,四支坚固。能令用之,被服四固。是故圣人一言解之,上察于天,下察于地。

类似的话还出现在《管子·内业》当中:

　　一言得而天下服，一言定而天下听，公之谓也。形不正，德不来。中不静，心不治。正形摄德，天仁地义，则淫然而自至。神明之极，照乎知万物，中义守不忒。不以物乱官，不以官乱心，是谓中得，有神自在身，一往一来，莫之能思，失之必乱，得之必治。敬除其舍，精将自来。精想思之，宁念治之。严容畏敬，精将至定，得之而勿舍，耳目不淫，心无他图。正心在中，万物得度。道满天下，普在民所，民不能知也。一言之解，上察于天，下极于地，蟠满九州。何谓解之，在于心安。我心治，官乃治。我心安，官乃安。治之者心也，安之者心也；心以藏心，心之中又有心焉。彼心之心，音以先言，音然后形，形然后言。言然后使，使然后治。不治必乱，乱乃死。

　　以"一言"代"一"，反映了以《凡物流形》为代表的那种重"一"的思想已经被误解或改造了。"一之解"被改为"一言之解"或"一言解之"后，其中的"解"就只能解释为"解释""阐释"了。

五、古书中"潘"讹为"潘"之例

　　《庄子·应帝王》和《列子·黄帝》都讲到"九渊"，我们先把二书的相关文字抄录于下：

　　　　《庄子·应帝王》：明日，又与之见壶子。出而谓列子曰："子之先生不齐，吾无得而相焉。试齐，且复相之。"列子入，以告壶子。壶子曰："〔吾乡〕〔乡吾〕示之以太冲莫胜。是殆见吾衡气机也。鲵桓之审为渊,止水之审为渊,流水之审为渊。① 渊有九名,此处三焉。尝又与来。"

《列子·黄帝》:明日,又与之见壶子。出而谓列子曰:"子之先生坐不斋,吾无得而相焉。试斋,将且复相之。"列子入告壶子。壶子曰:"向吾示之以太冲莫朕,是殆见吾衡气几也。鲵旋之潘为渊,止水之潘为渊,流水之潘为渊,滥水之潘为渊,沃水之潘为渊,沈水之潘为渊,雍水之潘为渊,汧水之潘为渊,肥水之潘为渊,是为九渊焉。尝又与来!"

《列子》将九渊之名全部列出,《庄子》只列出其中三渊之名。虽然如此,两相对比,可以看出有"审"与"潘"之别。二字孰是孰非,古今人都有不同的意见。

对于《庄子》的"审",有以"审"为是者,例如:②

　　陆德明《释文》:"之审,郭如字。"

今人注《庄子》者,有不少人取"审"为说。刘武(1999:192—193)力主为"审"为是。陈鼓应注译(2007:260 注21):

　　"审",潘的省字,假为"沈",深意。(下引奚侗、李勉说,略)

孙雍长注译(1998:107 注31):审,通"沈",指水深之处。

---

① 编者按:原文系繁体字,其中"审"简体作"审",与上下文意不合,故全文仍作"审"。

② 以下所引各家之说,皆见郭庆藩(1961:303—304),有的标点略做改动。

有认为"审"当为"蟠"者：

> 陆德明《释文》引司马云：审当为蟠，蟠，聚也。

有认为当作"潘"者：

> 陆德明《释文》：崔本作潘，云：回流所钟之域也。

郭嵩焘也认为当作"潘"：

> 《释文》引崔本审作潘，云回流所钟之域也。《列子·黄帝》篇鲵旋之潘为渊。字当作潘。《说文》：渊，回水也。《管子·度地》篇：水出地而不流，命曰渊。谓水回旋而潴为渊，有物伏孕其中而成渊者，有止而不流者，有流而中渟为渊者，水之渟潴，因其自然之势而或流或止，皆积之以成渊焉，故曰太冲莫朕。侵寻（汛）〔泛〕溢，非人力之所施也。"渊有九名"，《淮南子》云，有九旋之渊。许慎注云：至深也。

俞樾说：

> 审，司马云当为蟠，蟠，聚也；崔本作潘，云回流所钟之域也。今以字义求之，则实当为潘。《说文·水部》：潘，大波也，从水，番声。作潘者，字之省。司马彪读为蟠，误也。郭本作审，则失其字矣。

对于《列子》的"潘",各家意见也颇为分歧。① 有人认为"潘"读为
"蟠":

> 殷敬顺《释文》说:潘音盘,本作蟠,水之瀊洄之瀊;今作潘,恐
> 写之误。鲵,大鱼也。桓,盘桓也。蟠,洄流也。此言大鱼盘桓,其
> 水蟠洄,而成深泉。《南华真经》作审。梁简文云:蟠,聚也。

有人认为"潘"是"濟"之误:

> 奚侗曰:"潘"当为"濟",沈之收段字。沈正作湛。《说文》:
> 湛,没也。引伸之则有深意。沉湛古今字,今多用沈为湛。渊,
> 《说文》:回水也。从水,象形,左右岸也。中象水貌。《管子·度
> 地》篇"水出地而不流者命曰渊",是渊为水所渟滀之处。渟滀则
> 深,故渊亦训深(见《诗·卫风》注)。沈为渊者,尤言深为渊耳。
> 《礼记·檀弓》"为榆沈故设拨",是段沈为濟也。而此则段濟为
> 沈。《庄子》作审。盖濟缺宀则为潘,缺水则为审,易滋讹误,辙迹
> 固可寻也。

有人则认为作"潘"、作"蟠",义各有据:

> 任大椿说:"潘",敬顺《释文》既云本作蟠,水之瀊洄之瀊,
> 则是以蟠为正字。又云今本作蟠,恐写之误,于义颇未顺。其云
> 今本作蟠之蟠,恐是潘之讹。然考《庄子·应帝王·释文》鲵桓

---

① 以下所引各家之说,皆见杨伯峻(1985:73—75)。

之审,司马云,审当为蟠,聚也,崔本作潘,云回流所钟之域。《管子·五辅》篇:"导水潦,利陂沟,决潘渚",注云:"潘,溢也。渚潘溢者,疏决之令通。潘音翻。"《补注》谓水之溢洄为潘。《广雅》:"潘,(孚袁)澜也。"然则作蟠作潘,义各有据,皆不误也。未知敬顺《释文》所云今本作蟠之蟠究为何字之误。又考《玉篇》"瀿,洄也",敬顺《释文》瀿洄二字乃本于此。《管子·小问》篇作洀桓。

以上各家说解"审""潘"字形和字义,恐怕都有问题。章太炎在《膏兰室札记》"荥波荥播解"中认为"播、潘实一也",他引录《列子》"九渊"的话以证明"播"作"潘"讲:[1]

> 《庄子》崔《注》:潘,回流所钟之域也。殷敬顺《列子释文》以潘为蟠误,非也。又引《南华真经》作审,此相传之误本。

这是以"潘"为是、以"审"为误,显然是正确的。不过我们认为不是"播"读为"潘",而是"潘"读为"播",[2]《列子》"潘为"当读为"播为九河"的"播为"。《尚书·禹贡》:

> 导河积石,至于龙门,南至于华阴,东至于厎柱,又东至于孟津;东过洛汭,至于大伾;北过降水,至于大陆;又北播为九河,同为逆河,入于海。

---

[1]　参看章太炎(2014:43)。
[2]　《汉书·地理志》临淮郡有"播旌",《郡国志》作"潘旌",参看王鸣盛(2013:212)。秦封泥也把"播旌"写为"潘旌",参看周晓陆等(2005:121、125 图40)。

孙星衍《尚书今古文注疏》引郑康成曰:"播,散也。"更多的人解释为"布也",如《史记·夏本纪》"北播为九河"张守节《正义》、《汉书·地理志上》"又北播为九河"颜师古注。我们前面说过,"播"与"布"还是不同,前者是分布式或散点式的,后者是平铺式的。因此,"播为"的"播"还是理解为"散"比较好。[①] 古书"波""潘"常常形成异文,《列子》的"潘"可以视为"波"的异体字。俞樾认为"潘"当读为"潘",其实不必,"潘"应当是"波"的后起分化字。

至于《庄子》为何写为"審",奚侗说"盖潘缺宀则为潘,缺水则为審",现在既知此字本不当作"潘",可知其说之非。《康熙字典》收"審"字,下有两个义项:

一、《六书索隐》普官切,音潘。審,水洄也。通作潘。《庄子·应帝王》止水之審为渊。

[①] 《列子》"九渊"中,第一个是"鲵旋之播为渊",可以理解为"鲵旋之而播为渊"。其他八渊的形成,表达方式跟这一句不同,所谓"止水""流水""滥水""沃水""沈水""雍水""汧水""肥水"等大概都是名词,其所在的句子大概不能像"鲵旋之而播为渊"那样理解为"某水而播为渊",二者语法结构不同,但表达效果是相同的。不过,像"流水""滥水""沃水""沈水""雍水""肥水"这些"水""播为渊",比较容易理解(相关词语的解释,可参看杨伯峻,1985:73—75),而"止水"如何"播为渊"就颇不容易理解。"汧水",《释文》说:"水不流行也"。因此,"汧水而播为渊"也比较难以理解。不仅如此,如按这样的解释,"汧水"跟"止水"又有什么区别呢?不过古人早就指出,所谓"九渊"之说大都本于《尔雅》。《列子》张湛注:"此九水名义见《尔雅》。"《尔雅·释水》:"汧,出不流。"又说:"水决之泽为汧,决复入为氾。"郭璞注:"水泉潜出,便自停成污池。"邢疏引《地理志》:"扶风汧县。汧出西北入渭。以其初出不流,停成弦蒲泽,终则入渭也。"从水名为"汧水"的得名来看,它是"初出不流","终则入渭",可见所谓"水不流行"只是其中一个环节。也许"止水"也是类似的情况,有过一段较长时间停而不流的情况,最后还是"播为渊"。不过,有人比对过《列子》的九渊与《尔雅》的九水,指出二者"不但次序不同,叙述文字亦异"。(参看严灵峰,1983:75)《尔雅》九水依次是:滥泉、沃泉、沈泉、流川、回川、瀵、潭、汧、肥。《列子》九渊则依次是:鲵旋、止水、流水、滥水、沃水、沈水、雍水、汧水、肥水。跟"止水"相对的似乎是"回水"。可见《列子》的"止水"也许有问题。

二、《字汇补》与審(审)不同。今本皆误为審。

由此可见,"審"很可能就是从"潘"讹变而来,"潘"则是"潘""波"的异体字,其字从"穴"正表示水从穴来的意思。[①]

上引任大椿说里面提及尹知章注:"潘,溢也。渚潘溢者,疏决之令通。潘音翻。"从注音来看,尹氏很可能已不知"潘"和"播""波"的关系了。但是他用"渚潘溢者,疏决之令通"的话来解释《管子·五辅》"决潘渚",还是可以看出他是把"潘渚"看作"决"的宾语的。《尚书·禹贡》"荥波既猪",除了有好几种异文外,大家对"荥波"到底如何理解,一直存在争议。其实,这个"波"就是指河水播撒出来的水,"荥波"就是其他河水在荥阳相汇、相撞播撒而出的水形成的水泽。《水经注·济水》说:

> 《释名》曰:济,济也,源出河北济河而南也。《晋地道志》曰:济自大伾入河,与河水斗,南泆为荥泽。《尚书》曰:荥波既潴。孔安国曰:荥泽波水已成遏潴。阚骃曰:荥播,泽名也。故吕忱云:播水在荥阳。谓是水也。昔大禹塞其淫水而于荥阳下引河,东南以通淮、泗,济水分河东南流。

这是说"荥泽"是济水和河水斗而"泆"成的。宋代毛晃《禹贡指南》卷二说:

[①]　还有一种可能,就是因为"潘""潘"形近,"潘"讹为"潘",再变为"審",但这种可能性比较小。

《水经注》亦曰荥播，又引《风俗通》曰："河播也。"①谓沇水东流为济，入于河，溢为荥，则荥波亦谓之荥播，可也。

这也是把"播"解释为"溢"，不够准确，②但河水奔腾散出的水，跟"水溢"还是有相似之处的。

以上我们对古书里面跟"波""播"相关的几个问题做了讨论，由于这两个字牵涉的字形繁多，所包含的词义又比较细微难辨，与此相关的问题仍然还有不少没有得到解决，但本人暂时没有时间去讨论，现在只是抛砖引玉，希望引起大家的注意，并请大家多多批评指正。

2017 年 11 月 14 日初稿

补　记

本文是参加"北京大学第一届古典学国际学术研讨会——中国古代语言、文学和文献研究的古典学视野"（北京大学人文学部主办，北京大学中文系承办，2017 年 11 月 18 日至 19 日）提交的论文，一直没有正式发表。今逢《历史语言学研究》为庆祝蒋绍愚先生八十寿辰征稿，特此奉上，以表心意。

需要补充说明的是，当时在研讨会宣读时，本人还口头做了一点补充，即准备在修订稿中增订一部分内容，主要是证明《论语》"五谷不分"的"分"也当读为"播"。颜世铉先生当场赐告，陈鸿森先生有文论

---

① 沈按：《水经注·河水》相关原文为："《尚书·禹贡》曰：北过降水，不遵其道曰降，亦曰渍，至于大陆，北播为九河。《风俗通》曰河播也。播为九河自此始也。"

② 上面提到的章太炎之说，似乎也是同意尹知章释"潘"为"溢"的意思，还补充说："盖水之溢出而回流钟为渊者，名为潘。"（参看章太炎，2014:43）这也是不准确的。

证过这一问题。后来,我在会上遇见陈先生,又得到赐教。在此对两位先生表示衷心的感谢。陈先生有两篇文章涉及这一问题:《孟子"百亩之粪"·论语"五谷不分"会解》,载《书目季刊》第十五卷第三期,1981年;《孟子"百亩之粪"、"粪其田而不足"解》,载《中国经学》第11辑,桂林:广西师范大学出版社,2013年。

又,本文成稿后,请邬可晶兄、徐刚兄斧正,又请李宝珊、吴夏郎等同学校对,他们都帮助改正了数处错字和疏漏,本人十分感谢。

2019 年 3 月 31 日

参考文献

"简帛"网"简帛论坛 · 简帛研读 · 清华七《越公其事》初读"主题帖。
（http://www.bsm.org.cn/bbs/read.php? tid = 3456）

曹础基,2007,《庄子浅注(修订重排本)》,北京:中华书局。

陈鼓应(注译),2007,《庄子今注今译(最新修订版)》(上),北京:商务印书馆。

陈伟,2017a,《清华简七〈越公其事〉校读》,4 月 27 日。（http://www.bsm.org.cn/show_article.php? id = 2790）

陈伟,2017b,《〈越公其事〉校释》,"出土文献与传世典籍的诠释"国际学术研讨会论文,复旦大学出土文献与古文字研究中心主办,10 月 14 日至 15 日。

董莲池(编著),2011,《新金文编》,北京:作家出版社。

樊维纲,1980,《晋南北朝乐府民歌词语释》,《中国语文》第 6 期。

方向东(校注),2004,《庄子今解》,扬州:广陵书社。

复旦读书会,2008,《〈上博(七)·凡物流形〉重编释文》,12 月 31 日。
（http://www.gwz.fudan.edu.cn/Web/Show/581）

高亨(纂著),董治安(整理),1989,《古字通假会典》,济南:齐鲁书社。

龚延明,2006,《中国历代职官别名大辞典》,上海:上海辞书出版社。

郭庆藩(撰),王孝鱼(点校),1961,《庄子集释》,北京:中华书局。

郭象(注),成玄英(疏),1998,《南华真经注疏》(下),北京:中华书局。

何琳仪,1998,《战国古文字典:战国文字声系》,北京:中华书局。

胡敕瑞,2017,《〈清华大学藏战国竹简(柒)·越公其事〉札记三则》,4 月 29 日。(http://www.tsinghua.edu.cn/publish/cetrp/6831/2017/201704292-11651149325737/20170429211652017042921_.html)

胡绍煐(撰),2007,《文选笺证》,合肥:黄山书社。

胡元玉(撰),1996,《驳春秋名字解诂一卷》,《续修四库全书》第 128 册,上海:上海古籍出版社。

蒋礼鸿,1981,《敦煌变文字义通释(增订本)》,上海:上海古籍出版社。

金平(编选),1979,《文言短文选注》,蚌埠:蚌埠市教育局教研室自印。

李守奎(编著),2003,《楚文字编》,上海:华东师范大学出版社。

李守奎、贾连翔、马楠,2012,《包山楚墓文字全编》,上海:上海古籍出版社。

李学勤(主编),2012,《清华大学藏战国竹简(叁)》,上海:中西书局。

李学勤(主编),2017,《清华大学藏战国竹简(柒)》,上海:中西书局。

李学勤(主编),2020,《清华大学藏战国竹简(壹—叁)文字编》,上海:中西书局。

李宗焜(编著),2012,《甲骨文字编》,北京:中华书局。

林希逸(著),周启成(校注),1997,《庄子鬳斋口义校注》,北京:中华书局。

刘淇(著),章锡深(校注),1954,《助字辨略》,北京:中华书局。

刘武(撰),沈啸寰(点校),1999,《庄子集解内篇补正》,北京:中华书局。

刘钊(主编),2014,《新甲骨文编(增订本)》,福州:福建人民出版社。

刘钊、冯飓、张新俊(编纂),2009,《新甲骨文编》,福州:福建人民出版社。

马承源(主编),2008,《上海博物馆藏战国楚竹书(七)》,上海:上海古籍出版社。

裘锡圭,1988,《说字小记》,《北京师院学报(社会科学版)》第 2 期。

裘锡圭,2011,《说清华简〈程寤〉篇的"敂"》,《出土文献与古文字研究》第 4
　　辑,上海:上海古籍出版社。

石小力,2017a,《据清华简(柒)补证旧说四则》,4 月 23 日。（http://www.
　　tsinghua. edu. cn/publish/cetrp/6831/2017/20170423064545430510109/2-
　　0170423064545430510109_. html）

石小力,2017b,《上古汉语"兹"用为"使"说》,第三届出土文献与上古汉语研
　　究研讨会论文,中国社会科学院语言研究所主办。

宋华强,2009,《〈凡物流形〉"上干于天,下蟠于渊"试解》,7 月 11 日。
　　（http://www. bsm. org. cn/show_article. php? id = 1111）

孙雍长(注译),1998,《庄子》,广州:花城出版社。

滕壬生,2008,《楚系简帛文字编》(增订本),武汉:湖北教育出版社。

王符(著)、汪继培(笺)、彭铎(校正),1985,《潜夫论笺校正》,北京:中华
　　书局。

王恺,2011,《庄子还原注译》,郑州:河南文艺出版社。

王力,1982,《同源字典》,北京:商务印书馆。

王鸣盛(撰),黄署晖(点校),2013,《十七史商榷》,上海:上海古籍出版社。

王世舜、韩慕君(编著),1993,《老庄词典》,济南:山东教育出版社。

王叔岷,2007,《庄子校诠》,北京:中华书局。

邬可晶,2009,《谈〈上博(七)·凡物流形〉甲乙本编联及相关问题》,1 月 7
　　日。（http://www. gwz. fudan. edu. cn/Web/Show/636）

徐在国,2013,《上博楚简文字声系(一——八)》,合肥:安徽大学出版社。

严灵峰,1983,《列子辩诬及其中心思想》,台北:文史哲出版社。

杨伯峻(撰),1985,《列子集释》,北京:中华书局。

杨柳桥(撰),2012,《庄子译注》,上海:上海古籍出版社。

杨运庚,2009,《今文〈周书〉同义词研究》,西安:西北大学出版社。

袁金平,2014,《从〈尹至〉篇"播"字的讨论谈文义对文字考释的重要性》,
　　《出土文献》第 5 辑,上海:中西书局。

张松辉,2011,《庄子译注与解析》(下),北京:中华书局。

张雁,2013,《"波逃""相宜"考源》,北京大学中国语言学研究中心《语言学论丛》编委会(编)《语言学论丛》第 47 辑,北京:商务印书馆。

章太炎,2014,《章太炎全集 膏兰室札记 诂经札记 七略别录佚文征》,上海:上海人民出版社。

周晓陆等,2005,《于京新见秦封泥中的地理内容》,《西北大学学报(哲学社会科学版)》第 4 期。

朱维铮(主编),2012a,《中国经学史基本丛书》第 5 册《经义述闻》(上),上海:上海书店出版社。

朱维铮(主编),2012b,《中国经学史基本丛书》第 6 册《经义述闻》(下),上海:上海书店出版社。

祝军(译注),2007,《庄子集成》(下),南京:河海大学出版社。

宗福邦、陈世铙、肖海波(主编),2003,《故训汇纂》,北京:商务印书馆。

释"九"*

陈 平

《汉语大字典》和《汉语大词典》均以"数字"为"九"的本义(依照《大字典》《大词典》的编排体例,其第一个义项是该词目前可考的最初意义,即词的本义),并认为"聚合"是"九"的通假字。但由于"九"的古文字形表意不够明确("九"字之古文作九,或作乁、弋、乀、弋等),学者对该词的理解存在很大的差异。

《说文·九部》:"九,九,阳之变也。象其屈曲究尽之形。"徐锴《说文解字系传》对此做进一步阐释,曰:"九,……初画起于东,东,阳气之始,屈曲究极,终归西北。此乾位,阳所归。"朱骏声《说文通训定声》则认为:"究尽者,声训之法。屈曲有形,究尽岂有形乎?古人造字以纪数起于一极于九皆指事也。二三四为积画,余皆变化,其体无形可象,亦无意可会,……九者,数之究也。"

周法高(1984:4151)指出:"(九)肘字也……做数词不过借字也。"丁山亦认为"九本肘字,象臂节形,……臂节可屈可伸,故有纠屈义"(李孝定,1960:4188)。高鸿缙认为:"九为钩之象形文……借用为数目九。"(周法高,1984:7892)张舜徽(1983:23)认为:"象申手取物之形,其本意当为收聚,乃勼之初文。……自借为数名而本义晦矣。"萧兵(1980)认为:"九字很可能起于以食指勾取表示'九'的形状。"童书

* 原文载于《宁夏大学学报(人文社会科学版)》2019 年第 5 期。

业（1982）认为："九即虬龙之本字。"对于童书业的说法，木霁弘（1987）指出："要一口说'九'就是'虬龙'，证据还嫌不足。可是把'九'的本义看做是一种龙形图腾的文字化应该是说得通的。"林义光认为："本义当为曲。九借用为数名，故屈曲之义别以他字为之。"（李圃，2004：894）朱芳圃认为："（九）字象动物足指践地之形。"（李圃，2004：895）

这些观点可以概括为：首先，大多认为"九"是象形字；其次，对"九"的本义判定有很大不同，有"肘""钩""聚合""虬龙"等；最后，大多认为"九"的"数字"义是假借义。

探求词本义的方法有多种，汉字是以表意字为基础的文字体系，因此经常可以利用文字的形体来分析其本义，许慎《说文解字》在这方面堪称代表作。但对于古文字形表意不够明确等情况，就必须运用依形索义之外的方法。近些年来，利用同源字或词语的核心义探求本义的方法在学界逐渐被运用。本文尝试利用这两种方法探讨"九"的本义。

一、从同源词看"九"的本义

一组同源词其"使用义不论怎样不同，包含在其中的意义特点，即词源意义，是没有改变的"（王宁，1996：105）。因此可以通过对"九"的同源词的意义特点的分析，探寻其同源义，认识其本义。

（一）从"九"之字

我们将以"九"为构件的字分成两类考察，一类包含"聚合"意义特征，一类包含"程度大"意义特征。

1. "聚合"特征类

在"聚合"特征类同源词中,有的词其本身就有聚合义,有些是词义中蕴含"聚合"特征。

勼。《说文·勹部》:"勼,聚也,从勹九声。"清徐珂《清稗类钞·鉴赏类》:"武人俗吏,目不识丁,勼工选材,艰于伐石。"

骩。《龙龛手镜·骨部》:"骩(俗)骪(正),音委。骨曲也。"扬雄《太玄·积》:"小人积非,祸所骩也。"司马光注曰:"骩,古委字……积非之极,遇祸之穷,祸所委积,故延及苗裔也。"例中"骩"为"聚集"义。

仇。《说文·人部》:"仇,雠也,从人九声,巨鸠切。"《礼记·缁衣》引《诗》:"窈窕淑女,君子好仇。"郑玄注:"仇,匹也。"《尔雅·释诂》:"仇,匹也;仇,合也。"谓双方匹配,结合。

鸠。《说文·鸟部》:"鸠,鹘鸼也。从鸟九声。"又《正字通·鸟部》:"鸠,……又聚也。鸠能聚阳气故取义于众。"这是说"鸠"的命名之由是能"聚集阳气"。"鸠"也表"聚合"义,《尚书·尧典》:"欢兜曰:'都,共工方鸠僝功。'"孔安国传:"鸠,聚也。"

厹。厹为廄之古文。《说文·广部》:"廄,马舍也。从广㱿声。《周礼》曰:'马有二百十四匹为廄,廄有仆夫。'厹,古文从九。"《释名·释宫室》:"廄,勼也。勼,聚也。牛马之所聚也。"

齁。《说文·鼻部》:"齁,病寒鼻窒也,从鼻九声。"《春秋繁露·五行逆顺》:"则民病喉欬嗽,筋挛鼻齁塞。"《吕氏春秋·尽数篇》:"形不动则精不流,精不流则气郁,郁处头则为肿为风,处耳则为挶为聋,处目则为䁾为盲,处鼻则为齁为室。"就是说齁为"气"聚于鼻而致堵塞。

轨。《说文·车部》:"轨,车彻也,从车九声。"段玉裁注曰:"车彻者,谓舆之下两轮之间空中可通,故曰车彻。是谓之车轨。……轨从九者,九之言鸠也,聚也,空中可容也。形声中有会意。"段玉裁认为"轨"

有"可容聚"的特征。

枙。枙为簋之古文,《说文·竹部》:"簋,黍稷方器也。……古文
簋或从轨;枙,亦古文簋。"盛黍稷的方器,也就是黍稷之所聚也。

染。《说文·水部》:"染,以缯染为色。"徐锴《说文解字系传》曰:
"裴光远云'从九,九者染之数也。'未知其审。"段玉裁注曰:"染,……
字从九者,数之所究。言移易本质必深入之也。"段玉裁等认为"染"字
从"九"主要表"多次",有误。"染"根本目的是把色着于布帛之上,这
也是"染"这一行为的最明显的特征,因此"染"的词义特征是"一物加
于另一物",即"聚合"①。

馗。《说文·九部》:"馗,九达道也。似龟背,故谓之馗。"段玉裁
注:"龟背中高而四下。馗之四面无不可通、似之。"《尔雅·释宫》郭璞
注:"四道交出复有旁通,此即似龟背纹矣。"一处之所以能四通八达,
是因为每条通道都相聚、相交于此。可见,"馗"有"聚合"这一词义
特征。

以上从"九"之字,其词源义是"聚合"。

2."程度大"特征类

事物聚合的结果就是程度变大,因此,部分以"九"为构建的字包
含了"大"的特征。

1)空间程度大

厬。《说文·艹部》:"厬,远荒也,从艹九声。"段玉裁注曰:"厬之

---

①　"染"的词义特征是"使某物附上某物",这也可以从《汉语大词典》所列"染"的前
14个义项中归纳出:(1)用染料着色。(2)指所染的颜色。(3)用笔书写或描绘渲染。
(4)熏染,影响。(5)指所沾染的习俗。(6)沾染,污染。(7)传染,感染。(8)牵连,连累。
(9)指诬陷。(10)犹言染指。(11)蘸。(12)谓熟,熟悉。(13)指男女性关系。(14)引申
谓受孕。除第(2)和第(5)义项,这些义项间起主要联系作用的是其本义特征"使某物附上
某物",即"聚合"。

言究也,穷也。"《诗·小雅·小明》:"我征徂西,至于芁野。"毛传:"芁野,远荒之地。"此义取"空间尽头"特征。"芁"又有"聚合"特征。《淮南子·原道》:"禽兽有芁,人民有室。"高诱注:"芁,蓐也。"岳元声《方言据》:"芁,结草以居物曰芁。""结草"自然是指将草聚结在一起,此处取"聚合"义。可见,"芁"的两个义项分别具有"聚合"和"空间程度大"词义特征。

汌。《说文·水部》:"汌,水厓枯土也。从水九声。《尔雅》曰:'水醮曰汌。'"宋永培(1999)指出:"'水厓'指的是山岸……特点之一是陡峭,又叫做高俊。"

尻。《说文·尸部》:"尻,髀也。从尸九声。"本义为臀部,即动物的尾根,《仪礼·少牢馈食礼》:"腊两髀属于尻。"取"空间尽头"特征。

頄。《五经文字·页部》:"頄,颊间骨。"《集韵·脂韵》:"頯頄,颊骨。"即颧骨,《易·夬》:"壮于頄,有凶。"王弼注:"頄,面权也。"指位于面部眼下腮上突出的一块骨,特点是"突出"。

2)时间程度大

肍。《说文·肉部》:"肍,孰肉酱也。从肉九声。"张舜徽(1983:49):"肍之为言久也,旧也。谓陈旧之物……许云读若旧,则其音义已通于旧矣。"取"事物存放时间长久"特征。

3)性状程度大

呫。《说文·口部》:"高气也。"指傲气逼人貌。"傲气"即是气盛的表现。

紌。《类篇·糸部》:"紌,急也。"紌又作"綟",《集韵·尤韵》:"綟,或从九。"《说文·糸部》:"綟,急也。"指的是事物等处于迫切的状态中。

訄。《说文·言部》:"訄,迫也。从言九声。"段玉裁注:"今俗谓逼迫人有所为曰㐭。"清承培元《广说文答问疏证》:"㐭,以言相迫也。""逼迫"则是以高强度的状态促使他人行动。

虓。《说文·虎部》:"虓,虎鸣也。一曰师子。从虎九声。"《一切经音义》卷二十二引《说文》"一曰师子"作"一曰师子大怒声也"。张舜徽(1983:61):"猛兽之声,大抵相同。故虓既训虎鸣,又为师子怒声也……虓即吼也。"扬雄《太玄·众》:"虎虓振廞。"范望注:"虓,怒声也。"不管是"虎鸣"还是"师子怒声",都指声音之大。

旭。日出光明貌,《说文·日部》:"旭,日旦出皃。从日九声……一曰明也。"段玉裁注:"明谓日之明。"日出时是无限光芒、精力充沛的样子。

究。《说文·穴部》:"究,穷也。从穴九声。"《说文·穴部》:"穷,极也。"表事物状态的程度深。《诗·大雅·荡》:"侯作侯祝,靡届靡究。"毛传:"究,穷也。"

通过以上对从"九"的两组同源词的分析,可知它们的词源义是"聚合"(聚合的结果是程度大),因此可以确定"九"的本义是"聚合"。因为"九"为"聚合"义,所以部分从"九"的同源词含有"聚合"的词义特征。而事物等"聚集"在一起,最直接的结果就是"程度大",所以另一部分从"九"的同源词含有"程度大"(体现在空间、时间、性状等方面)的词义特征。

(二)"九""丩"同源

"九"的"聚合"义,还从"九""丩"之相通得以体现。《说文·丩部》:"丩,相纠缭也。一曰瓜瓠结丩起。象形。""相纠缭"自然也就有聚合的意思。丁山先生早期认为:"九,古作𠃌或者𠄔,矜纠收缭交相纠缦之象也,言其本训则九与丩同。……究,九声也,而鼎文则或从𠃌作宄（究鼎旧以为不可识，愚按：九象纠缦，勹象变互，音义俱同，故知宀即究字）；从九声者字或从丩，从丩声者字或从九，是九、丩今虽殊体，古亦无别也。"（李孝定，1960：4188）丁先生于此处明确指出"九""丩"在古文中是相同的。"从丩声者字或从九"的例子又如"艽艼"，《康熙字典·艹部》："艽，居尤切，音鸠。字或从丩。""銤釼"，《类篇·金部》："銤釼釽，弩机谓之銤，或从丩、从仇。""丩"有"聚合"义，而"九""丩""古亦无别也"，亦可证明"九"有"聚合"义。

二、从核心义看"九"的本义

一个词义系统的各个义项，除去假借义，其他的就是该词本身所具有的意义，由本义和引申义组成，而"引申义列的多层与多向是由本义决定的。具体地说，是由本义蕴含的形象特征及形象特征凝聚的核心义决定的"（宋永培，1994：20）。也就是说，多义词的各个义项之间有一个共同的语义特征，即核心义。核心义是词义的内在特征，是由本义概括而来，贯穿于所有相关义项的核心部分，统摄并制约着其他意义的发展与演变，是词义的灵魂，它能清楚说明大部分词义项产生的原因和联系，是研究词语的根本办法（参见王云路，2011：2—3）。既然核心义是由本义的形象特征凝聚、概括而来，那我们可以通过核心义来进一步论证"九"的本义。

上文通过对"九"同源词的词源义分析，可知"九"本义是"聚合"。《庄子·天下》："禹亲自操橐耜而九杂天下之川。"陆德明《经典释文》注曰："九，音鸠，本亦作鸠，聚也。"又《论语·宪问》："桓公九合诸侯，不以兵车，管仲之力也。"该例与《左传·僖公》展喜回顾齐桓公之功时说"桓公是以纠合诸侯，而谋其不协，弥缝其阙，而匡救其灾"成异文。

张舜徽（1983：22）："九……其本义当为收聚，乃勼之初文。……《论语·宪问篇》：'桓公九合诸侯。'……用本义矣。""九合诸侯"的"九"词义争议比较大，陈平（2012）曾论证该"九"既不是实数的"九次"，也不是虚数的"多次"，而是"聚合"义，它与"合"字组成同义连言词。"聚合"的结果就是"大"。因此"大"是"九"的本义的形象特征，也就是"九"的核心义。

　　"大"表现在数量上，就是数的最大。"九"是序数中的最大者，《素问·三部九候论》："天地之至数，始于一，终于九焉。"《六书故·疑》："九，数。八而加一为九。"虚数的最大者也用"九"，"则数之不止于九者，亦可以九为数。盖'九'训为'究'，又为极数，凡数之指其极者，皆得称之为九"（刘师培，1997：417）。由此引申出"九"的"极数"义，《楚辞》："亦余心之所善兮，虽九死其犹未悔。"《楚辞章句》引五臣曰："九，数之极也。"泛指多数也可用"九"，《新编汪中集》："凡一二之所不能尽者，则约之三，以见其多。三之所不能尽者，则约之九，以见其极多。"司马迁《报任少卿书》："假令仆伏法受诛，若九牛亡一毛，与蝼蚁何以异？"《水经注·河水一》："昆仑，九流分逝。"《西京杂记》卷一："汉制，宗庙八月饮酎，用九酝、太牢。皇帝侍祠，以正月旦作酒，八月成，名曰酎，一曰九酝，一名醇酎。""九酝"指经过重酿的酒。又如"九盘""九曲"，均指迂回曲折，弯道之多。南朝梁沈约《白马篇》："赤坂途三折，龙堆路九盘。"唐白敏中《贺收复秦原诸州》诗："河水九盘收数曲，天山千里锁诸关。"汉王褒《九怀·危俊》："径岱土兮魏阙，历九曲兮牵牛。"

　　"大"表现在时间上就是指"长久""年老"等。如《庄子·至乐》："黄軦生乎九猷。"郭象注引李颐云："九宜为久。久，老也。"（此例中的"九"，《汉语大字典》《汉语大词典》均解释为"通'久'"。"九"的"老"义应是词义引申的结果，不必看成是通"久"）又如"九夜"，指漫漫长夜。唐鲍溶《郊天回》诗："金鸟赦书鸣九夜,玉山寿酒舞千官。"《七笈七签》卷十六:"苦魂沈九夜,乘晨希阳翘。"

"大"表现在空间上就是"高""深""远""广"等:

表示极高。如"九陵",指高山峻岭。扬雄《太玄·锐》:"上九陵,峥岸峭陁。"《易·震》:"跻于九陵,勿逐,七日得。"又如"九崖",指高耸的山峰。唐常建《梦太白西峰》诗:"梦寐升九崖,杳霭逢元君,遗我太白岑,寥寥辞垢氛。"

表示极深。如"九地",指地底深处。《孙子·形》:"善守者藏于九地之下,善攻者动于九天之上。"梅尧臣注曰:"九地,言深不可知。"江淹《遂古篇》:"九地之下,如有天兮。"又如"九泉",《燕丹子》:"须臾之间,可解丹万世之耻。若其不然,令丹生无面目于天下,死怀恨于九泉。"阮瑀《七哀》:"冥冥九泉室,漫漫长夜台。"九泉,即黄泉,指人死后的葬处。古代有种迷信说法,认为人死后要到阴曹地府去,且阴曹地府在地底极深处,因此"九泉"又指地下极深处或深渊。如潘岳《西征赋》:"贯三光而洞九泉,曾未足以喻其高下也。"葛洪《抱朴子·名实》:"是以窃华名者,蝼蚍腾于云霄;失实贾者,翠虬沦乎九泉。"又抽象比作为社会底层。如晋葛洪《抱朴子·勖学》:"以游夏之资,而抑顿乎九泉之下。"又如"九冥",指地下,犹九泉。晋陶潜《悲从弟仲德》诗:"借问为谁悲,怀人在九冥。""九冥"又指深渊,唐陈子昂《感遇诗》之二九:"拳局竞万仞,崩危走九冥。""九冥"在"深渊"义上又作"九溟",明宋濂《虞文靖公像赞》:"上凌霄汉,下烛九溟。"又如"九冰",指厚积的冰。宋范成大《丰都观》诗:"晖景下坠铄九冰,塞绝苦道升无形。"宋范成大《丙午新正书怀》诗之七:"肃肃九冰妨发育,温温三火护恢台。"

表示极远。如"九阳",指天地的边缘。《楚辞·远游》:"朝濯发于汤谷兮,夕晞余身兮九阳。"王逸注曰:"九阳,谓天地之涯。"三国魏嵇康《琴赋》:"夕纳景于虞渊兮,旦晞干于九阳。"又如"九津",可用于指天地边缘。《吕氏春秋·求人》:"禹东至榑木之地,日出九津、青羌之野。"

表示极宽广。如"九纮",指辽阔的天空。明李东阳《题鲁京尹所藏双鹰图》诗:"两鹰角立如争雄,周旋九纮隘八极。"又如"九遐",也指辽阔的天空。《云笈七签·赞颂部·诗赞辞》:"玉箫云上奏,凤鸣动九遐。"《云笈七签·三洞经教部·经释》:"虎者,威也。威震九遐之域,神光焕乎上清。"南朝何承天《朱路篇》:"仁声被八表,威震振九遐。嗟嗟介胄士,勖哉念皇家。"又如"九逵"。逵字或作"馗",指四通八达的道路。《说文·九部》:"馗,九达道也。似龟背,故谓之馗。……馗或从辵从坴。"《左传·隐公十一年》:"颖考叔挟辀以走,子都拔棘以逐之,及大逵。"杜预注:"逵,道方九轨也。"陆德明释文:"逵,求龟切。《尔雅》云:'九达谓之逵。'杜云:'道方九轨。'""九逵"整个词亦指"四通八达的道路"。《三辅黄图·都城十二门》:"长安城面三门,四面十二门,皆通达九逵,以相经纬。"后多指京城的大路。南朝梁何逊《拟轻薄篇》:"长安九逵上,青槐荫道植。"因此,"九"也作"宽广"理解。又如"九衢"。衢,指四通八达的道路。《说文·行部》:"衢,四达谓之衢。"《左传·昭公二年》:"尸诸周氏之衢,加木焉。"《淮南子·缪称》:"圣人之道,犹中衢而致尊邪。"高诱注:"道六通谓之衢。""九衢"整个词亦指"纵横交叉的大道;繁华的街市"。《楚辞·天问》:"靡蓱九衢,枲华安居。"王逸注:"九交道曰衢。"游国恩纂义:"靡蓱九衢,即谓其分散如九达之衢也。"唐韦应物《长安道》诗:"归来甲第拱皇居,朱门峨峨临九衢。"又如"九涂",指大路,犹九逵。南朝宋鲍照《代结客少年场行》:"九涂平若水,双阙似云浮。"

"大"表现为抽象意义就是"很""非常"。如"九愁",形容愁思之甚。南朝梁简文帝《喜疾瘳》诗："逍遥临四注,兼持散九愁。"南朝梁元帝《登堤望水》诗："怀山殊未已,徒然劳九愁。"唐袁朗《秋夜独坐》诗："新秋百虑净,独夜九愁深。"唐张泌《秋晚过洞庭》诗："莫把羁魂吊湘魄,九疑愁绝锁烟岚。"又如"九伤",指无限的哀伤。南朝梁江淹《丽色赋》："忆杂佩兮且一欷,念锦衾兮以九伤。"又如"九阴",指幽渺之地。三国吴葛玄《〈道德经〉序》："祸灭九阴,福生十方。"唐柳宗元《天对》："修龙口燎,爰北其首。九阴极冥,厥朔以炳。"又如"九幽",指极深暗的地方,即地下。南朝宋谢庄《为朝臣与雍州刺史袁颙书》："德洞九幽,功贯三曜。"宋苏轼《和子由韩太祝送游太山》诗："恨君不上东封顶,夜看金轮出九幽。"

词语的核心义源于本义,并且统摄着词义系统中的各个引申义。"一个词在其引申过程中通常携带着词源意义(大多数是其本义),也就是说它的绝大多数引申义中都有承袭自本义的共同的意义要素。"(王云路、王诚,2014:39)"九"的核心义是"大",这个核心义就是源于其本义"聚合",因此,"九"词义系统中的各个引申义都蕴含"大"这一特征。"大"表现在数词上就是数字的最大化,包括最大的序数、极数、泛指多数;表现在时间上就是长久、年老等;表现在空间上就是高、深、厚、远、广等;表现在事物的性状上就是抽象义的"很""非常"。

结　论

综上,从同源词角度或从核心义角度分析,"九"本义都是"聚合"。"九"在词义发展演变过程中,引申出表示大数字"九"义,以及表时间的"长久""年老"义、表空间的"高""深""远""广"义、表程度的"很""非常"义。在"数字"义成为"九"的基本义后,"聚合"义逐渐退出

"九"的词义系统,以致"九"表"聚合"义的两个文献用例均被误解:"九杂天下之川"之"九"虽确定为"聚合"义,却被认为是"鸠"的假借字;对于"九合诸侯"之"九"的词义,则争议更大。

参考文献

陈平,2012,《"九合诸侯"之"九"义考》,《天津大学学报(社会科学版)》第2期。

李圃(主编),2004,《古文字诂林》第十册,上海:上海教育出版社。

李孝定(编述),1960,《甲骨文字集释》,台北:"中研院"历史语言研究所。

刘师培,1997,《刘师培全集》,北京:中共中央党校出版社。

木霁弘,1987,《"九"字发微》,《云南社会科学》第2期。

宋永培,1994,《〈说文解字〉与文献词义学》,郑州:河南人民出版社。

宋永培,1999,《从〈说文〉词义系统论证"水厓""崩陨""危高""惶惧"等义的本源与联系》,《达县师范高等专科学校学报》第3期。

童书业,1982,《鲧共工与玄冥冯夷》,吕思勉、童书业(编著)《古史辨》第七册,上海:上海古籍出版社。

王宁,1996,《训诂学原理》,北京:中国国际广播出版社。

王云路,2011,《中古汉语论稿》,北京:中华书局。

王云路、王诚,2014,《汉语词汇核心义研究》,北京:北京大学出版社。

萧兵,1980,《论〈九歌〉篇目和结构——〈九歌十论〉之五》,《齐鲁学刊》第3期。

张舜徽,1983,《说文解字约注》卷二十八,郑州:中州书画社。

周法高(主编),1984,《金文诂林》,香港:香港中文大学出版社。

"懡㦬"词义考*

王　虎　赵红宇

　　"懡㦬"是一个联绵词,联绵词义存于声,故有多种字形,又作"癵㦬""㦬㦬""没罗""磨罗""魔罗""么裸"等,也可叠音为"懡懡㦬㦬",或倒言作"㦬懡""㦬癵"。现有的词典对"懡㦬"的解释主要有四种:表羞惭貌、面青貌、稀疏、皮皱貌。在阅读古文献时,发现很多"懡㦬"用例无法用这四个词义解释。于是在搜集相关文献例证后,我们用排比例证法归纳出"懡㦬"表模糊(含糊)、虚空、虚度三个义项。

一、"懡㦬"的六个义项

　　"懡㦬"是产生于中古时期的一个新词,古代字书对"懡㦬"的解释都是表羞惭貌或面青貌,笔者在阅读古文献时发现,"懡㦬"表面青貌时多形容人内心的负面情绪。而且"懡㦬"在词义发展过程中又产生了三个新义项:表模糊(含糊)、虚空、虚度。

　　(一)懡㦬,表羞惭貌,形容人羞惭的样子。《广韵·果韵》:"懡,懡㦬,人惭。"《广韵·哿韵》:"㦬,懡㦬,惭也。"《玉篇》又作'㦬癵'。"周祖谟曰:"㦬懡当作懡㦬。"《集韵·果韵》:"懡,懡㦬,惭也。"宋司马光

＊　原文载于《语言科学》2019 年第 1 期。

《类篇》卷二十五："懍，朗可切，憿懍，惭也。憿，母果切，憿懍，惭也。"宋赵叔向《肯綮录》："羞惭曰憿懍，上音么，下来可切。"辽行均《龙龛手鉴》卷一："憿懍，上忙果反，下郎可反，面惭也。"这些字书对憿懍的解释一致为羞惭。下面看文献例证：

（1）于是道安被数，䁏䁃非常，耻见相公，羞看四众。（唐《敦煌变文集·庐山远公话》）。

（2）师一日造方丈，未及语，被祖诟骂，憿懍而退。（宋《五灯会元·五祖演禅师法嗣》）

（3）药山只知其一，不知其二，被遵公说得口似扁担，不胜憿懍。（南宋《岁时广记》卷二十引《正法眼藏》）

（4）公子亭台香触人，百花憿懍无精神。（唐王毂《红蔷薇歌》转引自蒋礼鸿）

（5）楼上等多时。两地里，人马都饥。低低说与当直底，轿儿抬转，喝声靠里，看俺么，裸而归。（宋向滈《摊破丑奴儿》）

例（1）"䁏䁃"同"憿懍"，表羞惭。黄征和张涌泉（1997：291）校注："䁏䁃，《龙龛手镜》：'䁏、䁄、䁃：上二莫可反，下一勒可反，面惭貌。'又：'憿懍'上忙果反，下郎可反。憿懍，面惭也。蒋礼鸿引《广韵》《集韵》，音义同。兹据改。"且"憿懍"与"耻""羞"连用，也可以看出是表示道安被数落后羞惭的样子。例（2）中写师被祖诟骂后，羞惭退去。例（3）"口似扁担"比喻闭口无言。药山被遵公说得无话可说，非常羞愧。例（4）"憿懍"与"无精神"连用表羞惭貌，用拟人手法形容百花萎落的样子。例（5）清陈廷敬等编《康熙词谱》，未收录该词，原因是："看俺么裸而归……因词俚不录。"唐圭璋主编的《全宋词》、周振甫《唐诗宋词元曲全集》等宋代词集,也都断句为"看俺么,裸而归",这导致学界都认为"裸而归"是裸体回来。孙悦春(1993:155)认为"么裸"或是"䠿䠿"。我们赞同此观点,原词意思当是:久等客人没到,饥肠辘辘,只好羞惭而归。这样解释文从字顺,也摘掉其艳词的帽子。

"憋懦"也可叠音为"憋憋懦懦",表羞惭貌。《五灯会元》卷十九《保宁仁勇禅师》:"蓦然逢着个黄面瞿昙,不惜眉毛再三与伊摩顶授记云:善哉,善哉,大作佛事,希有希有。于是乎自家憋憋懦懦,憧憧惶惶,藏头缩手。"(雷汉卿,2010:517)

(二)"憋懦"表面青貌,多写作䐉䐉,字书中多有记载。《玉篇·面部》:"䐉,面青貌。"《字汇·面部》:"䐉,䐉䐉,面青貌。"五代和凝《宫词百首》之二十八:"贡橘香匀䐉䐉容,星光初满小金笼。""䐉䐉容"是用人的面青貌形容橘子青色的表皮。[1] 面部表情和人物内心情绪密切相关,"憋懦"表面青貌,多用来形容人情绪不好时面色会呈现出发青阴沉的样子,这种不好的情绪在具体语境里可以指愁苦、气愤、害怕、被惊吓等负面情绪。这一义项多见于金元戏曲中,且多与"面"连用,写作面磨罗、面没罗、面魔罗、面波罗等。例如:

(6)没留没乱,不言不语,尽夫人问当,夫人说话不应一句。酒来后满盏家没命饮,面磨罗地甚情绪!吃着下酒,没滋味,似泥土。(金董解元《董西厢》卷三)

(7)我心恍惚,面没罗,是谁人撒然惊觉我?则见圣像严恶,鬼似喽啰,排列的闹呵呵。穿红的圣体忙挪,穿青的子细评跋,穿

---

① 《辞源》(商务印书馆1984年版)、陈贻焮主编《增订注释全唐诗(第四册)》(文化艺术出版社2001年版),引用五代和凝《宫词百首》:"贡橘香匀䐉䐉容,星光初满小金笼。"解释"䐉䐉"为"皮皱貌""靸皱貌"。恐非。

绿的亲定夺。似白日里无差讹,元来是一枕梦南柯。(元无名氏
《小张屠》二折)

(8)撇的我嘴孤独,面<u>魔罗</u>,呆答孩,死没腾,危楼独倚频频
望。(明无名氏《雷泽遇仙》第四折)

(9)嘴古都钗头玉燕,面<u>波罗</u>镜里青鸾。(元无名氏《集贤宾》)

例(6)大意是崔夫人意欲悔婚,设计邀张生来让崔莺莺认他作哥,
这句是写张生明白夫人用意后内心十分气愤又不好发作,只能青着脸
闷头喝酒,不理睬夫人的问话。例(7)写张屠做了一个关于地府阎罗
的噩梦,被惊吓得面色发青。例(8)"嘴孤独"谓嘟着嘴,"呆答孩,死没
腾"是指死气沉沉,可知此句中"面没罗"应为内心不悦时阴沉发青的
面色。例(9)"嘴古都"同例(8)"嘴孤独",谓嘟着嘴,说明主人公情绪
低落,"面波罗"即"面没罗",谓情绪低落时脸上呈现出的面青貌。

张相(2001:570)"面没罗,发怔或发呆之义",高文达(1992:546)
"面没罗:亦作面磨罗,面波罗,面魔罗,脸上没有表情,发呆"都举了例
(6)。我们认为将"面没罗"解释为发呆义不够准确。例(6)张生得知
崔夫人要悔婚后,内心是气愤的,所以会铁青着脸只喝酒不说话,并不
是"脸上没有表情,发呆"。许少锋(2008:1278)"面没罗:形容神情发
呆、无精打采"举了例(7),我们认为例(7)是写张屠被梦惊吓到的面
青貌。此例中的"面没罗"解释成"神情发呆、无精打采"不准确。其
实"面没罗"谓面色发青、没有光彩,金元戏曲中常用以形容人在愁
烦、气怒或突然受惊时的面部表情。这个解释符合词义的演变发展
规律,我们认为如果一味随文释义,就会见仁见智,缺乏科学客观的
解释,只有从词义的系统性出发,分析词义的来源和发展,才能得出
准确的释义。

(三)"懚懱"表模糊(含糊)之义。例如:

(10)走马看山真懚懱,忙中拾得片时间。(宋杨万里《盱眙军东山飞步亭和太守霍和卿韵》)

(11)莫怨乘桴道不行,身方否处道方亨,大千世界愁中老,八万障门嗔上生,了了不如都懚懱,休休便是力修行,夜缸酒熟谁堪唤,共啜人间骨董羹。(南宋方岳《秋崖集》卷十一《遣兴》诗)

(12)我之忠厚不逮后生之明了远矣,此不紧要也。愚谓其中有精切而遭去者无限。逞其懚懱之辞,易其担当之语,往往有之。夺吾说以畀新安胡氏者五十许条。(元陈栎《定宇集》卷十)

(13)人不求师,奚自觉悟? 倘有所师,先以《参同契》一书辩之。苟有一句懚懱含糊,便难信受。(元陈至虚《周易参同契分章注》)

例(10)"走马看山真懚懱"之"懚懱"表示看不清,是形容视觉上的模糊。例(11)"了了不如都懚懱"一句中,"了了"是清楚明白的意思,"懚懱"与它相反,即表模糊、糊涂、迷惑之义,表示心理上的模糊不清。秦效成(1998:435)注释为稀疏貌,恐不妥。例(12)出自陈栎的一封书信,感叹自己的文章被人剽窃篡改,自己文章中的精当贴切的解释,被剽窃者用虚空含糊的言辞替换了。"懚懱"用来形容言辞虚空含糊。例(13)"懚懱"与含糊并用,形容书中内容模糊不清楚。例(12)、(13)中"懚懱"用来形容文章言辞的模糊不清。需要说明的是四句中"懚懱"词义都是模糊,在色彩义上略有不同:例(11)"懚懱"所表示的"糊涂"是修行的一种境界,含褒义;例(12)里的"懚懱"表语句言辞"虚空含糊",含贬义。例(10)、(13)"懚懱"指模糊不清,中性。

（四）"憵懱"表示虚空之义,作名词。"憵懱"表虚空义在明清文献里居多,最早见于禅宗语录,后至文集、地方志等其他文献里。

（14）梁武帝问达磨大师:"如何是圣谛第一义?"磨云:"廓然无圣。"帝曰:"对朕者谁?"磨云:"不识。"帝不契。达磨遂渡江至魏。(这野狐精,不免一场憵懱,从西过东,从东过西。)(《碧岩录》卷一,《近代汉语语法资料汇编·宋代卷》第 48 页)

（15）凡情脱落,圣意皆空。有佛处不得住,无佛处急走过,两头不着,千圣难窥。百鸟衔花,一场憵懱。(宋廓庵禅师《十牛图颂》)

（16）僧问:"如何是祖师西来意?"师曰:"吃醋知酸,吃盐知咸。"曰:"弓折箭尽时如何?"师曰:"一场憵懱。"(宋普济《五灯会元》卷十九)

（17）入俗入僧几番下火,如今两脚捎空,仍旧一场憵懱,莫把是非来辨我,刀刀只斫无花果。(清澹归和尚《徧行堂集》卷七)

（18）顺治壬辰六月,自檇李归虎邱东小庵,邀苍公坐榻前,手书诀别曰:"一事无成,五十二载,一场憵懱。"双手拓开,敛容掷笔而逝。(《苏州府志》卷第一百三十四)

方一新(2010:617)解释例(14)"憵懱"为"含羞,惭愧"。《佛学辞典》(宽忍主编)同。上述文献是达磨公案,因为梁武帝与达磨不契,达磨只好渡江去北魏。括号里是高僧克勤的注释,说达磨一场虚空,没有收获,把"憵懱"解释为虚空,更契合文义。例(15)、(16)是禅宗之语。例(15)"一场憵懱"与前面"圣义皆空"相对,表示禅宗修道的一种境界——"虚空之境"。廓庵禅师的《十牛图》,从《寻牛第一》《见迹第二》《见牛第三》《得牛第四》《牧牛第五》到《骑牛归家第六》《忘牛存人第七》是说明在修炼的进程,尚未悟入不思议妙境,而到了《人牛俱忘第八》《返本还源第九》与《入尘垂手第十》则进入了如此这般的境界。例(15)是《人牛俱忘第八》"鞭索人牛尽属空,碧天辽阔信难通,红炉焰上争容雪?至此方能合祖宗"的著语,原文"尽属空"强调了万物皆空。"百鸟衔花"的典故是说古时牛头和尚未晤禅宗四祖道信之前,修行之妙令百鸟衔花献奉;见到四祖识得祖师禅后,使佛见、法见都消泯。在四祖启示之后,他识得一切皆空,赵州禅师有一句妙语道:"有佛处不用住,无佛处急走过。"说的就是这种人牛俱忘的禅境。有学者认为禅宗中"懡㦬"是羞愧义,综合文义和众多用例,还是解释虚空为上。例(16)僧问"弓折箭尽时如何",师的回答是"一场懡㦬",字面意思指弓箭用尽时,喻指生命结束,就什么也没有了,意为"一场虚空"。例(17)"一场懡㦬"与"两脚捎空"意思一样,即一场虚空。例(18)"一场懡㦬"与"一事无成"意思一致,表示一场虚空。

(五)"懡㦬"表虚度之义,作动词。"懡㦬"表虚度之义是由"懡㦬"表虚空的义项引申而来。例如:

(19)及至入室之际,竞竞着意寻择,方知多有难能之事,甚费苦辛。因知着意寻之句,犹不易得。况惟世人得师一诀之后,又只懡㦬时光,岂知年迈日衰,容易老死而已。(宋张伯端《紫阳真人悟真篇三注》卷二)

(20)人亦有言:年近三十,忧老将至。世事易缠纠,光阴易懡㦬,忽忽淹留,壮老逼人。(明黄宗羲《明文海》卷一百五十二)

很明显,这两个例句中"懡㦬时光""光阴易懡㦬"都是感叹光阴虚度之义。

（六）"憸懏"表稀疏之义。《汉语大词典》《辞源》《王力古汉语字典》收录了"憸懏"这一义项。

　　（21）人烟憸懏不成村，溪水微茫劣半分。流到前滩忙似箭，不容雨点稍成纹。（南宋杨万里《小溪至新田》诗）

　　（22）郊原晓日嫩晴初，憸懏人烟望总疏。近辅风云都入画，长须僮仆只担书。（清文昭《紫幢轩诗集》东屯集）

"人烟憸懏"和"憸懏人烟"都谓人烟稀疏。

从古文献里梳理出"憸懏"共有六个义项：表羞惭貌、面青貌、模糊（含糊）、虚空、虚度、稀疏。

二、"憸懏"探源

上文从古文献里梳理出"憸懏"的六个义项，现在我们可以尝试进一步探求"憸懏"六个义项间的关系，探求"憸懏"的核心义，并在此基础上对"憸懏"的语源进行追溯。

（一）"憸懏"核心义

"羞惭貌"是"憸懏"在词典中记录最多的义项，所以我们探求"憸懏"核心义的第一步是研究"憸懏"表羞惭貌的来源。

1."憸懏"表羞惭貌的来源

蒋礼鸿（1981：228）认为"憸懏"表羞惭貌来自"曒曃"，云："憸懏：惭愧。曒，曒曃，日无色。憸，憸懏，人惭。按：人惭愧了就其色不扬，像日之无色，憸懏的意义即从曒曃而来。"我们同意蒋先生的观点，"憸懭悢""曀曃"意思相近,都有"无色"义。"曀曃"指太阳无色。"懭悢"指内心无色,即羞愧。"嫲嫘"指人面部无色,阴沉着脸,表达人物内心的负面情绪,在金元戏曲中与"面"连用,写作"面没罗""面磨罗""面魔罗""面波罗",以面青貌形容人物内心愁苦、气愤、被惊吓等负面情绪。汉语词汇中类似的语义关系有很多,如"黯然"一词,原指光线暗淡,后引申出形容人感伤沮丧貌,又"奕奕",由表示光明貌引申出精神焕发貌。王虎和张明辉(2016)指出体貌域与心理域有紧密联系。"悦"可以从高兴义引申出皮肤亮丽,组词"肥悦""悦泽"等。所以,"懭悢"之羞愧义,来源于表面或内心的无光、暗淡。"懭悢""嫲嫘"与"曀曃"是同源词,它们的读音相同,共同语义是无色。

2."懭悢"核心义为模糊

对"懭悢""嫲嫘"与"曀曃"的共同语义"无色"提炼概括,可以得出懭悢核心义为模糊,区别特征是心理、面色、日光等。日无色是模糊的一个具体表现。日无色即视觉上的模糊,宋杨万里《盱眙军东山飞步亭和太守霍和卿韵》诗"走马看山真懭悢,忙中拾得片时间"中"懭悢"为模糊义,骑着马看山,由于移动比较快,看到的山是模糊的。

模糊即不清楚、不分明。视觉上看不清楚是模糊,言辞、文章内容的"不清楚、不分明"也是模糊,如"逞其懭悢之辞,易其担当之语";为人处事上"不清楚、不分明"也是模糊,如"了了不如都懭悢",这里"懭悢"表示"模糊"(糊涂义),可见"模糊"这一义项的应用范围在逐渐扩大。陆宗达、王宁(1983:153)认为"词义中常有从具体到抽象的变化。有些是因为词的应用范围逐渐扩大,外延的增大影响到内涵的缩小"。如"暗"和"昏"都可以由表示光线的昏暗模糊引申至做人处事糊涂不明。

"懭悢"由光线的模糊可以引申出虚空之义。模糊到极限实际上就是一种空。视觉上的昏暗模糊也可以使人内心产生虚空之感，这是一种同感的引申。如"冥漠"，有模糊之义。明袁宏道《过灵峰》诗："冥漠烟如醉，空濛日带青。""冥漠"形容烟雾笼罩下的朦胧模糊之境；"冥漠"又有虚无之义。《文选·颜延之〈拜陵庙作〉》："衣冠终冥漠，陵邑转葱青。"刘良注："冥漠，虚无也。"又如"渺茫"，有虚无缥缈、虚空义。宋陆游《老学庵笔记》卷五："毛君云：其妻病，道人为灸屋柱十余壮，脱然愈。方欲谢之，不意其去也。世或疑神仙，以为渺茫，岂不谬哉。"明谢肇淛《五杂俎·人部二》："禄命之说，诚渺茫不足信。""渺茫"又有模糊不清之义。唐白居易《长恨歌》："含情凝睇谢君王，一别音容两渺茫。"元王子一《误入桃源》第二折："天和树色蔼苍苍，霞重岚深路渺茫。"又如"窈冥"，有昏暗模糊义，宋司马光《祭齐国献穆大长公主文》："遐福未终，大期奄及；去白日之昭晰，归下泉之窈冥。""窈冥"与"昭晰"对举，表示昏暗模糊，"昭晰"为明亮清楚义。"窈冥"又有虚空义。汉王符《潜夫论·本训》："上古之世，太素之时，元气窈冥，未有形兆。""元气窈冥"形容"元气"还是虚无缥缈而"未有形兆"。

　　虚空义引申出虚度义。"懱爣"表示虚空，为名词。当它用作动词，后接名词"时光"时，引申出动词虚度义。时光虚度即一段时光留下的只是虚空。这是汉语词汇普遍存在的一种引申规律——动静引申。如"封"由动词"堆土植树"义引申出名词"疆界"义；"鱼"由名词"鱼"引申出动词"钓鱼"义，后用"渔"表示。

　　虚空义又引申出稀疏义。为什么"懱爣"会由虚空义引申出稀疏义？我们的解释是：虚空从视觉上感受到的是稀疏、稀少。反之，稀疏到极致就是空无。虚空和稀少两义可以相互引申。如"疏"字有表示稀疏之义，唐杜牧《雪中书怀》诗："孤城大泽畔，人疏烟火微。"也有表示虚空之义(空疏)"志大才疏"。又"寥",表示空虚,《老子》:"有物混成,先天地生,寂兮寥兮。独立而不改。"王弼注:"寥者,空无形。"《庄子·知北游》:"寥已吾志,无往焉而不知其所至。"郭象注:"寥然空虚。"由空虚引申出稀少义。如"寥若晨星""寥落",唐韩愈《华山女》诗:"黄衣道士亦讲说,座下寥落如明星。"

结合以上分析,"懵懂"的词义发展路径为:"懵懂"核心义是模糊,有三个引申方向:一是视觉上的模糊,具体表现为光线暗淡不明,引申出日无色、面无色(面青貌)、心无色(羞惭貌);二是言语处事模糊,表现为文章言辞含糊,做人糊涂;三是模糊到极限就是虚空,由虚空义引申出虚度和稀疏两义。

(二)"懵懂"语源

"懵懂"是唐宋时期产生的新词,关于它的语源,今人做了初步探究。我们在前人研究的基础上探索到懵懂语源应为"朦胧""迷离"等声母格式为 m-/l-式,词义为"模糊不清"的词族。

1. "懵懂"与"魔合罗"

陆澹庵认为:磨罗,魔合罗之省。陆澹安(1981:600)收录"磨罗":"磨罗,魔合罗之省,本义指宋元人七夕所供的小泥人,引申作'呆若泥塑木雕'的意思。"我们认为此"磨罗"与本文中所探讨的"懵懂"另一变体"磨罗"是同形异词,二者语义源流没有关系。

2. "懵懂"与"摩何"

萧旭(2011)认为中古佛经中"摩何"即"㗝囉""懵懂""矕囉"之音转,当训为惭愧。同时他也指出"'摩何'与'㗝囉''懵懂''矕囉'下字声部相隔较远,其何以有此音变,颇疑译经者汉语不纯正所致。存疑待考"。我们认为:"懂"与"何"是可以通转的。据《广韵》"懂,来可切,上声哿韵来母";"何,胡歌切,上声哿韵匣母"。据唐作藩(1982:47、80),何是匣母歌部,儠是来母歌部。可见,无论是中古还是上古,"儠"和"何"韵部都相同,声母是来匣二母准旁纽,可通转。上博简《孔子诗论》:"甚贵其人,必敬其立(位);悦其人,必好其所为。""立/位"是同源分化的关系,可证来匣二母可通假,二字在上古是有联系的。如马王堆帛书中的阑/闲和立/位等。综之,萧旭的研究证明表羞惭义"儠儠"在汉代就有了,当时用"摩何"等表示。

3."儠儠"与"朦胧"

蒋礼鸿(1981:228)不仅能说明语义,而且能说明词义的来由。他说:"其实'曚曨''儠儠'即是朦胧。辛弃疾《浣溪沙·黄沙岭》词:'突兀趁人山石很,朦胧避路野花羞。'突兀即是很貌,朦胧即是羞貌,可以为证。这是语源之可以推论的。"此说是也,儠儠、曚曨的语源义是朦胧。朦胧,微明貌,也表示模糊。"朦胧"类同源词都有模糊之义,如曚昽,《玉篇·日部》:"曚,曚昽也。时也。"《广韵·董韵》:"曚,曚曚,日未明也。"《大字典》认为"曚昽同曚曚,义为日未明"。朦胧,《广韵·东韵》:"朦胧,月不明。"蒙茏,《汉书·扬雄传上》:"获蒙茏,鳞轻飞。"颜师古注:"蒙茏,草木所蒙蔽处也。"因草木所蒙蔽而模糊不清。蒙茸,模糊迷茫。唐黄滔《大唐福州报恩定光多宝塔碑记》:"气色蒙茸,风云蓬勃。"唐无名氏《撷芳词》:"风摇荡,雨蒙茸,翠条柔软花头重。",据《广韵》:"茸,而容切,平声钟韵日母。""日"母和"来"母准旁纽,可通转。朦胧这组词的核心义为"模糊",这与儠儠的核心义是一致的。"蒙茏"也可倒文为"茏蒙",《淮南子·修务》:"今夫毛嫱、西施,天下之美人……粉白黛黑,佩玉环,揄步,杂芝若,茏蒙目视,冶由笑,目流眺。"高诱注:"茏蒙,犹眇目视也。"按:"眇目视"即小视,也斜着眼睛看的样子。从语源看,当是眼神迷蒙,形容女子的娇羞。需要注意的是:

"憸慄"之羞愧义,蒋礼鸿探源为"面无色",其实人羞愧时,眼神是迷离朦胧的,可证"憸慄"源于朦胧。

4."憸慄"语源为迷离等

上古汉语有这样一组声母格式为 m-/l-式,词义为"模糊不清"的词族。这可能是"憸慄"更早的源头。① "憸慄""蒙龙""矇眬""朦胧""蒙茏"声母格式都为 m-/l-式,且都有模糊义,例已详上文。下再增补词例,以证明此词义系统。如"弥离""迷离""幂历""幂䍦"等,这组词和"朦胧"组类似,有两个义项,覆盖蒙蔽和模糊义。《尔雅·释诂》:"覼𢹬,茀离也。"郭璞注:"谓草木之丛茸翳荟也。茀离即弥离,弥离犹蒙茏耳。"弥离、蒙茏都谓草木繁盛,有所蒙蔽。蒙蔽即是模糊不清。幂历,《释名·释言语》:"幂历,弥漫笼罩貌。"宋梅尧臣《依韵和孙浦二都官展墓由大明精舍而归》:"归鞍却望原头路,幂历轻烟物景沈。""幂历轻烟"即轻烟弥漫笼罩,视觉上模糊不清。迷离,模糊不明。《乐府诗集·横吹曲辞五·木兰诗》:"雄兔脚扑朔,雌兔眼迷离。"幂䍦,《广韵·锡韵》:"妇人面罩。"又写作"幂篱",《北史·秦王俊传》:"(俊)为妃作七宝幂篱,重不可带。""幂䍦",由轻薄的沙罗制成,是少数民族的一种头巾,亦可遮蔽身体。其语源盖是遮蔽(风沙等),或是模糊(由于披戴了沙罗,人脸模糊不清)。

综之,"憸慄"是一个中古产生的联绵词,字书中对它的解释是表羞惭、面青貌或稀疏。本文从词义的系统性出发,用排比例证法归纳出它的三个新义项,即表模糊(含糊)、虚空、虚度,探求出"憸慄"的核心

---

① 审稿专家指出"憸慄"应该与"模糊""缦胡""莫络""莫略""无虑""孟浪"等同源,先秦时已存在。这个词的核心义是大,大而虚空、晦暗,大而粗略、模糊。如果不考虑最根本的根源,也至少是模糊、虚空。按:我们赞同审稿专家的意见,大和模糊义有密切联系。但是汉语表"大"概念的词语众多,词义纷繁(大、多、远、厚、高等),我们将另成文说明。

义为"模糊",梳理"懡㦬"六个义项间引申关系,分析词义演变路径,追溯到"懡㦬"的语源是朦胧、迷离等声母格式为 m-/l-式,语义为"模糊不清"的词族。

参考文献

方一新,2010,《中古近代汉语词汇学》,北京:商务印书馆。

高文达(主编),1992,《近代汉语词典》,北京:知识出版社。

黄征、张涌泉(校注),1997,《敦煌变文校注》,北京:中华书局。

蒋礼鸿,1981,《敦煌变文字义通释(增订本)》,上海:上海古籍出版社。

雷汉卿,2010,《禅籍方俗词研究》,成都:巴蜀书社。

陆澹安,1981,《戏曲词语汇释》,上海:上海古籍出版社。

陆宗达、王宁,1983,《训诂方法论》,北京:中国社会科学出版社。

秦效成,1998,《秋崖诗词校注》,合肥:黄山书社。

孙悦春,1993,《元曲词语校释零札》,严兰绅(主编)《元曲论集》,石家庄:河北教育出版社。

唐作藩(编著),1982,《上古音手册》,南京:江苏人民出版社。

王虎、张明辉,2016,《从心理域到体貌域——谈"悦"词义的演变》,《中国语文》第 4 期。

萧旭,2011,《"懻恢"、"摩何"语源考》(http//www. gwz. edu. cn/Test/Web/Show/1678)。

许少锋(编),2008,《近代汉语大词典》,北京:中华书局。

张相,2001,《诗词曲语辞汇释》,北京:中华书局。

第三编

◆

核心义与复音词

论核心义在复音词研究中的价值[*]

王云路

    核心义研究是建构多义词词义关系的一种模式。核心义贯穿和统摄多义词的大多数义项,核心义研究和词义演变研究紧密关联。虽然"核心义"的概念是由当代学者提出的,但核心义作为贯穿、统摄词义的一种抽象意义,在传统训诂学的研究中早就有所涉及,特别是清代乾嘉学者在实际的研究中对词的核心义多有揭示。笔者2014年出版的《汉语词汇核心义研究》则尝试对核心义研究做理论上的建构,较为系统地阐述了核心义研究的原理、方法和实践意义(参见王云路,2006;王云路、王诚,2014)。

    大体说来,复音词研究可以从结构和语义两个方面开展,已有的研究侧重于复音词的构词,而且主要是以句法结构的模式进行分析,越来越多的学者认识到这一研究模式的局限性,开始关注复音词的语义,认为从语义角度出发才能把复音词研究引向深入。核心义分析为词汇语义研究提供了新的思路,是当代词汇语义学在传统训诂学基础上重建与完善的一种方式,各类词汇学、语义学的研究都需要核心义的支撑(参见王云路,2006)。我们认为:运用核心义理论,不仅在分析单音词方面大有可为,对分析和理解复音词也具有十分重要的价值和作用。

---

    * 原文载于《浙江社会科学》2017年第7期。

　　古书特别是训诂专书中的故训材料常常揭示出词的意义特征,其中不少就是多义词的核心义。比如《说文·辵部》:"迈,远行也。"训释词"远"就是"迈"的词义特征,揭示了"迈"的核心义。又《永部》:"永,长也,象水巠理之长。""永"本义是水流长,故"长"就是"永"的意义特征,也就是其核心义。

　　清代学者对于词的核心义则有更直接的阐发。其中段玉裁的《说文解字注》在这方面成果尤著。例如《说文·比部》:"比,密也。"段注:"今韵平上去入四声皆录此字,要'密'义足以括之。其本义谓相亲密也。余义俌也,及也,次也,校也,例也,类也,频也,择善而从之也,阿党也,皆其所引伸。"段玉裁指出,"密"足以概括"比"的各个义项,也就是"比"的核心义。

　　《说文·目部》:"相,省视也。"段注:"按目接物曰相,故凡彼此交接皆曰相。其交接而扶助者,则为相瞽之相。""相"的本义是视、察看,段玉裁由"目接物"抽象概括出"彼此交接"这一核心义。

　　《广雅·释宫》:"楣,梠也。"王念孙《疏证》:"凡言吕者,皆相连之意。众谓之旅,纮衣谓之紹,脊骨谓之吕,桷端榯联谓之梠,其义一也。"据此可知,"脊骨谓之吕",椎骨的特征是一节节椎骨相连,由"吕"构成的一组同源词具有"相连"这一核心义。如"侣"是同伴、伴侣,指人的相连,即关系密切者。"闾"谓民户聚居处,里巷,是家与家的相连。"紹"是缝纫,是衣服(布)的连缀。"梠"是屋檐椽端的横板,屋檐椽头由横板相连而成,其形状正像脊骨相连比次之状。

　　单音词的诸多含义可以用核心义理论统摄,同源词的诸多含义仍然可以用核心义囊括。那么从汉代以来产生的大量复音词的义项,是否也可以用核心义理论去阐释呢? 笔者的答案是肯定的。兹结合具体实例酌做分析,窥豹一斑。

一、核心义有助于揭示复音词的本义

古今汉语具有一致性和连续性,是应该沟通而且也是可以沟通的。有些词的本义或者说造字义已经湮没了,无法找到确切的信息。但是现代汉语至今仍用的许多义项有助于我们探寻和提取其核心义,从而合理解释义项间的关系,排除错误的释义。

现代汉语有"凌晨"一词,《汉语大词典》的解释是:"迫近天亮的时光;清晨,清早。"例子有北周王褒《入朝守门开》诗:"凤池通复道,严驾早凌晨。"唐徐敞《白露为霜》诗:"入夜飞清景,凌晨积素光。"这个解释是准确的。"凌晨"的结构关系如何? 得义缘由是什么? 这里试从"凌"的核心义入手,分析这个问题。

《汉语大词典》"凌"的义项有十个,除了最后用作姓氏以外,其他几个意义之间的联系是什么? 我们逐一分析《汉语大词典》"凌"的义项和例证。

(1)义是冰。《初学记》卷七引汉应劭《风俗通义》:"积冰曰凌。"凡从两点水"冫"的字多有寒冷义,例略。

(2)义为"侵犯;欺压"。这是迫近、靠近义的抽象引申,指人之间的迫近,而且是施动,即主动的靠近、迫近,带宾语。

《楚辞·九歌·国殇》:"凌余阵兮躐余行,左骖殪兮右刃伤。""凌余阵"就是迫近我的阵地。"凌""躐"对文同义。故王逸注:"凌,犯也。"又注:"躐,践也。"

三国魏嵇康《卜疑》:"上干万乘,下凌将相。""干"也是迫近义,对上的迫近是"冒犯、干犯";对下的迫近就是"欺凌、压迫"。明梁辰鱼《浣纱记·别施》:"则夫差必骄矜而凌诸侯,诸侯必合从而抗吴国。"亦其例。以上是人与人之间的一种关系:上对下的迫近,就是欺凌、压迫。

唐赵璘《因话录》卷二:"先是京城恶少,屠沽商贩,多系名诸军,不遵府县法令,以凌衣冠、夺贫弱为事。""凌衣冠",对官员的威胁是冒犯。《歧路灯》第五十二回:"省会之地,五方杂处,以邪凌正势所必至。"亦其例。这是下对上的迫近,就是冒犯。

(3) 义为"暴虐;凶恶"。《管子·中匡》:"法行而不苛,刑廉而不赦,有司宽而不凌。"谓有司宽缓而不逼迫。"凌"是靠近的抽象义逼迫,而逼迫程度重就是"猛烈"。汉扬雄《法言·吾子》:"震风凌雨,然后知夏屋之为帡幪也;虐政虐世,然后知圣人之为郛郭也。"李轨注:"凌,暴也。""凌雨"就是猛烈的雨,犹言暴雨。这也是一种逼迫。以上是迫近义的形容词用法,即迫近的状态,就是猛烈。

(4) 义为"压倒;胜过"。《北齐书·高昂传》:"昂既免缧绁,被甲横戈,志凌劲敌,乃与其从子长命等推锋径进,所向披靡。""志凌劲敌"就是气势压倒劲敌。"凌"依然是迫近的抽象用法。

唐杜甫《遣兴》诗之五:"吾怜孟浩然,短褐即长夜。赋诗何必多,往往凌鲍谢。"谓孟浩然的诗数量超过鲍照、谢灵运。郭沫若《访武钢》诗:"人定信然凌造化,四方沸地涌高楼。"这是人定胜天的思想,说人一定胜过造物主。

以上是"凌"的施动者(主语)为抽象性的,如逸气、志气或数量等,因而是抽象性的迫近,在……之上,就是超越。

(5) 义为"渡过;逾越"。《战国策·燕策》:"胡与越人言语不相知,志意不相通,同舟而凌波,至其相救助如一也。""凌波"就是在水波之上,在波涛之上,是在上方的迫近。《吕氏春秋·论威》:"虽有江河之险则凌之。"高诱注:"凌,越也。"宋苏轼《赤壁赋》:"纵一苇之所如,凌万顷之茫然。"迫近水面,就是渡过。

(6)义为"乘,驾驭"。《楚辞·九章·悲回风》:"凌大波而流风兮,托彭咸之所居。"洪兴祖补注:"言乘风波而流行也。"这是在水面上,当归入(5)义。《文选·张衡〈思玄赋〉》:"凌惊雷之硫磕兮,弄狂电之淫裔。"旧注:"凌,乘也。"这是冒着雷电的意思。当归入(7)义。

(7)义为"迎;冒"。唐李白《赠韦侍御黄裳》诗之一:"太华生长松,亭亭凌霜雪。"即冒着霜雪。宋王安石《梅花》诗:"墙角数枝梅,凌寒独自开。"谓冒着风寒。这是与风霜雨雪等自然现象的迫近。

(8)义为"升,登上"。《文选·张衡〈东京赋〉》:"然后凌天池,绝飞梁。"薛综注:"凌,升也。"北魏郦道元《水经注·汶水》:"凌高降深,兼惴栗之惧:危蹊断径,过悬度之艰。"这是从下往上的靠近,就是登、升。其后接宾语都是"天池、高、巅、顶"等。

(9)义为"迫近"。例子参见"凌晨""凌晓"。其实"迫近"是其核心义和主要含义。凌晨、凌晓是时间上的迫近。详下。

简言之,"凌"的本字是"夌",是人迈步越过的意思,其核心义是迫近(后用"凌"代替了"夌")。由核心义制约,产生了一系列相关义项:

第一,具体的迫近,包括:

空间上的迫近,即迫近物体表面。(1)迫近地面就是践、踏。(2)迫近水面就是渡过,如凌波。(3)由下向上的迫近实体(如山顶),就是登、上升。(4)迫近高空就是达到、上达,如凌霄、凌空、凌虚、凌云壮志。(5)迫近空中自然现象,就是冒着。如凌寒、凌霜、凌风、凌雪等。(6)迫近的状态,作形容词,就是猛烈,如凌厉。

时间上的迫近,就是到达,如凌晨、凌晓、凌旦。

第二,抽象意义上的迫近,就是泛指的超过,越过。如凌驾、凌越、凌跨、凌迈、凌践。形容迫近的状态就是高,如凌傲、凌嶒。①

　　以物喻人。人与人的迫近,分为两种:上对下的迫近是欺凌、压迫,如盛气凌人;下对上的迫近是冒犯、干犯,如凌上。并列结构复音词有凌虐、凌犯、凌侮、凌辱、凌逼、凌殴、凌暴等。

　　根据核心义"凌晨"谓迫近天亮,②为动宾结构双音词。下面再举同类结构的同义词进一步讨论"凌晨"一词。同义同结构的词很多,如:

　　"迟明"。《史记·卫将军骠骑列传》:"迟明,行二百余里,不得单于。"

　　"迟旦"。《汉书·西南夷两粤朝鲜传》:"迟旦,城中皆降伏波。"

　　"比旦"。《说苑·君道》:"殷太戊时,有桑穀生于庭,昏而生,比旦而拱。"

　　"比明"。《三国志·魏书·臧霸传》:"霸夜追之。比明,行百余里,邀贼前后击之。"

　　"凌晓"。南朝梁刘孝威《帆渡吉阳洲》诗:"江风凌晓急,钲鼓候晨催。"

　　"凌旦"。《齐民要术》卷九十二《煮胶》:"胶盆向满,舁著空静处屋中,仰头令凝。……凌旦,合盆于席上,脱取凝胶。"

　　"侵晨"。《三国志·吴书·吕蒙传》:"侵晨进攻,蒙手执枹鼓,士卒皆腾踊自升,食时破之。"

　　"拂晨"。唐白居易《东南行一百韵寄通州元九侍御》:"承明连夜直,建礼拂晨趋。"

_____

　　①　清阎尔梅《连云栈》诗:"草凉山骁苦嵯峨,千转凌嶒古渡河。"
　　②　"晨"谓天亮;日出时。《诗·小雅·庭燎》:"夜如何其,夜乡晨。"郑玄笺:"晨,明也。上二章闻鸾声尔,今夜乡明,我见其旗,是朝之时也。"

"拂晓"。唐长孙佐辅《关山月》诗:"拂晓朔风悲,蓬惊雁不飞。"

以上"迟、比、侵、拂"都有靠近义,与"凌"在核心义上接近,因而都能够与"明、晓、旦、晨"等组成动宾结构复音词,表示接近天亮或天亮。还有"薄暮""薄夜"等复音词,表示傍晚,结构方式相同,"薄"也是迫近的意思。曹丕《善哉行》:"上山采薇,薄暮苦饥。溪谷多风,霜露沾衣。"是其例。

由此推演,我们还可以解释"黎明"的含义和结构。《汉语大词典》释义:"天将明未明的时候。"这个解释就不妥了。《史记·高祖本纪》:"黎明围宛城三匝。"司马贞索隐:"黎,犹比也,谓比至天明。"①这个解释符合同类时间词的构词规律。可见,从核心义的角度就会清晰地看出词义的取舍和定位,看出词义间的脉络关系。

我们刚才从具体与抽象两个角度分析了"凌"的核心义是"迫近",而且根据"凌"的对象进一步分析了各个义项间的联系。作为"冰凌"义的"凌"与"凌晨"是什么关系?《说文·夂部》:"夌,越也。"段玉裁注:"凡夌越字当作此。今字或作凌,或作淩,而夌废矣。"笔者以为这个说法是有道理的。我们看诸多从"夌"的同源词,似乎都可以纳入"迫近"的意义范畴。淩,或作凌,是水的凝固和迫近,形成冰;"陵"是土石的相互迫近,形成山;"菱角"是植物根茎的聚集形成尖的形状②;"棱"是木头两边紧凑形成的棱角;"绫"是一种薄而细密的丝织品,丝线紧凑而没有缝隙。从现实用例中,可以推导出"迫近"这一核心义,从而阐释"凌晨"的得义缘由和结构关系。

---

① 《史记·卫将军骠骑传》"迟明"索隐:"黎,逮也。"《史记·吕后纪》"犁明孝惠还"集解引徐广:"犁,比也。"《史记·酷吏列传》"之旁郡国黎求"索隐:"黎,比也。"

② 《酉阳杂俎》:"芰,今人但言菱芰,诸解草木书亦不分别,惟王安贫《武陵记》言:四角、三角曰芰,两角曰菱。"是其证。

二、核心义有助于揭示复音词的古今差异

古今词义具有一定的差异性,我们不能依据今天的用法去解释古代词义,核心义研究同样可以帮助我们确切理解词语的时代性。

"摇头"是现代汉语常用词,《大词典》的解释是:"表示否定,不以为然。"这个解释是不全面的。《史记·滑稽列传》:"优孟摇头而歌,负薪者以封……岂不亦伟哉!"《梁诗》卷十二王僧孺《白马篇》:"千里生冀北,玉鞘黄金勒。散蹄去无已,摇头意相得。"从上下文可以看出,两例"摇头"显然是得意洋洋的样子,不表示否定或不以为然。唐白居易《醉中得上都亲友书咏而报之》:"没齿甘蔬食,摇头谢缙绅。""摇头感谢",怎么能够"不以为然"? 敦煌本《佛说父母恩重经》:"其儿遥见我来,或在兰车,摇头弄脑,或复曳腹随行,呜呼向母。""摇头弄脑"就是"晃着脑袋"的意思。宋王明清《挥麈馀话》卷二:"相得端明似虎形,摇头摆脑得人憎。"《五灯会元·夹山会禅师法嗣·洛浦元安禅师》:"师后辞济……济明日升堂曰:'临济门下有个赤梢鲤鱼,摇头摆尾,向南方去,不知向谁家齑瓮里淹杀。'"元孙仲章《勘头巾》第一折:"若是闲人呵,无过是摇头摆尾弄精神。"以上诸例"摇头"是晃头的意思,可以左右晃,也可以上下动,也就是抬头、仰头的意思。

现代汉语还有"摇头晃脑""摇头摆尾",其中"摇头"均不表示否定义。只是到了近、现代汉语中,"摇头"单用就固定表示否定的意思了。《儿女英雄传》第二回:"太太听了只是摇头,老爷也似乎不以为可。"鲁迅《集外集拾遗补编·名字》:"倘给别人知道,一定要摇头

的。”是其例。

考《说文·手部》：“掉，摇也。”“摇，动也。”段玉裁注：“掉者，摇之过也。摇者，掉之不及也。”“摇”的核心义是“动”，晃动。故“动摇”连言。由核心义“动”制约，可以表示以下义项：

第一，横向的四周晃动称“摇”。《古诗十九首·回车驾言迈》：“四顾何茫茫，东风摇百草。”谓百草晃动。晋傅玄《墙上难为趋》诗：“吐言若覆水，摇舌不可追。”《抱朴子内篇·杂应》：“清晨建齿三百过者，永不摇动。”亦其例。

第二，纵向的由下向上的运动称“摇”。汉班固《西都赋》：“遂乃风举云摇，浮游溥览。”此例“举”与“摇”对文同义，都是举起、高起之义。《汉书·礼乐志》：“天马徕，执徐时，将摇举，谁与期。”颜师古注：“言当奋摇高举，不可与期也。”“摇举”连言，谓腾升高举。南朝梁江淹《恨赋》：“摇风忽起，白日西匿。”“摇风”就是高高扬起的暴风。

古书中有“摇足”一词，犹言举足，迈步。《史记·萧相国世家》：“且陛下距楚数岁，陈豨、黥布反，陛下自将而往，当是时，相国守关中，摇足则关以西非陛下有也。”汉赵壹《穷鸟赋》：“思飞不得，欲鸣不可，举头畏触，摇足恐堕。”《梁书·忠壮世子萧方等传》：“吾之进退，恒存掌握，举手惧触，摇足恐堕。”此例以“举手”与“摇足”对应，“摇”即“举”也。

与“摇足”相关的有“步摇”。古代妇女附在簪钗上的一种首饰，取一步一摇义。《释名·释首饰》：“步摇上有垂珠，步则摇动也。”晋傅玄《艳歌行有女篇》：“头安金步摇，耳系明月珰。珠环约素腕，翠羽垂鲜光。”

第三，人眼、唇等的动——开合——称“摇”。慧琳《一切经音义》卷二十二“不瞬”条：“瞬，舒闰反。《说文》曰：‘瞬谓目开闭数摇也。’

字正体作瞋,今并随俗作瞬也。""数摇"就是数动,即频繁眨眼。《庄子·盗跖》:"摇唇鼓舌,擅生是非,以迷天下之主。"《魏书·萧衍传》:"曲体胁肩,摇唇鼓舌,候当朝之顾指,邀在位之余论。"

第四,各种晃动都可以称"摇"。我们看与"摇"结合的复音词:汉班固《东都赋》:"日月为之夺明,丘陵为之摇震。""摇震"是山川的震动、晃动。汉司马相如《上林赋》:"泛淫泛滥,随风澹淡,与波摇荡,奄薄水渚。""摇荡"是水波的动荡。汉贾谊《新书·容经》:"臂不摇掉,肩不下上。""摇掉"状臂膀摆动,可以上下,也可以左右。唐李白《古风》之四十二:"摇裔双白鸥,鸣飞沧江流。"王琦注:"摇裔犹摇荡也。""摇裔"状鸟上下翻飞貌。

第五,抽象的动表示人心起伏。一是人心动荡不安。《史记·郦生陆贾列传》:"楚汉久相持不决,百姓骚动,海内摇荡。"北周庾信《哀江南赋》:"天下之事没焉,诸侯之心摇矣。"二是人心激动,受到鼓舞。《庄子·天地》:"大圣之治天下也,摇荡民心使之成教易俗。"南朝梁钟嵘《诗品·总论》:"气之动物,物之感人,故摇荡性情,形诸舞咏。"

《汉语大词典》引《史记》和白居易例释为"表示否定,不以为然",是以今义作解了。黄侃先生的训诂学有"独立之训诂与隶属之训诂""说字之训诂与解经之训诂不同"①等论述,就是针对我们不解古注,依样画葫芦的现象说的。古今习惯、风俗可能都会有差异,同样是"摇头",可以是摇头晃脑得意洋洋;也可以是不以为然完全否定,这就是古今的差异,需要仔细分辨。

---

① 参见黄焯《训诂学笔记》、潘重规《训诂述略》所记载。

三、核心义有助于分析复音词的构词理据

汉语复音词的组合很有规律,动宾、主谓结构可以根据语义关系,而并列结构往往是因为其核心义的相关性而结合到一起。

"习惯"是现代汉语常见双音词,指惯常不变的行为,其构词理据是什么? 考"习"本义是小鸟练习飞翔,《礼记·月令》:"(季夏之月)鹰乃学习。"陈澔集说:"学习,雏学数飞也。"《说文·习部》:"习,数飞也。"反复的飞就是"习",其核心义就是其动作特征——"反复(数)"。"学而时习之"是读书的反复,"习以为常"是行为反复在心理上的熟悉和认可。

"惯"是什么意思呢? 我们从"贯"的本义说起。中国的古钱是外圆而内有方孔,用绳子串起来,便于携带,这绳子串着钱便称贯,一千个钱的一串称为一贯。《史记·平准书》:"京师之钱累巨万,贯朽而不可校。"用的正是"贯"的本义。《史记·货殖列传》:"佗果菜千钟,子贷金钱千贯。"这里"贯"已经是名量词了。"贯"本来是把钱串起来,其核心义就是贯穿、穿通。故《释名·释言语》:"通,洞也,无所不贯洞也。"揭示的正是其核心义。《文选·潘安仁〈西征赋〉》:"贯三光而洞九泉,曾未足以喻其高下也。""贯"和"洞"同义。因而一切贯通的事物都称为"贯"。由核心义制约,"贯"有以下义项:

一是动作或事件的贯通、接续,有贯通、贯彻、连贯、鱼贯而入等。《战国策·楚策四》:"祸与福相贯,生与亡为邻,不偏于死,不偏于生,不足以载大名。"此以"贯"与"邻"对文同义,谓接续、连贯。

二是空间(地点)上的贯通:祖辈、父辈一直居住的地方,就是自己的籍贯,谓户籍连贯。

　　三是观念上的贯通,有"一贯"。孔子说:"吾道一以贯之。"正是其义。

　　四是时间(频率)上的贯通。也就是行为上的反复,形成了心理上的认可,就是习惯,《尔雅·释诂上》:"闲、狎、串、贯,习也。"《孟子·滕文公下》:"我不贯与小人乘,请辞。"这个"贯"是本字,后来加上竖心旁"忄"以示区别。因而有惯例、惯犯、惯常。反复溺爱的行为,就是娇惯。

　　"习惯"又可作"惯习"。唐孟浩然《送张祥之房陵》:"我家南渡头,惯习野人舟。"宋孟元老《东京梦华录·正月》:"向晚,贵家妇女纵赏关赌,入场观看,入市店饮宴,惯习成风。"这种两种语素形式并存且同义的现象,可以从一个方面证明"习惯"属于同义并列结构。

　　"习"的本义是鸟飞,"贯"的本义是串钱,二者根本不同义,但是其动作特征抽象出来的核心义具有共同的属性:反复、连贯。"习"是反复地飞,"贯"是反复地串联。正是这一核心义支撑着双音词"习惯""惯习"的词语组合。也就是说,同义并列式复音词所同的"义"不仅仅是语义,更是核心义。

　　简言之,组成同义并列复音词的前提条件并非在于两个语素本义或词义的相同、相近,而是二者的核心义相关联。换句话说,是核心义的共性决定了并列式复音词两个语素之间的相互选择和结合。

参考文献

王云路,2006,《论汉语词汇的核心义——兼谈词典编纂的义项统系方法》,何大安等(编)《山高水长:丁邦新先生七秩寿庆论文集》(《语言暨语言学》专刊外编之六),台北:"中研院"语言学研究所。

王云路、王诚,2014,《汉语词汇核心义研究》,北京:北京大学出版社。

再论核心义在复音词研究中的价值*

王云路　王　诚　王　健

　　复音词研究,大体来说,可以从结构和语义两个方面开展。以往汉语学界受西方结构主义的影响,侧重于用句法手段来分析复音词的结构,在一定程度上将构词法等同于造句法,这种单一的研究视角存在较大的局限,无法揭示复音词构词的深层规律,导致构词研究相对贫乏。20世纪80年代以后,学者们对复合词内部的语义关系有所关注,并尝试从语义角度入手研究构词法,在此基础上,进一步明确了汉语复合词在结构形式上的非句法性质①。笔者认为,汉语复音词研究应该从中国语言学自己的方法中寻求进一步发展的途径,继承训诂学的传统,充分利用训诂材料,形式与意义并重,且以意义为主。核心义具有统摄词义的作用,可以解释词义发展演变的制约机制和词语内部意义之间的深层联系。我们已经通过具体实例,从揭示复音词的本义、探讨复音词的古今差异和分析复音词的构词理据三个方面,初步阐述了核心义在复音词研究中的价值(参见王云路,2017),本文以"周旋""舒颜""相

---

　　* 原文载于《汉字汉语研究》2019年第3期。
　　① 刘叔新(1990)认为:"复合词结构无论其词素的顺序形式还是意义关系,都无句法性质,也非词法现象,而只是词汇性的。"王宁(2008)主张:"采用训诂学分析语义和语义关系的方法来讨论双音合成词语义结构模式的问题。"李运富(2010)指出:"研究复合词的构造应该以意义为中心。如果仅从语法上分析会有很大困难,因为构词法并不等于造句法。"

得"等为例,从鉴别词语的假借义、准确阐释词语含义和揭示义项间的联系三个方面,进一步论述核心义在复音词研究中的作用。

一、核心义有助于鉴别词语的假借义

《敦煌变文集·丑女缘起》:"毁谤阿罗叹(汉)果业,致令人貌不周旋。"蒋礼鸿(1981:71)指出:"'周旋'是修饰的意思,变文的'周旋',则就修饰的结果而言,所以又有漂亮义。"据此,《汉语大词典》所列"周旋"的义项中有一条是"美好,漂亮"。该条仅有一个例子,缺少其他书证,有必要做进一步的探讨。我们试从核心义的角度分析。

从语素关系看,"周""旋"同义。《说文·㫃部》:"旋,周旋,旌旗之指麾也。"段注:"《左传》曰:'师之耳目,在吾旗鼓,进退从之。'《手部》麾下曰:'旌旗所以指麾者也。'旗有所乡,必运转其杠,是曰周旋,引伸为凡转运之称。""周"有"周匝、环绕"义。本字为"圁",《说文·勹部》:"圁,帀遍也。"段注:"凡圜周、方周、周而复始,其字当作'圁',谓其极而复也。"《国语·晋语五》:"三周华不注之山。"韦昭注:"周,匝也。"《楚辞·九歌·湘君》:"鸟次兮屋上,水周兮堂下。"王逸注:"周,旋也。"《后汉书·班彪传上》:"周以钩陈之位。"李贤注:"周,环也。"故"周旋"为同义并列结构。

"周旋"连言,指环绕、运转,其核心义就是循环、反复。《淮南子·览冥》:"左右若鞭,周旋若环。"《汉书·律历志上》:"圜而环之,令之肉倍好者,周旋无端,终而复始,无穷已也。"是其证。下面看"周旋"一词的诸含义。

其一,具体的回旋运动。《左传·僖公十五年》:"乱气狡愤,阴血周作,张脉偾兴,外强中干,进退不可,周旋不能。""进退"是直线的运动,"周旋"是回环的运动。《定公十五年》:"夫礼,死生存亡之体也,将左右、周旋,进退、俯仰,于是乎取之。"这里分别说明动作的不同方向,包括前后(即进退)、左右、上下(即俯仰),都是直线运动,而"周旋"则是周曲回旋,是曲线运动。

互相追逐也是一种往复回环。《左传·僖公二十三年》:"若不获命,其左执鞭、弭,右属櫜、鞬,以与君周旋。"杜预注:"周旋,相追逐也。"也就是你追我、我追你,循环往复,故《汉语大词典》释为"辗转相追逐"。

徘徊也是一种往复的运动。晋夏侯湛《东方朔画赞》:"民思其轨,祠宇斯立。徘徊寺寝,遗像在图。周旋祠宇,庭序荒芜。榱栋倾落,草莱弗除。""周旋"和"徘徊"相类,都是往返回旋、来回走动的意思。

空中的环绕、盘曲也称"周旋"。《列子·汤问》:"其山高下周旋三万里,其顶平处九千里。""高下周旋"是说自上而下盘绕。

其二,特指古代行礼时周曲回旋的动作。《左传·襄公三十一年》:"故君子在位可畏,施舍可爱,进退可度,周旋可则,……谓之有威仪也。"又《文公十八年》:"先大夫臧文仲教行父事君之礼,行父奉以周旋,弗敢失队。"这里"周旋"指行礼时周曲回旋的动作。《礼记·乐记》:"升降上下,周还裼袭,礼之文也。"陆德明《释文》:"还,音旋。"孔颖达疏:"周还,谓行礼周曲回旋也。"《孟子·尽心下》:"动容周旋中礼者,盛德之至也。"《左传·昭公二十五年》:"简子问揖让、周旋之礼焉。""周旋"和"揖让"连言,也指行礼的动作①。

---

① 《汉语大词典》解释为"古代行礼时进退揖让的动作",似乎不太准确。在上引的例子中,"周旋"与"进退""揖让"并列。《礼记·玉藻》:"周还中规,折还中矩,进则揖之,退则扬之。"郑玄注"周还中规"云:"反行也,宜圜。"注"折还中矩"云:"曲行也,宜方。"可知"周旋"不是"方"而"中矩"的直线运动。至少在这些用例中,"周旋"应该不包括"进退""揖让",而是专指周曲回旋的动作。

　　其三,比喻思绪萦绕,因为这是一种抽象的往复运动。旧题宋苏轼《渔樵闲话录》下篇:"周旋宛转,思之不得。""周旋"和"宛转"相类,都有回旋、盘曲之义,这里形容思绪萦绕。

　　其四,"周旋"指环绕在某人身边,可以是照顾,也可以是交往。《楚辞·远游》:"雌蜺便娟以增挠兮。"王逸注:"神女周旋,侍左右也。"可以为证①。《左传·成公十六年》:"上下和睦,周旋不逆,求无不具,各知其极。"这里"周旋"指交往、相处,即你来我往,循环往复,相较具体动作来说,已经有所概括、抽象。交往与照顾本不易区分。《三国志·魏书·臧洪传》:"每登城勒兵,望主人之旗鼓,感故友之周旋。"是其例。

　　宋李之仪《姑溪居士集》前集卷二十六:"前日承见顾,稍此阻阔,遂获周旋,感激不能,无所慰也。"此例泛指"照顾"。元代文献中此义更为多见,如陈旅《安雅堂集》卷一《孝友堂辞》:"新堂兮言言,夙奉母兮周旋。"《故陈夫人张氏墓志铭》:"先君子暮年得痹疾,躬治药饵,周旋奉持,经岁忘其劳。"这两例都是说照顾父母,亦即陪侍在父母身边。

　　其五,指用财物等照顾他人,相当于周济、接济。宋沈焕《定川遗书》卷一《承奉郎孙君行状》:"然犹损衣辍食,以周旋姻亲之急,不事请谒,不营锥刀,忍穷如铁石,非其义,馈之不受。"明冯梦龙编《古今小说·裴晋公义还原配》:"当朝裴晋公每怀恻隐,极肯周旋落难之人。"

　　以上"周旋"的诸义均与其核心义"循环、反复"相关,而"美好、漂亮"义与"循环、反复"缺乏关联,可以推断,"周旋"应无此义,当排除这个义项。

　　那么《敦煌变文集》"人貌不周旋"该如何解释? 黄征、张涌泉

---

① 当然,这里"周旋"主要还是指环绕,"侍"才是照顾。

(1997:1127,726)认为,"'周旋'犹'周全',文中指容貌端正、福相完备
而言","'周旋'本为运转、环绕之义,引申之则有完备、周全义"。黄、
张前说大致可从,但还需做点修正;后说则缺乏文献证据,"周旋"并无
"周全、完备"义。"周全"一词,敦煌变文中未见。变文中较为多见的
是"周圆",而且"周旋"与"周圆"见于相类似的语境,如《八相变文》:
"三大僧祇愿力坚,六波罗蜜行周旋。"《破魔变文》:"三代(大)僧祇愿
力坚,六波罗蜜行周圆。"说明二者含义相近。"周圆"在变文中有相貌
美好的意思,如《佛说阿弥陀经讲经文》:"证取如来金色身,三十二相
悉周圆。"《维摩诘经讲经文》:"威仪满足尽钦逢,福相周圆咸恋暮
(慕)。"《父母恩重经讲经文》:"若欲得来生生相周圆,有财多福,有衣
有食,须于今生,行其孝养云云。"因此,《丑女缘起》的"周旋"本来应作
"周圆",盖音近而假借。

二、核心义有助于准确阐释词语含义

三国魏曹植《妾薄命》诗之二:"腕弱不胜珠环,坐者叹惜舒颜。"黄
节注:"舒颜犹解颜也。"《汉语大词典》引此例解释"舒颜"为"欢悦
貌",这个解释属于随文释义,而且"某某貌"一般用于解释状貌形容
词,"舒颜"显然不是。我们从"舒"的核心义出发,可以更准确地阐释
"舒颜"的结构和含义。

"舒"的本义是伸展、展开。《说文·予部》:"舒,伸也。一曰:舒,
缓也。"伸展和迟缓二义相因。我们把"舒"的核心义概括为"缓慢地伸
展",伸展是其动作,缓慢是其状态。并列式复音词"舒×"也主要表示
这两类含义。

如"舒布",《汉书·李寻传》:"翼张舒布,烛临四海。"颜师古注引

张晏曰:"舒布,张广也。"又如"舒启",《素问·气交变大论》:"其化生荣,其政舒启。"又如"舒张",北魏贾思勰《齐民要术·杂说》:"杼出,著盆中,寻绎舒张。"又如"舒达",唐顾况《十月之郊》诗:"十月之郊,群木肇生。阳潜地中,舒达勾萌。"以上是同义并列结构,"舒"主要表示伸展、展开。也有反义并列,如"舒卷",表示舒展和卷缩。南朝齐王融《巫山高》诗:"烟霞乍舒卷,猿鸟时断续。"

"舒×"也可以表示伸展状态的迟缓、安详。如"舒安",《淮南子·原道》:"柔弱以静,舒安以定。"高诱注:"舒,详也。"又如"舒详",汉蔡邕《议郎胡公夫人哀赞》:"舒详闲雅,仪节孔备。"又如"舒适",《齐民要术·养牛马驴骡》:"非直饮食遂性,舒适自在。"又如"舒徐",唐杜牧《张好好诗》:"绛唇渐轻巧,云步转舒徐。"动作的缓慢与状态的安详往往不能分开,因此"舒×"这类双音词通常包含动作和状态两方面的特点。上引"舒安"等例均属此类,既表示举止的从容不迫,也可以表示状态的舒服安逸。再看几例:

如"舒迟",形容状态就是从容不迫。《礼记·玉藻》:"君子之容舒迟。"孔颖达疏:"舒迟,闲雅也。"形容动作就是迟慢。《汉书·朱博传》:"门下掾赣遂耆老大儒,教授数百人,拜起舒迟。"

如"舒缓",形容状态就是从容缓和。《汉书·五行志下》:"刘向以为,胀者疾也,君舒缓则臣骄慢,故日行迟而月行疾也。"形容动作就是迟慢。《北齐书·崔赡传》:"吏部尚书尉瑾性褊急,以赡举指舒缓,曹务繁剧。……遂免归。"

如"舒展",表示动作伸展、展开。《齐民要术·养牛马驴骡》:"十日一放,令其陆梁舒展,令马硬实也。"也可以表示心情放松自然。金王喆《声声慢》词:"自在逍遥做就,唯舒展,红霞光彩敷披。"

如"舒放",三国魏嵇康《琴赋》:"情舒放而远览,接轩辕之遗音。"

"情舒放"谓心情畅快。《魏书·李栗传》："栗性简慢，……每在太祖前舒放倨傲，不自祗肃，咳唾任情。"此例言举止傲慢不恭。《宋史·文苑传四·苏舜钦》："不设机关以待人，心安闲而体舒放。""体舒放"谓身体舒坦。

叠音词有"舒舒"，形容水流缓慢貌。唐韩愈《此日足可惜一首赠张籍》诗："淮之水舒舒，楚山直丛丛。"也可以是行动迟缓貌。唐元结《说楚何惑王赋中》："舒舒曳曳，若多醇酎而不知所制。"表示状态可以是安适貌。唐孟郊《靖安寄居》诗："役生皆促促，心竟谁舒舒。"

明确了"舒"的核心义，可知"舒颜"是支配式结构。东汉班固《答宾戏》："主人逌尔而笑。"李善注引项岱曰："逌，宽舒颜色之貌。""宽舒颜色"就是舒展颜面，就是"舒颜"。"舒颜"在唐代佛教文献中较为常见，如"舒颜引接"（《续高僧传》）、"舒颜解颐而笑"（《佛道论衡》）等。这里"舒颜"表示舒展颜面，可以是欢愉，也可以是放松、安详。但下面两例则明显不是"欢悦"，《续高僧传》卷二十七："复有引肠树表条肉林中，舒颜而临白刃，含笑而受轻辱，并如本纪，又可嘉哉。"《四分律行事钞》卷下之三："若见众生当即慰问，舒颜先语，平视和色。"前例"舒颜而临白刃"表示临危不惧，犹言"坦然"，后例"舒颜先语，平视和色"，承接上文"当即慰问"，表示安慰问候，从情绪上来讲都不是欢悦，更强调神色安详从容。

再从对文来看，如《瑜伽师地论》卷二十五："远离颦蹙，舒颜平视。""舒颜"与"颦蹙"相对。宋李彭《泛舟》："繁花已舒颜，晴哢复缓颊。"明孙蕡《西庵集》卷九有"放意舒颜"。此外，清谢星焕《得心集医案》："间尝观夫子临症，始或蹙额，继乃舒颜，其慎重为何如也。"此例"蹙额"强调神色紧张，"舒颜"强调神色放松。

到了宋代，文献中单用"舒"也可以形容人神态、心情的舒展。如

"意稍舒豁"（宋刘克庄《王南卿集序》）、"稍舒慈念"（宋王安石《慰太皇太后表》）、"人心稍舒"（宋汪藻《靖康要录》）等，"舒"都是用来形容人心情的舒缓，由差变好，而不单单是欢愉。

神色与人的心情密切相关。"敛容"，即正容，端庄之色。战国楚宋玉《神女赋》就有"整衣服，敛容颜"之语，还有"正冠而敛容"（《北齐书·王昕传》）、"敛容肃坐"（《颜氏家训·风操》）都可见其正容端庄之义。又有"宽容"，也可以表示神色从容。《三国志·魏书·崔琰传》裴注引张璠《汉纪》："太祖外虽宽容，而内不能平。"此处"宽"亦作舒缓解，《玉篇·宀部》："宽，缓也。"

"颜"与"容"义近。《广韵·删韵》："颜，颜容。"有复音词"×颜"，如"柔颜"，表示面色和悦。南朝宋谢灵运《长歌行》："朽貌改鲜色，悴容变柔颜。"又如"开颜"，表示高兴。《文选·谢灵运〈酬从弟惠连〉》："末路值令弟，开颜披心胸。""舒颜"与之同义。

眉眼常常可以突出表达人的感情，如成语"攒眉蹙额"表示愁闷，"扬眉吐气""眉开眼笑"表示得意快活，"怒目攒眉""怒目睁眉""怒目横眉"表示凶恶气愤；动宾式双音词"蹙眉""蹩眉""颦眉""结眉""皱眉""锁眉""促眉""敛眉"指眉头紧皱，表达忧愁烦闷之情；而"开眉""伸眉""张眉""放眉""舒眉"表示眉目舒张，包含愉悦、兴奋、得意、解脱愁苦等多种感情，"舒颜"与之类似。

还有"舒心""舒怀"等，"舒"都是舒展、展开之义。《汉语大词典》中，"舒心""舒眉"分别解释为"舒展心情""展开眉头"，甚确；而"舒怀"释为"开怀；心情舒畅"，其实"开怀"即是"舒展胸怀"。由此观之，《汉语大词典》将"舒颜"解释为"欢悦貌"，不能呈现其内部结构，从核心义的角度加以分析，则能更准确地阐释其含义。

三、核心义有助于揭示义项间的联系

《汉语大词典》"相得"条列有四个义项:(1)相配,相称;(2)彼此投合;(3)互相联络;(4)会合。这四个义项是什么关系? 我们用核心义理论解释这个问题。

首先,文献用例与注家的解释有助于我们提取"得"的核心义。《易·革·彖传》:"二女同居,其志不相得,曰革。"王弼注:"凡不合然后乃变生,变之所生,生于不合者也,故取不合之象以为革也。"用"不合"释"不相得"。《左传·哀公二十四年》:"闰月,公如越,得太子适郢。"杜注:"得,相亲悦也。"杜预解释"得"是情感相合的意思,故《韵会》:"与人契合曰相得。"《周礼·考工记·轮人》:"直以指牙,牙得则无槷而固,不得则有槷必足见也。"郑注:"得,谓倨句凿内相应也。"郑玄谓物件凹凸部分的吻合为"得"。《荀子·议兵》:"三军既定,百官得序。"王先谦《集解》:"得序,各当其任。"以官员与官职相称为"得序"。可见,"得"用于诸多方面,都是"相合""一致"的意思。因而,我们推定"得"的核心义是"合"。

再看其他文献例证。《战国策·燕策二》:"比目之鱼,不相得则不能行,故古之人称之,以其合两而如一也。"这是说两条鱼合在一起才能前行。《淮南子·齐俗》:"故天之圆也,不得规;地之方也,不得矩。"《文子》"得"作"中","得"和"中"在这里都是符合的意思。上述例子中"得"的各个含义可以由"合"这个核心义来统摄,具体说就是两者的契合或双方的相应(参见陈兴伟,1991)。

其次,讨论"相得"的诸义项。其一,事物间相配、相称是"合"。

《易·系辞上》:"天数五,地数五,五位相得,而各有合。"韩康伯注:"天地之数各五,五数相配,以合成金、木、水、火、土。"这是"天数"与"地数"相配合。《礼记·王制》:"地邑民居,必参相得也。"郑玄注:"得,犹足也。"孙希旦集解:"地也,邑也,民居也,三者大小众寡必将相称。"就是说三者要配合得当①。其二,人与人之间彼此投合是"合"。《史记·魏其武安侯列传》:"相得欢甚,无厌,恨相知晚也。"这是说两人的志趣、习性相投合。其三,物与物会合也是"合"。《水经注·清漳水》:"清漳又东南,与轇水相得。"这是说两条水相汇合。《汉语大词典》所列第三个义项"互相联络"属于随文释义,不够确切。《墨子·备梯》:"以白衣为服,以号相得,若此,则云梯之攻败矣。"这是指接头暗号,口令相互合得上,就可以传递消息,也是一种吻合。由此看来,这些不同义项的区别,就在于核心义搭配对象的不同,"相得"用于物,就是相配与会合,用于人,就是投合一致,其本质都是"相合"。

再次,从反义词入手,"相得"的反义是"不得",就是两者不相合或两方不相应,"相得无间"指彼此投合,没有隔阂,"不得"就是不投合、有隔膜。《孟子·万章上》:"仕则慕君,不得于君则热中。"又《离娄上》:"不得乎亲,不可以为人;不顺乎亲,不可以为子。"焦循《正义》把"不得"解释为"失意"是妥当的,换言之,"不得于君""不得乎亲"就是不合于君、亲之意。又《离娄上》:"爱人不亲,反其仁;治人不治,反其智;礼人不答,反其敬。行有不得者,皆反求诸己。其身正而天下归之。"所谓"行有不得"具体指"爱人不亲""治人不治""礼人不答",也就是说自己的行为没有得到对方契合的回应。《管子·轻重丁》:"寡人之德子无所宠,若此而不受,寡人不得于心。"这里"不得于心"谓不

---

① 郑玄谓"犹足"的意思是说,地、邑的大小要足够民众居住,这其实是文意训释。

安于心,心意得不到满足,换言之,就是实际情况与心里希望的不相符①。《列子·汤问》:"文所存者不在弦,所志者不在声。内不得于心,外不应于器,故不敢发手而动弦。""得"与"应"相对,是说在内与心不能相应,在外与琴不能相应。

最后,从字形和相关词语进一步讨论。为什么"得"的核心义是"合"? 考《说文·彳部》:"得,行有所得也。"《见部》:"寻,取也。"行取而获得,就是行动达到了目的,质言之,即行为与心理预期相合。语素"得"在复音词中的常用义是得到、获得,这是用其本义;对于一部分不能用"得到""获得"来解释的,从"得"的核心义出发,就比较容易理解语素义和词义。如:

"得性",《汉语大词典》释为"合其情性"②。南朝宋谢灵运《道路忆山中》诗:"得性非外求,自已为谁纂?"沈约《齐故安陆昭王碑文》:"草木不夭,昆虫得性。"《汉语大词典》的解释是有道理的。

"得意",《汉语大词典》的解释:其一,领会旨趣。《庄子·外物》:"言者所以在意,得意而忘言。"这里的"得"可以简单理解为得到,不过"意"是抽象的思想,所以"得"又可释为领会,也就是与思想相感应。其二,犹得志,谓与愿望相合。《管子·小匡》:"在楚,则楚得意于天下;在晋,则晋得意于天下;在狄,则狄得意于天下。"其三,称心,满意。今亦指骄傲自满,沾沾自喜。汉刘向《列女传·黎庄夫人》:"既往而不同欲,所务者异,未尝得见,甚不得意。"③这里的"得"都是实现、满足的意思,换言之即实际情况与心理预期相符合,前者是志向得以实现,后

---

① "得心"犹遂心,如《易林·随之萃》:"得心欢欣,和悦相乐。"

② 《诗·小雅·鱼藻》"鱼在在藻",毛传:"鱼以依蒲藻为得其性。"

③ 《汉语大词典》引《新唐书·柳公权传》:"尝书京兆西明寺《金刚经》,有钟、王、欧、虞、褚、陆诸家法,自为得意。"此例"得意"似应为得诸家笔意的意思。

者是心意得到满足①。

"得度",谓合乎法度。《战国策·魏策二》:"臣闻之,王者得度,而霸者知计。今王所以告臣者,疏于度而远于计。"汉王褒《四子讲德论》:"君子动作有应,从容得度。"

"得极",即得中,得其宜。《史记·周本纪》:"夫王人者,将导利而布之上下者也。使神人百物无不得极,犹日怵惕惧怨之来也。"裴骃《集解》引韦昭曰:"极,中也。""极"本义指房屋中栋、正梁,其特点是居中至高,故有中义。得中,就是合乎中、合其宜。

"得正",谓得正道。《礼记·檀弓上》:"吾何求哉?吾得正而毙焉,斯已矣。"孔疏:"吾今更何求焉,唯求正道易换其箦而即仆焉。"其实就是合乎正道,符合礼的要求。

"得道",符合道义。《管子·法法》:"然则国何可无道,人何可无求。得道而导之,求贤而使之,将有所大期于兴利除害。"《东观汉记·冯衍传》:"得道之兵,鼓不振尘。"

"得体",原指仪容、服饰、举止等与身份相称。《礼记·仲尼燕居》:"官得其体。"孔颖达疏:"体谓容体,谓设官分职,各得其尊卑之体。"后以言行得当、恰如其分为"得体"。

"得趣",谓合乎礼之旨意。《文选·张衡〈东京赋〉》:"规遵王度,动中得趣。"薛综注:"趣,意也。……举动合礼之意也。""趣"指旨意、旨趣,此谓礼之旨趣②。

"得气",谓适合节气、时令。汉班固《答宾戏》:"得气者蕃滋,失时者零落。"汉晁错《募民实塞疏》:"欲立威者,始于折胶,来而不能困,使

---

① 《汉语大词典》第四个义项"指及第"。唐赵氏《闻夫杜羔登第》诗:"良人得意正年少,今夜醉眠何处楼。"这其实是表得志的"得意"在具体语境中的文意训释。

② 徐灏《说文解字注笺》云:"趣者,趋向之义,故引申为归趣、旨趣之称。"

得气去,后未易服也。"

"得时",顺应天时;适合时令。晋陶潜《归去来兮辞》:"善万物之得时,感吾生之行休。"

结　语

近几十年复音词训释的成果层出不穷,特别是在中古、近代汉语领域,取得了远超前人的成绩。同时,还涌现了不少断代词语通释、专书语言词典、断代语言词典、专类语言词典等,汇集了复音词词义考释的成果,其中较为全面反映复音词词义考释成绩、集古今汉语词语之大成的是《汉语大词典》。由于时代的局限和条件的限制,《汉语大词典》还存在不少问题,极少对词语义项之间的关联做出说明,一些词语或义项的解释需要探讨和辨正。这些缺憾中的相当一部分问题有赖于核心义分析来解决。核心义像一个无形的磁场,能把与之相关的意义吸附、统摄在一起,不在这个语义磁场范围之内的意义,就需要考虑是不是假借义,或者是随文生意造成的误释;一个词的多个义项往往存在关联,核心义可以帮助我们揭示义项之间的联系。总之,核心义在复音词的意义研究中起着枢纽和关键的作用,对于辞书编撰颇具实用价值。

参考文献

陈兴伟,1991,《辨〈孟子〉"不得于言"句——兼释得、中、当、称》,《浙江师大学报》第 2 期。

汉语大词典编辑委员会、汉语大词典编纂处(编纂),2001,《汉语大词典(第 2

版)》,上海:汉语大词典出版社。

黄征、张涌泉(校注),1997,《敦煌变文校注》,北京:中华书局。

蒋礼鸿,1981,《敦煌变文字义通释》(增订本),上海:上海古籍出版社。

李运富,2010,《论汉语复合词意义的生成方式》,北京师范大学文学院(编)
　　《励耘学刊(语言卷)》第2辑,北京:学苑出版社。

刘叔新,1990,《复合词结构的词汇属性——兼论语法学、词汇学同构词法的
　　关系》,《中国语文》第4期。

王宁,2008,《当代理论训诂学与汉语双音合成词的构词研究》,沈阳、冯胜利
　　(主编)《当代语言学理论和汉语研究》,北京:商务印书馆。

王云路,2017,《论核心义在复音词研究中的价值》,《浙江社会科学》第7期。

王云路、王诚,2014,《汉语词汇核心义研究》,北京:北京大学出版社。

试论并列式复音词语素结合的深层原因[*]

——以核心义为研究视角

王　诚　王云路

根据汉语构词法和句法基本一致的原则，汉语复音词的研究通常以句法结构为分析框架，而对语义在构词中的作用则有所忽略。用单一的语法结构分析复音词存在一定的局限，无法解释构词语素结合的原因、语素组合成词之后意义的演变等具体问题，也就难以深入发掘其中所蕴含的规律。我们主张复音词的研究应该充分利用训诂学的材料和方法，更多地关注构词中的语义因素。核心义源自本义，是贯穿和统摄多义词的大多数义项的抽象意义。核心义分析不仅在单音词研究中具有提纲挈领、以简驭繁的作用，而且在复音词研究中也有重要价值（王云路，2017）。本文主要从核心义的视角出发，探讨并列式复音词语素结合的深层原因及相关构词问题。

并列复合是中古时期最能产的构词方式之一。并列式复音词在战国后期已占优势，东汉以后更是大幅增长，魏晋南北朝至唐代，并列式占比达一半左右（肖晓晖，2010：67—68）。相较其他类型的复合，并列复合主要源于单音词的意义关联，因此，同义、近义的并列复合与其说是语法的，不如说是语义的合成方式（刘承慧，2003）。并列式复音词

　　＊　原文载于《浙江大学学报(人文社会科学版)》2020 年第 1 期。

构词语素的意义存在相同、相近、相关以及相反等关系。通常认为意义相同、相近或相关的两个语素容易组合成词，双音化既是为了表意更加细致、精确，也是加强韵律、优化节奏的需要。不过，以往研究很少从深层语义的角度讨论并列式复音词语素的结合，我们认为，在一定范围内，两个单音词（语素）的核心义及其关系是并列式复音词成词的基础性、决定性因素。

一、从核心义的视角看同义并列

探讨并列语素的相互选择和结合，除了表层语素意义的关联，不能忽视核心义在其中所起的作用，核心义是考察并列语素语义合成的重要前提和深层基础。对于语素义相同或相近的并列式复音词来说，在某些情况下，语素相互选择和结合的深层原因可以归结于核心义的共性。

（一）并列语素的核心义相同

同源词具有共同的核心义，由两个同源词为构成语素的并列式复音词大多为同义并列（刘又辛、张博，2002）。这类较为特殊的同义并列在先秦时期就已出现，更多的则产生于汉代以后。同源词作为并列语素结合成词的内在根源是核心义相同。

先秦时期产生的以同源词为参构语素的复音词如：

纯粹

"纯""粹"禅心邻纽，文物对转。《说文·糸部》："纯，丝也。"段注："纯与醇音同。醇者，不浇酒也。段纯为醇字……美丝、美酒，其不杂同也。不杂则壹，壹则大。"《说文·米部》："粹，不杂也。"段注："刘遂引班固云：'不变曰醇，不杂曰粹。'按，粹本是精米之称，引伸为凡纯美之称。"二者的核心义皆为不杂，故结合成词。如《易·乾》："大哉乾乎，刚健中正，纯粹精也。"《庄子·刻意》："纯粹而不杂，静一而不变。"

又如"孤寡""伦类""曲局""刚强""宽缓""清净""恬淡""困窘""断绝""展转""背负"等，均见于先秦文献。

两汉时期产生的以同源词为参构语素的复音词如：

粗疏

"粗（麤）""疏"山清邻纽，鱼部叠韵。《说文·米部》："粗，疏也。"段注："《大雅》'彼疏斯粺'，笺云：'疏，麤也，谓粝米也。'麤即粗……疏者，通也。引伸之犹大也。故粗米曰疏……按，引伸叚借之，凡物不精者皆谓之粗。""粗""疏"的核心义是"间距大、不精细"，二者连用始见于《东观汉记》卷六："马后袍极麤疏，诸主朝望见，反以为绮。"

又如"迎逆""升腾""彰著""摇掉""反叛""罗列""乖违""盈溢""忿愤""遵循""创伤""提掷""设施""报复""超卓"等，均始见于汉代文献。

魏晋以后产生的以同源词为参构语素的复音词如：

枯涸

"枯""涸"溪匣旁纽，鱼铎对转。《说文·木部》："枯，槀也。槀，木枯也。"《说文·水部》："涸，渴也。"段注："渴，尽也……《月令》：'仲秋之月，水始涸。'"可知，"枯"的本义是草木枯槀，"涸"的本义是水枯竭，二者的核心义同为干竭、竭尽。《吕氏春秋·慎大》"商涸旱"，高诱注："涸，枯也。""枯涸"并列成词较早的用例如南朝宋谢灵运《苦寒行》："饥爨烟不兴，渴汲水枯涸。"

又如"关键"①"佩服"②"诱导"③"登升""拖曳""赦释"等约成词于魏晋南北朝时期，"标表""蹙缩""造就""奠定"等则大概产生于唐宋以后。

（二）并列语素的核心义相近

以上所举的是并列式复音词的特殊情况，并列语素在更多情况下不存在同源关系，两个没有同源关系的单音词（语素）也可以基于相近的核心义而结合成词。如"习惯"，两个语素核心义具有共同的特征：反复、连贯（王云路，2017）。又如"周旋"，语素核心义的共性是环绕。再如"乖戾""翻戾"，"乖"的核心义是违背④，"翻"的核心义是反转⑤，"戾"的核心义是曲⑥，它们的共性是逆反、不顺从。下面着重分析三个例子，以进一步阐释和说明。

其一，核心义源于词的本义，一般来说，核心义是本义中所蕴含的特征义。因此，探讨语素的核心义通常离不开对语素本义的分析。两个并列语素的本义可能不同，但含有相似的特征义，这是二者结合成词的基础。例如：

靳固

《世说新语·雅量》："嵇中散临刑东市，神气不变，索琴弹之，奏

---

① "关""键（楗）"连言见于《老子》，但应看作词组。

② "佩""服"连言见于《论衡》，但应看作词组。

③ "诱导"见于旧题东汉安世高译《太子慕魄经》，但据考证，《太子慕魄经》并非安世高所译，而是西晋竺法护所译。参见方一新、高列过（2012：148—166）。

④ 《说文·丿部》："乖，戾也。"段注："乖从丿从兆，皆取分背之意。"见段玉裁（1981：144）。

⑤ "翻""反"同源，参见王力（1982：581）。

⑥ 《说文·犬部》："戾，曲也。"段玉裁（1981：475）谓"戾"的诸义"皆于曲引伸之"。《说文·弦部》："盭，弼戾也。"段玉裁（1981：642）谓"此乖戾正字"。"戾""盭"盖同源。

《广陵散》。曲终,曰:'袁孝尼尝请学此散,吾靳固不与,《广陵散》于今绝矣!'"靳固"义为吝惜、悭惜。董志翘先生(2008)指出,"诸家注释,均将'靳''固'分而释之,其实,'靳固'乃同义复词"。此说甚是,下面从核心义的角度进一步阐释。

《说文·革部》:"靳,当膺也。"段注:"靳者,骖马止而不过之处,故引伸之义为靳固。《左传》:'宋公靳之。'吝其宠也。"徐锴曰:"靳,固也,靳制其行也。"《诗·秦风·小戎》"阴靷鋈续",《释文》引沈云:"靳者,言无常处,游在骖马背上,以骖马外辔贯之,以止骖之出。"可知,"靳"是服马(夹辕的两匹马)胸背上的环形装置,起着限制骖马(服马两旁的马)的行动、防止其越位的功用,因而其核心义是控制、制止,即"止而不过"。

《说文·口部》:"固,四塞也。"段注:"四塞者,无罅漏之谓……按,凡坚牢曰固。"据此,"固"的核心义为"坚牢"。"固"本指城郭四面严实、没有罅漏。从内外的关系来说,一方面,城郭完坚,则外敌难以入侵,所以"固"为"固守"①。另一方面,在内者受限制,无法出去,所以"固"又有禁锢、闭塞义②。这两方面其实都可说是"止而不过"。

由此可见,"靳"和"固"的核心义虽然有所区别,但在"止而不过"上是一致的,存在"限制,固守"这一共性特征。

"靳固"最早见于《释名·释形体》:"筋,靳也③,肉中之力,气之元也,靳固于身形也。"王先谦曰:"……靳有固义……《素问·五藏生成论》注:'筋,气之坚结者。'坚结即靳固意。靳固盖汉世恒言。"《广韵·

---

① 《宋书·沈庆之传》:"萧斌以前驱败绩,欲死固碻磝。""死固"犹言"死守"。

② 《黄帝内经·素问·至真要大论》"诸厥固泄",王冰注:"固,谓禁固也。"《汉书·扬雄传下》"是以欲谈者宛舌而固声",颜注:"固,闭也。"

③ 今本作"力也",此据毕沅改。

觉韵》："确，靳固也。"可知"靳固"有坚固、确固的含义。

"靳固"后多指对事物的固守[①]，如《世说新语·雅量》"靳固不与"意谓固守琴曲不给别人。引申指坚守固有的观念、想法（而不做某事），如《太平广记》卷三百八十六《再生十二》："至夜，刘及夫人俱梦女曰：'某命当更生，天使配合，必谓喜而见许，今乃靳固如此，是不欲某再生耶？'"是说固执己见，不答应请求。

南朝梁萧纲《悔赋》："周君饮后，裴子酣狂，靳固纪瞻之妾，眠卧季伦之房。"此例"靳固"可以理解为眷恋、恋惜，也就是心中牵挂着放不下[②]。唐张彦远《历代名画记·叙画之兴废》："其进奉之外，失坠之余，存者才二三轴而已。虽有豪势，莫能求旃；嗟尔后来，尤须靳固。"这里"靳固"是珍惜、宝爱的意思，也指守护着不放开。转为名词，指吝啬的心理，如《宋高僧传》卷二十三《释怀德》："皆自贵而轻他，悉己多而彼少，而增靳固，但长悭贪。"

综上，"靳"本来是名物词，"固"则多作形容词，但二者核心义具有共性，都有禁锢、固守之义，从而组合成双音词"靳固"。

其二，构成复音词的单音节语素，由于用字的习惯而假借一个同音或音近的字来代替语素的本字。在这种情况下，一方面，探讨核心义的关系需要依据语素的本字，另一方面，语素核心义相近这一前提可以为辨识假借字、探求本字提供重要的线索。例如：

---

① 《抱朴子内篇·祛惑》："彼所知素狭，源短流促，倒装与人，则靳靳不舍。""靳靳"叠言，表吝啬、吝惜貌，即源于"靳"的固守义。《后汉书·崔骃列传》："烈时因傅母入钱五百万，得为司徒……帝顾谓亲幸者曰：'悔不小靳，可至千万。'""小靳"大概是说把持官职稍紧一些，不随便予人。

② 从"固"之"婟"有恋惜之义。《说文·女部》："嫪，婟也。"段注："《声类》云：'婟嫪，恋惜也。'"又："婟，嫪也。"《尔雅·释鸟》："鹱，泽虞。"郭璞注："今婟泽鸟，……常在泽中，见人辄鸣唤不去，有象主守之官，因名云。俗呼为护田鸟。"

扰习

《晋书·阮种传》:"由是边守遂怠,郫塞不设。而今丑虏内居,与百姓杂处,边吏扰习,人又忘战。""扰习",《汉语大词典》释作"犹言习以为常"。《说文·手部》:"擾(扰),烦也。"段注:"烦者,热头痛也。引申为烦乱之称。训驯之字,依许作懮,而古书多作擾。"《说文·习部》:"习,数飞也。""习"的核心义是其动作特征"反复(数)"(王云路,2017)。烦乱和反复有较大差别,谈不上具有共性①。"扰"在文献中亦未见训为"习"者。假设"扰习"的语素核心义相近,那么"扰"很可能是个假借字。

"扰"可通"狃"。《论语·阳货》:"公山弗扰以费畔。"刘宝楠《正义》:"《左传》及《史记·孔子世家》《汉书·古今人表》皆作'不狃'……《论语》作'弗扰',假借字也。古音'狃'与'扰'同。"章太炎(2010)云:"'狃'之声今在娘纽。'公山不狃'狃亦为擾。往来频复为狃,《说文》作徥,擾、揉今在日纽,古无日纽,则'狃'亦在泥纽也。""狃"训"习"是常训。《说文·犬部》:"狃,犬性忕也。"②段注:"忕,习也……狃本谓犬性之忕,引伸叚借为凡忕习之称。"《说文·彳部》:"徥,复也。"段注:"此字引伸为狃忕之义……狃行而徥废矣……复之引伸之义亦为狃忕。"《尔雅·释言》:"狃,复也。"郝懿行《义疏》:"复者,又也,重复之义。"可知,"狃"和"习"的核心义近似,二者的共性即"反复,重复"。重复做某事就会习惯,所以"狃"有习惯、习以为常之义,如《左传·桓公十三年》:"莫敖狃于蒲骚之役,将自用也。"孔疏:"狃,贯也。贯于蒲骚之得胜,遂恃胜以为常。"

---

① 烦乱是多样事物的纷杂、无规则,反复则是单一事物有规律的重复。

② 大徐本"忕"作"骄",此据段玉裁改。

因此,上引《晋书·阮种传》"扰习"可以读为"狃习",是说边吏经常看到少数民族和汉族老百姓杂居共处,也就习以为常、不以为怪了。"狃习"有类似的用例,如《新唐书·藩镇传·王承宗》:"镇州世相继,人所狃习,惟拒命则讨之。"可证"扰习"即"狃习"。

其三,在分析语素的本义之外,还可以借助同源类聚来归纳语素的核心义。两个并列语素的核心义具有共性,既可表现为一定程度的意义相近,也可体现在某个方面或特定维度的意义相关。例如:

笃密

《说文·竹部》:"笃,马行顿迟。"①段注:"马行箸实而迟缓也。古叚借笃为竺字,以皆竹声也。《二部》曰:'竺,厚也。'笃行而竺废矣……凡经传'笃'字,固、厚二训足包之。"章太炎云:"马之重迟,物之重厚,其重同,其重之情异,则别以笃、竺。""笃""竺"盖同源,核心义为固、厚。又,"密"的核心义是亲近、间距小②。间距小则密度大,故为坚固、稠密、厚实。可见"笃"和"密"在密度、厚度方面存在共性,而这一共性决定了"笃密"的含义。

《汉书·谷永传》:"虽齐桓晋文用士笃密,察父恤兄覆育子弟,诚无以加!"《大词典》解释"笃密"为"谓感情深厚,十分亲密",分释"笃"为深厚、"密"为亲密。其实,作为复音词的"笃密"两个语素都含固、厚义,"用士笃密"相当于说待士甚厚。《后汉书·济北惠王寿传》:"和帝遵肃宗故事,兄弟皆留京师,恩宠笃密。"又《列女传·陈文矩妻》:"亲调药膳,恩情笃密。""笃密"皆谓深厚。将这两例与《班彪传》"恩宠甚渥"、《皇后纪》"恩宠俱渥"、《桓荣传》"恩宠甚笃"以及《南齐书·萧景

---

①　"笃"的《说文》本义未见于传世文献,但见于秦简,《秦律杂抄》简142:"肤吏乘马笃、牵(觱),及不会肤期,赀各一盾。"见睡虎地秦墓竹简整理小组编(1990:86)。

②　"密""比"同源,参见王力(1982:427)。

先传》"恩宠特密"相比照,可知"笃密"同于"笃",亦同于"密",即同于"渥",皆为厚义。可为佐证的是,《高僧传》卷一《安清》:"此三贤者,信道笃密。"显然不能说是亲密,只能解释为固、厚,即信道之心坚定笃厚。

二、从核心义的视角看类义并列

构成并列式复音词的两个语素并非都有相同或相近的核心义。参构语素的核心义虽不具有共性,但处于语义深层的核心义可以决定表层语素意义之间的关联。类义并列和同义、近义并列是相对而言的。语素义相关一方面是基于同一认知范畴或者语义类的类属关系,另一方面是依据事物的客观规律和人们对现实世界事物关系的主观认知而形成的义通关系。换句话说,并列式复音词的参构语素意义相关,在某些情况下,可以从核心义中找到根源和依据。下面通过具体的例子就相关问题加以分析。

其一,并列式复音词构词语素的相关性可以体现为同一语义类内部的语义相因,在某些情况下,并列语素表层意义的关联在语义深层已经建立,可以通过核心义的分析而加以揭示和彰显。例如:

惶惑

汉刘向《九叹·思古》:"闵先嗣之中绝兮,心惶惑而自悲。"《说文·心部》:"惶,恐也。""惑,乱也。"恐惧和疑惑、迷乱都属于心理情绪的范畴,它们之间的关联是如何建立的? 从核心义的角度较容易给出解释。"惶"的核心义可以概括为匆促不安[1]。《礼记·檀弓上》:"既

---

[1] 王凤阳(2011:856)指出,"'惶'是因为心情紧张导致的行动上的匆促不安"。

葬,皇皇如有望而弗至。"孔疏:"皇皇犹栖栖也。""皇皇"即"惶惶",指不安貌①。《九叹·怨思》"征夫皇皇",王逸注:"皇皇,惶遽貌。"《广韵·唐韵》:"惶,遽也。""遽"谓匆忙、窘急,亦即不安。匆促不安是恐惧的一种表现形式,同时疑惑也会使人匆促不安,二者语义相因②,即两种心理状态具有类似的外在表现。复音词"疑畏""疑惧""疑惮""疑怖""疑骇"皆是其证。

需要说明的是,"惶"也有疑惑义,如《晏子春秋·外篇上》:"默然不对,恐君之惶也。"王念孙云:"此惶字与惑同义。言恐君为子之所惑也。"这也说明恐惧和疑惑的相关性。"惶惑"在具体语境中或侧重指恐惧、惊慌,或侧重指疑惑不解,但两种心理状态往往交织在一起,难以截然判析,故可归为类义并列。

其二,两个构词语素的核心义虽然不一致,但在某种程度上存在义通关系③,由此可以解释语素的相互选择和结合。通感,即视、听、触、味、嗅五种感觉范畴之间意义的相通,是一种典型的义通关系(黄易青,2007:602—616)。此外,各类认知范畴之间都有可能发生义通关系。例如:

竞爽

"竞爽"一词最早见于《左传·昭公三年》:"二惠竞爽犹可,又弱一个焉,姜其危哉!"杜注:"竞,强也。爽,明也。"《大词典》解释为"精明

---

① 《诗·小雅·六月》:"六月栖栖,戎车既饬。"朱熹《集传》:"栖栖,犹皇皇不安之貌。"

② 恐惧和疑惑是关系密切的两种心理情绪,对未知事物的恐慌往往和疑惑相伴随。《管子·小问》:"驳食虎豹,故虎疑焉。"这里"疑"即"恐"。《大戴礼记·劝学》:"其赴百仞之溪不疑,似勇。"《荀子·宥坐》作"其赴百仞之谷不惧"。

③ 清代学者的训诂著作,如《广雅疏证》《尔雅义疏》,对"义通"即意义相关的问题多有阐述和举证。

强干"。

"强"和"明"可以看作"竞"和"爽"的核心义①。"强"谓能力、力量,"明"指亮度,属视觉范畴,《国语·周语下》:"使至于争明以妨王宫。"俞樾云:"《尔雅·释诂》曰:'明,成也。'古'成''盛'二字通用,明训'成',故亦训'盛'。《淮南·说林篇》:'长而争明。'高注曰:'明,犹盛也。'……然则争明犹争盛也……争盛犹争强也。"②"盛"指量大,即多。由此可知,亮度大、数量多和力量强之间存在义通关系。

"竞爽"或可与后代的"强白""白健"相类比。蒋礼鸿先生(2016:310)解释敦煌变文中的"白健"一词时说:"《燕子赋》:'曹司上下,说公白健。'这是雀儿奉承本典的话。白就是明白,即精明;健就是强干。《白氏长庆集》卷三十一,张彻宋申锡可并监察御史制:'今御史中承僧孺奏:某官张彻、某官宋申锡,皆方直强白,可中御史。'强白和白健意义相同。"这可以和"竞爽"的解释相参照。

其三,对于词义透明度③较低的复音词来说,构词理据较难解释,语素的意义关联不明确。在这种情况下,核心义有助于分析复音词的构词理据,从根源上说明语素结合的原因,揭示语素意义的关联。例如:

翘懃

《文选·潘岳〈西征赋〉》:"徘徊酆镐,如渴如饥,心翘懃④以仰止,

---

① 《说文·誩部》:"竞,强语也。"段注:"'竞''强'叠韵,强语谓相争。"侧重于行为过程就是竞争,即比试(谁强);侧重于结果状态就是强盛,即(比对方)强。《说文·㸚部》:"爽,明也。"段注:"爽本训明,明之至而差生焉,故引伸训差也。"

② 《左传·哀公十六年》:"与不仁人争明,无不胜。"王引之《经义述闻》云:"明,犹强也。"《管子·四时》"风与日争明",戴望《校正》:"明训为强。"

③ 词义的透明度是指词义可以从构成语素的意义上推知的难易度,参见李晋霞、李宇明(2008)。

④ 懃,五臣本作"勤"。

不加敬而自衹。"此例《辞源》解释为"殷切盼望，追念"（何九盈等，2015：3320）。《高僧传》卷八《释僧盛》："少而神情聪敏，加又志学翘勤，遂大明数论，兼善众经，讲说为当时元匠。"此例《辞源》释作"奋发勤苦"（何九盈等，2015：3320）。这两个含义是如何产生的？"翘勤"的构词理据如何分析？这里从核心义的角度加以解释。

　　《说文·羽部》："翘，尾长毛也。"段注："尾长毛必高举，故凡高举曰翘。"据此可知"翘"的核心义是"高举"。"翘"施用于人，可由身体高举的动作引申指企盼的心理状态。《后汉书·袁谭传》"翘企延颈，待望雠敌"，"翘"是翘首，"企"是企足。"翘首"即抬头，多喻盼望或思念之殷切。《西征赋》李善注："《孔丛子》，子思曰：君若饥渴待贤。企伫也。"可以为证。与之相关的复音词有："翘注"，谓殷切期待；"翘惶"，谓惶悚不安地盼望；"翘心"，指仰慕，悬想；"翘思""翘想"，皆谓悬想。由"翘首"到"翘心""翘思""翘想"，反映由动作到心理的引申，这是词义演变较为常见的现象。①

　　为了更好地说明"翘"的含义，可以与"竦"比较互证②。《说文·立部》："竦，敬也。从立，从束。束，自申束也。"段注："敬者，肃也……收下曰：竦手。谓手容之恭上其手也。《周南》毛传曰：乔，上竦也。"《文选·嵇康〈琴赋〉》"竦肃肃以静谧"，李周翰注："竦，高也。"可知"竦"和"翘"的核心义相似，都可表示身体高举的动作。《汉书·韩王信传》："士卒皆山东人，竦而望归。"颜注："竦谓引领举足也。"这里"竦"包括翘首和企足。但许慎没有用动作义来解释"竦"，而是指出动作所代表的心理状态，即恭敬、肃敬。张衡《思玄赋》"竦余身而顺止

---

　　① "企"本指踮脚的动作，也是足跟位置的升高，因而有同样的引申途径，也表示企盼、盼望，参见王云路（2014：174—175）。
　　② 《尔雅·释木》"槐棘丑，乔"，郭璞注："枝皆翘竦。""翘竦"同义并列。

兮,遵绳墨而不跌",《后汉书·张衡传》李贤注:"竦,企立也。"王念孙云:"竦,敬也。言敬余身而循礼也。"两种训释正好说明"竦"既可表示身体动作,又可表示心理状态。同时,"竦身"与"竦心"①、"翘首"与"翘心"可以类比。再者,《汉书·东方朔传》:"寡人将竦意而览焉。"颜注:"竦,企待也。"《文选》张铣注:"竦,正也。"企盼、期待、恭敬,必然集中注意力,所以"竦意"也可理解为专注,就是集中心思。《汉书·郊祀志下》"竦精神"则可理解为打起精神、振作精神。

"翘"和"竦"一样,以核心义"高举"为依据,可以表示企盼、恭敬、振作②、专注等心理状态,视具体语境而有所侧重。前引《西征赋》"仰止"义为仰慕、向往,故"翘"侧重于表企盼、盼望,若联系后半句,则"翘"亦含恭敬之义。

再看"勤"。《说文·力部》:"勤,劳也。""劳,勦③也。"又:"勦,务也。"段注:"用力尤甚者。"《尔雅·释诂下》:"劳,勤也。"《尔雅义疏》:"《一切经音义》九引舍人曰:'劳,力极也。''力极'即《说文》'劳'训'勦'之意。"《广韵·欣韵》:"勤,尽也。"《左传·僖公二十八年》"令尹其不勤民",杜注:"尽心尽力、无所爱惜为勤。"由故训可知,"勤"的核心义是极、尽④。"勤"通常是心力并用,涉及尽心和尽力两方面,故"勤"亦作"懃"⑤。《诗·召南·江有汜序》:"勤而无怨。嫡能悔过也。"孔疏:"勤者,心企望之。"《穀梁传·僖公二年》:"不雨者,勤雨

----

①　如《韩非子·说疑》:"卑身贱体,竦心白意。"
②　《高僧传》中还有"翘励"一词,"励"义为振起、振奋,故"翘励"可看作同义或近义并列。
③　大徐本作"劇",此从段玉裁改。
④　"勤"有穷尽义,如《老子》:"绵绵若存,用之不勤。"《淮南子·原道》:"旋县而不可究,纤微而不可勤。"
⑤　管礼耕《释勤》深入分析了"勤"的词义,见丁福保(1988:13434—13435)。

也。"何休注:"言不雨,是欲得雨之心勤也。"这两例主要就尽心而言,"懃(勤)"是急切、殷切,在语境中或指企盼,或指忧虑、操心①,从这个角度看,"翘懃(勤)"也可视作近义并列。

佛道文献中的"翘勤"则有所不同,一般分析为恭敬和勤勉的类义并列。较早的用例为南北朝陆修静《陆先生道门科略》:"小心畏慎,好道翘勤。"又,《高僧传》中共五例,如卷五《竺僧辅》:"单蔬自节,礼忏翘懃,誓生兜率,仰瞻慈氏。"卷十二《释僧生》:"诵《法华》,习禅定……年虽衰老,而翘勤弥厉。"这里"翘"皆含恭敬、虔诚之义。②

表示恭敬和勤勉的语素并列在古书中较为常见③。《国语·周语上》:"修其训典,朝夕恪勤。"曝书亭抄本《北堂书钞·政术部》十引贾逵曰:"恪,敬也。勤,劳也。"此例可与《高僧传》卷一《僧伽提婆》"翘懃妙典"、《南海寄归内法传》卷四"修净方业,日夜翘勤"相对照。又,《古文尚书》中有"祗勤",《周书·周官》:"今予小子,祗勤于德,夙夜不逮。"清华简《摄命》中则有"勤祗":"摄,敬哉,毋闭于乃唯冲子小子,毋递在服,勤祗乃事。"又有"恭勤",如《汉书·礼乐志》:"继统共勤,顺皇之德。"师古注:"共读曰恭。""翘勤"与"恪勤""祗勤""恭勤"在语义组合上类似,稍有不同的是,"翘"带有一定的动作性,而"恪""祗""恭"则纯粹表示心理状态。

简言之,"翘"一般作动词,由核心义"高举"而指心理上的思念,并含有恭敬、振作、专注等义;而"勤"为形容词,由核心义"极尽"而指行为上的勤勉。二者的核心义相距较远,但对恭敬之事必然勤勉、专注,

---

① 由此,则"殷勤(慇懃)"为同义并列,有急切、关心等义,如三国魏曹操《请追赠郭嘉封邑表》:"诚贤君殷勤于清良,圣祖敦笃于明勋也。"

② 《高僧传》卷三《释法显》:"显独留山中,烧香礼拜,翘感旧迹,如睹圣仪。"又如《唐明堂乐章·商音》:"爰申礼莫,庶展翘诚。""翘诚"犹虔诚。

③ 感谢张文冠博士为笔者指出这一点。

行为勤勉是内心恭敬的外在表现①。由此,通过语素核心义的分析,可以较透彻地阐明"翘勤"的构词理据和语素的意义关联。

三、从核心义的视角看反义并列

反义并列是并列式复音词的一种特殊类型,相比于同义并列,意义相反的语素结合成词要受较多的限制,因而反义并列式复音词的数量相对较少。反义并列又可分为并举式、选择式、偏指式和概括式四类,这四类复音词的词汇化程度不一致②。核心义分析有助于理解语素的反义关系以及词义的发展演变。

其一,在较多情况下,反义并列复音词的两个构词语素的核心义相反。其中并举式或选择式的反义并列复音词的词义即由语素的核心义直接决定③。例如"枉直",《说文·木部》:"枉,衺曲也。"段注:"本谓木衺曲,因以为凡衺曲之称。"衺曲与直相反,"枉直"即曲直,比喻是非、好坏。又如"隆薄",《说文·生部》:"隆,丰大也。"《尔雅·释山》:"宛中,隆。"郭注:"山中央高。""隆"的核心义是高、厚,与单薄相反,由厚薄引申指器重与轻视。再如:

崇替

《国语·楚语下》:"吾闻君子唯独居思念前世之崇替,与哀殡丧,于是有叹,其余则否。"韦昭注:"崇,终也。替,废也。"俞樾曰:"韦《解》

---

① "殷勤(慇懃)"有恭敬义,如姚秦竺佛念译《出曜经》卷十九:"即生恭敬心向般特比丘,乃不愬懃于五百人许。"也有勤奋义,如《梁书·武帝纪中》:"故陈肺石于都街,增官司于诏狱,慇懃亲览,小大以情。"亦可为二者关系的佐证。

② 关于这四类反义并列式复音词的具体论述,参见王云路(2016:28—44)。

③ 结合成词之后语义往往有所引申,引申义亦为语素核心义所统摄。

'崇'字未得其旨……崇替犹言兴废耳。"《说文·山部》:"崇,嵬高也。"段玉裁改"嵬高"作"山大而高",注云:"崇之引伸为凡高之称。"故"崇"的核心义为高。《说文·竝部》:"替,废也,一偏下也。"①段注:"相并而一边庳下,则其势必至同下,所谓陵夷也。凡陵夷必有渐而然,故曰履霜坚冰至。""替"的核心义可以概括为由高变低,故与"崇"相反。"崇替"即兴替、兴废,也就是高低、盛衰或成败。

其二,构词语素核心义的相反关系决定表层语素意义的相反,不过,对于概括式的反义并列来说,基于语素的核心义可以进一步概括形成复音词的核心义,也就是说,复音词的核心义并非语素核心义的简单加合,而是由语素的核心义间接决定。例如:

依违

《说文·人部》:"依,倚也。"《说文·辵部》:"违,离也。"二者的核心义分别为倚靠、靠近与违背、背离,正好相反。在此基础上,"依违"的核心义可以概括为处于两端之间,摇摆不定。心理上的摇摆不定是迟疑,如刘向《九叹·离世》:"余思旧邦,心依违兮。"是说在去留之间徘徊不定。故"依违"有犹豫不决之义,如《汉书·韦贤传》:"于是上重其事,依违者一年,乃下诏曰:……"言辞上的摇摆不定是模糊,如《公羊传·桓公九年》:"《春秋》有讥父老子代从政者,则未知其在齐与?曹与?"何休注:"……故序经意依违之也。"《襄公二年》:"齐姜与缪姜,则未知其为宣夫人与?成夫人与?"何休注:"传家依违者……"两例都指在二者之间未定,所谓模棱两可,亦即态度上的含糊游移。又如《论衡·答佞》:"谗人以直道不违,佞人依违匿端。"《宋书·索虏传》:"其后焘又遣使通好,并求婚姻,太祖每依违之。"声音的徘徊缭绕也称"依

---

① 《说文·广部》:"废,屋顿也。"《说文通训定声》:"按,倾圮无用之意。"

违"，如《古文孝经·丧亲章》孔安国注："斩衰之哭，其声若往而不反，无依违余音也。""依违余音"相当于说余音缭绕、迟迟不绝。《文选·曹植〈七启〉》："飞声激尘，依违厉响。"刘良注："依违，乍合乍离也。"

其三，在一些情况下，反义并列复音词的两个构词语素的核心义并非直接相反，而是在某个方面或特定维度存在对立关系。这种对立决定了并列语素表层意义的相反关系。例如：

优剧

《说文·人部》："优，饶也。"段注："《食部》'饶'下曰饱也。引伸之凡有余皆曰饶。《诗·瞻印》传曰：'优，渥也。'笺云：'宽也。'《周语》注曰：'优，饶也。'《鲁语》注曰：'优，裕也。'其义一也。"据此，"优"的核心义是"有余"。《说文·力部》："勮，务也。"段注："务者，趣也。用力尤甚者……字讹从刀作剧。"[①]据此，"剧"的核心义是"尤甚"，即程度深。

"有余"与"尤甚"并非反义的关系，而且"优"和"剧"都可表示数量多，如《荀子·王制》："故鱼鳖优多而百姓有余用也。"《非十二子》："犹然而材剧志大，闻见杂博。"但是，二者在某些维度上存在对立关系。"优"是有余，故在态度上是柔和的，在时间上是宽缓的[②]，如《淮南子·原道》："其德优天地而和阴阳。"高诱注："优，柔也。"《汉书·东方朔传》："优而柔之，使自求之。"而"剧"是尤甚，故在态度上是激烈的，在时间上是疾速的，如《陈书·袁宪传》："及宪试，争起剧难，宪随问抗答，剖析如流。""剧难"就是激烈地诘难。《文选·扬雄〈剧秦美新〉》："二世而亡，何其剧与！"李善注："言促甚也。"《汉书·扬雄传上》："口

---

①　《说文新附·刀部》："剧，尤甚也。"
②　《春秋左传集解序》"优而柔之"，孔疏："优、柔，俱训为安，宽舒之意也。"

吃不能剧谈。"颜注："剧亦疾也。"

由此可见，核心义决定了"优"与"剧"在某些维度上存在对立，因而二者可以表示相反或相对的两个方面。《后汉书·刘宠传》："值中国丧乱，士友多南奔，綝携接收养，与同优剧，甚得名称。""与同优剧"谓与之共甘苦，"优剧"指生活上的安逸和艰难。"优"是宽缓、安闲，如《诗·小雅·采菽》"优哉游哉"；"剧"是繁难、艰苦，如《商君书·算地》"事剧而功寡"、《史记·平准书》"作业剧而财匮"；"剧"虽释为繁多，但也包含用力之甚，亦即艰难。[1] "优剧"又可指工作的劳逸，如《宋书·列传自序》："若得少宽其工课，稍均其优剧，徒隶既苦，易以悦加，考其卒功，废阙无几。""优"指轻松悠闲，"剧"指艰难繁重。另外，《陈书·儒林传·沈洙》："窃寻沈议非顿异范，正是欲使四时均其刻数，兼斟酌其佳，以会优剧。"该句上文云"旧制深峻……新制宽优……参会两文，宽猛寔异"，可知这里"以会优剧"是说参酌、调和旧制与新制，故此例"优剧"指测囚（即讯囚）之法的宽优与深峻。

最后需要说明的是，两个语素的核心义存在相反或对立关系，并不一定构成反义并列复音词，例如"隙会"，《晋书·李憙传》："羌虏犯塞，憙因其隙会，不及启闻，辄以便宜出军深入，遂大克获。"《说文·自部》："隙，壁际也。"[2]段注："际自分而合言之，隙自合而分言之。引申之，凡坼裂皆曰隙。又引申之，凡闲空皆曰隙。"可知"隙"的核心义是分开、坼裂。《说文·会部》："会，合也。"《后汉书·周章传》"必资非常之会"，李贤注："会，际也。""会"也是自分而合言之。可见

---

① "剧"和"苦"声韵相近，"苦"亦可表程度深。《论衡·语增》："用兵苦，诛乱剧。"二者对文。《后汉书·列女传·曹世叔妻》："执务私事，不辞剧易。"李贤注："剧，犹难也。""优"与"苦"词义相反，如晋陆机《演连珠》之三十："臣闻倾耳求音，视优听苦；澄心徇物，形逸神劳。"

② 大徐本作"壁际孔也"，此据段玉裁改。

"隙"与"会"的核心义相对,不过,二者构成的是同义(近义)并列,皆指机会。

结　语

自《马氏文通》问世以来,汉语的构词法研究逐渐受到关注。早期的构词研究主要是从语义角度切入的。20世纪中期以后,受结构主义语言学的影响,学界普遍认为,复合词的合成与词组的构成相一致,只是所处的层面不同,因此,在较长一段时期内,汉语的构词法研究实际上等同于语法结构的分析,构词研究往往被归为语法课题。20世纪90年代以来,一些学者认识到复合词内部复杂的语义关系以及语法分析在构词研究中的局限,于是试图摆脱句法关系的框架,建构语义构词法的体系(朱彦,2004:1—12)。对汉语历史词汇来说,复音词的结构和意义关系复杂,理解词义与分析结构密不可分,因此,复音词的构词研究必须结合语义和语法两个方面,并且以语义因素为重点。

本文通过具体的例子初步探讨了核心义视角下的并列式复音词的构词问题,包括语素结合成词的规律及其内在原因、语素义生成复音词词义的方式等。词汇语义学研究指出,语义组合(包括义位组合)一般遵循语义和谐的原则。我们认为,并列语素的组合不仅是由于表层语素义的关联。在某些情况下也取决于深层语义的关联,包括核心义的相同或相近、相关以及相反或相对。核心义处于词义结构的深层,是词义产生的依据,并起着统摄和制约词义的作用。因此,语素的核心义是语素结合的更基础、更深层次、更具决定性的因素,核心义分析有助于深化和拓展汉语复音词的共时和历时研究。

参考文献

丁福保(编),1988,《说文解字诂林》,北京:中华书局。

董志翘,2008,《〈世说新语〉疑难词语考索(二)》,《四川大学学报(哲学社会科学版)》年第1期。

方一新、高列过,2012,《东汉疑伪佛经的语言学考辨研究》,北京:人民出版社。

何九盈、王宁、董琨(主编),2015,《辞源》(第三版),北京:商务印书馆。

黄易青,2007,《上古汉语同源词意义系统研究》,北京:商务印书馆。

蒋礼鸿,2016,《敦煌变文字义通释》,杭州:浙江大学出版社。

李晋霞、李宇明,2008,《论词义的透明度》,《语言研究》第3期。

刘承慧,2003,《古汉语实词的复合化》,何大安(主编)《古今通塞:汉语的历史与发展》,台北:"中研院"语言学研究所筹备处。

刘又辛、张博,2002,《汉语同族复合词的构成规律及特点》,《语言研究》第1期。

睡虎地秦墓竹简整理小组(编),1990,《睡虎地秦墓竹简》,北京:文物出版社。

王凤阳,2011,《古辞辨(增订本)》,北京:中华书局。

王力,1982,《同源字典》,北京:商务印书馆。

王念孙,2000,《读书杂志》,南京:江苏古籍出版社。

王引之,2000,《经义述闻》,南京:江苏古籍出版社。

王云路,2014,《中古诗歌语言研究》,西安:世界图书出版公司。

王云路,2016,《简论反义并列式复音词的分类及其词义的抽象化》,朱庆之、汪维辉、董志翘等(编)《汉语历史语言学的传承与发展——张永言先生从教六十五周年纪念文集》,上海:复旦大学出版社。

王云路,2017,《论核心义在复音词研究中的价值》,《浙江社会科学》第 7 期。

肖晓晖,2010,《汉语并列双音词构词规律研究——以〈墨子〉语料为中心》,
　　北京:中国传媒大学出版社。

许慎(撰),1963,《说文解字》,北京:中华书局。

许慎(撰),段玉裁(注),1981,《说文解字注》,上海:上海古籍出版社。

章太炎,1998,《訄书:初刻本　重订本》,北京:生活·读书·新知三联书店。

章太炎,2010,《国故论衡》,北京:商务印书馆。

朱骏声,1984,《说文通训定声》,北京:中华书局。

朱彦,2004,《汉语复合词语义构词法研究》,北京:北京大学出版社。

"点心"发覆*

——兼谈词的核心义对语素搭配的制约性

楚艳芳　　王云路

一、研究概况

《汉语大词典》"点心"有两个义项:1. 正餐之前小食以充饥(首例为唐孙颀《幻异志》)。2. 糕饼之类的食品(首例为宋周密《癸辛杂识前集》)。《现代汉语词典》"点心"条释义与《汉语大词典》略同。① 这两个义项都是正确的。"点心"谓"糕饼之类的食品",是日常生活中较为常见的一个名词。而早期"点心"表示"正餐之前小食以充饥",是动词,这一动词用法目前仅存在于少数方言中,据许宝华等《汉语方言大词典》,东北官话、北京官话、冀鲁官话、江淮官话、西南官话、吴语、闽语等方言还存在"点心"的动词用法,在现代汉语普通话中已消失。

"点心"如何成词,早期指什么,如何发展演变成现代的用法?关于这些问题,从本世纪初至今,陆续有学者展开讨论,如高启安(2003)、武建宇(2004)、邱庞同(2005)等就"点心"一词的动词及名词用法做了简单阐述。从词义入手探讨得名之由的是以下几位学者:杨

　　* 原文载于2013年上海教育出版社《汉语史学报》总第13辑。
　　① 《现代汉语词典》将动词"点心"标注为方言词。

剑桥(2009)较为详细地论述了"点心"一词的来源,认为"点心"之"心"指"胃",最初是用作动词,后来也用为名词,指用来"点心"的食物。江海珍(2010)继承杨说,并用现代语言学理论分析了"点心"一词,认为"点"可以表达"将比较少的东西放入某一个地方"的意义,"点心"的直接意思便是"放一些东西在心里","点心"之"心"指"胃"。周海鸥(2011:54)认为:"点心"的本义是略进食物以安慰饥肠的意思,"点心"是正食前后的小食,取"小食点空心"之义。

目前学界对"点心"一词所达成的共识主要有如下两点:其一,"点心"连用始见于唐代。其二,"点心"最初是动词,后来转为名词。而对"点心"一词的得名之由、具体含义、发展演变等相关问题,江海珍的说法最为得当,可惜没有进一步论证之,笔者以为有必要再做探讨。

二、"点心"的用例及其含义的变化

"点心"连用始见于唐代,如:

(1)有顷鸡鸣,诸客欲发。三娘子先起点灯,置新作烧饼于食床上,与客<u>点心</u>。(薛渔思《河东记·板桥三娘子》)

(2)夜深,殷勤问所欲。季和曰:"明晨发,请随事<u>点心</u>。"三娘子曰:"此事无疑,但请稳睡。"(薛渔思《河东记·板桥三娘子》)

(3)平旦<u>点心</u>饭讫,即自以热手摩腹,出门庭行五六十步,消息之。(孙思邈《千金翼方·退居》)

(4)鸡鸣时起,就卧中导引。导引讫,栉漱即巾。巾后正坐,量时候寒温,吃<u>点心</u>饭若粥等。若服药者,先饭食服吃药酒。(孙思邈《千金翼方·退居》)

（5）唐洛阳思恭里，有唐参军者，立性修整，简于接对。有赵门福及康三者投刺谒，唐未出见之，问其来意。门福曰："止求<u>点心</u>饭耳。"唐使门人辞，云不在。（戴孚《广异记·唐参军》）

由上面的例证可以看出，早期"点心"有以下含义和特点：

第一，"点心"的时间一般是早晨。如例（1）言"鸡鸣""点灯"，例（2）言"明晨"，例（3）言"平旦"，例（4）言"鸡鸣"等，都可以表明"点心"的时间多为清晨。

第二，"点心"与一般的正餐存在着明显的区别，它强调进食的量少。如例（4）先言"点心"，又言"若服药者，先饭食"。

第三，"点心"之物可以是烧饼，如例（1）；可以是粥，如例（4），只要能够解饥即可。

第四，"点心"是动宾结构，例（1）、（2）表示聊食食物以充饥，例（3）—（5）"点心"与"饭"结合，构成偏正式名词"点心饭"，即"点心之饭"，指小食。

就现有的文献记载来看，唐代"点心"连用并不多见，宋代开始例证渐多，宋吴曾《能改斋漫录》卷二"点心"条有很好的概括："世俗例以早晨小食为点心，自唐时已有此语。"可见宋代仍延续唐代的用法："点心"谓"早晨小食"，作动词。如：

（6）时日高，拜跪既久，上觉微馁。孙见之，即出怀中蒸饼云："可以<u>点心</u>。"上皇虽讶其异，然未肯接。（庄绰《鸡肋编》卷下）

（7）至澧阳路上，见一婆子卖饼，因息肩买饼<u>点心</u>。……我有一问，你若答得，施与<u>点心</u>。若答不得，且别处去。（普济《五灯会元》卷七）

宋时"点心"除了沿用唐代作动词外,还出现了名词的用法,上引例(7)中,"点心"即并存动词(买饼点心)和名词(施与点心)①两种用法。其他例如:

(8)初到澧州路上,见一婆子卖油糍,遂放下《疏钞》,且买点心吃。(圆悟克勤《碧岩录》卷一)

(9)闻卿健啖,朕欲作小点心相请,如何?(周密《癸辛杂识前集·健啖》)

(10)银花专心供应汤药,收拾缄护,检视早晚点心,二膳亦多自烹饪,妙于调脞。(周密《癸辛杂识别集下·银花》)

(11)妻密知之,平旦遣童持合至蔡所,曰:"孺人送点心来。"(洪迈《夷坚志·蔡郝妻妾》)

(12)市食点心,四时皆有,任便索唤,不误主顾。(吴自牧《梦粱录·荤素从食店》)

例(8)—(12)中的"点心"用作名词,"点心"或作主语或作宾语,且其前可以有定语(形容词或名词)修饰。

从宋代文献用例可以看出"点心"的变化:

第一,"点心"可作动词,但更多的是作名词。

第二,"点心"的时间泛化,不再限于早晨,只要是非食时,均可称"点心"。如例(6)言"时日高",例(10)言"早晚点心"。故元代陶宗仪的《南村辍耕录》解释"点心"云:"今以早饭前及饭后,午前午后晡前小食为点心。"近人徐珂《清稗类钞》"点心"条亦云:"米麦所制之物,不以

---

① 此例"点心"似乎也可以理解为动词,这正体现了古汉语动词与名词的联系。

时食者,俗谓之点心,唐时已有此语。"这些记载也都说明"点心"的含义发生了变化。

第三,从宋元以来,"点心"通常表示美味可口、制作精美的小吃,一般富贵人家才可以吃到。"点心"的功能从充饥扩展到炫富或尊贵的象征了。故近人徐珂《清稗类钞》"点心"条云:"今世之食点心者,非富贵之人,即劳动者也。"又"杭人重点心"条云:"杭州城市之人重点心,距午餐四小时必进之,然有迟至日晡者,虽时已上灯,亦必强啖。意谓非有此点缀,不足以昭示其为大户也,以是而晚餐在夜八时矣。有妨卫生,不之顾。"

总之,"点心"连用始见于唐代,为动宾式词组,指早晨稍微进食以解饥。宋代以后,"点心"的名词用法逐渐占据了主导地位,统称各种小食;功能不仅为充饥,更多为富贵或奢华的点缀。现代汉语中,"点心"这一统称沿用不替,多为名词。

三、"点心"的得名之由

"早晨稍微吃一点小食以充饥"为什么要用"点心"来表达?"点心"这种搭配如何产生?① 笔者试从"点"与"心"的核心义入手来进行分析。

"点"的本义为小黑点。《说文·黑部》:"点,小黑也。从黑占声。"

---

① 据说关于"点心"一词的来历还有一段传说:宋朝女将军梁红玉烹制糕点慰劳在沙场上英勇奋战的将士,以表"点点心意",自此"点心"成为糕点的代称。另有上述传说中的主人公非梁红玉,而是东晋的一大将军一说。大概是由于人们不了解"点心"的命名之由及构造方式才有了此类附会、想象。

"点"作名词为"小黑点",作动词则为"点小黑点",①作形容词指"黑",均隐含"小"或"黑"义,如:

(13)九十曰鲐背,……或曰冻梨皮,有斑点如冻梨色也。(《释名·释长幼》)

(14)如彼白珪,质无尘点。(《晋书·袁宏传》)

(15)面如凝脂,眼如点漆,此神仙中人。(《世说新语·容止》)

(16)晦美风姿,善言笑,眉目分明,髥发如点漆。(《宋书·谢晦传》)

例(13)、(14)为"点"的名词用法,比较明显;例(15)"点漆"谓黑漆,侧重在小黑点;例(16)"点漆"侧重在黑色,谓头发像黑漆一样。"点漆"似可看作偏正式名词。

(17)妆铅点黛拂轻红,鸣环动珮出房栊。(王叔英妇《赠答》)

(18)方如地象,圆似天常,班彩散色,沤染毫芒,点黛文字,曜明典章。(《初学记》卷21引三国魏繁钦《砚赞》)

(19)青崖若点黛,素湍如委练,望之极为奇观矣。(《水经注·浍水》)

(20)青崖翠发,望同点黛。(《水经注·济水二》)

---

① "文不加点"正用其义,表示文章不用涂改,一挥而成。

　　以上四例都是"点黛"连言。例(17)"点"为动词,与"妆"对文同义,现代汉语依然有"妆点"一词。后三例"点黛"均为并列结构。古时妇女用黑青色颜料画眉称"点黛",用黑青色颜料画成的眉毛也称"点黛",例(19)、(20)都是比喻"青黑色山崖"像妇女化妆后的眉毛,为名词义。例(18)"点黛"谓用黑色墨汁书写,为动词义。以上数例"点黛"谓青黑色或涂成青黑色,但无论画眉毛还是写字,都是沾上(或粘上)很小部位的黑色,因而符合"小黑"的本义。

　　我们可以比较与"点"相关的"黛"字。毕沅《释名疏证补》卷四曰:"《说文》:黱,画眉也。从黑朕声。后来皆作黛字,不能复矣。叶德炯曰:《御览》服用部二十引《通俗文》:'染青石谓之点黛。'又引《后汉书》曰:'明德马后,眉不施黛,独左眉角小缺,傅之如粟。'代也。灭眉毛去之,以此画代其处也。""点"从黑从占,谓用黑点遮盖,即粘上;"黛"从黑从代,谓用黑色代替眉毛。久之,"点"的"小点"义占据主导地位,"黛"的黑色义或代指美女义占据主导地位。

　　中古时期,"点"的动词含义扩大,不仅"点一下"称为"点",小物下落、附着,只要不大、不多,都可以叫"点";对象由"小黑点"扩展到其他下落的小物体,犹言"滴落""附着"。如:

　　(21)于是露点饴蜜,溜泓澄于玉掌;云垂五采,覆旖旎于仙楼。(梁简文帝《七励》)

　　(22)武平中,有血点地。(《隋书·五行志下》)

　　(23)穿花蛱蝶深深见,点水蜻蜓款款飞。(杜甫《曲江》)

　　(24)短短桃花临水岸,轻轻柳絮点人衣。(杜甫《十二月一日三首》)

　　(25)西掖重云开曙晖,北山疏雨点朝衣。(岑参《西掖省

即事》）

　　（26）二毛晓落梳头懒，两眼春昏点药频。（白居易《自叹》）

　　例（21）谓露水落下如同饴糖、蜂蜜；例（22）谓少量血滴落在地；例（23）"点水"表示一触水面即起，现代汉语还有"蜻蜓点水"的说法；例（24）表示少量柳絮落到了人的衣服上；例（25）言"疏雨"落到衣服上；例（26）"点药"表示施用少量的药于患处，现代汉语还有"点眼药水"的用法。由这些例证可以看出，"点"可以用来表示小的、少量的物体"下落、附着"。此时"点"的隐含义"小、少"凸显，而"黑"义逐渐消失。现代汉语仍有"一点（儿）""点滴""点眼药""打点滴"等说法，都与"点"的核心义"小、少"密切相关。

　　"点"的含义就是下落、附着，"点心"本为动词，指少量食物"下落到心里"，即少量进食。后又可用作名词，指小食品。也都隐含"少""小"之义。

　　为了进一步理解"点"的含义及其变化，我们再比较与"点"在意义和用法上均相似的"滴"字。《说文·水部》："滴，水注也。"《玉篇·水部》："滴，水滴也。"又："沥，滴沥，水下。"晋潘岳《悼亡诗》："春风缘隙来，晨溜承檐滴。""滴"可以表示水滴下落，也表示名词水滴，故"点滴"连言可以表示零星而微小的事物。但"点"与"滴"作动词，又有着明显的区别：（1）"点"有施动者，一般是有生命的人，而"滴"是自动者，一般是无生命的事物。（2）"点"的客体可以是固体也可以是液体，而"滴"的客体一般是液体。（3）"点"一般不具有持续性特征，而"滴"往往具有持续性特征，是一个连续不断的动作。（4）"点"的下落角度在一定程度上具有主观性，而"滴"的下落角度一般为垂直向下。

　　吃少量食物之所以称"点心"而非"滴心"，恐怕与动词"点"与

"滴"的差别有关:"点心"之"点"的主体为有生命的人,客体一般为固体,"点"的动作不具有持续性,食物的下落角度并非垂直向下。

再看"心"。

食物进入人体,最直观的部位应该是到"腹"或"胃",为什么称"心"呢? 我们看看相关的例子。文献中表示"空着肚子"一般用"空腹"来表示:

(27)上以醋渍三日后,焙干研末,和前药酒,调面糊为丸,<u>空腹</u>温酒下五十九。(《华佗神医秘方真传·妇科门》)

(28)上二十一味,末之,炼蜜和丸,如弹子大,<u>空腹</u>酒服一丸,一百丸为剂。(《金匮要略·血痹虚劳病脉证并治》)

(29)治卒心痛,桃白皮煮汁,宜<u>空腹</u>服之。(《肘后备急方》卷一)

(30)平晓向甲寅地日出处开之,其酒赤如金色,旦<u>空腹</u>服半升。(《备急千金要方·养性》)

(31)若入腹者,<u>空腹</u>服酢酪一升。(《千金翼方·小儿》)

(32)<u>空腹</u>一盏粥,饥食有余味。(白居易《闲居》)

"空着肚子"又可称"空心",如:

(33)共放鸡腹内,水酒各半,蒸熟<u>空心</u>食。(《华佗神医秘方真传·妇科门》)

(34)冬朝勿<u>空心</u>,夏夜勿饱食。(《全晋文》卷一百一十六葛洪《养生论》)

(35)渐羸瘦方:桃仁一两,去皮,尖杵碎,以水一升半煮汁,着

米煮粥,空心食之。(《肘后备急方》卷一)

　　(36)右九味捣筛,蜜和丸如梧子,空心服。(王焘《外台秘要方》卷十三)

　　(37)候稠如饧,贮净洁器中,每日空心暖酒调一匙头饮之。(《四时纂要·冬令》)

　　(38)凡服药旦空心服之,以知为度,微觉发动流入四肢,头面习习然为定,勿更加之。(《备急千金要方·胆腑方》)

　　以上"空腹""空心"同义,说明在一定条件下,"心"与"腹"同义。此外,还有"心""腹"连言或对言的说法,如"心腹""腹心""披心腹""心腹之疾""心腹之病""心腹之患"以及"推心置腹""分心挂腹"等,均可证明"心"与"腹"有着密切的关系,甚至是同义的。

　　既然"心"与"腹"同义,有"空心"也有"空腹",为什么"吃小食"称"点心"而不称"点腹"?笔者以为,词语搭配与其语素的核心义是密切相关的。在古人眼里,"心""腹"只是"浑言无别",析言之,"心""腹"又有区别。作为人体器官,"心"小而"腹"大,故相对而言,"心"往往具有"小"的核心义(也是其隐含义),而"腹"往往具有"大"的核心义。如俗语"以小人之心,度君子之腹",不能说成"以小人之腹,度君子之心","心"与"腹"的位置不能互换,因为小人言小,君子言大,所谓"君子坦荡荡"。有"寸心"一词,表示心之小,南朝梁沈约《饯谢文学离夜》:"以我径寸心,从君千里外。"唐杜甫《偶题》:"文章千古事,得失寸心知。"是其例。又有"区区之心"等也都言小。还有"小心""小心翼翼""小心谨慎""(小)心眼(儿)"等说法,均可证"心"隐含"小"这一核心义特征。

　　"腹"隐含"大"义,可以通过由"腹"构成的词语进一步证明之:

"大腹便便"形容肚子肥满。"击壤鼓腹"指吃得饱,有余闲游戏。"腹尺"用来比喻食量大。"满腹经纶""腹载五车"比喻读书甚多,学识极富。"边氏腹"称满肚子学问犹如装满典籍的书籍。"饱腹"指吃饱肚子。"精神满腹"谓满腹才学。"食不果腹"谓吃不饱肚子,形容生活贫困。可见,以"腹"为语素构成的词语也多含"大""满""饱"等义。还有"充腹""果腹"等词,均表示吃饭或吃饱饭的意思。如《战国策·燕策一》:"人之饥所以不食乌喙者,以为虽偷充腹,而与死同患也。"《尉缭子·治本》:"非五谷无以充腹,非丝麻无以盖形。""果腹"源于《庄子·逍遥游》:"适莽苍者,三飡而反,腹犹果然。"唐柳宗元《憎王孙文》:"充嗛果腹兮,骄傲欢欣。"《明史·倪岳传》:"故朝廷有糜廪之虞,军士无果腹之乐。""充腹"等表示吃饭,非食时吃东西,一般不被称为"充腹"。

从字形上看,"腹"从"复"。从"复"的字大多含"大"义,如"鍑",《说文·金部》:"鍑,釜大口者。"《玉篇·金部》:"鍑,似釜而大也。"又如"蝮",《说文·虫部》:"蝮,虫也。"在古代一指"虺",一指"蝮蛇"。这两种动物都具备"大"的特征。《尔雅·释鱼》:"蝮,虺,博三寸,首大如擘。"唐玄应《一切经音义》卷二引《三苍》:"蝮蛇,……大者长七八尺,有牙,最毒。"战国宋玉《招魂》:"蝮蛇蓁蓁,封狐千里些。"王逸注:"蝮,大蛇也。"再如"鳆"。《说文·鱼部》:"鳆,海鱼名。"指鲍鱼或鲨鱼。

汉语词语搭配在词性(如内动词与外动词、自动词与他动词等)、词义(如褒义与贬义、核心义特征相应、泛指与特指等)等方面都需要具有一致性。由上分析可知,"点"与"心"的核心义中均隐含"小"的特征,具有搭配的一致性。换句话说,"点"的核心义特征决定了与之相应搭配的语素只能是"心"。"腹"这样一个具有核心义"大"的词语与言"小"的"点"搭配起来自然不合适。这就是只有"点心"而没有"点腹"的原因。①

四、"点心"一词的推衍

"点心"的名词义与动词义在后代均有发展,现分别论述如次。

(一)"点心"名词义的发展

宋元以后,"点心"的名词用法得到了普遍推广,成为一个家喻户晓的词语。随着"点心"使用频率的提高,"点心"可以缩略为"点",进而由"点"作为语素可以构成"茶点""糕点""干点""早点""甜点""西点""面点"等词语,如:

> (39)右为细末,每服半钱,如茶点服。(陈师文《太平惠民和剂局方·硼砂散》)
>
> (40)其花纹如今市中所卖糖糕,或有白点,或有如嵌糖糕点,

---

① 为什么不用"点胃"呢?笔者以为,"心""腹"在古人看来都可以作为泛指器官,含义广泛而抽象,"心"可以思考,可以表达心意和情感,"腹"是人体中一个相对大的空间,可以容纳内部脏器,可以容纳很多抽象事物,"腹有诗书气自华"即其例。"心腹"连言可以表示真情,汉王褒《四子讲德论》:"是以海内欢慕,莫不风驰雨集……咸洁身修思,吐情素而披心腹。"是其义。"心腹"可以代指四肢之外的身体。《战国策·秦策三》:"秦韩之地形,相错如绣。秦之有韩,若木之有蠹,人之病心腹。"晋袁宏《后汉纪·顺帝纪一》:"譬之一人之身:本朝者,心腹也;州郡者,四支也。"此例很形象地说明了"心腹"对人的重要性,也说明其泛指性。因而"心腹"比喻要害部位。《东观汉记·来歙传》:"上以略阳罴所依阻,心腹已坏,则制其支体易也。"是其例。"心腹"还代指亲信等在身边参与机密的人物。《后汉书·窦融传》:"宪既平匈奴,威名大盛,以耿夔、任尚等为爪牙,邓迭、郭璜为心腹。"而"胃"则完全被作为一个人体器官看待,《说文·肉部》:"胃,谷府也。""胃"通常不具有泛指性,不具有多重含义,所以没有"点胃",也没有"空胃"。

以手摸之,作岩桂香。若摩之无香者,为伪物也。(周密《云烟过眼录》卷一)

(41)我内人也替你做了几样<u>干点</u>小菜,也带了来。(曾朴《孽海花》卷二)

(42)每日清晨起来,定要临摹《灵飞经》、写白折子两开,方吃<u>早点</u>。(李宝嘉《官场现形记》卷五十六)

(43)他做梦在"都会饭店"吃中饭,点了汉堡牛排和柠檬<u>甜点</u>,老等不来,就饿醒了。(钱钟书《围城》)①

(44)有几位哈佛和耶鲁毕业的教授夫人,集资制作<u>西点</u>,在街头设摊出售。(汪曾祺《日规》)

(45)轩里有一阵曾有人卖过<u>面点</u>,大概因为生意不好,停歇了。(汪曾祺《翠湖心影》)

"点心"一词缩略为"点",而不是缩略为"心",原因大致有如下几方面:其一,从语音上看,在语流中,有倾向于前面一个音节的特征。俞理明(2005:225)指出:"就汉语而言,词语开头部分,由于地位关系,一般不发生弱化,但词语的后读部分就很容易出现这种变化,造成词语发音的前重现象。"其二,从语义上看,缩略时要选一个用法相对简单的语素,"点"的用法与"心"相比相对简单,这样可以使表意更加明确。其三,从语法上看,"点心"是动宾结构的复音词,"点"应当也是语法重音。

---

① 本文现代汉语例证均来自北京大学 CCL 语料库检索系统(网络版):http://ccl.pku.edu.cn:8080/ccl_corpus/。

（二）"点心"动词义的发展

由"点心"类推，元朝又出现"点饥"一词，表示稍微吃点东西以解饿，如：

（46）我恰才送些茶饭与俺哥哥且点饥。（高文秀《黑旋风》第三折）

（47）朱三平日卖汤粉，这五虎日日在衙门前后走动，时常买他的点饥。（凌濛初《二刻拍案惊奇》卷十）

（48）及至到他家里坐着，只是泡些好清茶来请他品些茶味，说些空头话，再不然趓着脚儿把管箫吹一曲，只当是他的敬意，再不去破费半文钱钞，多少弄些东西来点饥，公子忍饿不过，只得别去。（凌濛初《二刻拍案惊奇》卷二十二）

（49）长儿快烧起锅来煮猪腿，先将圆子来点饥。（清溪道人《禅真逸史》第六回）

（50）秋谷吃了半碗，文仙也略略点饥，相携就寝。（佚名《九尾龟》卷二）

（51）娘姨们早摆上四碟点心。秋谷等随意点饥，相将坐下，算起和帐来。（佚名《九尾龟》卷二）

现在口语里还有这种说法。从清代开始又有"点补""点补点补""点一点"等说法，均谓"少量进食以解饥"之义。如：

（52）二则天长了，姑娘们顽一回子还该点补些小食儿。素日又不大吃杂项东西，如今吃一两杯酒，若不多吃些东西，怕受伤。

（曹雪芹等《红楼梦》第六十二回）

　　（53）奶奶请回来，这里有饽饽，且<u>点补</u>些儿，回来再吃饭。（曹雪芹等《红楼梦》第七十一回）

　　（54）我说叫他把老弟你给的那胎产金丹吃一丸子，那是好的呀。他且不吃，只嚷饿的慌，要先吃点儿甚么。只这一顿，就撮了三大碗儿小米子粥，还<u>点补</u>了二十来个鸡子儿，也没听见他嚷个头晕肚子疼的。（文康《儿女英雄传》第三十九回）

　　（55）你早晨匆匆出去，没有吃这羹，这会儿很该<u>点补点补</u>。（花月痴人《红楼幻梦》第三回）

　　（56）直至天色黎明，稍稍吐定，大家一块石头落地，不好再去睡觉，令灶下开了煤炉，炖口稀饭略<u>点一点</u>。（韩邦庆《海上花列传》第六十三回）

　　与"点补"等类似，现代汉语又有"<u>垫补</u>""<u>垫补垫补</u>"或"<u>垫一垫</u>"等词语，表示在非正餐的时候吃点小食。如：

　　（57）别着急啦，大节下的！我这儿还有两盘倭瓜馅的饺子呢，好歹的你先<u>垫一垫</u>！（老舍《四世同堂》）

　　（58）本来只想草草地<u>垫补垫补</u>，没想到 G 先生竟安排我们品尝了一顿独具风味的正宗比扎饼快餐。（《人民日报》1994 年第 3 季度）

　　（59）进了南关，走进一家起火小店，想歇歇脚，<u>垫补垫补</u>肚子。（梁斌《红旗谱》）

　　（60）中午咱们省了一顿，这晚饭还不知什么时候吃上，咱先吃点什么<u>垫补垫补</u>吧。（邓友梅《好您哪，宗江大哥》）

　　（61）走到赵国边境,安营扎寨,到了半夜,韩信传令,说各部
队给将士们发点小点心,<u>垫一垫</u>,等明天早上我们灭了赵国,大家
来会餐。(《百家讲坛》易中天《韩信功过之谜》)

　　"垫补""垫补垫补""垫一垫"与"点补""点补点补""点一点"在
意义上相关,语音上相近。王云路(1990)指出:"我们民族记录语言往
往有一种心理习惯,即凭听觉随意书写,不去注意它实际的读音与写
法,我们姑且把这种现象称之为'听音为字'。""听音为字"的现象在现
代依然存在。"垫补""垫补垫补""垫一垫"恐怕就是其中的一个例证,
"垫"也许是受到了"点"的影响,但"垫"本身也可以表示"垫底""补
充"义,所以是在语音与语义共同作用下产生的。

参考文献

高启安,2003,《敦煌饮食研究札记三题》,《兰州商学院学报》第2期。

江海珍,2010,《再释"点心"》,《语文学刊》第5期。

邱庞同,2005,《"点心"浅谈》,《烹调知识》第7期。

王云路,1990,《望文生训举例与探源》,《古汉语研究》第2期。

武建宇,2004,《笔记小说俗语词例释》,《语文研究》第1期。

杨剑桥,2009,《释"点心"》,《咬文嚼字》第7期。

俞理明,2005,《汉语缩略研究——缩略:语言符号的再符号化》,成都:巴蜀
书社。

周海鸥,2011,《食文化》,北京:中国经济出版社。

再释"薄相"*

王 健

吴方言有"薄相"一词,《大词典》释为"玩耍,戏弄"。引例北宋苏轼《次韵黄鲁直赤目》:"天公戏人亦薄相,略遣幻翳生明珠。"南宋葛郯《水调歌头·舟回平望久之过乌戍值雨少憩向晚复晴再用韵赋二首》词之一:"应是阳侯薄相,催我胸中锦绣,清唱和鸣鸥。"又作"字相"。明沈自晋《望湖亭·怀甥》:"表弟在玄真观中读书,不肯出来字相。"后多作"白相",沿用至今。明冯梦龙《双雄记·青楼忆旧》:"我做小娘官样,天生极会白相。"茅盾《搬的喜剧》:"搬场?又要搬场?真好白相哉,才搬来了四个月,又要搬场?"《大词典》的解释是否全面?我们又应该如何理解"薄相(白相)"的结构与词义?本文试从"薄相"的来源、结构、核心义、义项分析四个方面,来重新梳理"薄相"的词义相关问题。

一、"薄相"之来源

关于"薄相""白相"的来源,晚清况周颐《蕙风词话》续编卷一:"'薄相',犹言游戏,吴闾里语曰'白相'。'白'盖'薄'之声转。一作'字相'。""白""字"一读与"薄"同,都是帮纽铎部字。今"白相"由

---

* 原文载于 2019 年上海教育出版社《汉语史学报》总第 21 辑。

"薄相"而来,已经是比较清楚的了,但是"薄相"的结构和得义缘由如何分析?

一说认为"相"是语助。张惠英(1980;2001:6)讨论了"字相""白相""鼻相""薄相"等关系,指出"字相"的本字可能是"薄相",认为"字相(字相相)"一语是由"薄"的摔跤游戏的意思引申而来,"相"似乎是个助词。殷晓杰等(2015)赞同此说法。

一说认为"薄相"是词组缩略。王锳(2005:21)指出:"'薄相'或作'劣相','薄''劣'义近可通……'薄相'一词可能由词组缩略而成,《陆九渊集》卷三五《语录下》:'人凝重阔大底好,轻薄小相底不好。'"

一说认为"薄相"是联绵词,是"婆娑"等音转而来。曾昭聪(2013;2015)引《通俗编》卷十二"字相"条黄侃评曰:"即'婆娑''媻姗''槃薖''勃窣'之转。"并进一步说明:《汉语大词典》收录"婆娑",有"逍遥、闲散"义,"媻姗",亦作"媻跚",有"飘动貌",均与"嬉游"义近,表示"嬉游"之"字相""白相""薄相"实为上述诸词之方言变体。

此外,薛理勇(1992:26)认为:"薄相"一般指穷相、寒酸相,引申为"没出息"。古人提倡"唯有读书高",勤于苦读的小孩讲作"有出息",顽童只能是"薄相"没有出息了。如此久之,人们就把贪玩没出息的小孩讲作"薄相"。

以上说法如何取舍? 我们认为:第一,"薄相"用"婆娑"的方言变体解释不太合适。"婆娑"是叠韵联绵词,其变体"媻姗""槃薖"也是叠韵,但"白""薄""字"与"相"均无声韵上的联系,"薄相""白相"不构成叠韵。第二,"薄"的搏击义当作"博"或"搏","薄"本身没有游戏之义,朱骏声《说文通训定声》:"薄,假借为博。"但未见"博相"或"搏相",认为"薄相"是动词"薄"加语助"相"不符合语言习惯。第三,将"薄相"看作"轻薄小相"的词组缩略缺少证据,仅《陆九渊集》一条。第四,"薄相"表示玩耍义宋代已经出现,不单指顽劣的孩童,用"孩童贪玩没出息"解释"薄相"恐以今律古。不过王锳先生将"薄相"与"劣相"建立起联系,给了我们很大的启示,关于"薄相"的成词,还有可以讨论的空间。本文认为:"薄相"就是"～相"一类双音词的一个典型,只不过词汇化的程度较其他词更高而已,下文试证明之。

二、从"～相"看"薄相"的结构

我们关注"～相"一类双音词即可明了"薄相"的结构。

"～相"构成双音词,在古汉语中多表示"……的相貌(样子)",是偏正结构。可以形容姣好之貌:

有"贵相",贵人之相。《宋书·徐羡之传》:"汝有贵相,而有大厄,可以钱二十八文埋宅四角,可以免灾。"

有"福相",有福的相貌。明唐顺之《荆川先生文集》:"吾视金有福相。"

有"善相",和善的相貌。唐李贺《马诗二十三首·其十九》:"空知有善相,不解走章台。"

也可以形容丑恶之貌:

有"苦相",表示薄命。晋傅玄《豫章行·苦相篇》:"苦相身为女,卑陋难再陈。"或表示恳切之相。南朝宋徐湛之《还郡自陈表》:"臣苦相谏譬,深加距塞。"

有"穷相",表示贫贱的相貌或小家子气。唐崔橹《有酒失于虔州陆郎中肱以诗谢之》:"叵耐一双穷相眼,不堪花卉在前头。"

有"贱相",令人鄙薄的言谈举止。北宋王直方《直方诗话·少游和参寥诗》:"这小子又贱相发也。"清钱泳《履园丛话》:"每见人动辄言贫,或见人夸富,最为贱相。"

有"孽相",犹讨嫌;该死。金董解元《西厢记诸宫调》卷三:"一个孽相的蛾儿,绕定那灯儿来往。"又表示灾害之相。前蜀杜光庭《中和周天醮词》:"果见伪王孽相,连颈歼夷;凶帅朱玫,继纵斩馘。"

有"贫相",犹言小家气,寒酸。清西周生《醒世姻缘传》第一回:"这等一个贫相,怎当起这等大家?"

有"贼相",奸贼之相。清陈鼎《东林列传·梅之焕传》:"天不欲太平,宇内以梅君之贤,足以仗三尺剑削平小寇,奈何终沮于贼相,岂非气数欤!"

现代汉语中还有"洋相",多作"出洋相"或"洋相百出",也有离合词用法,如"出了洋相""出多少洋相""出我的洋相""出这份洋相"等,例略。而上引《直方诗话》中"贱相发"即"发贱相",与"出洋相"结构一致。

"~相"在现代汉语中也一直沿用,可以用来形容各种不同的丑恶之相,如"贪相""馋相""凶相""寒相""窘相"等,例略。这一类词语还有很多,南唐宋齐邱《玉管照神局》:"上等之人,最要有相。论相法中有富相、有贵相、有贱相、有穷相。"此外,三音节有"窝囊相""败家相""寒碜相""寒酸相"等。

在一些句子中,"~相"也可以表示某种态度或状态,此时"相"的词义虚化。比如"穷相",唐代唐彦谦《见炀帝宝帐》诗:"汉文穷相作前王,悭惜明珠不斗量。"这就是表示吝啬,不必译为"吝啬的样子"。"贫相""孽相"等也是如此。此外,有"疑相",犹误会或差错。《儿女英雄传》第五回:"公子见那女子这光景,自己也知道这两吊钱又弄疑相了。"

有"灭相",轻视。元关汉卿《关张双赴西蜀梦》第二折:"咱西蜀家威风,俺敢将东吴家灭相。"

有"嫩相",白先勇《玉卿嫂》:"他的嘴唇上留了一转淡青的须毛毛……很逗人爱,嫩相得很。""嫩相"形容显得年轻。

有"狂相",狂妄放肆、骄傲轻佻的态度。王小波《谦卑学习班》:"先是老百姓看他(她)狂相不顺眼,纷纷写信或打电话到报社、电视台贬他(她)。"

从以上可以看出,双音词"～相"多为偏正结构,可以作名词(一副馋相)、形容词(一双穷相眼)、动词(将东吴家灭相),在句子中可以充当不同的语法成分。通过对比可知,"薄相"与"～相"一类双音词结构一致。

三、"薄"的核心义——相迫

那么为何"薄相"有顽劣、调皮等义呢?我们试从"薄"的核心义着手分析。《大字典》中"薄"的义项主要有:

(1)草木密集丛生处。(2)迫近、接近。(3)急、紧迫。(4)停止;依附。(5)物体厚度小。(6)轻微、小。(7)数量少。(8)淡弱。(9)土质贫瘠。(10)粗陋。(11)命运不幸。(12)不厚道。(13)减轻、减损。(14)轻视、看不起。(15)晦暗。(16)敷,涂饰。(17)束缚。(18)努力。(19)惧怕。(20)买。(21)帘子。(22)蚕帘。

这么多义项如何统摄?考《说文·艹部》:"薄,林薄也。"段注:

《吴都赋》:"倾薮薄。"刘注曰:"薄,不入之丛也。"按,林木相迫不可入曰薄。引伸凡相迫皆曰薄,如"外薄四海""日月薄蚀"皆是。傍各、补各二切同也。相迫则无间可入,凡物之单薄不厚者,亦无间可入,故引伸为厚薄之薄。

想要了解"薄"的核心义，段玉裁"引伸凡相迫皆曰薄"给了我们启示。将"薄"的义项进行归类可以发现，《大字典》的义项大多数都是由事物相逼迫引申而来的。段玉裁"引伸凡相迫皆曰薄""相迫则无间可入"这些观点是很正确的。而"相迫"就可以看成是段氏对"薄"的词义的总结，也就是我们今天所说的核心义。

"薄"的本义是草木密集丛生之处。《楚辞·九章·涉江》："露申辛夷，死林薄兮。"王逸注："丛木曰林，草木交错曰薄。"草木之间的交错相迫即为"薄"。引申可以指迫近、逼近。《左传·僖公二十三年》："曹共公闻其骈胁，欲观其裸。浴，薄而观之。"孔颖达疏："薄者，逼近之意。"而相迫，就是没有间隙，因此可以指物体的厚度小。《诗·小雅·小旻》："战战兢兢，如临深渊，如履薄冰。"进一步引申出简陋、轻微、淡弱、数量少等义项。

"薄"表示草木丛生没有空隙，而形容人际关系的"相迫"就是过于接近，没有距离。态度就是轻慢无礼，相狎。所以"薄"有轻视义。左思《咏史》："主父宦不达，骨肉还相薄。"李善注："薄，轻鄙之也。"

换句话说，距离的远近与人际关系的亲疏往往是相通的。郑张尚芳（2001:179—197）指出汉语中有一批同源异形词，就在其亲属语藏语中也有相当的同源异形词。举例"迩"＊njiq 为"近"，"昵"＊nid 为"亲近"，"褺"＊snjed 为"狎近"（"袒"＊nid 为近身衣）；藏 nje "近"，snjen"亲近"①。距离近可以表示关系亲近。如"昵"有亲近、距离近二义。《说文·日部》："暱，日近也……昵，暱或从尼。"《广韵·质韵》："昵，近也。"《集韵·质韵》："昵，亲也。"

但从礼节上看，人与人之间要保持一个相对恰当的距离，过分的

---

① "藏"为藏文字母转写，＊号后为郑张尚芳先生的上古汉语拟音。

亲近往往是无礼狎昵。考"狎"本义就是靠近。《书·太甲上》："予弗狎于弗顺，营于桐宫，密迩先王其训，无俾世迷。"孔传："狎，近也。"《左传·襄公六年》："宋华弱与乐辔，少相狎，长相优。"杜预注："狎，亲习也。"引申有轻侮义。《左传·昭公二十年》："水懦弱，民狎而玩之，则多死焉。"杜预注："狎，轻也。"汉董仲舒《春秋繁露·俞序》："敌国不可狎，攘窃之国不可使久亲，皆防患、为民除患之意也。"

"狎"又可作"狭"。《玉篇·犬部》："狭，同'狎'。"唐李贺《嘲少年》："美人狭坐飞琼觞，贫人唤云天上郎。"王琦注："狭坐，一作狎坐。"而"狭"的本义也是窄，距离小。《广韵·洽韵》："狭，隘狭。"

"蔑"同样有微小、轻视二义。《说文·首部》："蔑，劳目无精也。"段注："目劳则精光茫然，通作眜。……引伸之义为细，如木细枝谓之蔑是也。""蔑"的本义是因为疲劳而目光无神，睁不开眼。"睁不开眼"就引申出了微小义，《易·剥》："六二，剥床以辨，蔑贞凶。"孔颖达疏："蔑谓微蔑，物之见削则微蔑也。"而小看他人就是轻视，《国语·周语中》："狄，豺狼之德也，郑未失周典，王而蔑之，是不明贤也。"从另一个角度来说，这种眼睛半睁半闭、眼皮下垂的神态，既可以是疲惫的样子，也可以是轻侮的表现。

"鄙"也有狭小、低贱二义。《说文·邑部》："鄙，五酂为鄙。"段注："《春秋》经传鄙字多训为边者，盖《周礼》都鄙距国五百里，在王畿之边，故鄙可释为边。又引伸为轻薄之称。"《说文》中"鄙"是行政区划名，但是"鄙"从邑啚声，本义表示郊野之地，多为小邑。《释名·释州国》："鄙，否也，小邑不能远通也。"由"小邑"引申，"鄙"有狭小义。《孟子·万章下》："闻柳下惠之风者，鄙夫宽，薄夫敦。"赵岐注："鄙，狭。"而边邑之地往往浅薄鄙陋。《左传·庄公十年》："肉食者鄙，未能远谋。"即表示浅陋。

"迩"有距离（时间）近、言语行为浅近二义。《尔雅·释诂下》："迩，近也。"也可以表示浅近，复音词"迩言"，谓浅近之言，常人之语。《礼记·中庸》："舜好问，而好察迩言。"

以上虽然"狎""狭""荚""鄙""迩"的词义是从不同角度发展的，但是都包括了"狭小""轻视"两个义项。此外，距离的近，也往往与穷困、窘迫相关。

"隘"有狭窄、穷困二义。《左传·昭公三年》："初，景公欲更晏子之宅，曰：'子之宅近市，湫隘嚣尘，不可以居，请更诸爽垲者。'"杜预注："隘，小。"《荀子·礼论》："不至于隘慑伤生。"杨倞注："隘，穷也。"

"迫"有靠近、困窘二义。《韩非子·亡征》："恃交援而简近邻，怙强大之救，而侮所迫之国者，可亡也。"表示接近。《韩非子·存韩》："夫韩尝一背秦而国迫地侵，兵弱至今。"表示困厄。

在他族语言中，距离远近与关系亲疏、情境逆顺也往往有密切关系，黄树先（2012：69、96）曾指出：

> 印度尼西亚语 akrab"亲密的，亲近的，密切的"；singkat"短；短暂的；（故事、讲话等）简短的；肤浅的"；sempit"狭窄；拥挤；（视野、见识等）狭隘"；sesak"狭窄；拥挤，（生活等）拮据，窘迫"。
>
> 德语 Enge"狭窄；狭窄的地方；困境"。
>
> 拉丁语 artum"狭窄地，困境"。法语 étroitesse"狭，窄；狭隘，平庸"。意大利语 ristrettezza"狭窄；缺乏；狭隘"。
>
> 俄语 тесный/tesnyj"狭窄的；困难的"。
>
> 土耳其语 dar"狭窄的；狭隘的；困难的"。

如此,我们建立了语言生活中"空间距离——事物情形——人际关系"之间的联系,如下图:

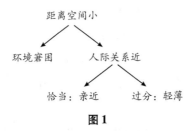

图1

在这个词义引申脉络中,"薄""狎""迫""昵""鄙""蔑""隘""迩"等都符合这样的引申路径,可以看成是共识。

四、再谈"薄相"的词义

关于"薄相"的词义,除《大词典》解释为"玩耍、戏弄"之外①,薛理勇认为是"穷相、寒酸相、没出息",钱汝嵩(1992):"'薄相'另可释为'小家子气'。"王锳(2005:21):"薄相,细分有二义:一义等于说促狭、有意开玩笑。……另一义则略同'薄劣'之引申义,犹言'顽劣、调皮',一般只有轻微的调侃意味而不含贬义。"诸家说法如何理解?

由"薄"的核心义"迫近"出发,我们试着统摄这些义项。"薄"是迫近,距离的亲近就可以是玩耍、嬉戏,至今常用。这种亲昵的行为,往往可以表示调皮活泼或开玩笑。"薄相"在宋代已经常见。如北宋李之仪《庄居值雨偶得十诗示秦处度·其九》:"问雨何薄相,偏来戏吾家。"苏轼《泛颍》:"此岂水薄相,与我相娱嬉。"南宋杨万里《竹林》:"那知

---

① "薄相"《大字典》另有义项2表示"福薄之相",此时"薄相"是字面意义的偏正结构,不多讨论。

竹性元薄相,须要穿来篱外生。"此时的主语是拟人化的自然事物,如雨、水、竹等,都体现了调皮活泼的特点。再如南宋周紫芝《刘文卿烧木犀沉为作长句》:"聊将戏事作薄相,办此一笑供儿童。"表示开玩笑。也可以形容人物,上文苏东坡有"天公戏人亦薄相",南宋葛立方《满庭芳·簪梅》:"吾年今老矣,佳人薄相,笑插林巾。"

而迫近的程度进一步加深,"薄相"就有了促狭、狎昵的意思。北宋晁说之《答恂阇黎乞浆》:"却喜粟浆如北客,从教薄相笑无奇。"此外,试对比"造物小儿亦薄相,浪付繁华给挥扫"(北宋沈与求《刘行简见借诗稿以长句归之》),与前文"天公戏人亦薄相",同样对造物者的描写,可以看出由于诗人的态度不同,"薄相"的感情色彩也产生了区别,贬义就是促狭,中性义就是轻微调侃。

下例值得注意。杨万里《腊梅》:"江梅珍重雪衣裳,薄相红梅学杏装。渠独小参黄面老,额间艳艳发金光。"此例"薄相"也是调皮义。该诗将"江梅""红梅""腊梅"作对比,说明不同梅花的性格特征。用江梅的"珍重"、红梅的"薄相",来对比腊梅的金光闪闪,并没有损"红"而扬"江""腊"的意思。杨万里的梅花诗向来生动活泼,推崇风趣。诸家若将"薄相"释为"穷苦相""不自珍重"等义,恐与诗意不合。

与此相关的双音词有"薄劣"。"薄劣"指低劣、拙劣。《后汉书·孔融传》:"至于轻弱薄劣,犹昆虫之相啮,适足还害其身,诚无所至也。"但是宋元以来,发展出了新用法,表示小儿顽皮,轻薄顽劣。苏轼《东坡志林·涂巷小儿听说三国语》:"涂巷中小儿薄劣,其家所厌苦,辄与钱,令聚坐,听说古话。"王锳(1986:15)也指出了这种意义上的区别,并指出"元明剧曲中多承此用法(轻薄顽劣,轻度的詈词)而语意加重"。"薄劣"由低劣义到顽皮义的发展,与"薄相"的词义发展也是相通的。

总结如下:

(1)"薄相"是偏正结构复音词"～相"的一个典型;

(2)"薄"的核心义是"相迫",人际关系的相迫就是距离过分接近,就是狎昵,因此"薄"有轻视、看不起之义;

(3)通过对"薄""狎""迫""昵""鄙""蔑""隘""迲"等的义项分析,可以看出在人类认知中,"空间距离小——情形窘困——人际关系近密"是密切相关的;

(4)"薄相"的义项由"相迫"统摄,距离恰当表示玩耍义;距离亲昵表示调皮开玩笑义;距离过近表示狎促义。

参考文献

黄树先,2012,《比较词义探索》,成都:巴蜀书社。

钱汝嵩,1992,《"薄相"的多义性》,《读书》第 11 期。

王锳,1986,《诗词曲语辞例释(增订本)》,北京:中华书局。

王锳,2005,《诗词曲语辞例释(第二次增订本)》,北京:中华书局。

薛理勇,1992,《上海俗语切口》,上海:上海人民出版社。

殷晓杰、唐雁凌、赵菁,2015,《近代汉语"玩耍"义词的历时演变研究》,《浙江师范大学学报(社会科学版)》第 2 期。

曾昭聪,2013,《近代汉语异形词的来源》,《安徽理工大学学报(社会科学版)》第 2 期。

曾昭聪,2015,《近代汉语异形词理据探讨》,《钦州学院学报》第 1 期。

张惠英,1980,《吴语札记》,《中国语文》第 6 期。

张惠英,2001,《汉语方言代词研究》,北京:语文出版社。

郑张尚芳,2001,《汉语的同源异形词和异源共形词》,侯占虎(主编)《汉语词源研究》第 1 辑,长春:吉林教育出版社。

第四编

◆

核心义与词义走向

说"赘婿"*

——兼谈"赘"与"质"的核心义

王云路

汉代以来就有"赘婿"一词,指到女方家里成婚并定居的男子,也就是"上门女婿",属于当时的俗语。例如:

(1)君若赘旒然。何休注:"赘,系属之辞,若今俗名就婿为赘婿矣。"(《公羊传·襄公十六年》)

(2)古之赘婿,尚为尘垢;况明智者,欲作奴父?(《全后汉文》卷八十四张超《诮青衣赋》)

(3)知远微时,为晋阳李氏赘婿。(《资治通鉴·后晋纪三·天福六年》)

后代又产生了动词"入赘""作赘"等说法。例如:

(4)乃肯不卑于作赘,何辞可拒于盟言。(宋陆游《老学庵笔记》卷二)

---

* 原文载于《语言科学》2017 年第 6 期。

后世又有"布袋""补代""入舍女婿""入舍"等俗称（蒋礼鸿，2001:34）。例如：

（5）世号赘婿为布袋，多不晓其义，如入布袋，气不得出。顷附舟入浙，有一同舟者号李布袋，篙人问其徒云："如何入舍婿谓之布袋？"众无语，忽一人曰："语讹也，谓之补代，人家有女无子，恐世代自此绝，不肯嫁出，招婿以补其世代尔。"此言绝有理。（宋朱翌《猗觉寮杂记》卷上）

但"赘婿"的得名之由是什么，学界没有统一的认识，本文结合"质""赘"的核心义及比较来探讨这一问题。

一、前人对"赘"的解释

对"赘婿"的得名之由说者不少。下面举三家注释。

第一种，即上引《公羊传》何休注："赘，系属之辞。"

第二种，《史记·秦始皇本纪》："发诸尝逋亡人、赘婿、贾人略取陆梁地，为桂林、象郡、南海，以适遣戍。"裴骃《集解》引臣瓒曰："赘，谓居穷有子，使就其妇家为赘婿。"

第三种，《汉书·贾谊传》："故秦人家富子壮则出分，家贫子壮则出赘。"应劭注："出作赘婿也。"颜师古注："谓之赘婿者，言其不当出在妻家，亦犹人身体之有肬赘，非应所有也。一说，赘，质也，家贫无有聘财，以身为质也。"

裴骃《集解》解释了"赘婿"含义："就其妇家"，以及"赘婿"产生的两个条件——"居穷有子"，既要贫穷，又要有儿子。此皆为释其义而非解其词,没有解释得义之由。颜师古注最详细,有两解,一说"犹人身体之有肒赘",另一说"赘"作"质"解,"以身为质",也就是抵押。哪一说正确? 得义理据是什么?

《说文·贝部》:"赘,以物质钱。""质,以物相赘。"因而在"赘子"诸多解释中"赘,质也"的说法占了上风。笔者以为这个说法意思比较模糊,也不准确。我们从讨论"质"与"赘"的核心义及其相互关系入手来分析这个问题(王云路、王诚,2014:225)。[①]

二、"质"的核心义

《说文·贝部》:"质,以物相赘。从贝从所,阙。"[②]"以物相赘"就是用物(或人)作抵押。抵押是两方之间的行为,也就是对等的意思,故其核心义是"相当,达成两相对应"。[③]《礼记·聘义》:"介绍而传命,君子于其所尊弗敢质,敬之至也。"郑玄注:"质,谓正自相当。"这是对"质"字最贴切的解释。

相当,就是对等,双方构成平衡对应关系。例如:

---

①　王云路、王诚(2014:225)曾分析过"赘婿"一词,但笔者认为当时所论不够完善,故重新分析"质"与"赘"字核心义及其成词理据。

②　《说文·斤部》:"所,二斤也。从二斤。""斤"是斧子,"所"的字形为两斧相对。也有学者认为"斤"不是斧头,而是锛子。还有一些学者认为古文字中有一个旧释为"折"的字,应该就是《说文》的"所"字,从二"斤"是偏旁同化的结果。所以,字形的讨论还无法确定。

③　尽管"質"字上半部是否为"所"字尚无法确定,但是目前隶定的是"所"字。而"所"表示的正是两者的一种关系———对应关系。《说文·斤部》:"所,二斤也。"段注:"'二斤也',言形而义在其中。""所"是两斤(斧头,一说锛子)并列,显示的正是对应关系。为了保证达成"两相对应",可以用财物抵押或留人质担保,所以加了"贝"字。此为笔者的一个想法,录此以供参考。

（6）两军相当，两将相望，皆坚而固，莫敢先举，为之奈何？（银雀山汉墓竹简《孙膑兵法·威王问》）

（7）占曰："两军相当，有大流星来走军上及坠军中者，皆破败之征也。"（《宋书·天文志》）

上例中的"两军相当"就是两军相对，势均力敌。又如：

（8）如令子阳到汉中、三辅，愿因将军兵马，鼓旗相当。（《后汉书·隗嚣传》）

成语"旗鼓相当"依然保存在现代汉语中。

（9）孔山之上，有穴如车轮三所，东西相当，相去各二丈许，南北直通，故谓之孔山也。（北魏郦道元《水经注·河水三》）

此例是说三处坑穴等距离。因为"相当"，才可以相抗衡。例如：

（10）执金吾贾复曰："……今见恂，必手剑之！"恂知其谋，不欲与相见。谷崇曰："崇，将也，得带剑侍侧。卒有变，足以相当。"（《后汉书·寇恂传》）

因为"相当"，才可以作为抵押。例如：

（11）先是汉亦有所降匈奴使者，单于亦辄留汉使相当。（《史记·匈奴列传》）

此例所说其实就是留汉使作为抵押,作为人质。

《说文·田部》:"当(當),田相值也。"段注:"值者,持也。田与田相持也。引申之,凡相持相抵皆曰当。"据此可知,"当"的核心义是"相持相抵",也就是两相对当,这与"质"在对当的意义上是相同的。

"质"的核心义是"相当",是达成双方的平衡,因而就有侧重某一方面的含义。

"质"可以指留作抵押或保证的人或物,也就是抵押的主体,"人质""质子"正是其义。例如:

(12)子桑曰:"归之而质其大子,必得大成。"(《左传·僖公十五年》)

此例中的"质"是动词。

(13)王贰于虢,郑伯怨王,王曰无之,故周郑交质。王子狐为质于郑,郑公子忽为质于周。(《左传·隐公三年》)

此例中的"质"是名词,"交质"谓交换人质。① "为质"即作为人质。

古代列国互派人质,作为守信的保证,离不开盟信、盟誓,因而盟誓也可以称为"质"。例如:

---

① 后代个人物品作抵押也称"交质"。南朝梁任昉《奏弹刘整》:"何其不能折契钟庾,而禧帷交质。"

　　(14)黄池之役,先主与吴王有质。杜预注:"质,盟信也。"(《左传·哀公二十年》)

　　(15)晋、郑,兄弟也,吾先君武公与晋文侯戮力一心,股肱周室,夹辅平王,平王劳而德之,而赐之盟质,曰:"世相起也。"(《国语·晋语四》)

例中"盟质"连言。

　　(16)元康三年,先零遂与诸羌种豪二百余人解仇交质盟诅。(《汉书·赵充国传》)

　　(17)诸羌激忿,遂相与解仇结婚,交质盟诅,众四万余人,期冰合度河攻训。(《后汉书》卷九十附《续汉志·邓寇传附邓训》)

以上二例"交质盟诅"连言,交换人质,结盟发誓,成为古代列国结交的重要程序。

　　"质"作为担保的主体,因而有主体、本质的意思。例如:

　　(18)章画志墨兮,前图未改。内厚质正兮,大人所盛。(《楚辞·九章·怀沙》)

　　(19)果有名实,因以己为质。郭象注:"质,主也。"(《庄子·庚桑楚》)

　　(20)夫子之问也,固不及质。成玄英疏:"质,实也。"(《庄子·知北游》)

　　(21)故君子多闻,质而守之;……孔颖达疏:"虽多闻前事,当

简质而守之。"(《礼记·缁衣》)

例(21)谓虽然多闻,仍应以本守之①。在"质"的语境中,往往出现对应的双方,而"质"都作为主体或本质义。例如:

(22)质胜文则野,文胜质则史。(《论语·雍也》)

此例以文与质相对。

(23)君子义以为质,礼以行之。(《论语·卫灵公》)

(24)中正无邪,礼之质也;庄敬恭顺,礼之制也。张守节《正义》:"质,本也。"(《史记·乐书》)

(25)神道见素,遗华反质。李善注:"华谓采章,质谓淳朴也。"(《文选·陆云〈大将军宴会被命作诗〉》)

这里的"质"指的是主体的一方。组成双音节名词有"质地""本质""性质""质量""实质"等。

"质"还可以指对应的一方,即担保的对手或对象。例如:

(26)郢人垩慢其鼻端,若蝇翼,使匠石斲之。匠石运斤成风,听而斲之,尽垩而鼻不伤。……臣之质死久矣。自夫子之死也,吾无以为质矣,吾无与言之矣。(《庄子·徐无鬼》)

----

① 郑玄注:"质,犹少也。"这是语境义,是与"多闻"相对而言。

"臣之质"就是我的对手,与我对应的一方。"质"还可以泛指对手、目标。例如:

> (27)均如贵臣之计,则秦必为天下兵质矣。(《韩非子·存韩》)

不信任,就不能"为质",所以抵押需要双方的信任和真诚。例如:

> (28)容貌之崇,忠信之质,禋絜之服,而敬恭明神者,以为之祝。韦昭注:"质,诚也。"(《国语·楚语下》)
>
> (29)汉为人质厚少文,造次不能以辞语自达,邓禹及诸将多相荐举。(《东观汉记》卷八《吴汉传》)

"质厚"为同义并列双音词,另外双音节形容词如"质朴""质古""质良""质直""质诚"等皆是。

"质"是抵押者与对方达成平衡与和谐的媒介和手段,需要双方面对面的沟通。例如:

> (30)夫人之讳,虽质君之前,臣不讳也。郑玄注:"质,犹对也。"(《礼记·曲礼上》)
>
> (31)面质吕须于平前。颜师古注:"质,对也。"(《汉书·王陵传》)

双音节动词"质问""质疑""质询"中的"质"即是当面、面对面的意思。

"质"要求达成两相对应、相当,故作动词谓衡量,评断(是否等值)。例如:

(32)马质掌质马。贾公彦疏:"质,平也,主平马力及毛色与贾直之等。"(《周礼·夏官·马质》)

此例是说"马质"这个官职是掌握马与价格的平衡的,即根据马力与马的毛色确定与之相当的价格。又如:

(33)司会以岁之成质于天子。郑玄注:"质,平也,平其计要。"孔颖达疏:"谓奏上文簿听天子平量之。"(《礼记·王制》)

这些义项都受"质"的"相当,达成对应关系"这一核心义所统摄。

三、"赘"的核心义

再来看"赘"字。《说文·贝部》:"赘,以物质钱。从敖贝。敖者犹放,谓贝当复取之。"段注:"若今人之抵押也。……放者复还,赘者当复赎,其义一也。""赘"的核心义是什么?

从众多实例看①,"赘"有多余和附加义。例如:

(34)彼方且与造物者为人,而游乎天地之一气。彼以生为附

---

①　虽然有许慎和段玉裁的解释——"敖者犹放,谓贝当复取之",但是"赘"的读音与一系列从"敖"之字读音相差太远,宵部疑母与月部章母无法相通,"赘"的造字理据尚不得确解。故我们依然从文献用例归纳其核心义。

赘县疣,以死为决疣溃痈,夫若然者,又恶知死生先后之所在!
(《庄子·大宗师》)

(35)骈拇枝指,出乎性哉,而侈于德。附赘县疣,出乎形哉,而
侈于性。唐成玄英疏:"附生之赘肉,县系之小疣。"(《庄子·骈拇》)

(36)骈拇枝指,由侈于性;附赘悬肬,实侈于形。二意两出,
义之骈枝也;同辞重句,文之肬赘也。(《文心雕龙·熔裁》)

这都是对"赘"多余与附加义的形象阐释。又如:

(37)自见者不明,自是者不彰,自伐者无功,自矜者不长。其
在道也,曰余食赘行,物或恶之,故有道者不处。(《老子》第二十
四章)

"余食赘行",以"余"与"赘"对文。故"赘"的核心义是"多余"。

(38)凉者,中国之赘余也;河湟之间,夷狄之所便也。(清王
夫之《读通鉴论·晋十》)

此例是"赘余"并列。

"赘"的多余义,还可以从相关义项中得到印证。"赘"常与同义词
或反义词对举、并列。例如:

(39)譬诸身,增则赘而割则亏。(汉扬雄《太玄·玄莹》)

(40)智也者,知也。夫智用不用,益不益,则不赘亏矣。(汉
扬雄《法言·问道》)

对于此例中的"赘",古人即有解释,俞樾《诸子平议·扬子法言一》:"温公谓'有余曰赘,不足曰亏'是也。""赘"谓多余,正与"亏"反义并列。

(41)沿袭古题,唱和重复,于文或有短长,于义咸为赘剩。(唐元稹《乐府古题序》)

例中"赘剩"为同义并列,即多余。

(42)达士共知生是赘,古人尝谓死为归。(宋陆游《寓叹》诗)

例中"赘"亦是"多余"义。

"赘"有聚集义。因为聚集、堆积到一处才会多余。例如:

(43)有冤失职,使者以闻。县乡即赐,毋赘聚。颜师古注引如淳曰:"赘,会也。"(《汉书·武帝纪》)

(44)相思之苦怀,胶结赘聚,至是泮然以销。(唐刘禹锡《答柳子厚书》)

(45)遣大将田颖、宋朝隐袭其城,夷之,贼失赘聚。(《新唐书·李光颜传》)

以上诸例中的"赘聚"为同义并列结构。

做多余之事也称"赘"。例如:

(46)君人而不能知立君之道以为国本,则大臣之赘下而射人心者必多矣。(《管子·法禁》)

"赘下"即对下属做多余之事。故尹知章注:"越职行恩曰赘。福下者君之事也,今臣为之,故曰赘。臣之作福所邀射人心必使归己也。"

中古文献常见"赘旒"一词,用连缀在旌旗上的飘带,比喻实权旁落,君主或国家危殆。例如:

(47)皇甫商同恶相求,共为乱阶,至令天子飘飖,甚于赘旒。(晋陆机《至洛与成都王笺》)

(48)昔遭不造,帝在幼冲。皇绪之微,眇若赘旒。百辟卿士,率遵前朝。(《晋书·康献褚后传》载康献褚皇后《归政诏》)

(49)皇运已殆,何殊赘旒,中国摇然,非徒如线。(《徐陵集》卷二《陈公九锡文》)

(50)公受命先皇,志在匡弼,辑谐内外,潜运机衡,奸人慑悍,谋用丕显,俾赘旒之危,为太山之固。(《李德林集》卷二《策隋公九锡文》)

"赘旒"的出典是《公羊传·襄公十六年》:"君若赘旒然。"何休注:"旒,旗旒;赘,系属之辞,若今俗名就婿为赘婿矣。以旗旒喻者,为下所执持东西。"何休正用"赘婿"来帮助解释"赘旒",这正说明"赘"的附加义。

古代典籍多以附生于体外的肉瘤"赘疣"等作比喻,表示多余、附属。例如:

(51)竭忠诚以事君兮,反离群而赘肬。洪兴祖《补注》:"赘肬,瘤肿也。"(《楚辞·九章·惜诵》)

(52)犹蚤虱之积乎衣,而赘疣之攒乎体也。(晋葛洪《抱朴

子·交际》)

(53)盖将以名位为赘瘤,资财为尘垢也。安用富贵乎?故世之难得者,非财也,非荣也,患意之不足耳!(《嵇康集》卷四《答难养生论》)

(54)石立土动,此天地之瘤赘也。山崩地陷,此天地之痈疽也。(晋干宝《山亡论》)

(55)仰望穹垂,俯视地域,涕洟江河,疣赘丘岳。(南朝宋鲍照《瓜步山楬文》)

(56)用能阐秘藏于未闻,启灵管以通照。拯四重之癥疽,拔无间之疣赘。(南朝宋释道朗《大涅槃经序》)

(57)一物不谐,则胱赘以生。庶事不康,则风火以败。(北魏元苌《温泉颂》)

(58)今古看毫发,功名剩赘疣;何时拂衣去,相与醉鲈鱼。(宋刘挚《县斋岁晚寄莱芜田同年》诗)

以上诸例中的"赘疣""疣赘""赘胱""赘瘤""瘤赘""赘疽"都比喻多余无用。

"赘婿"用法相同,喻指上门女婿的从属身份和低下地位。上引《公羊传》何休注已经说明了这一点。又如:

(59)有赘婿人虏欲扬迹扬名者,聚为一卒,名曰励钝之士。(《六韬·练士》)

(60)孝文皇帝时,贵廉絜,贱贪污。贾人、赘婿及吏坐赃者,皆禁锢不得为吏……亡无赎罪之法,故令行禁止,海内大化。(《汉书·贡禹传》)

"赘婿"与商人和犯罪之吏并称。后代还径直用"赘瘤"喻指赘婿。例如：

(61) 又怎肯去就东床，作赘瘤，冒阍人，为我舅。（清李渔《慎鸾交·却媒》）

除了上门女婿称"赘"，其他地位低下、多余或不受欢迎者也可以"赘"名之。例如：

(62) 祖浚燕南赘客，河朔惰游，本无意于希颜，岂有心于慕蔺！（《隋书·隐逸传·崔赜》）

"赘客"也是不被看重的客居者。又有"赘员"一词。例如：

(63)（卫公泾）先五世俱第进士，至公为廷唱第一人，策中力陈添差赘员之弊。（宋叶绍翁《四朝闻见录·卫魁廷尉》）

例中"赘员"就是"冗员"，多余之人。

(64) 若夫管仲不遇齐桓，则城阳之赘婿。（唐卢照邻《五悲·悲才难》）

此例"赘婿"就径指多余之人。

(65)（王樵）晚自号"赘世翁"，为赞，书其门，曰："书生王

樵,薄命寡志,无益于人,道号'赘世'。"(宋王辟之《渑水燕谈录》卷四)

（66）明知赘世翁,必无久存理;所伤门祚薄,壮殒先暮齿。（清查慎行《哭承儿》诗）

例中的"赘世翁"即世上多余之人。

元明以来,作上门女婿,可称"入赘",也称"赘居",即"客居"的意思,所谓寄人篱下。例如:

（67）颖,信之永丰尉,赘居兴贤女氏。（明宋濂《故绍庆路儒学正柳府君墓志铭》）

（68）卢郎未老因缘大,赘居崔氏清河。（明汤显祖《邯郸记·闺喜》）

（69）弟揖余言曰:"弟不幸,赘居妇家,离诸兄僻远,自伤年少而孤,未得一日之优游,挟书以学。"（清陈维崧《四弟子万诗序》）

例中的"赘居"就是作赘婿。"赘居"也指一般的客居。例如:

（70）先生躩屐负笈从之游,深有所领悟,遂赘居永嘉,以便力学。（明黄淮《静庵徐先生墓表》）

以上诸例都说明"赘婿"的地位和特点:多余、依附和寄人篱下。

"赘"因为多余无用,不受欢迎,进一步发展就有令人厌恶的意思。上引《老子》"余食赘行,物或恶之"就是其例。魏源《老子本义》引司马光曰:"形、行古字通用。弃余之食,适使人厌,附赘之形,适使人丑。"

此释"赘"有"丑"义正确,但说"行"与"形"相通,就未必合适了。"行"
就是举止行为。例如:

(71)当其接床笫,承恩色,虽险情赘行,莫不德焉。及至移意
爱,析嬿私,虽惠心妍状,愈献丑焉。李贤注:"《说文》曰:'赘,肬
也。'《老子》曰:'余食赘行。'河上公注曰:'行之无当为赘。'《庄
子》曰:'附赘悬肬。'言丑恶也。"(《后汉书·皇后纪上·光武郭皇
后传》)

(72)且买妾纳媵,因聘为资,施衿之费,化充床笫,鄙情赘行,
造次以之;纠愆绳违,允兹简裁。(南朝梁沈约《奏弹王源》)

(73)倘能安分守己,无险情赘行,如马少游所云"骑欵段马,
作乡党之善人",是即吾家之佳子弟,老夫死亦瞑目矣。(清袁枚
《与弟香亭书》)

(74)遇赘情鄙行之徒,性不能耐,便戟手而骂,由是为流俗所
嫉。(清黄宗羲《董吴仲墓志铭》)

以上诸例"险情赘行""鄙情赘行""赘情鄙行"都指令人厌恶的性
情和行为。"赘"与"险""鄙"同义;"情"与"行"对文。

(75)鄙之曰险情赘行。(《书叙指南》)

(76)窃资卓氏,割炙细君,斯盖士之赘行,而云不能与此数公
者同,以为失类而改之也。(《册府元龟·总录部》卷八百三十七
《文章一》引崔骃语)

以上二例都证明了"赘行"的含义。

"赘"还用于被动句,表示讨厌。例如:

(77)有高人之行,负非于世;有独见之虑,见赘于人。李贤注:"赘,犹恶也。"①(《后汉书·冯衍传上》)

(78)使通才之人或见赘于时。(宋王安石《取材》)

"见赘"是被动句,犹言"讨厌",被人厌恶。

因而"赘"意义发展趋向于附加、多余、无用等义,如"赘瘤""赘木""赘指""赘肉",指多余之物,"赘婿"亦其例;"赘叙""赘句""赘文""赘言""赘事"等是抽象事物之多余;"赘冗""赘附""赘累""赘剩"等都是同义并列的双音词,表示多余。

四、"质"和"赘"的异同

再来讨论"质"和"赘"的异同。二词的相同之处在于都是抵押(参见王力,2002:472)。②《说文·贝部》:"质,以物相赘。"段注:"质、赘双声。以物相赘,如春秋交质子是也。"这是取二者的共同点而言,但其抵押的本质是不同的。试比较两个例子:

(79)居者无食,行者无粮,老者不养,死者不葬,赘妻鬻子,以给上求,犹弗能赡。(《淮南子·本经》)

---

① 《长短经·适变》:"卫鞅曰:'疑行无名,疑事无功。夫有高人之行,固见非于世;有独智之虑者,必见赘于人。愚者暗于成事,智者见于未萌。人不可与虑始,而可与乐成。'"正是对这句话的解释。

② 王力(2014:498)视"质""赘"为同源词。

(80)吴以草创之国,信不坚固,边屯守将皆质其妻、子,名曰
"保质"。(晋干宝《搜神记》卷八)

"赘妻""质妻"同为抵押,但二者含义有所不同,"赘妻"是因为贫
穷①,"质妻"是为了保证忠诚。②

"赘"侧重于附加和多余,"质"侧重于本体与保证。我们再从"质
子"与"赘子"的比较中印证这一点。例如:

(81)初,苏秦弟厉因燕质子而求见齐王。齐王怨苏秦,欲囚
厉,燕质子为谢乃已,遂委质为臣。(《战国策·燕策一》)

(82)子桑曰:"归之而质其大子,必得大成。"(《左传·僖公十
五年》)

(83)君曰:"然则若何?"公孙枝曰:"不若以归,以要晋国之
成,复其君而质其适子,使子父代处秦,国可以无害。"是故归惠公
而质子圉,秦始知河东之政。(《国语·晋语三》)

(84)秦始皇帝者,秦庄襄王子也。庄襄王为秦质子于赵,见
吕不韦姬,悦而取之,生始皇。(《史记·秦始皇本纪》)

"质子"是为了家国平安,为了成就大事。
作"质子"的也可以是女性。例如:

(85)阖庐伐齐,大克,取齐王女为质子,为造齐门,置于水海

---

① 前文已说明"赘婿"也是因为家贫而上门"作婿"的(当然后来多因为女方家缺子
而上门,故称"补代"),与"赘妻"有相同的原因。参见吕叔湘(2002:196)。

② 三国时,边将屯守,规定留其妻、子于后方,以为人质,称保质。

虚。(《越绝书·外传记吴地传第三》)

再看"赘子"。例如：

(86)间者,数年岁比不登,民待卖爵赘子以接衣食,赖陛下德泽振救之,得毋转死沟壑。颜师古注："如淳曰：'淮南俗卖子与人作奴婢,名为赘子,三年不能赎,遂为奴婢。'赘,质也。一说,云赘子者,谓令子出就妇家为赘婿耳。"(《汉书·严助传》)

颜注引如淳语说"赘子"就是"卖子"是正确的,[①]上引《淮南子》"赘妻"与"鬻子"并列,"赘"与"鬻"含义接近。"赘婿"是因为家贫,以身为典当,故地位低下(参见王凤阳,2011:389)。出土文献中也有相关的例证。例如：

(87)假门逆旅,赘婿后父,或率民不作,不治室屋,寡人弗欲。且杀之,不忍其宗族昆弟。今遣从军,将军勿恼视。(云梦秦简《魏奔命律》)

(88)赘婿后父,勿令为户,勿鼠(予)田宇。三世之后,欲士(仕)之,乃(仍)署其籍曰：故某虑赘婿某叟之乃(仍)孙。(云梦秦简《魏户律》)

晁福林(1996)曾对以上两例做过分析。通过这两例可见"赘婿"

---

① 清陶炜有同样的解释,《课业余谈·人物称谓》："赘子,赘,质也。质子与人,三年不赎,遂没为奴也。"

的地位之低。

上古文献中"质子"对王子而言,"赘子"对平民而言,证明"赘"与"质"本质上是有区别的。而到了隋唐以后的文献中,"质"与"赘"用法渐趋接近,也用于贫困的平民者,突出的是其抵押义。例如:

(89)初,彝亡后,冲兄弟并少,家贫,母患,须羊以解,无由得之,温乃以冲为质。羊主甚富,言不欲为质,幸为养买德郎。买德郎,冲小字也。(《晋书·桓彝传附冲传》)

(90)先时,民贫以男女相质,久不得赎,尽没为隶。(韩愈《柳州罗池庙碑》)

(91)五岭之南,人杂夷獠,不知教义,以富为雄。父子别业,父贫乃有质身于子者。(《通典》卷一百八十四)

(92)史振玉,存心忠厚,家贫好义,同宗有负官租者,鬻子以偿,振玉捐囊赎还其子,贫乏质子与人,亦贷银赎,归养于家。(清杨浣雨《乾隆宁夏府志》卷十六)

与先秦两汉文献"赘妻鬻子"同义的有中古以来的"质妻鬻子"。例如:

(93)去年征责不备,或有货易田宅,质妻卖子,呻吟道路,不可忍闻。(《魏书·薛虎子传》)

(94)衣粮罄于折会,船车尽于折卖,质妻鬻子,饥瘦伶俜,聚为乞丐,散为盗贼。(宋苏轼《论纲梢欠折利害状》)

(95)(田亩之民)号呼吁天,赙家破产,质妻鬻子,仅以自免。(宋陆九渊《与辛幼安》)

结　论

简言之,"质"与"赘"核心义不同,其意义发展走向是不同的。"质"的核心义是"达成对应关系",因而交换"质子"作抵押,是为了达成双方的平衡和相当,故"质子"有重要价值,对应国君权贵之子。"赘"的核心义是多余,"赘子"(或"赘婿")是因家贫而出卖或抵押到对方家,其地位是多余和低下的,施于贫家之子。故何休"赘,系属之辞"的说法更能够揭示"赘婿"的特点。颜师古"疣赘"的比喻,与何休注一致。后来"赘婿"又称"就婿"(参见例1),其附属义就更明显了。①

魏晋开始,尤其唐宋以后,在抵押意义上,"质"与"赘"趋于相同:因贫困而抵押,而出卖,可以称"赘子""赘妻",也可以称"质子""质妻",这是众多注家解释"赘"即"质"的根源。但是为了平衡利益关系(也就是达成对应关系)而抵押的只能是"质子""质妻"。这就是只有"人质"没有"人赘",只有"赘婿"没有"质婿"的原因。所以,在解释"赘婿"时简单地把"赘"与"质"等同起来的说法是不准确的。

---

①　另外,笔者以为"赘"的核心义决定了"赘"有"连缀"义,而不是假借为"缀","连缀"与"附加"意义相因。《诗·大雅·桑柔》:"哀恫中国,具赘卒荒。"毛传:"赘,属。"孔颖达疏:"赘,犹缀也。谓系赘而属之。"段玉裁认为,此"谓赘为缀之假借也"。段氏还举例:"《孟子》'属其耆老',《大传》作'赘其耆老'。"因此,"(赘)为联属之称……为余剩之称,皆缀字之假借。"《说文·肉部》:"肬,赘肬也。"段注:"赘,同缀。书传多赘、缀通用。"段注的例子只能证明"赘"与"属"(音zhǔ)同义。

参考文献

晁福林,1996,《试论春秋战国时期奴隶制的若干问题》,《北京师范大学学报（哲学社会科学版）》第 6 期。

蒋礼鸿,2001,《蒋礼鸿集》,杭州:浙江教育出版社。

吕叔湘,2002,《新版〈敦煌变文字义通释〉读后》,《吕叔湘全集》,沈阳:辽宁教育出版社。

王凤阳,2011,《古辞辨（增订本）》,北京:中华书局。

王力,2014,《同源字典》,北京:中华书局。

王云路、王诚,2014,《汉语词汇核心义研究》,北京:北京大学出版社。

释峡、岬、(山)胁[*]

——兼论核心义与词义的走向

王云路　胡　彦

传世本《淮南子·原道》:"逍遥于广泽之中,而仿洋于山峡之旁。"高诱注"峡"为"两山之间"。《水经注·江水》引作:"《淮南子》曰:'彷徨于山岬之旁。'注曰:'岬,山胁也'"。《吴都赋》李善注作:"许慎《淮南子注》曰:'岬,山旁,古押切。'"由此产生了"峡、岬"两个异文,以及"两山之间"和"山旁""山胁"三个释义。王念孙《读书杂志》认为:

> 《水经注》所引亦作"岬"而训为"山胁",疑是高注①"山胁"即"山旁"义,与许同也。今本"岬"作"峡"、注云"两山之间为峡",与郦、李所引迥异,疑皆后人所改。《玉篇》:"岬,古狎切,山旁也,亦作硖。"《广韵》:"硖,古狎切,山侧也;峡,侯夹切,巫峡山名。"二字音义判然。后人误以"山胁"之"岬"为"巫峡"之"峡",故改训为"两山之间"。不知正文明言"山岬之旁",则"岬"为"山胁"而非"两山之间"矣。校书者以注训"两山之间",故又改"岬"为

＊　原文载于 2021 年上海教育出版社《汉语史学报》总第 25 辑。

①　"高注"是《读书杂志》的按断,郦道元未交代此处所引注文源自高诱还是许慎,杨守敬《水经注疏》认为是许慎注,"盖既云山胛之旁,不得又训胛为山旁也"。因不影响本文讨论,故仍按《杂志》说作高诱注。

"峡",而不知其本非原注也。《集韵》:"砏,古狭切,两山之间为砏,许慎说或作岬。"宋人皆误以高注为许注,故云"许慎说"。则所见已非原注,但岬字尚未改为峡耳。①

概括而言,王念孙主要有两个观点:(1)"岬"和"山胁也"是《淮南子》及注文的原貌,依据是郦道元注与李善注的正文引文相同且时代较早,并据此推论注文"山胁"与"山旁"同义;(2)传世本《淮南子》之"峡"及高诱注"两山之间"均是郦道元《淮南子》"岬"和高诱注"山胁也"的讹传,依据是"岬(砏)""峡"字音义不同,即释"岬"的"山胁""山旁"义与释"峡"的"两山之间"义不同。

王氏首次汇总与讨论《淮南子》这组异文及其与注文间的关系,后世学者多从其说。②《淮南子》及注文的原貌我们尚无法判定,但"峡""岬"是否"音义判然"?"两山之间"义与"山胁""山旁"义是否为对立关系?笔者认为仍可再商。

一、"峡""岬""(山)胁"有相同的义位

王念孙《疏证》认为"峡""岬"义异的依据是"山旁、山胁"义与"两山之间"义不同,笔者认为二者不是对立关系,这是一个事物的两个角度:从中间看是"两山之间",从侧位看就是山旁,两旁所夹也就是"两山之间"。

---

① 《杂志》原书未列李善注引文。
② 后世学者如杨守敬、陶方琦、叶德辉、王国维等所举例证与讨论无出其右,详见《淮南子集释》《淮南鸿烈集解》汇总,此不赘述。

（一）"峡"有"山旁"义

"峡"早期用例有《慎子·外篇》："过巴峡而不栗，未尝惊于水也。"①西汉扬雄《蜀都赋》："经三峡之峥嵘，蹑五岅之蹇浐。"西晋刘逵注："三峡，巴东永安县，有高山相对，相去可二十丈，左右崖甚高，人谓之峡，江水过其中。"刘逵注既交代了地名"三峡"，也说明了"峡"的命名之由：流水夹于高山之间，形成了纵向空间高、横向空间窄的狭长地貌。可见"峡"最晚在西汉时已有两山之间义。东汉班固《汉书·李陵传》："士尚三千余人，徒斩车辐而持之，军吏持尺刀，抵山入峡谷。""峡谷"的用法延续至今。

王念孙认为"峡"既可指"两山之间"义，也可用作地名，但没有"山旁"义。那么"峡"有无旁侧义？南朝宋颜延年《车驾幸京口侍游蒜山作》："入河起阳峡，践华因削成。"唐李周瀚注："峡，山侧也。""阳峡"即峡谷的向阳侧。

此外，从夹得声的"陕""埉"等也均有近旁、旁侧义②，如西汉刘向《九叹·思古》"聊浮游于山陕兮"东汉王逸注："陕，山侧也。"《集韵·洽韵》："埉，水旁地。"《广雅·释亲》"辅谓之颊"王念孙疏证："《说文》：颊，面旁也。《释名》云：颊，夹也，两旁称也。《说文》：䩉，颊也。又云：辅，人颊车也。"说明王念孙也认同"夹"有近旁、旁侧义。

故王念孙认为"峡"没有山旁、山侧义的说法不妥。

---

① 《慎子》的成书时代学界尚无定论。
② 段玉裁《说文解字注》、朱骏声《说文通训定声》、王力《同源字典》、张舜徽《说文解字约注》等亦有相关论述。

（二）"岬"有"两山之间"义

王念孙认为"'岬'为'山胁'而非'两山之间'"，那么它是否有"两山之间"义？

从文献用例看，多"岬岫"连用，指山峦，所见最早文献用例是《读书杂志》所引西晋左思《吴都赋》："倾薮薄，倒岬岫。岩穴无狋猕，翳荟无麏麚。"唐张铣注："两山间曰岬。"明安国桂坡馆本《初学记》卷二十五引梁沈约《和刘雍州绘博山香炉诗》："峯嶝互相拒，岩岫杳无穷。"明嘉靖绣石书堂本《锦绣万花谷续集》卷七作"岬岫"，说明"岬""岩（巖）"意义相近、均状山高貌。《佩文韵府》卷八十五引谢朓《和王长史卧病》："岬岫款崇崖，派别朝洪河。"北魏孝昌二年（526）《元则墓志》："如和出岬，如隋曜渊。"有高山，必有河流、湿地等地貌与之相对，故"岬"可指两山间、高山夹水的地貌。

古代辞书对"岬"（或作"砰"）的释义，也可以证明这一观点：

一是作"山侧、山旁"解。宋本《玉篇》《广韵》均认为"岬"属山的旁侧义，敦煌唐写卷伯 2011 号《刊谬补缺切韵》亦释作"砰（砰），小（山）侧，亦作岬"。

二是作"两山之间"解。《集韵·狎韵》："砰岬，两山之间为砰，许慎说或从山。古狎切。"《类篇》与此同。

以上解释都证明了"岬（砰）"兼含二义：山一侧为"山旁"，山两侧所夹就是"两山之间"，故"岬（砰）"兼有两山间义与山旁义，与"峡"意义用法相同。

（三）"山胁"兼有山旁与两山之间义

"胁"确有近旁、旁侧义，如《说文·氐部》："氐，巴蜀名山，岸胁之旁箸欲落堕者曰氏。"《山海经·西山经》"有穷鬼居之,各在一搏"郭璞注:"搏犹胁也,言群鬼各以类聚处山四胁。"①《水经注·渭水一》:"石长丈三尺,广厚略等,著崖胁,去地百余丈。"前蜀贯休《避寇上唐台山》:"苍黄缘鸟道,峰胁见楼台。"上述"岸胁""山四胁""崖胁""峰胁"均指山峰旁侧。

　　"山胁"还可用来比喻两山相对的山峡地貌。如东汉马第伯《封禅仪记》:"其道旁山胁,大者广八九尺,狭者五六尺。仰视岩石松树,郁郁苍苍,若在云中。俯视溪谷,碌碌不可见丈尺。"《华阳国志·蜀志》:"触山胁溷崖,水脉漂疾,破害舟船,历代患之。"又如《吴越春秋·勾践伐吴外传》:"伍子胥从海上穿山胁而持种去,与之俱浮于海。""穿山胁"而过说明也是两山之间的地貌。以上诸例正与身体部位"胁"呈对称分布的特性相类。

　　通过具体语境,明确了"山胁"兼有两山之间义和山旁侧、近旁义,便知王念孙认为"山胁"与"山旁"同,是;"'岬'为'山胁',而非'两山之间'矣"的说法则不可从。

二、"峡""岬""胁"的语音关系

　　"峡""岬""(山)胁"不仅有相同的义位,在语音上也颇有联系。

　　首先,从夹、甲两声字最晚从东汉起已音近混用,如《周礼·夏官·射鸟氏》:"射则取矢,矢在侯高,则以并夹取之。"郑众注:"夹读为甲。"《书·多方》:"因甲于内乱。"伪孔传:"因甲于二乱之内。"唐孔颖达疏:"夹声近甲,古人甲与夹通用。"王弼注本《老子》"无狎其所居",

---

　　① "搏"借为"髆",也有旁侧之义。

河上本、严遵本分别作"狭""挟";《尔雅·释宫》"陕而修曲曰楼",《经典释文》"陕,或作狎"。① 《说文·木部》:"梜,检柙也。"《龙龛手镜·丷部》:"冴,胡甲反,正作浃。"《大智度论》卷十六:"沤波罗狱中,冻冰浃渫,有似青莲花。""浃",石本作"冴"。②

其次,从"甲"得声之字或读见母(如"岬""胛"),或读匣母(如"匣""狎");从"夹"得声之字或读见母(如"浃""梜""萊"),或读匣母(如"綊""狭");且"押""裧""侠"等从"甲""夹"得声的字兼有见母和匣母两声。③

最后,"峡""岬""胁"三字从上古起便读音相近。④ 从韵部看,上古从甲得声的"岬"为鱼部,"峡""胁"为叶部,三者韵腹相同;从声母看,"峡"为喉音匣母,"岬(甲)"为牙音见母,"胁"为喉音晓母,牙、喉音发音部位十分相近。唐王勃《释迦如来成道记》"胁""颊""愜""匣(一作箧)"等字相押韵,五臣以"峡"音前举《吴都赋》"岬",说明直到唐时三字仍音近,且"峡""岬"两字音几同。

直到明时"峡""岬"两字仍有声义相近、可通用的例子,如明徐霞客《徐霞客游记·滇游日记四》:"亭当坡间,林峦环映,东对峡隙,滇池一杯,浮白于前,境甚疏宕。"明张国维《吴中水利全书》卷二十《吕光洵

─────────────

① 以上例证引自张儒、刘毓庆(2002:1035)。

② 以上例证引自汉语大字典编辑委员会(2010:1698)"冴"字下。

③ 详参《广韵》《集韵》,"岬""胛"均音古狎切;"匣"音胡甲切(《广韵》音)、辖甲切(《集韵》音),"狎"音侯夹切(《广韵》音)、辖甲切(《集韵》音),"浃"音"辖夹切""讫洽切""作荅切""即协切"(均见于《集韵》,《广韵》只作子协切),"梜"音古狎切和古协切(《广韵》音)、讫洽切(《集韵》音),"萊"音古协切(《广韵》音)、吉协切(《集韵》音),"綊"音胡颊切(《广韵》音)、撤颊切(《集韵》音),"狭"音侯夹切(《广韵》音)、辖夹切(《集韵》音),"押"兼有乌甲切(《广韵》音)、辖甲切(《集韵》音)和古狎切(《广韵》《集韵》音),"裧"兼有辖甲切(《集韵》音)和古狎切(《集韵》音),"侠"兼有"撤颊切"(《集韵》音)和"吉协切"(《集韵》音)。

④ "岬"先秦文献未见,故其上古音本文以"甲"代之。

苏松常镇水利总说》:"大抵镇江地皆濒山鲜平土,水往往循行岬隙间,故其田多瘠堉而赋独在诸郡之下。"又如明汤宾尹《睡庵稿》卷十三《黄山游记》:"居松谷之数日,积雨相延,同游者小课时间铨答时蕝,忽岬下吠声如犬。"《(光绪)广州府志》卷十二《舆地略四》:"其南有北含山,山岬之旁,洞壑怀烟,泉溪引雾,谷幽愈寂。""峡""岬"意义几乎无别,说明在一定时间内可以同义换用。

三、核心义与"峡""岬""胁"的意义走向

由上讨论可知,"峡""岬""(山)胁"早期均具有两山之间义与山旁义,但各自有不同的发展走向,晚近以来尤甚。如清杞庐主人等辑《时务通考》卷二《地舆五·亚细亚洲·日本》:"西南隅有火打山,其南小岬云毛吕茂井岬,与野付崎相对,中为海峡。"上下文用字迥别,"峡""岬"区分明显。

"岬"从清末以来一直用作突向海边的"山岬角"义,如清何如璋《使东述略》:"经丰前司门,越千珠、满珠二小岛,转正东,过本山岬,泛周防海。"清黄遵宪《日本国志》卷二十六《兵志六》:"环海分为东、西二部,各设镇守府以守护,南海自纪伊国潮岬以西为西部,北海自能登岬以东为东部。"清马建忠《适可斋记行·东行初录》:"九点二刻过刘公岛,一点钟薄成山岬。"清曾朴《孽海花》第三十三回:"最凶险的是那猴闷溪。那是两个山岬中间的急流溪,在两崖巅冲下象银龙般的一大条瀑布。"这是"岬"的发展走向。

"峡"一直指高山夹水的地貌或地名,清代以来有了"海峡""地峡"

等说法,沿用至今。①

"峡""岬"在现代汉语里均失落了"山旁侧"义,"峡"偏重于两山相对,"岬"偏重于指突向海洋的陆地。而"胁"在现代汉语中的主要义项仍是"从腋下到腰上的部分","山胁"只是以人体作比喻表示山侧。意义走向的不同,在于各自的核心义不同。

(一)"峡"与"夹"的核心义

"峡"的两山间义及其地名用法均源自"夹"。考《说文·大部》:"夹,持也,从大俠二人。""夹持"即从两侧向中间施力,亦即用力扶持。

施力于人,则"夹"有搀扶义,如《礼记·檀弓下》:"如我死,则必大为我棺,使吾二婢夹我。"此指两侧各一婢陪葬。《汉书·蔡义传》:"行步俛偻,常两吏扶夹乃能行。"抽象的施力,则有辅佐义,如《左传·僖公四年》:"五侯九伯,女实征之,以夹辅周室。""俠"就是这个意义的一个后起专字,指能够辅佐人或者直接用力帮助人者。

根据施力的动作状态,有夹杂、夹带、掺杂义,如宋岳珂《桯史·机心不自觉》:"适得旨,欲变钱法,烦公依旧夹锡样铸一缗。"这个意义也可以写作"挟"。

根据施力的位置,是从两边向中心,故可以指两侧、四周、周围等义,如《左传·僖公二十八年》:"狐毛、狐偃以上军夹攻子西,楚左师溃。"又可以偏指其中一侧,即旁侧义,如《史记·乐书》:"六成复缀,以崇天子,夹振之而四伐,盛威于中国也。"还可以指两侧或四周包围形

---

① 比较《现代汉语词典(第7版)》收录的"岬""峡"释义亦可证明二者的演变轨迹。"岬"的第一义项为"岬角(多用于地名)",第二义项"两山之间"则无例证。"峡"的义项仍作"两山夹水的地方(多用于地名)",与古代用法同。

成中空的物品,建筑如"夹室"①、武器如"夹弓"、乐器如"夹钟"②、服饰
如"夹衣"等。能够通过开合形成两侧间施力的工具也称"夹",如食具
"夹子"、炊具"火夹"(又作"铗")、文具"梵夹"、刑具"拶夹"等。"夹"
的同源词也能够反映这一点。如"颊"指脸的两侧。"浃"指水的包围、
遍及。"荚"是豆类植物的果实,成熟时外皮裂成两片,就相当于两侧
包围,而且外皮通常为狭长形,大豆、豌豆、皂荚、槐荚等皆是。

　　"夹"在先秦便有靠近、环绕义,如《尚书·梓材》:"怀为夹。"又
《多方》:"尔曷不夹介乂我周王。"传并云:"夹,近也。"《广雅·释诂》:
"夹,近也。"《诗·大雅·公刘》:"夹其皇涧,溯其过涧。""夹其皇涧"
即沿着皇涧两岸。《左传·哀公六年》:"是岁也,有云如众赤鸟,夹日
以飞三日。""夹日"即绕日、在太阳周围。

　　作动词为靠近、环绕,作形容词就是近、窄,如《管子·霸言》:"夫
上夹而下苴、国小而都大者轼。"《说文·厂部》:"厌,辟也。"《后汉书·
东夷传·东沃沮》:"其地东西夹,南北长。"李贤注:"夹音狭。""狭"即
该义项的分化字③。

　　用于地理则有"夹谷",先秦时可以用来表示两山间深狭地貌(通
名)与地名(专名),如《左传·定公十年》:"公会齐侯于夹谷,公至自夹
谷。"为"夹谷"义造的专字就是"峡"。与"峡"类似的表示地貌的字先
秦两汉时还有"郏、颊、埏、陕、硖、陜、狭"等。如《左传·襄公二十四
年》:"齐人城郏。"《公羊传·定公十年》:"公会齐侯于颊谷。"马王堆
汉墓帛书《老子》甲本《明君》:"高丘之下,必有大埏;高台之下,必有深

---

① 《礼记·杂记下》:"门、夹室皆用鸡。"孔颖达疏:"夹室,东西厢也。"
② 《白虎通义》卷三:"二月律谓之夹钟何? 夹者,孚甲也,言万物孚甲,种类分也。
……钟者,动也。"
③ 《集韵·洽韵》:"陕陜峡狭,《说文》'隘也'。"

池。"银雀山汉简《守法》:"其畛田陕,其置士多。"《淮南子·兵略》:"碐路津关。"西汉司马相如《上林赋》"赴隘陕之口"郭璞注:"夹岸间为陕。"《史记·秦始皇本纪》:"临浙江,水波恶,乃西百二十里从狭中渡。"是其例。

简言之,"夹"的核心义为"从两边向中心施力",其同源词均有相同的核心义。"峡"既可以指两山之间深陷的整个状貌——山峡、峡谷,也可以指组成峡谷的山崖——山旁、峡侧。王念孙拘泥于"夹"是指山侧还是两山之间,实无必要。

(二)"岬"与"甲"的核心义

"岬"为"甲"的同源词。"甲"早期有十、田、甲、命等写法。《说文·甲部》:"甲,东方之孟,阳气萌动,从木戴孚甲之象;《大一经》曰:人头空为甲。"①关于"甲"的本义学界讨论主要分四说,一是段玉裁据"人头空"认为"甲"是髑髅,②赵林从之;二是俞樾认为是"鳞甲",郭沫若认为是"鱼鳞",与俞说近似;三是林义光认为"甲者,皮开裂,十像其裂纹",叶玉森、李孝定等从之;四是于省吾据《说文》"铠,甲也"和商比作伯妇簋"**《殷周金文集成》03625**"、认为"甲"本义为首甲(狭义)、铠甲(广义),鲁实先认为是"甲札",近似于说,等等。前贤时彦的观点虽然对"甲"的来源或质地有分歧,但均认同"甲"是外壳,有空隙,有成片、相联着的特性。故笔者认为"甲"的核心义是"有缝的外壳"。有如下义位:

---

① "《太一经》曰""空",传世本如中华书局影同治十二年(1873)番禺陈昌治本《说文解字》分别作"一曰""宜",兹从段注本。

② 段玉裁注原文:"空、腔古今字。许言头空、履空、额空、胫空,皆今之腔也。人头空,谓髑髅也。"

(1) 天然之物的外壳,可以指植物种子、花萼、果实等的外壳,如《管子·小问》:"夫粟,内甲以处,中有卷城,外有兵刃。"《说文·鼓部》:"万物郭皮甲而出。"也可以指人和动物的甲质壳,如"肩甲""鳞甲""蜩甲""爪甲"等,"胛""胛""厣"均是其后起分化字。因其形制和功能,"甲"还可以指人造的铠甲、护甲等,如《管子·五行》:"组甲厉兵。"《太玄·玄掜》:"比札为甲。"铠甲、金缕玉衣等均是用甲片、金属片或玉片等连缀而成的,有鳞次重叠之貌;也可以表示用各类材质做成的、关押人兽或放置物品的器具等,"柙""匣"即该义项的分化字。

(2) 承载外壳的事物。植物初生时顶破外壳,钻出新叶,因而"甲"还可以指初生的植物或新叶,如唐杜甫《有客》诗:"自锄稀菜甲,小摘为情亲。"作动物甲壳解的"甲"可用于指代相关的动物,如《初学记》卷七《地部下·汉水第二》引汉蔡邕《汉律赋》:"鳞甲育其万类兮,蛟螭集以嬉游。"作铠甲解的"甲"可指代穿铠甲的人如甲士、兵甲等。"甲"还可以指代穿铠甲,如唐韩愈《与少室李拾遗书》:"四海之所环,无一夫甲而兵者。"

(3) "外壳"的位置特征,附着于物的表面,故有边缘、旁侧、突出等含义。可以有贴近义,既可指物理距离的近,如"柙""匣""陕"等均是表示空间狭窄的分化字;也可指情感距离的近,如《诗·卫风·芄兰》:"虽则佩韘,能不我甲。"《韩非子·南面》:"狎习于乱而容于治。""狎"即是该义项的分化字。"岬""砷"即其地貌方面的分化字,表示边缘突出为现代保留的"岬角"义;表示两侧相对则为古时的峡谷义,即"山岬"。"岬"还可以指崎岖的多山间地貌,北齐魏收《魏书·太宗纪》:"田于四岬山。"日本释昌住《新撰字镜·山部》:"岬,古狎反,三山间。"①是

---

① 是书成书于公元 898 至 901 年,唐昭宗年间。

其例。还可抽象地用于时间次序、地位排名等方面来表示首位的,如东汉王充《论衡·超奇》:"彼子长、子云说论之徒,君山为甲。"

(4)外壳的裂缝形状。"甲"在开裂过程中往往有裂缝、裂纹,动物甲骨烤出的裂纹在上古时用于占卜,称"甲骨"。在公文或契约上、用作凭信的签字或符号也称"甲",因为形似裂纹,如汉简花押符号"十_{居延汉简号560·20}①",《新唐书·元载传》:"时拟奏文武官功状多谬舛,载虞有司驳正,乃请别敕授六品以下官,吏部、兵部即附甲团奏,不须检勘。""画押"亦是其义。

(三)"胁"与"劦"的核心义

"胁"与"劦"同源。《说文·劦部》:"劦,同力也。"甲骨文作00003(A7)、16110正(A7)、20283(A1)、15588正(AB)、26992(B6)等。"力"本指一种发土工具,②"劦"像三"力"并陈之形。"同力"即"劦"及其同源字的核心义。传世文献中几无"劦"的文献用例,但其语义特征在同源词中保留下来,我们主要讨论"胁"。

从功用上看,三"力"紧密并陈,形成合力,与"胁"的肋骨排列形制相似,对内部有协调、联合、合作等义,如"协""恊""勰"等为分化字;对外部有逼迫、挟持、威吓等义,如《国语·晋语六》:"长鱼矫既杀三郤,乃胁栾、中行而言于公曰:'不杀此二子者,忧必及君。'"《尚书·胤征》:"歼厥渠魁,胁从罔治。"《史记·乐书》:"强者胁弱,众者暴寡。"

从状态上看,三"力"并陈靠拢便是贴紧收缩,如《孟子·滕文公

---

① 据陈槃说,春秋以前已有花押。
② 关于"力"的形制,学界有两种说法,一种是以徐中舒《耒耜考》为代表,认为"力"是一种仿效树枝式的、与"耒"相近的歧头农具;一种是以裘锡圭为代表,认为"力"是一种仿效木棒式的、与"耜"相近的一刃农具。但基本都认同"力"为一种发土农具。

下》："胁肩谄笑,病于夏畦。"《说文·欠部》："歒,翕气也。"

从形制上看,"劦"的紧密并陈之形与人的肋骨相似,故人腋下腰上的身体肋骨部位也叫"劦",专字作"胁";"胁"位于腋下到肋骨尽处,且呈左右对称分布,《说文·月部》："胁,两膀也。膀,胁也。"《释名·释形体》："胁,挟也,在两旁,臂所挟也。"如《左传·僖公二十三年》："曹共公闻其骈胁,欲观其裸。"因其所处身体部位的方位特征而有旁侧义,如《史记·龟策列传》："龟在其中,常巢于芳莲之上,左胁书文。"《风俗通义·皇霸》："启其左胁,三人出焉;启其右胁,三人又出焉。"

"山胁"是用人的肋骨所在部位比喻山的旁侧。"山腰""山脚""山顶"与此同理,均是用身体部位比喻山的不同位置。《水经注·江水》："江水又东径赤岬城西,是公孙述所造,因山据势,周回七里一百四十步,东高二百丈,西北高千丈,南连基白帝山,甚高大,不生树木。其石悉赤。土人云,如人袒胛,故谓之赤岬山。"郦道元以"胛"释"岬",与之类似。

同时,"山胁"也可以指山旁侧的中间部位,即山的中间、山腰义。《说文·山部》："峅,山胁道也。"晋灼注《汉书·东平思王刘宇传》："山胁石一枚。"唐瞿昙悉达《开元占经》卷八十八《彗星占》："无知之士,流为粪土,耕于山胁。"《(嘉靖)山东通志》卷二十《寺观·济南府·谷山寺》："自是涧隈山胁稍可种艺植粟数千株。"这个意义是"峡""岬"所不具备的。

结　语

"峡""岬"直接表示山的形状,"(山)胁"则源于身体部位词的比喻用法,早期均兼具两山间义和山旁侧义,而且在文献训释中的意义界限并不分明。比如"岬",同一注者可以兼有以上两解。《玉篇(残卷)·山部》:"岬,古狎反,仿佯山岬之旁也。左思《吴都》许叔重曰:'岬,山旁也。'左思《吴都赋》'倒岬岫',刘逵曰:'岬,两山间也。'《埤苍》为砰,字在石部。"①又《石部》:"砰,古狎反。《埤苍》:山侧也。或为岬字在山部。"《篆隶万象名义·山部》:"岬,古狎反,两山间。"又《石部》:"砰,古狎反,山侧。"②

类似的词还有一些,如"厕",《史记·张释之传》:"顷之,至中郎将。从行至霸陵,居北临厕。"《集解》:"苏林曰:厕,边厕也。韦昭曰:高岸夹水为厕也。"又如"际",《墨子·备穴》:"柱善涂亓窦际,勿令泄。"《山海经·海内西经》:"八隅之岩,赤水之际。"同样是对高山夹水、峡谷地貌的理解,强调整体就是"两山之间",偏重边缘就是"山旁",可谓同一对象的一体两面,并非"音义判然"。王念孙强为分别,甚至据此判断异文,自然没有说服力。

"峡""岬""(山)胁"的区别在于词义来源与后来发展路径的不同,这恐怕也是导致王念孙认为峡、岬有别的原因之一。"峡""岬"分别源自"夹""甲"的核心义,"峡"的出现远早于"岬",现代汉语中"峡"保留了两山之间义,即山谷;"岬"则主要指岬角、形容突出于海中的陆地或突出的山脉,这都源于各自核心义的制约。"胁"表示肋骨及相关的身体部位义比较稳定,"山胁"的比喻用法也相对稳定。

---

① 两处"都",原文均误作"寉",径改。

② "砰",原书作"胛",兹据上下文径改。又《篆隶万象名义·肉部》无"胛"。《玉篇(残卷)》与《篆隶万象名义》均是光绪年间由日本传回中国,两者无论是成书时代上,还是在保留顾野王《玉篇》原貌上,均比宋本书有较高的可靠性与说服力。惜王念孙无缘获见。

征引书目

顾野王（撰），2002，《玉篇（残卷）》，《续修四库全书》第 228 册，上海：上海古籍出版社。

国家文物局古文献研究室（编），1980，《马王堆汉墓帛书（壹）》，北京：文物出版社。

何宁（撰），1998，《淮南子集释》，北京：中华书局。

刘文典（撰），冯逸、乔华（点校），1989，《淮南鸿烈集解》，北京：中华书局。

欧阳询（撰），2013，《宋本艺文类聚》，上海：上海古籍出版社。

慎到，1922，《慎子》，《四部丛刊》初编子部第 36 册影上海涵芬楼江阴缪氏蒲香簃本，上海：商务印书馆。

释昌住，1993，《新撰字镜》，《佛藏辑要》第 33 册，成都：巴蜀书社。

释空海，1995，《篆隶万象名义》，北京：中华书局。

许慎（撰），徐铉（校订），2013，《说文解字》，北京：中华书局。

萧统（编），李善（注），1977，《文选》影胡克家校尤刻本，北京：中华书局。

萧统（编），李善等（注），1987，《六臣注文选》，《四部丛刊》影涵芬楼藏宋刊本，北京：中华书局。

徐坚等（撰），1962，《初学记》，北京：中华书局。

徐坚等（撰），1531（明嘉靖十年），《初学记》，天津图书馆藏安国桂坡馆本。

佚名，1536（明嘉靖十五年），《锦绣万花谷续集》，天津图书馆藏锡山秦汸绣石书堂本。

银雀山汉墓竹简整理小组（编），1985，《银雀山汉墓竹简（壹）》，北京：文物出版社。

俞樾，1871（清同治十年），《儿笘录·四》，第一楼丛书之六。

曾朴，1980，《孽海花》，上海：上海古籍出版社。

参考文献

鲍明炜,1990,《唐代诗文韵部研究》,南京:江苏古籍出版社。

陈功文,2015,《明刊〈淮南子〉版本考》,《岳阳职业技术学院学报》第 1 期。

陈梦家,1988,《殷虚卜辞综述》,北京:中华书局。

陈槃,1975,《汉晋遗简识小七种》,台北:"中研院"历史语言研究所。

郭沫若,1982,《甲骨文字研究》,《郭沫若全集·考古编(第一卷)》,北京:科
　　学出版社。

汉语大词典编辑委员会、汉语大词典编纂处(编纂),1986,《汉语大词典》,上
　　海:上海辞书出版。

汉语大字典编辑委员会(编纂),2010,《汉语大字典(第 2 版)》,武汉:湖北长
　　江出版集团·崇文书局。

李宗焜(编著),2012,《甲骨文字编》,北京:中华书局。

林义光,2012,《文源》,上海:中西书局。

鲁实先、王永诚,2014,《文字析义注》(上),台北:商务印书馆。

唐作藩,2013,《上古音手册(增订本)》,北京:中华书局。

王念孙,1985,《读书杂志》,南京:江苏古籍出版社。

王云路,2006,《论汉语词汇的核心义——兼谈词典编纂的义项统系方法》,
　　何大安等(编)《山高水长:丁邦新先生七秩寿庆论文集》(《语言暨语言
　　学》专刊外编之六),台北:"中研院"语言学研究所。

王云路,2021,《谈谈汉语词汇核心义的类型》,《西南交通大学学报(社会科
　　学版)》第 1 期。

王云路、王诚,2014,《汉语词汇核心义研究》,北京:北京大学出版社。

许慎(撰),段玉裁(注),1981,《说文解字注》,上海:上海古籍出版社。

于省吾,1996,《甲骨文字诂林》,北京:中华书局。

张儒、刘毓庆,2002,《汉字通用声素研究》,太原:山西古籍出版社。

赵林,2014,《说商代的"鬼"》,《甲骨文与殷商史》第4辑,上海:上海古籍出版社。

中国社会科学院语言研究所词典编辑室(编),2016,《现代汉语词典(第7版)》,北京:商务印书馆。

第五编

◆

核心义与同步构词

从中医"候脉"说起[*]

——兼谈核心义与同步构词的作用

王云路

古代治病,没有仪器,中医治病有"望、闻、问、切"四种方法,其中"切"指用手搭脉,是四法中直接和病人接触的一法,起到最主要的判断作用,是古人十分看重的方法。《史记·扁鹊仓公列传》有非常生动的记载:"问臣意:'诊病决死生,能全无失乎?'臣意对曰:'意治病人,必先切其脉,乃治之。败逆者不可治,其顺者乃治之。心不精脉,所期死生视可治,时时失之,臣意不能全也。'"中医认为,只要人体任何一个地方发生病变,就会引起气血的变化,并在脉搏上反映出来。因此,中医师通过切脉,就能知道病人得的是什么病以及病的轻重。汉语发展史中,围绕着"切脉"这一诊病手段,产生了不同的表达方法。这里,我们从"候脉"说起。

中古以来就有"候脉"一词。《三国志·魏书·华佗传》裴注引《佗别传》:"佗使悉解衣倒悬,令头去地一二寸,濡布拭身体,令周匝,候视诸脉,尽出五色。"《北齐书·方伎传·马嗣明》:"邢卲子大宝患伤寒,嗣明为之诊,候脉。"宋周密《齐东野语》卷十四《针砭》:"若唐长孙后怀高宗,将产,数日不能分娩。诏医博士李洞玄候脉。""候脉"即搭脉,但

---

* 原文载于《辞书研究》2021 年第 6 期。

其具体含义是什么？得义之由是什么？属于"切脉"的哪个类型？还需要讨论。

分析复音词的结构方式，同步构词是一个有效的分析角度；而词义的来由可以从核心义的角度进行探讨。这里试从这两个角度探讨"候脉"一词，从而进一步证明核心义和同步构词在词义分析中的作用。

一、"切脉"类语词的大致分类

古人"切脉"有很系统的理论。比如健康人的脉搏是病人脉象的参照，称为"平脉"。汉张仲景《伤寒论·平脉法》："平脉者，平人不病之脉也。如四时平脉，五藏平脉，阴阳同等平脉之类是也。人病则脉不得其平矣。"妇女怀孕，脉象也与常人不同，称为"喜脉"。"切脉"就是看看与"平脉"有何不同。脉象有"细脉""滑脉""沉脉""牢脉""濇脉""疾脉""迟脉""结脉"等不同状态，都对应着不同病症和病因。如《素问·脉要精微论》："心脉搏坚而长，当病舌卷不能言；其耎而散者，当消环自已。""坚而长""耎而散"都是对脉象的具体描写。从语汇发展史看，"切脉"一义有多种表达方式，依据词义，大致有以下三类。

（一）搭脉类，强调手部的动作

先秦以来"切脉"应用较早，《史记·扁鹊仓公列传》："越人之为方也，不待切脉、望色、听声、写形，言病之所在。"后代延续。如唐刘禹锡《因论·鉴药》："切脉、观色、聆声，参合而后言曰：'子之病，其兴居之节舛。'"宋孙光宪《北梦琐言》卷十："医者意也，古人有不因切脉，随知病源者，必愈之矣。"

"切"就是切割，指用刀把物品分成若干部分。《礼记·少仪》："牛与羊鱼之腥,聂而切之为脍。""切割"必然要刀与物接触,因而有贴近和接触的特征。几何学上有"切线",体现的就是接触的意思。《文选·马融〈长笛赋〉》:"啾咋嘈啐,似华羽兮,绞灼激以转切。"李善注:"切犹磨切也。"也是接触的意思。《荀子·劝学》:"《礼》《乐》法而不说。《诗》《书》故而不切。"杨倞注:"不委曲切近于人。"《文选·扬雄〈羽猎赋〉》:"入西园,切神光。"李善注引张晏曰:"切,近也。"这是抽象的靠近义,与接触意思相因。

因而,"切脉"就是手触病人的脉搏,即搭脉。《史记·扁鹊仓公列传》:"意治病人,必先切其脉,乃治之。"即其例。

有"抚脉"。汉桓宽《盐铁论·轻重》亦云:"扁鹊抚息脉而知疾所由生,阳气盛则损之而调阴,寒气盛则损之而调阳。是以气脉调和,而邪气无所留矣。"这是"抚息脉"连言。真正成词,写作"抚脉"的还很少见。明茅元仪《寄曹能始观察书二_{癸亥}》有一例:"申维烈行曾附一函,或已达,记曹仪身在羁累,日困追摄,然鼎上之鸡,终不惜焠羽,犹虑失晨以负豢养。每见抚脉既断,奴虽至弱,亦不能不遄以自压其众,而我所备者,自辽及云中,可三千里竟,无一可恃齐寇之患。"

"抚"谓用手按住。《礼记·曲礼上》:"车驱而驺,至于大门,君抚仆之手,而顾命车右就车。"孔颖达疏:"抚,按止也……君欲令驻车,故君抑止仆手也。"《说文》:"抚,安也。从手无声。一曰揗也。"段注:"揗者,摩也。"

有"案脉"。《汉书·王嘉传》:"前东平王云与后谒祝诅朕,使侍医伍宏等内侍案脉,几危社稷,殆莫甚焉!"《三国志·魏书·华佗传》:"李将军妻病甚,呼佗视脉,曰:'伤娠而胎不去。'将军言:'闻实伤娠,胎已去矣。'佗曰:'案脉,胎未去也。'"

也作"按脉"。《素问·阴阳应象大论》:"善诊者,察色按脉,先别阴阳,审清浊,而知部分。"

"案"与"按"同。《说文》:"按,下也。"段注:"以手抑之使下也。印部曰:抑者,按也。"就是以手下按的意思①,"按脉"就是搭脉。

后代有"把脉"。元无名氏《冤家债主》第二折:"我昨日请一个太医把脉,那厮也说的是,道我气裹了食也。"

有"凭脉"。元武汉臣《老生儿》第一折:"请来凭脉,他道小梅行必定是个厮儿胎。"《说文》:"凭,依几也。"就是凭靠义,因而也是接触。

现代汉语中有"搭脉"。金庸《倚天屠龙记》:"胡青牛一抓到张无忌手腕,只觉他脉搏跳动甚是奇特,不由得一惊,再凝神搭脉。……我虽不敢直率拒医,但你们想,我既已迷途知返,痛改前非,岂能再犯? 当下替两人搭脉。"

有"摸脉"。《梁冬对话罗大伦》:"有一天,看到这个人的行脉已经稍苏,稍微复苏了,一摸脉,脉起来有劲了。"

以上属于搭脉类,动词语素"切""抚""案""按""把""凭""搭""摸"强调手部的动作。这属于一组同步构词,即手部动作语素与"脉"的结合,为动宾式双音词。以上例句时代不同,但是这些词在句中表意相同、结构方式相同、语素含义相近。

(二) 看脉类,强调眼部的动作

有"诊脉"。《史记·扁鹊仓公列传》:"扁鹊以其言饮药三十日,视见垣一方人。以此视病,尽见五藏症结,特以诊脉为名耳。"又:"齐王太后病,召臣意入诊脉。"《世说新语·术解》:"(殷)浩感其至性,遂令舁来,为诊脉处方。"宋邵伯温《邵氏闻见录》卷十七:"士人之妻孕,诊

---

① 关于"按"或"案"的含义,参笔者(2013)。

其脉曰：'六脉皆绝，反用子气资养，故未死。子生，母即死矣。'已而果然。"

《说文》："诊，视也。"段注："《仓公传》：诊脉，视脉也。从言者，医家先问而后切也。"《汉书·艺文志》："太古有岐伯、俞拊，中世有扁鹊、秦和，盖论病以及国，原诊以知政。"颜师古注："诊，视验，谓视其脉及色候也。""诊"也泛指省视，察看。北魏郦道元《水经注·漾水》："是以经云：漾水出氐道县，东至沮县为汉水，东南至广魏白水。诊其沿注，似与三说相符而未极西汉之源矣。"

后因偏旁类化，又作"胗脉"。唐杜光庭《生死歌诀》："此候不堪休胗脉，其人朝夕命将殂。"清李渔《凰求凤·假病》："请先生过来，用心替他胗脉。"

有"视脉"。《三国志·魏书·华佗传》："故甘陵相夫人有娠六月，腹痛不安，佗视脉，曰：'胎已死矣。'"又："故督邮顿子献得病已差，诣佗视脉，曰：'尚虚，未得复，勿为劳事，御内即死。'"《宋书·始安王休仁传》："范阳祖翻有医术，姿貌又美，殷氏有疾，翻入视脉，说之，遂通好。"

有"看脉"。《三国志·魏书·华佗传》裴松之注引《佗别传》："有人病两脚躄不能行。举诣佗，佗望见云：'已饱针灸服药矣，不复须看脉。'"《五灯会元》卷二十《楚安慧方禅师》："张公会看脉，李公会使药，两个竞头医，一时用不着。"

有"相脉"。《张家山汉墓竹简·脉书》："相脉之道，左□□□□□案（按）之，右手直踝而簟之。"①

有"察脉"。宋曾敏行《独醒杂志》卷七："建炎初，真州城中疾疠大

———————
① 引文据张家山二四七号汉墓竹简整理小组（2001：245—246）。

作,某不以贫贱,家至户到,察脉观色,给药付之。"宋王洙《王氏谈录·医》:"昔东都有一医者,姓刘……其治疾察脉,无隐不知。"

以上双音词中,"诊""视""看""相""察"均表示眼睛看,是目光的接触,属于"看脉"类,强调眼部的动作,这些动宾式双音词也是一组密切相关的同步构词。

其实,在诊病过程中,手部的动作与眼部的动作是密不可分的。中医诊断病症,没有仪器,就靠"望、闻、问、切"四法。而这四法是综合运用的,绝不是单一孤立的。《素问·脉要精微论》:"切脉动静而视精明。"就是指搭脉的同时察看眼睛,"精明"就是眼珠、目光。再如"按"(或"案")是以手下压的动作,同时也有察验、察看的含义。《释名·释言语》:"识,帜也,有章帜可按视也。"唐陈子昂《上蜀川安危事》:"乃命御史一人,专在按察。""按视""按察"皆同义并列。《战国策·赵策二》:"臣窃以天下地图案之,诸侯之地,五倍于秦。"汉王充《论衡·问孔》:"案圣贤之言,上下多相违。"宋洪迈《夷坚丙志·桃园图》:"图已成,楼阁人物,细如发丝,俨然可睹,女仙七十二,各执乐具。知音者案之,乃霓裳法曲全部也。"是其证。所以,"按脉""案脉"如果列入"看脉"类,也是可以的。

(三)验脉类,强调综合评估脉象

无论称"视脉"还是"搭脉",都是一个综合审视评判的过程,强调用心对疾病进行全面分析。因此,隋唐以后也产生了新的说法,表示验证、评判脉象。

有"验脉"。《太平广记》卷二百二十引唐张读《宣室志·李生(二)》:"天宝中,有陇西李生自白衣调选桂州参军,既至任,以热病旬余,觉左乳痛不可忍,及视之,隆若痈肿之状。即召医验其脉,医者曰:

'脏腑无他。若臆中有物,以喙攻其乳,乳痛,而痡不可为也。'"

有"对脉"。《说郛》卷七十四引令狐澄《大中遗事》:"唐宫中以诊脉为对脉。"宋周辉《清波别志》卷下:"稼轩在上饶,属其室病,呼医对脉。"①

有"评脉"。《太平广记》卷四百三十五"续绅"条引唐康骈《剧谈录》:"咸通乾符中,京师医者续坤颇得秦医和之术,评脉知吉凶休咎。"《拜月亭》第二折:"郎中仔细的评这脉咱。"

有"准脉"。《新校元刊杂剧三十种·老生儿》第一折:"当日婆婆上席去来,我暗使人唤的个稳婆婆与小梅准脉来。"②

二、"候脉"的归类与得义缘由

那么"候脉"属于上述"切脉"的哪一类? 为什么称"候脉"?

要回答这个问题,要从核心义入手。根据文献用例和词典释义,笔者以为"候"有察看的意思,其特点是目光对事物的投射与接触。接触的对象不同,含义则发生变化,其核心义就是"察看"。分析如下:

(一)目光与敌人及其军事设施接触,就是伺望、侦察

《史记·李将军列传》:"然亦远斥候,未尝遇害。"司马贞索隐:"许慎注《淮南子》云:'斥,度也。候,视也,望也。'"《吕氏春秋·贵因》:"武王使人候殷。"汉袁康《越绝书·外传记吴地传》:"娄北武城,阖庐所以候外越也。"皆其义。

---

① 参看江蓝生、曹广顺(1997:105)。
② 参看李崇兴、黄树先、邵则遂(1998:440)。

　　同义并列双音词有"探候""觇候""侦候""刺候"等。三国蜀诸葛亮《将苑·轻战》："探候不谨,与无目同。"《宋书·柳元景传》："贼遣兵二千余人觇候。"《三国志·魏书·牵招传》："招既教民战陈,又表复乌丸五百余家租调,使备鞍马,远遣侦候。"《汉书·陈咸传》："时槐里令朱云残酷杀不辜,有司举奏,未下。咸素善云,云从刺候,教令上书自讼。"颜师古注引晋灼曰:"云从咸刺探伺候事之轻重,咸因教令上书。"这些都是动词刺探侦察的意思。《新唐书·郑覃传》："今吐蕃在边,狙候中国,假令缓急,臣下乃不知陛下所在,不败事乎?"《汉语大词典》对"狙候"的解释是:"伏伺;觊觎。"很准确。

　　"候"转为名词,有二义。一是斥候、军候。A. 为军中任侦察之事的人;还指掌管伺察、稽查等事的小吏。《墨子·号令》："候出越陈表,遮坐郭门之外内。"《左传·襄公十一年》："纳斥候,禁侵掠。"《淮南子·兵略》："前后知险易,见敌知难易,发斥不忘遗,此候之官也。"《墨子·号令》："诸吏卒民非其部界而擅入他部界,辄收以属都司空若候,候以闻守。"孙诒让间诂:"此候为小吏。"《韩非子·说林上》："子胥出走,边候得之。子胥曰:'上索我者,以我有美珠也。今我已亡之矣,我且曰子取吞之。'候因释之。"王先慎集解:"候,吏也。《吴越春秋》作'关吏欲执之'。"B. 也指边境守望、报警的官吏。《汉书·扬雄传下》:"今大汉左东海,右渠搜,前番禺,后椒涂,东南一尉,西北一候。"颜师古注引孟康曰:"敦煌玉门关候也。"晋陆机《饮马长城窟行》:"往问阴山候,劲虏在燕然。"二是指边境用来伺望、侦察敌情的设施,即哨所、土堡。银雀山汉墓竹简《孙膑兵法·陈忌问垒》:"去守五里置候,令相见也。"《后汉书·马成传》:"筑保壁,起烽燧,十里一候。"《后汉书·南匈奴传》:"(朝廷)增缘边兵郡数千人,大筑亭候,修烽火。""亭候"同义并列,是瞭望和监视敌情的岗亭等。《后汉书·马援传》:"援奏为置长吏,缮城郭,起坞候。""坞候"犹坞壁,也是瞭望设施。《释名·释船》:"五百斛以上还有小屋曰斥候,以视敌进退也。""斥候"是小屋,因为"视敌进退"的作用而得名。"候"的这个意义后来写作"堠"。

(二)目光与下属及其管理对象接触,就是监视、督察

《周礼·天官·宫伯》"授八次八舍之职事"汉郑玄注:"卫王宫者必居四角四中,于徼候便也。"贾公彦疏:"必于八所以为次舍者,相徼察来往,候望皆便,故次舍皆八也。"三国蜀诸葛亮《与兄瑾言治绥阳谷书》:"有绥阳小谷,虽山崖绝险,溪水纵横,难用行军。昔逻候往来,要道通入。""徼候""候望""逻候"都是巡察、监视的意思。

"候"转为名词,就是监督者,即各类官吏。《左传·昭公二十年》:"薮之薪蒸,虞候守之。"孔颖达疏:"水希曰薮,则薮是少水之泽,立官使之候望,故以虞候为名也。"这是守山林水泽的官吏。《汉书·严助传》:"边城守候诚谨,越人有入伐材者,辄收捕,焚其积聚。""守候"可以理解为守城的官吏。《汉书·萧望之传》:"望之以射策甲科为郎,署小苑东门候。"颜师古注:"门候,主候时而开闭也。"《北史·隋房陵王勇传》:"帝惑之,遂疏忌勇。乃于玄武门达至德门量置人候,以伺动静,皆随事奏闻。""人候"就是"候人者",就是监视者。

(三)目光与客人接触,就是迎接、问候。包括原地接待与前往问候两方面

(1)迎接,接待

《礼记·曲礼上》"使某羞"汉郑玄注:"古者谓候为进。"唐孔颖达疏:"古时谓迎客为进,汉时谓迎客为候。"南朝梁江淹《杂体诗·陶征君田居》:"归人望烟火,稚子候檐隙。"这是指原地等待宾客。

　　因而"候"又有等待、趁着义。《汉书·游侠传·陈遵》:"尝有部刺史奏事,过遵,值其方饮,刺史大穷,候遵沾醉时,突入见遵母。"唐独孤及《寒夜溪行舟中作》诗:"忧来无良方,归候春酒熟。""等待"是静态的,"趁着"则是动态的,是伺机而动,前者为动词谓语,后者则可以作状语。现代汉语的"候机""候车"也属此类。北齐颜之推《颜氏家训·书证》:"待人不得,又来迎候。"清袁枚《随园诗话》卷十:"闻余游罗浮归,乞假到鼎湖延候。""迎候""延候"同义并列,是迎接义。双音词"等候""守候""伺候"亦其例。

　　"候"转为名词,也有二义。一是指负责迎送宾客的官吏。《左传·襄公二十一年》:"使候出诸辕辕。"杜预注:"候,送迎宾客之官也。"《国语·周语中》:"候不在疆。"韦昭注:"候,候人也;掌送迎宾客者。"二是指接待宾客的驿站,驿馆。《周礼·地官·遗人》"凡国野之道,十里有庐"汉郑玄注:"庐,若今野候,徒有庌也。"贾公彦疏:"汉时野路候迎宾客之处,皆有庌舍,与庐相似。"《后汉书·和帝纪》:"旧南海献龙眼、荔支,十里一置,五里一候。"就是指迎候宾客的房舍。

　　(2)拜访,问候

　　《汉书·董仲舒传》:"主父偃候仲舒……窃其书而奏焉。"汉王符《潜夫论·交际》:"不候谓之倨慢,数来谓之求食。"《后汉书·朱晖传》:"显宗舅新阳侯阴就慕晖贤,自往候之,晖避不见。"《后汉书·王良传》:"时司徒史鲍恢以事到东海,过候其家,而良妻布裙曳柴,从田中归。"这是指主动前往问候友人等。

　　后来"候"仍然是动词,但含义有所变化。一是逐渐表示恭敬问候的意思。如:《后汉书·赵咨传》:"之官,道经荥阳,令敦煌曹暠,咨之故孝廉也,迎路谒候,咨不为留。"《魏书·杨播传》:"椿年老,曾他处醉归,津扶持还室,仍假寐閤前,承候安否。"唐张鷟《游仙窟》:"承闻此处有神仙之窟宅，故来祇候。"唐孟郊《立德新居》诗之九："拂拭贫士席，拜候丞相辕。"《旧唐书·陈少游传》："濠寿舒庐，寻令罢垒，韬戈卷甲，伫候指挥。"宋曾巩《到亳州与南京张宣徽启》："始敢通笺记参候之礼，庶几将心诚饥渴之勤。"上揭双音词"谒候""承候""祇候""拜候""伫候""参候"等犹敬候，奉侍问安。

二是因此有了问候对方起居等情况的敬辞用法。如：宋欧阳修《与苏编礼书》："数日来尊候必更痊安。单药得效，应且专服。"宋陆游《老学庵笔记》卷五："前辈尺牍有云尊候胜常者。"宋苏轼《与杨元素书》："比日履兹微凉，台候何似？""尊候"即恭敬问候。"台候"也是敬辞问候义。现代汉语还有"问候""恭候""敬候起居""端候"等说法。

以上二义相因，有时不好区分。

（四）目光与其他特定对象接触，就是观察

《陈书·后主沈皇后传论》："（张贵妃）才辩强记，善候人主颜色。"唐韩愈《顺宗实录一》："上每进见，候颜色，辄言其不可。"对病人的观察，就是诊视，诊断。《周书·姚僧垣传》："以此候疾，何疾可逃。""候脉"即其义。

"候"转为名词，指观察对象的变化状况，即征兆、症状、情形。《史记·淮阴侯列传》："夫听者事之候也，计者事之机也，听过失而能久安者，鲜矣。"汉王符《潜夫论·思贤》："夫生飦秔粱，旨酒甘醪，所以养生也，而病人恶之，以为不若菽麦糠糟欲清者，此其将死之候也。"晋傅玄《挽歌》："人生鲜能百，哀情数万端。不幸婴笃病，凶候形素颜。"《宋书·刘勔传》："臣又以为开立驿道。据守坚城，观其形候，不似蹇弱。"《北齐书·方伎传·马嗣明》："邢公子伤寒不治自差，然脉候不出一年便死，觉之晚，不可治。"以上例中"候"都是征兆、症状、情形的意思。

对病的观察,转为名词就是"病候",指病情及病象。《北齐书·方伎传序》:"神农、桐君论本草药性,黄帝、岐伯说病候治方,皆圣人之所重也。"《周书·姚僧垣传》:"内史柳昂私问曰:'至尊贬膳日久,脉候何如?'""脉候"也称"脉象",谓脉搏变化的情况。因而有双音词"征候""症候""状候"等。

对火的观察,转为名词,就是"火候"。唐段成式《酉阳杂俎·酒食》:"贞元中,有一将军家出饭食,每说物无不堪吃,惟在火候,善均五味。"

作为名词"候"的抽象性特征充分显现。如南朝宋刘义庆《世说新语·赏誉》:"王大将军称其儿云:其神候似欲可。""神候"就是神情、精神状态。

(五) 目光与天象接触,就是观天象、占验、测算

《史记·秦始皇本纪》:"然候星气者至三百人,皆良士,畏忌讳谀,不敢端言其过。"《后汉书·郎𫖯传》:"时卒有暴风,宗占知京师当有大火。记识时日,遣人参候,果如其言。"《宋书·律历志下》:"《乾象》之弦望定数,《景初》之交度周日,匪谓测候不精,遂乃乘除翻谬,斯又历家之甚失也。""测候"并列,谓观测天文与气象。《续资治通鉴·元明宗天历二年》:"乐本于律,律本于气,而气候之法,具在前史。可择僻地为秘室,取金门之竹及河内葭莩候之。"

"候"转为名词,表示时令、时节、天气。晋陆云《寒蝉赋》序:"处不巢居,则其俭也;应候守节,则其信也。"此处"候"与"节"对文同义。唐韩偓《早玩雪梅有怀亲属》诗:"北陆候才变,南枝花已开。"韦庄《和薛先辈见寄初秋寓怀即事之作二十韵》之一:"玉律初移候,清风乍远襟。"

还有"气候""节候""时候""岁候"等同义并列。如《公羊传·庄公二十二年》"冬,公如齐纳币"汉何休注:"凡婚礼皆用雁,取其知时候。"南朝宋颜延之《夏夜呈从兄散骑车长沙》诗:"岁候初过半,荃蕙岂久芬?"根据时令,迁徙的鸟称"候鸟"。①

以下限定性语素与"候"组合成双音节词,更能够体现"候"表示季节与天气的含义:南朝齐谢朓《出下馆》诗:"麦候始清和,凉雨销炎燠。"《初学记》卷三引南朝梁简文帝《晚春赋》:"嗟时序之回斡,叹物候之推移。"唐杜牧《雪中书怀》诗:"且想春候暖,瓮间倾一卮。"唐王勃《春思赋》:"蜀川风候隔秦川,今年节物异常年。"唐岑参《武威送刘单判官赴安西行营便呈高开府》诗:"孟夏边候迟,胡国草木长。"

总结以上"候"的五类含义,可以进一步看出"候"的核心义是"察看",即目光对事物的接触。从词义看,"候脉"属于"候"义的第四个方面:目光与特定对象接触,就是观察,对病人脉象的观察。从类型上看,属于看脉类,强调眼的动作。

那么"候"为什么有观察义,也就是目光聚焦一点的含义?这是由其造字义决定的。因为"候"的造字义是射箭。《说文·矢部》:"矦,春飨所射矦也。厌,古文矦。"后来作"侯"。这是《说文》的侯字:

厌 《说文》古文 　　　　　麻 《说文》小篆

早期的"侯"是这样写的,如商代:

---

① 《吕氏春秋·孟春》:"候雁北。"高诱注:"候时之雁,从彭蠡来,北过至北极之沙漠也。"高诱注是"候"的等待时节义,而"候燕"成词,就是按季节迁徙的大雁了。

甲一八六　　　　乙八九二

像矢射向靶子之形,而射箭是需要目光聚焦靶心或所射对象的。汉代,"侯"字开始分化为"侯""候"两字。《说文·人部》:"候,伺望也。从人侯声。"用的是其分化后的含义。

《说文》小篆

《周礼·小祝》郑注"侯之言候也",《广雅·释言》"侯,候也",都说明二者字形本来是相通的。于省吾(1979:244):"王侯之侯与时候之候初本同字,候为后起的分化字。"裘锡圭(1983)也认为"侯""候"本由一语分化。盖早期本字是作且乙篡,像矢射向箭靶,是"有的放矢"的形象化表述,有具体的聚焦对象。用于人目光的聚焦,就是观察,后来写作"候",增加了"亻"旁。①

另外,现代汉语还有"号脉"的说法。清李世忠撰《梨园集成·药王传》:"(生)计然如此,脉乃人之根本。你且土台打坐,平道与你号脉,然后下药。"齐东野人《武宗逸史》:"御医小心走上前,低声喊:'皇上万岁!'见武宗还不理他,就小心把手摸在武宗手腕上号脉,这时武宗大叫一声:'干什么?'……太医赶来,把脉号脉,哪还有半点动静?""号脉"的得义缘由是什么? 属于哪个类别? 笔者以为"号脉"就是"候脉"的音变②,应当属于前文说的看脉类,强调眼部的动作。

---

① 硕士生杨淼帮助提供了古文字的例子,在此致谢。

② 孟蓬生教授在笔者讨论时提出了这一想法,谨致谢忱。

三、"候脉"及其同步构词

所谓同步构词，不是指同一个时代采用同一种构词方式，而是指，同一概念在不同的时代有相同的构词方式，表现出既有联系又有区别的组合关系。第一部分说到的"切脉"类以手的触摸为主，"看脉"类以目光接触为主，"验脉"以综合评判为主，这三组均属于狭义动宾式同步构词，为广义的同义同构双音词。而除了"候脉"等动宾式之外，还有另外一组表示切脉以察看病状的构词类型——同义并列式。如：

诊切　《史记·扁鹊仓公列传》："齐王中子诸婴儿小子病，召臣意诊切其脉。"

诊验　诊视检查。《南齐书·王僧虔传》："愚谓治下囚病，必先刺郡，求职司与医对共诊验；远县，家人省视，然后处理。"

诊候　《北齐书·方伎传·马嗣明》："（马嗣明）为人诊候，一年前知其生死。"《晋书·齐王冏传》："初，攸有疾，武帝不信，遣太医诊候，皆言无病。"唐李肇《唐国史补》卷中："郑云逵与王彦伯邻居，尝有客来求医，误造云逵门。云逵知之，延入与诊候曰：'热风颇甚。'"

也作"胗候"。《原本老乞大》："我有些脑痛头眩，请大医来胗候脉息，看甚么病。"

诊察　《南史·张融传》："（张融）子雄亦传家业，尤工诊察，位奉朝请。"宋无名氏《道山清话》："臣本无宿疾，偶值医者用术乖方，不知脉候有虚实，阴阳有逆顺，诊察有标本，治疗有后先。"

以上"诊切"等都属于同义并列式双音词。例子还有很多，此不赘述。

简言之,古代表示看病、诊疗的语义场中,至少有两类同步构词的表达方式:有"切脉""候脉""诊脉"等动宾式双音词,为表示"接触"义的动词语素(包括手和目光的接触)与名词语素"脉"的组合;也有"诊候""诊察"等并列式双音词,为两个表示"接触"义的动词语素(包括手和目光的接触)的组合。台湾地区学者曲守约(1982)《续辞释》曾有举例,云:"凡此,皆有关诊脉之不同辞语,及其真正之意旨也。"可作为参考。

脉之于人,性命攸关,所以有"命脉"一词。因为对人脉搏的重视,也相应地把其他事物用"脉理"作为比喻。汉王符《潜夫论·思贤》:"养寿之士,先病服药;养世之君,先乱任贤。是以身常安,而国脉永也。"是其例。再如有"土脉""地脉""水脉""山脉""气脉""人脉""语脉"等,这也属于同一类构词方式。

如今现代医学相当发达,仪器设备可以把人体的每一个血管纹理都看得清清楚楚,但是病症背后的原因未必明了。手术解决的是病症,中医则可以调节整个肌体,用疏解的办法逐步消除病症产生的原因。西医救急,中医调理,中西医两者结合是极佳的治疗方法,我们应当大力提倡。

参考文献

汉语大词典编辑委员会、汉语大词典编纂处(编纂),1986,《汉语大词典》,上海:上海辞书出版社。

江蓝生、曹广顺(编著),1997,《唐五代语言词典》,上海:上海教育出版社。

李崇兴、黄树先、邵则遂(编著),1998,《元语言词典》,上海:上海教育出版社。

刘坚(编著),2005,《近代汉语读本(修订本)》,上海:上海教育出版社。

裘锡圭,1983,《甲骨卜辞中所见的"田""牧""卫"等职官的研究——兼论
    "侯""甸""男""卫"等几种诸侯的起源》,中华书局编辑部(编)《文史》
    第19辑,北京:中华书局。

曲守约,1982,《续辞释》,台北:联经出版事业公司。

王力,1980,《汉语史稿》(下),北京:中华书局。

王云路,2013,《"按(案)"词义考》,《语言研究》第3期。

王云路,2014,《中古诗歌语言研究》,西安:世界图书出版公司。

王云路、王诚,2014,《汉语词汇核心义研究》,北京:北京大学出版社。

于省吾,1979,《甲骨文字释林》,北京:商务印书馆。

张家山二四七号汉墓竹简整理小组(编著),2001,《张家山汉墓竹简》,北京:
    文物出版社。

从"凌晨"谈汉语时间词的同步构词*

王云路

　　"凌晨"是现代汉语常用的时间词，中古以来习见，表示拂晓、清晨。北齐萧悫《奉和济黄河应教》："未明驱羽骑，凌晨方画舟。"①北周王褒《入朝守门开》："凤池通复道，严驾早凌晨。"唐徐敞《白露为霜》："入夜飞清景，凌晨积素光。"上举三例还可以看作词组，下面的例子则似乎成词了。唐杜甫《自京赴奉先县咏怀五百字》："凌晨过骊山，御榻在嵽嵲。"唐刘悚《隋唐嘉话》卷中："上官侍郎仪独持国政，尝凌晨入朝，巡洛水堤，步月徐辔，咏诗云……"现代汉语一直沿用。《汉语大词典》曰："凌晨，迫近天亮的时光；清晨，清早。"（汉语大词典编辑委员会、汉语大词典编纂处，1986：第2卷，416）"迫近天亮的时光"，告诉我们这个词的内部结构当是动宾关系。那么，这个解释准确吗？我们可以从核心义和同步构词两个方面加以印证。

一、"凌晨"的得义之由与结构关系

　　我们先从核心义入手分析"凌晨"的内部结构。关于汉语词汇的核心义，笔者曾经有过界定，是指由本义中抽象出来的贯穿其大多数义

---

　　* 原文载于《浙江大学学报(人文社会科学版)》2021年第5期。
　　① 本文语例均来自"中国基本古籍库"的检索，并经过核对，限于篇幅，不一一出注。

项的核心特征(王云路、王诚,2014:前言)。

　　"凌"有迫近义吗？查《汉语大词典》,"凌"列有10个义项:"1.冰;积聚的冰。2.侵犯;欺压。3.暴虐;凶恶。4.压倒;胜过。5.渡过;逾越。6.乘,驾驭。7.迎;冒。8.升,登上。9.迫近。参见'凌晨''凌晓'。10.姓。"除了姓之外,其他9个义项中,只有"凌晨""凌晓"属于明确的"迫近"义,迫近义是如何产生的？

　　根据核心义理论,除了假借义和特殊的语境义(也叫语用义)之外,其他词义一定受核心义制约。"凌"的核心义是什么？我们可以通过其他几个义项之间的联系来分析。

　　义项2为"侵犯;欺压"。这是迫近、靠近义的抽象引申,指人与人之间的迫近,而且是施动,即主动地靠近、迫近,带宾语。《楚辞·九歌·国殇》:"凌余阵兮躐余行,左骖殪兮右刃伤。""凌""躐"对文同义。王逸注:"凌,犯也。"又注:"躐,践也。"又如三国魏嵇康《卜疑》:"上干万乘,下凌将相。""干"也是迫近义,对上的迫近是"冒犯、干犯",对下的迫近就是"欺凌、压迫"。

　　义项5为"渡过;逾越"。这是迫近水面,在水面上经过。《战国策·燕策二》:"胡与越人言语不相知,志意不相通,同舟而凌波,至其相救助如一也。"汉庄忌《哀时命》:"势不能凌波以径度兮,又无羽翼而高翔。"晋葛洪《抱朴子外篇·博喻》:"骋逸策迅者,虽遗景而不劳;因风凌波者,虽济危而不倾。"宋苏轼《赤壁赋》:"纵一苇之所如,凌万顷之茫然。"迫近水面,就是渡过。"凌波"是迫近水面,因而还比喻美人步履轻盈,如乘碧波而行,如《文选·曹植〈洛神赋〉》:"凌波微步,罗袜生尘。"吕向注:"步于水波之上,如尘生也。"唐羊士谔《彭州萧使君出妓夜宴见送》:"玉颜红烛忽惊春,微步凌波暗拂尘。"宋周邦彦《瑞鹤仙》词:"凌波步弱,过短亭,何用素约。"这与"蜻蜓点水"的动作类似。

义项6为"乘,驾驭"。《楚辞·九章·悲回风》:"凌大波而流风兮,托彭咸之所居。"洪兴祖补注:"言乘风波而流行也。"这也是在水面上,当归入义项5。

义项4为"压倒;胜过"。这是抽象性的迫近,即"在……之上"。《北齐书·高昂传》:"昂既免缧绁,被甲横戈,志凌劲敌,乃与其从子长命等推锋径进,所向披靡。"唐杜甫《遣兴》诗之五:"吾怜孟浩然,短褐即长夜。赋诗何必多,往往凌鲍谢。"其中"凌"的施动者(主语)为抽象性的,如逸气、志气或质量等,因而就是抽象的迫近和超越。

义项7为"迎;冒"。唐李白《赠韦侍御黄裳》诗之一:"太华生长松,亭亭凌霜雪。"宋王安石《梅花》:"墙角数枝梅,凌寒独自开。"即冒着霜雪寒风。现代汉语依然有"凌风冒雪"。《文选·张衡〈思玄赋〉》:"凌惊雷之砊磕兮,弄狂电之淫裔。"李善注引旧注曰:"凌,乘也。"这是冒着、顶着雷电的意思。这都是人对风霜雨雪、雷鸣电闪等自然现象的迫近。但是词典的解释往往不确切。如唐韩愈《鸣雁》:"违忧怀息性匪他,凌风一举君谓何。"明刘基《感怀》诗之二十:"伫立望浮云,安得凌风翔。"《汉语大词典》引此二例,释"凌风"为"驾着风",显然不合适,"凌风"就是迎风、冒着风。

义项8为"升,登上"。《文选·张衡〈东京赋〉》:"然后凌天池,绝飞梁。"薛综注:"凌,升也。"北魏郦道元《水经注·汶水》:"凌高降深,兼惴慄之惧;危蹊断径,过悬度之艰。"宋王安石《望皖山马上作》:"吾将凌其巅,震荡睨溟渤。"明徐弘祖《徐霞客游记·游嵩山日记》:"从草棘中莽莽南上,约五里,遂凌南寨顶。"以上例子就是登山、登顶,都是人从低处向高处的迫近。清吴伟业《松山哀》:"中有垒石之军盘,白骨撑距凌巑岏。"这也是向上的迫近。因为向上的迫近,"凌"就产生了

"高"义。三国魏嵇康《琴赋》："周旋永望,邈若凌飞。""凌飞"就是高飞。

义项 3 为"暴虐;凶恶"。是迫近义的形容词用法,即迫近的状态,就是猛烈。《管子·中匡》："法行而不苛,刑廉而不赦,有司宽而不凌。"谓有司宽缓而不逼迫。汉扬雄《法言·吾子》："震风凌雨,然后知夏屋之为帡幪也;虐政虐世,然后知圣人之为郛郭也。"李轨注:"凌,暴也。""凌雨"就是猛烈的雨,犹言暴雨。这也是一种逼迫①。

总结以上诸义,大多属于空间上的迫近或超越。迫近地面就是践、踏;迫近水面就是渡过,如"凌波";由下向上地迫近实体(如山顶)就是登、上升;迫近高空就是达到、上达,如"凌霄""凌空""凌虚""凌云"。《史记·司马相如列传》："相如既奏《大人》之颂,天子大说,飘飘有凌云之气,似游天地之间意。""凌云"就是迫近云霄。北魏郦道元《水经注·济水》："水上有连理树,其树柞栎也,南北对生,凌空交合。"《汉语大词典》解释"凌空"为"高升到天空或耸立空中",是很准确的。

对自然现象的迫近,就是"冒着",如"凌寒""凌霜""凌风""凌雪"等。《梁书·到溉传》："魏世重双丁,晋朝称二陆。如何今两到,复似凌寒竹。"宋王安石《梅花》："墙角数枝梅,凌寒独自开。"是其例。"凌"作形容词,一是形容动作的猛烈,如"凌厉";二是形容状态,就是高,如"凌傲""凌嶒"。

而时间上的迫近,就是"到达",如"凌晨""凌晓""凌旦",详见下文分析。

时间与空间是可以转化的,如表示时间段的季节,同具体的物理空间一样,具备可经历、度过的特点。关于这一点,在"凌冬"与"凌寒"两

---

① "凌雨"还可以表示冒雨,见下文。

词中体现得最为明显。东晋王嘉《拾遗记》："有淳和麦,面以酿酒,一醉累月,食之凌冬不寒。"①唐孙思邈《千金翼方》卷四《菜部·苦菜》:"(苦菜)生益州川谷山陵道傍,凌冬不死,三月三日采,阴干。"唐虞世南《赋得临池竹应制》:"欲识凌冬性,唯有岁寒知。"这里"凌冬"就是迫近冬天或入冬。因此《汉语大词典》解释"凌冬"有"越冬;过冬"和"寒冬"两组义项,是准确的,只是两者难以截然区分,因为到了临界点其实也就是进入了某个新的范围(从秋天进入冬天的范围)。所以"凌"这个持续性动作,包含"迫近"与"超越"两个特点,而两者是密不可分的,"迫近"之后即是"超越"。前面说"凌"有迫近的核心义,因为在时间词"凌晨"中突出的是迫近义,所以前面也主要强调这一点。

　　"凌冬"多表示时节,即冬季。而"凌寒"多表示"冒着严寒",《汉语大词典》解释"凌寒"曰:"冒寒;严寒。"这个解释很准确。从文献用例看,其发展路径也很清晰:在南朝多为"凌+寒N"式结构,"凌"为动词谓语,连接主宾。如南朝宋谢灵运《入华子冈是麻源第三谷》:"南州实炎德,桂树凌寒山。"南朝梁江淹《陆平原羁宦》:"殂殁多拱木,宿草凌寒烟。"是其例。唐初则"凌寒"成词,但后接名词,作为修饰语。如唐李程《赋得竹箭有筠》:"常爱凌寒竹,坚贞可喻人。"唐萧楚材《奉和展礼岱宗涂经濮济》:"叶箭凌寒矫,乌弓望晓惊。""凌寒竹"即"凌寒/竹","凌寒矫"的切分是"凌寒/矫"。后来则"凌寒"完全成词,且为动词。如唐李峤《八月奉教作》:"鹤鸣初警候,雁上欲凌寒。"唐杜甫《北风》:"执热沉沉在,凌寒往往须。"唐白居易《风雪中作》:"踏冻侵夜行,凌寒未明起。"唐戴叔伦《题黄司直园》:"为忆去年梅,凌寒特地来。""凌寒"是动宾结构,谓冒着寒风,也可以是经历寒冬。前者为空间的

_____

① 又收于《太平广记》卷四百一十二"延精麦"条(出《拾遗记》)。

迫近,后者为时间的迫近。逐渐凝固成词,就是"严寒"的意思,为词汇化的形态。"凌晨"同样,其早期的构词形态就是"迫近天亮",为动词性词组,而后期则成为一个时间名词,就是清晨了。

抽象意义上的迫近,指人与人的迫近,分为两种:上对下的迫近是欺凌、压迫,如"盛气凌人";下对上的迫近是冒犯、干犯,如"凌上"。在这个意义上构成的并列结构复音词有凌虐、凌犯、凌侮、凌辱、凌逼、凌殴、凌暴、凌驾、凌越、凌跨、凌迈、凌践等,都证明了"凌"的迫近义。晋干宝《搜神记》卷十五:"此女意在于君,被父母凌逼,嫁与刘祥,今已死矣。"即其例。

从"凌"各义项及其复音词搭配用例中,我们已经可以推导出"凌"的核心义是迫近,从而阐释"凌晨"的得义缘由和结构关系。那么,"凌"的迫近义是怎么产生的?

考《说文·夊部》:"夌,越也。"段玉裁注:"凡夌越字当作此。今字或作淩,或作凌,而夌废矣。"[1]据段注,"夌"的本义是迈步向前并跨过,文献中多用"淩"或"凌"字取代之。《吕氏春秋·论威》:"虽有江河之险则凌之。"高诱注:"凌,越也。"动作逐步靠近目标,因而就有迫近义。时间的靠近和经历也同样。唐罗隐《四顶山》:"过夏僧无热,凌冬草不枯。"这是历冬,度过寒冬。所以"凌晨"本字当是"夌晨"。"凌晨"与"凌冬"结构方式相同。

一些从"夌"的同源词,似乎可以纳入迫近的意义范畴,从而进一步帮助我们印证"凌晨"的含义与结构。

"陵"是土石相互迫近而形成山(参见黄德宽,2007:395)[2]。山顶

---

① "夌",甲骨文作"𡴂",甲骨文中用为地名或族氏名,似乎造字本义不明;也可能就是"陵"。

② 此蒙岳晓峰博士见告,谨此致谢。

自然是尖的。《说文·𨸏部》:"陵,大阜也。"段注:"《释名》曰:'陵,隆也。体隆高也。'按引申之为乘也,上也,躐也,侵陵也,陵夷也,皆'夌'字之假借也。"所以,"陵"与"凌(夌)"的含义有相通之处。《汉语大词典》"陵"字的一些义项,如"5. 登上;上升。6. 超越;越过。……8. 凌驾。9. 侵犯;欺侮。……12. 暴烈",都与"凌"的含义是相同的。除此之外,就字形而言,在金文、楚简、秦简中,都有一类从阜从夌的"陵"字异体,说明"陵"与"凌(夌)"有些情形下不仅同源甚至是不别的。

再如"凌",是液态水凝固形成冰,给人的感觉也是聚集尖锐的。北魏贾思勰《齐民要术·炙法》:"色同琥珀,又类真金;入口则消,状若凌雪。""凌雪"就是冰雪,两种固态水并列连言,可以看作并列结构。《广韵·青韵》:"泠,泠泽,吴人云冰凌。"唐孟郊《戏赠无本》诗之一:"瘦僧卧冰凌,嘲咏含金痍。"这两例"冰凌"也可以看作同义并列。因为"凌"的本义是"冰",所以有寒冷义。唐韩愈《秋怀》诗之四:"秋气日恻恻,秋空日凌凌。""凌凌"就是寒冷的样子。寒冷则为冬天,万物凋零,所以有"凌替",表示衰落、衰败。三国魏阮籍《通易论》:"阴皆乘阳,阳刚凌替。君臣易位,乱而不已。"《周书·皇后传序》:"至于邪僻既进,法度莫修,冶容迷其主心,私谒蠹其朝政,则风化凌替,而宗社不守矣。"《旧唐书·韦思谦传》:"贵门后进,竞以侥幸升班;寒族常流,复因凌替弛业。"这是抽象的衰败义。

那么,我们可以将"凌"义重新加以梳理和概括,分为"凌$_1$"和"凌$_2$",词典中可解释如下:

凌$_1$:1. 冰凌。2. 寒冷。3. 衰败。

凌$_2$:本字为"夌"。1. 越,前进,跨越。2. 空间迫近:登升;渡过;冒着。3. 时间迫近:到达。4. 抽象性迫近:欺凌,压迫;冒犯,干犯;压倒,胜过。5.迫近的状态:猛烈;高远。

另外,"凌"早期有时也是"陵"的借字,二者同义不别。

二、表示迫近义的动宾式同步构词时间词

"凌晨"为动宾结构的双音词,表示迫近天亮、清晨。除了从核心义入手分析"凌"具有迫近义之外,根据同步构词规律,时间词"凌晨"应当具有普遍的同步构词现象。换句话说,动宾式时间词应当具有普遍规律。

所谓"同步构词",就是指一组词在构词形态和表意上完全一致。即两个或多个同义词用同样的构词方式,创造了一系列同义词①(见王云路,2014,2019;王云路、刘潇,2019)。如果语素 A = B = C,则 A + X = B + X = C + X,或 X + A = X + B = X + C。所谓同步,只是从历时角度而言不同的词的引申轨迹大致平行,并不是说意义引申或构词的速度、发生的时代完全一致,即同步过程本身未必同时,而是在其构词的序列上完全一致。同步构词有狭义和广义之分,狭义是有一个语素相同的同义同构,广义是语素义或语素核心义特征相同的同类同构。介于二者之间的,我们称为"基本同步构词"。

同步构词的产生机制在于其构词语素核心义或某些义项的一致,在于语词创造的仿造和类推机制。类推机制在语言发展中最具有创造性,也是最为活跃的原动力。笔者(2005)曾指出:"仿照已有词语的构

---

① 王云路(2014:445)首次提出"同步构词"的概念:"即一组意义相近的单音词往往以相同的构词方式或者与同一个语素结合的形式构成一组双音节同义词。"王云路(2019:188—203)指出:"所谓'同步构词',就是两个或多个同义词,用同样的构词方式,创造了一系列同义词。"

词方式再造新词,可称为类化……类化是汉语复音词产生的一个特殊方式。"而江蓝生(2010)曾有更详细的说明:"汉语在构词法上有一种类化构词的现象。所谓类化构词,是指甲、乙两个语素以某一结构方式组合为合成词,那么跟甲或乙词性、意义相同的语素,可以替换甲或乙进入这一结构,构成两个或两个以上跟原合成词同义的词。"笔者所说的同步构词,与江先生的"类化构词"本质上是一致的。而中古以来汉语词语数量激增,与复音词同步构词的规律有密切的关系。时间词就是一个比较明显的例子。

那么,"凌晨"是否符合时间词同步构词规律呢?下面来看具体时间词的例子。与"凌晨"同义的还有"凌晓""凌旦"。南朝梁刘孝威《帆渡吉阳洲诗》:"江风凌晓急,钲鼓候晨催。"北魏贾思勰《齐民要术·煮胶》:"凌旦气寒,不畏消释;霜露之润,见日即干。"唐王勃《散关晨度》:"关山凌旦开,石路无尘埃。""凌晓""凌旦"与"凌晨"同义同构,就是拂晓、清早。这属于"凌"与"晓""旦""晨"三个同义词的同步构词,属于最基础的狭义同步构词。按照这个思路,我们看看"凌晨"类词与哪些时间词构成更广泛的同步构词。为了比较的方便,以下大致以类相聚,按照动词语素的含义,分为迫近义、趋向义和接触义三类讨论,而不是依照词语产生的时代顺序。

除了"凌晨"外,比较明显的属于迫近义类型的动宾式时间词主要有以下几组。

(一)"薄暮"类

"薄暮"或"薄莫"是较早出现的动宾式时间词,表示傍晚,太阳快落山的时候。《楚辞·天问》:"薄暮雷电,归何忧? 厥严不奉,帝何求?"《史记·卫将军骠骑列传》:"薄莫,单于遂乘六骡,壮骑可数百,直冒汉围西北驰去。"宋晁冲之《书怀寄李相如》："清晨戴星出，薄莫及日还。"明杨慎《春郊即事》："薄莫古堤微雨歇，拳骊仍踏落花还。""薄莫"即"薄暮"。《汉书·酷吏传·尹赏》："城中薄暮尘起，剽劫行者，死伤横道，枹鼓不绝。"三国魏曹丕《善哉行》："上山采薇，薄暮苦饥。溪谷多风，霜露沾衣。"唐韩愈《感春》诗之五："清晨辉辉烛霞日，薄暮耿耿和烟埃。"

这个词义在后代的消失，大约与"薄暮"还有比喻人之将老、暮年的含义相关。《文选·陆机〈豫章行〉》："前路既已多，后涂随年侵。促促薄暮景，蓦蓦鲜克禁。"李善注："景之薄暮，喻人之将老也。"南朝宋颜延之《吊张茂度书》："薄莫之人，冀其方见慰说，岂谓中年，奄为长往，闻问悼心，有兼恒痛。"为了语言的明晰性，减少歧义，表示时间义的"薄暮"在现代汉语中就不再使用。

中古以来类推产生"薄晚""薄夜"等词。南朝梁释慧皎《高僧传》卷六："（释慧永）永尝出邑，薄晚还山，至乌桥。"《北齐书·祖珽传》："薄晚，就家掩之，缚珽送廷尉。"唐韩愈《答张籍书》："薄晚，须到公府，言不能尽。"唐张子容《杂曲歌辞·水鼓子》："雕弓白羽猎初回，薄夜牛羊复下来。"清袁枚《新齐谐·勾魂卒》："苏州余姓者，好斗蟋蟀，每秋暮，携盆往葑门外搜取，薄夜方归。"

近代还有"薄暝"，也表示傍晚。宋代宋祁《海棠》："薄暝霞烘烂，平明露濯鲜。"明高启《梅花》诗之二："薄暝山家松树下，嫩寒江店杏花前。"清吴骞《扶风传信录》："（许生）瞬息抵家，惘惘若有所失。薄暝，秋鸿复来慰。"

以上"薄"与表示晚上义的语素"暮、莫、夜、晚、暝"等组合，构成"薄暮（莫）""薄夜""薄晚""薄暝"等同义同构的双音节时间词，指迫近晚上，凝固成词就是我们理解的时间词"晚上"，属于狭义同步构词。

　　近代汉语仿照类推,产生了表示清晨的"薄晓"。宋王沂孙《锁窗寒·春寒》:"芳景,还重省。向薄晓窥帘,嫩阴敲枕。"宋宇文懋昭《大金国志·纪年·熙宗孝成皇帝四》:"诸王环立榻前,薄晓,诸官成班,诸王与驸马共立亮为主。"元刘将孙《夙兴》:"西风三日木犀雨,薄晓满城梅角霜。"元袁士元《和路掾高鹏飞》:"六花衮衮隘江天,薄晓惊寒粟满肩。"元张宪《咏双陆》:"疏星二十四,薄晓见灿者。"明王恭《梅江夜泊》:"薄晓啼猿罢,苍苍远树愁。"

　　表示清晨的"薄明"则产生于现代汉语。沈从文《丈夫》:"圆而发乌金光泽的板栗便在薄明的船舱里各处滚去。"梁斌《红旗谱》四十八:"(张嘉庆)猛的听得噗嚓一声响,从路西投过一卷东西来。在薄明中,伸手一摸是大饼,还温温儿的。"

　　"晓"与"明"同义,都是天亮的意思,"薄晓"与"薄明"也属于狭义同步构词。

　　"暮""夜""晚""暝"与"晓""明"同为时间词,只是早和晚的不同,所以"薄暮"类与"薄晓"类两组狭义同步构词,构成基本同步构词,属于略大一级的同步构词,统称"薄暮—薄晓"类。

　　考《说文·艹部》:"薄,林薄也。""薄"本义指树丛。段注:"《吴都赋》:'倾薮薄。'刘注曰:'薄,不入之丛也。'按林木相迫不可入曰薄,引伸凡相迫皆曰薄,如'外薄四海''日月薄蚀'皆是。"因而"薄"有相迫、密不可入的核心义,从行为上看是逐步靠近,从状态上看就是紧密。《左传·僖公二十三年》:"曹共公闻其骈胁,欲观其裸。浴,薄而观之。"孔颖达疏:"薄者,逼近之意。"晋李密《陈情表》:"但以刘日薄西山,气息奄奄,人命危浅,朝不虑夕。"亦其例。所以"薄"与"凌"在迫近的意义上是相通的,"薄暮"类与"凌晨"类分别表示靠近夜晚与靠近天亮的意思。它们同为动宾式时间词,属于广义同步构词。

简言之，"薄暮"类词用例较早，经历了从上古到中古和近代的发展过程。其中"薄暮""薄夜""薄晚"属于狭义同步构词，"薄晓""薄明"也属于狭义同步构词，此为第一级；"薄暮"类与"薄晓"类组合属于基本同步构词，此为第二级；"薄暮—薄晓"类基本同步构词与"凌晨"类组合属于广义同步构词，此为第三级。三个级别是范围逐步扩大的同步构词。见图1。

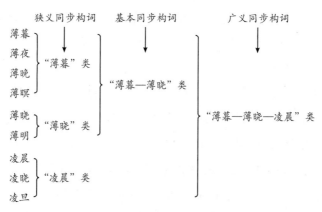

图1　同步构词的三个层级

以下诸类都与"凌晨"类、"薄暮"类构成广义同步构词，而其每类内部大致都有狭义和基本两级同步构词。

(二)"逼暮"类

用"逼"与时间词组合构成双音节时间词，大约产生于六朝。《宋书·沈攸之传》："若逼暮不获禽，则宿昔围守，须晓自出。"唐代以来持续沿用，《梁书·陆襄传》："是时冬月，日又逼暮，求索无所。"《北史·贺拔允传》："时已逼暮，于是各还。"宋洪迈《容斋三笔》卷三《监司待巡检》："日晚，命之同食，起行数百步，逼暮而退。"

不仅有"逼暮"，还有"逼夜""逼晚"等同义同构双音词。《隋书·

长孙晟传》:"染干与晟独以五骑逼夜南走,至旦,行百余里,收得数百骑。"唐白居易《晚归早出》:"退衙归逼夜,拜表出侵晨。"《旧唐书·李绩传》:"靖将兵逼夜而发,绩勒兵继进。"《旧唐书·苏定方传》:"贺鲁及咥运十余骑逼夜亡走,定方遣副将萧嗣业追捕之,至于石国,擒之而还。"《北史·邢邵传》:"定陶县去州五十里,县令妻日暮取人斗酒束脯,邵逼夜摄令,未明而去,责其取受,举州不识其所以。"宋吴曾《能改斋漫录》卷十四《记文类对》:"逼晚,商量作策题,以冗官为问。"元吴镇《文湖州竹派·程堂》:"无姓无名逼夜来,院僧根问苦相猜。"明冯梦龙《情史类略》卷十五:"逼晚,使值宿老兵呼之。"

后来还类推产生了"逼曙"这样表示早上的时间词,如明高启《咏残灯》:"凝寒结重晕,逼曙零孤朵。""凝寒""逼曙"相对,笔者以为,这里可以清晰地看出"逼"的动词性质。

元王祯《镢》:"凌晨几用和烟劚,逼暮同归带月携。"这是"凌晨"与"逼暮"对应出现的例子,这两个词属于动宾式广义同步构词。

《说文·富部》:"富(畐),满也。"段注:"许书无偪、逼字,大徐附逼于辵部,今乃知逼仄、逼迫字当作畐。偪、逼行而畐废矣。《荀卿子》:'充盈大宇而不窕,入卻穴而不偪。'《淮南·兵略训》:'入小而不偪,处大而不窕。'凡云'不偪'者,皆谓不塞。""逼"就是"逼塞""逼迫"。《尔雅·释言》:"逼,迫也。"这是其核心义。

(三)"迫暮"类

"逼""迫"同义,"逼"可以与名词性时间语素组合,"迫"也同样。故六朝时期就产生了时间词"迫暮"。南朝宋求那跋陀罗译《杂阿含经》卷五十:"比丘旦早出,迫暮而还林。"后代沿用。如宋何溪汶《竹庄诗话》卷二十一《方外空门·绝句》:"西清诗话云:近有人游罗浮,越大小石楼,将归迫暮,留宿岩谷间。"宋陆游《梅市暮归》:"还家宁迫暮,取路羞径捷。"宋末元初刘辰翁词题《水调歌头·自龙眠李氏夜过朣仙康氏,走笔和其家灯障水调,迫暮始归》,"迫暮"即傍晚。元刘祁《归潜志》卷十三:"斜日秋烟,漾荡百里。迫暮,留诗而回。"清顾禄《清嘉录·虎丘灯船》:"迫暮施烛,焜煌照彻,月辉与波光相激射舟中。"

又有"迫夜"。宋王平甫《与李运使帖》:"迫夜造门,既而敷客抵暮方散,腹虚不觉过饱,难于乘马。"宋末元初戴表元《宿赵嵊丞家》:"迫夜愁严鼓,冲寒托软巾。"明袁宏道《潇碧堂集》卷十三:"既迫夜,舟人畏滩声不敢行,遂泊于滩之渴石上。"

又有"迫晚"。宋韩淲《有怀山中梅花》:"迫晚昏寒乘野逸,爱香凌乱任宽闲。"另有宋郑獬《迫晚风雪出省咏张公达红梅之句》之题。

"迫暮""迫夜""迫晚"构成狭义同步构词。

《说文·辵部》:"迫,近也。"所以"薄暮"类、"逼暮"类和"迫暮"类构成广义同步构词。它们都是同义语素"薄""逼""迫"与同义语素"暮""晚""夜"结合,没有表示早晨义的语素类,是缺少了同类同构的基本同步构词。所以与"薄暮—凌晨"类这种典型的广义同步构词并不相同。由此也说明广义同步构词包括了同义同构这样一类。详见下文表1。

(四)"侵晨"类

"侵晨"一词,大约产生于魏晋时期。晋陶渊明《归园田居》之三:"侵晨①理荒秽,戴月荷锄归。"《三国志·吴书·吕蒙传》:"蒙乃荐甘宁为升城督,督攻在前,蒙以精锐继之,侵晨进攻。""侵晨"就是清晨,

———————

① 一作"晨兴"。

一大早。唐代诗人使用更多,如李建勋《惜花寄孙员外》:"侵晨结驷携
酒徒,寻芳踏尽长安衢。"薛能《吴姬十首》之七:"开门欲作侵晨散,已
是明朝日向西。"韩偓《幽独》:"幽独起侵晨,山莺啼更早。"还有对文的
例子,如白居易《晚归早出》:"退衙归逼夜,拜表出侵晨。"元稹《相和歌
辞·古决绝词三首》之三:"虹桥薄夜成,龙驾侵晨列。""侵晨"分别与
"逼夜""薄夜"对文。唐代其他文献也见用例,如《周礼·天官·宫
正》:"凡邦之事跸,宫中庙中则执烛。"孔颖达疏:"时隶仆与王跸止行
人于宫中及庙中也,王出向二处,当侵晨而行。尔时,则宫正为王执烛
为明也。"

"侵晨"类时间词在中古和近代文献中不少。

有"侵晓"。《北齐书·崔暹传》:"侵晓则与兄弟问母之起居,暮则
尝食视寝,然后至外斋对亲宾。"唐杜牧《旅宿》:"远梦归侵晓,家书到
隔年。"后蜀欧阳炯《木兰花》词:"侵晓鹊声来砌下,鸾镜残妆红粉罢。"

有"侵旦"。唐鲍溶《山中冬思二首》其一:"巢鸟侵旦出,饥猿无声
啼。"宋刘敞《奉同邻几咏雪》:"侵旦满城雪,从天万里风。"

有"侵夜"。《宋书·沈邵传》:"时上多行幸,还或侵夜,邵启事陈
论,即为简出。"唐薛用弱《集异记·邓元佐》:"今已侵夜,更向前道,虑
为恶兽所损,幸娘子见容一宵,岂敢忘德?"

有"侵晚"。《前汉书平话》卷下:"吕胥与太后,侵晚至于未央宫,
二人定计。"宋黄伯思《东观余论》卷下《论汉晋碑》:"同舍出省后,予尝
侵晚而归。"

有"侵暮"。宋陆佃《赠王君仪》:"读书侵暮即然烛,为文夜坐常达
晨。"元辛钧《訾州烟雨》:"渔翁披蓑侵暮归,家家买鱼趁晚炊。"

有"侵黑"。唐白居易《马上晚吟》:"出早冒寒衣校薄,归迟侵黑酒
全消。"唐李廓《杂曲歌辞·长安少年行》其四:"还携新市酒,远醉曲江

花。几度归侵黑，金吾送到家。"唐王建《和门下武相公春晓闻莺》："侵黑行飞一两声，春寒唒小未分明。"

《说文·人部》："侵，渐进也。从人又持帚。若埽之进。又，手也。"本义释持帚之意。段注："渐当作趣。趣，进也。侵之言骎骎也。水部：浸淫，随理也。浸淫亦作侵淫。又侵陵亦渐逼之意。"所以"侵"有迫近义，与"薄""逼""迫""凌"同义，故均与时间语素组成动宾式时间词。

"侵"谓进入或靠近。北周庾信《拟咏怀诗》："幸无侵饿理，差有犯兵栏。"此以"侵"与"犯"对文同义。所以"侵犯"为同义并列双音词。"侵入"也是同义并列双音词。参见"入夜"条。

唐韦庄《题裴端公郊居》："已近水声开涧户，更侵山色架书堂。"唐韦建《泊舟盱眙》："夜久潮侵岸，天寒月近城。"唐李商隐《微雨》："窗迥侵灯冷，庭虚近水闻。"这是"侵"与"近"同义对文的例子。到了宋代，"侵近"常常同义连言，如李曾伯《可斋续稿后》："有溃卒过之，不敢侵近而去。"元代亦见用例，朱晞颜《天香·寿桂金堂竹泉总管》："古月浮香，冷风度曲，不许一尘侵近。"而现代汉语中则不再使用。这说明"侵"的靠近义已经消失，同理"侵晨"一类词也不见于现代汉语。

"晨""晓""旦"同义，是天亮的意思，"侵晓""侵晨""侵旦"属于同义同构，表示天亮时。"暮""夜""晚""黑"同义，是天黑的意思，"侵暮""侵夜""侵晚""侵黑"也属于同步构词。以上为两组狭义同步构词，为第一级，它们同义同构。这两组狭义同步构词组合起来，则为基本同步构词，为第二级，统称"侵晨"类。而"侵晨"类与"薄暮"类、"凌晨"类等构成广义同步构词，为第三级，它们意义上都是时间词，结构上都是动宾式，故称同类同构。

以上述词语为例，归纳三级同步构词如下：

狭义同步构词:同一语素(薄)+同义语素(暮、夜、晚、暝)=同义同构

基本同步构词:同一语素(薄)+同类语素(暮类、晓类)=同类同构

广义同步构词:同义语素(薄、逼、迫、凌、侵)+同类语素(暮类、晓类)=同类同构

这里的同义语素(薄、逼、迫、凌、侵)指的是核心义相同或者某个义位相同。

换句话说,即狭义同步构词+狭义同步构词=基本同步构词;基本同步构词+基本同步构词=广义同步构词。而广义同步构词也包括了个别同义同构类,是只有第一级而无第二级造成的,比如"凌晨"类只表示早晨义,"迫暮"类只表示傍晚义。

(五)"入夜"类

南朝宋刘骏《斋中望月》:"褰幕荡暄气,入夜渐流清。"南朝梁江淹《学魏文帝诗》:"惜哉时不遇,入夜值霜寒。"唐皎然《登开元寺楼送崔少府还平望驿》:"入夜四郊静,南湖月待船。"唐王勃《寒梧栖凤赋》:"游必有方,哂南飞之惊鹊;音能中吕,嗟入夜之啼鸟。"唐李端《云际中峰》:"经秋无客到,入夜有僧还。"

又有"入暮"。宋丘葵《晚步》:"入暮江山浑似画,向南门巷已先秋。"宋代宋庠《宿斋太一宫寄天休》:"入暮凫钟警,乘凉鹊帐褰。"宋陈宓《入暮》:"溪光延夕暝,山色接天青。独立待霜月,山童已触屏。"即以"入暮"为题。明沈德符《(万历)野获编·工部·工部管库》:"早蠲金钱,入暮即批允。"清蒲松龄《聊斋志异·贾儿》:"入暮,邀庖媪

伴焉。"

对文出现的例子可以进一步印证其性质。如唐方干《雪中寄殷道士》:"园林入夜寒光动,窗户凌晨湿气生。"唐吴筠《游仙二十四首》其三:"凌晨吸丹景,入夜饮黄月。"以上二例"入夜""凌晨"对文。宋陈景沂《石榴花》:"入晚天容糊水色,拂明云影帽山光。"这是"入晚"与"拂明"对文。凡此都说明"入"的动词性质。

"入"是进入义,与迫近义相因,因而也与时间词语素构成同步构词。南朝陈张正见《陇头水》:"陇头流水急,流急行难渡。远入隥嶆营,傍侵酒泉路。"又陈后主叔宝《晚宴文思殿》:"荷影侵池浪,云色入山扉。"这是"入"与"侵"对文同义的例子,故有"侵夜",也有"入夜"。从文意可以看出,"入夜"早期还有动宾结构的痕迹,而后期的"入暮"就已经完全固化成词了。其他"凌晨"类同步构词也都是经过了由动宾词组到凝固成词的过程。

(六)"近暮"类

用"近"与时间语素组合成动宾式双音词,唐宋以来常见。有"近暮"。唐赵璘《因话录》:"一日近暮,风雪暴至,学童悉归家不得。"(此例似乎也可以视为动宾词组)宋邵雍《读陶渊明归去来》:"近暮特嗟时翳翳,向荣还喜木欣欣。"

有"近夜"。唐灵一《溪行即事》:"近夜山更碧,入林溪转清。"唐传奇《无双传》:"近夜,追骑至,一时驱向北去矣。"

有"近晚"。宋叶适《送蔡学正》:"好溪新涨连天绿,近晚无风亦不波。"

有"近午"。唐李淳风《观象玩占》卷四《古历五星并顺行》:"行至于夕时,又欲当午上则更留,留而平旦,近午则又顺行。"宋阳枋《和王季行制干昌溪即事》其二:"绝怜鸡唱罢,近午日方暾。"元贡师泰《至正十一年秋七月巡按松州虎贲分司时山谷寒甚公事绝少明日即还为赋此》:"云叶缤纷雪弄花,小营近午却排衙。"①

《说文·辵部》:"近,附也。""近"就是靠近、接近,包括空间和时间的接近。《韩非子·难二》:"景公过晏子曰:'子宫小,近市,请徙子家豫章之圃。'"唐李商隐《乐游原》:"夕阳无限好,只是近黄昏。"所以"近晚"等也是动宾结构。

唐韦庄《题裴端公郊居》:"已近水声开涧户,更侵山色架书堂。"唐李商隐《微雨》:"窗迥侵灯冷,庭虚近水闻。"这是"近"与"侵"对文同义的例子。所以"近暮"类与"侵晨"类等属于广义同步构词。

(七)"傍晚"类

"傍晚"也是近代以来产生的双音节时间词,而且流行极广,沿用至今。宋刘弇《蒋沙庄居十首》其二:"傍晚浇慵酒,寻春濯足行。"宋何滉《留题吴氏园》:"傍晚秋晖静,穿松石路微。"(这时"傍晚"似乎还可以看成词组)元柯九思《题赵令穰秋村暮霭图四首》其二:"溪上数家门半开,村翁傍晚却归来。"明冯梦龙《醒世恒言》第二十七卷:"天色傍晚,刚是月英到家,焦氏接脚也至。"

也有"傍黑"。清荻岸散人《平山冷燕》第八回:"一霎时,心中就有千思万虑,肠回九转,直坐到傍黑,方才挣归客店。"袁静、孔厥《新儿女英雄传》第八回:"到一个村子附近,小梅和秀女儿先去探了探,回来说:敌人傍黑走了。"

也有"傍午"。如元张宪《端午词》:"五色灵钱傍午烧,彩胜金花贴

---

① 又有"转午"。《醒世姻缘传》第二十四回:"闲言乱语,讲到转午的时候,走散回家。""转午"应当是"过午"的意思。

鼓腰。"明潘问奇《自磁州趋邯郸途中即事》："旁午停征辔,炊烟得几家。"①清李渔《玉搔头·讯玉》："如今日已傍午,快些梳起头来。"《清史稿·丘良功传》："明日,复要截环攻,牵且战且走,傍午逾黑水洋,见绿水。"

"傍午"在现当代作品中使用广泛。鲁迅《呐喊·孔乙己》："做工的人,傍午傍晚散了工,每每花四文铜钱,买一碗酒。"再看杨朔的作品,如《三千里江山》："天傍明……有几个人进了屋,单怕惊醒郑超人,跷着脚尖轻轻走路。"《用生命建设祖国的人们》："天傍亮在一家朝鲜老百姓屋里找到个宿处。"《秘密列车》："傍晌,飞机又出现在天空了,先是两架小的,又来了四架大的。"《木棉花》："第二天广九路通车了。傍晚才开驶,白天恐怕遭受空袭。"

"傍"是靠近义,以上"傍晚""傍黑"表示天黑;"傍明""傍亮"表示天亮;"傍午""傍晌"表示中午。此三组均为第一级动宾式狭义同步构词,合在一起构成基本同步构词。

以上7组中的动词语素②是"薄""逼""迫""侵""入""近""傍",其核心义或某个义位与"凌"相近,都有迫近、靠近的意思。这7组复音词都是同步构词,为广义同步构词。

关于同步构词的时代问题,根据以上例子再阐发如下:"薄暮"类词经历了从上古、中古和近代的发展过程。"逼暮""迫暮"为产生于六朝,沿用到元明的中古、近代汉语词。"侵晨"类产生于魏晋,中古、近代大量使用。"入夜"产生于中古,直到今天依然使用,反倒是"入暮"产生于唐代以后。"近暮"类产生于近代汉语时期。"傍晚"类产生于

---

① "旁午"与"傍午"同。

② 严格来说,没有固定成双音词时,还不能称为"语素",但为了表述的方便,这里统称"语素"。

近代汉语时期，直到今天，使用频率极高。

这些时间词产生的时代并不相同，保存、延续或消亡的时间也不同，我们为什么均称之为"同步构词"？显然不是因为在共时平面上，而是在历时顺序上。首先，它们都是动宾式结构——结构相同；其次，它们都为时间词——意义相同或相类；再次，它们都经历了类推演化的变化——繁衍过程相同。也就是说，表示靠近、迫近的一类动词，如"薄""逼""迫""侵""入""近""傍"等，都可以跟表示时间的名词"晨""早""朝""晓"（以上表示早晨），"暮（莫）""夜""晚""黑"（以上表示傍晚、夜晚）组合连用，表示早或晚的一个时间段。它们虽然不是同时产生，但在历时顺序上是同步的，就是说，在发展方向和序列上是一致的，在意义和结构上是同类的。以上为广义同步构词。在狭义同步构词中，也遵循着同样的发展路径："侵晨"产生较早，中古多见，"侵夜"也是中古产生；但其他"侵～"则主要是近现代汉语时期用例，是仿照"侵晨""侵夜"而产生的，这些词在"侵晨"类内部，也是方向相同、路径一致的。所以我们称之为"同步构词"。

三、表示趋向义的动宾式同步构词时间词

趋向义与迫近义不易区分，只是趋向义的运动性似乎更明显。

（一）"向晨"类

"向明""向晨"等是较早出现的时间词，也经过了由词组到词的固化过程。《易·说卦》："圣人南面而听天下，向明而治。"南朝梁刘勰《文心雕龙·卦禅》："夫正位北辰，向明南面。"南朝梁萧子云《梁三朝雅乐歌·俊雅》之一："于赫有梁，向明而治。"这是"向明"（或作"鄉

〔乡〕明”）的例子，表示早上、天亮的意思。

汉荀悦《前汉纪·孝哀皇帝纪上》：“上素康壮，无疾病，向晨欲起，因失音不能言，昼漏十刻而崩，众皆归罪于赵昭仪。”《氾胜之书·麦》：“当种麦，若天旱无雨泽，则薄渍麦种以酢浆并蚕矢，夜半渍之，向晨速投之，令与白露俱下。”晋曹毗《咏冬》：“离叶向晨落，长风振条兴。”这是“向晨”的例子。

由此类推，又出现了“向晓”“向曙”。南朝宋《清商曲辞·读曲歌》：“合冥过藩来，向晓开门去。欢取身上好，不为侬作虑。”《晋书·陆云传》：“（云）至一家，便寄宿，见一年少，美风姿，共谈《老子》，辞致深远。向晓辞去。”唐韩愈《寒食直归遇雨》：“惟将新赐火，向曙著朝衣。”

魏晋时期已经有了“向夕”，表示傍晚。晋陶渊明《岁暮和张常侍》：“向夕长风起，寒云没西山。”南朝梁丘迟《赠何郎》：“向夕秋风起，野马杂尘埃。”

由此类推，又有“向晚”等。如《三国志·吴书·华核传》：“唯恐农时将过，东作向晚，有事之日，整严未办。”南朝梁沈满愿《戏萧娘》：“清晨插步摇，向晚解罗衣。”南朝陈阴铿《雪里梅花》：“今来渐异昨，向晚判胜朝。”唐李颀《送魏万之京》：“关城曙色催寒近，御苑砧声向晚多。”唐李商隐有《向晚》诗，还有著名的《登乐游原》：“向晚意不适，驱车登古原。”

又有“向暮”。《三国志·魏书·管辂传》“人多爱之而不敬也”裴松之注引《辂别传》：“论难锋起，而辂人人答对，言皆有余。至日向暮，酒食不行。”唐刘长卿《登扬州栖灵寺塔》：“向暮期下来，谁堪复行役？”

又有“向夜”。唐惟审《别友人》：“几时休旅食，向夜宿江村。”唐白居易《百花亭晚望夜归》：“向夜欲归愁未了，满湖明月小船回。”唐施肩吾《幼女词》:"向夜在堂前,学人拜新月。"

明清以来,此类时间词仍续存。明刘基《郁离子·蛇蝎》:"鸡不鸣于向晨而鸣于宵中,则人听惑。"清东轩主人《述异记·看灯遇仙》:"孙又崎岖数里,果得大道,天已向明。"郭沫若《北伐途次》十五:"只在天色向明的时候,稀疏地听见了一些枪炮的响声。"

《说文·宀部》:"向,北出牖也。从宀从口。"段注:"《豳风》:'塞向墐户。'毛曰:'向,北出牖也。'按《士虞礼》:'祝启牖乡。'注云:'乡、牖一名。'《明堂位》'达乡'注云:'乡,牖属。'是浑言不别。毛公以在冬日可塞,故定为北出者。引伸为向背字。经传皆假乡为之。"是"向"本来是朝北的窗子。引申有朝向的意思。《说文·口部》"嚮"条段注:"乡者今之向字。汉字多作乡。今作向。所封谓民域其中,所乡谓归往也。《释名》曰:乡,向也。民所向也。""向"有至、到之义。"向晨"犹言清晨,见于《诗·小雅·庭燎》"夜如何其? 夜乡晨",郑笺:"晨,明也。……今夜乡明,我见其旗,是朝之时也。"朱熹《集传》:"向晨,近晓也。""乡"通"向",后也作"嚮""曏"①。

"向明""向晨""向曙""向晓"为一组狭义同步构词,结构均为动宾式,都表示天亮,即有一个语素("向")相同的同义同构。"向夕""向晚""向暮"等为一组狭义同步构词,结构均为动宾式,都表示傍晚。这两组狭义同步构词合在一起,就是基本同步构词:都是由"向"+时间语素构成的动宾式时间词,只是有清晨和傍晚的不同,即有一个语素("向")相同的同类同构。

---

① 《集韵·漾韵》:"乡,面也。或从向。"《说文·日部》:"曏,不久也。"段注:"《士相见礼》曰:'曏者吾子辱使某见,请还贽于将命者。'注云:'曏,襄也。'按礼注曏字或作乡。今人语曰何年向时,向者即曏字也。又曰一晌,曰半晌,皆是曏字之俗。"参见段玉裁(1981:306)。"嚮、襄、晌、向"都是表示刚过去的时间的短暂,与"朝向"义的"向"不同。

（二）"迎晨"类

唐储光羲《田家即事》："迎晨起饭牛，双驾耕东菑。"

"迎"是向前靠近，因而"迎晨"就是早晨。《艺文类聚》卷八十九《木部下·木槿》："晋苏彦《舜华诗序》曰：'其为花也，色甚鲜丽，迎晨而荣，日中则衰，至夕而零。'"明张燮《东西洋考》"孔雀"条引《异物志》曰："孔雀，自背及尾皆圆，文五色，头戴三毛，长寸，以为冠，足有距，迎晨则鸣，相和。"

现代汉语依然有同类例证。姚雪垠《长夜》二十三："你大哥这几天有事在城里，迎黑儿才赶了回来。""迎黑（儿）"就是傍晚。方言中也有用例，如湖北丹江口地区民谣《进门词》："迎黑我要地方歇，二更还要酒消夜。"河南南阳地区民间故事《关王爷神水助人》："哭哇，哭哇，哭到迎黑儿。"

以上两组，动词语素为"向""迎"，有趋向、朝向的意思，故更为接近。"迎晨"类产生晚，用例少。

（三）"投暮"类

"投暮"是汉代以来产生的双音词。《汉书·游侠传·原涉》："投暮，入其里宅。"《后汉书·任光传》："世祖遂与光等投暮入堂阳界。"《三国志·魏书·贾逵传》"充，咸熙中为中护军"裴松之注引三国魏鱼豢《魏略·李孚传》："自著平上帻，将三骑，投暮诣邺下。"

还有"投晚"等双音词，产生的时代较迟，应当是由"投暮"类推而来。《南史·文学传·何思澄》："每宿昔作名一束，晓便命驾，朝贤无不悉狎，狎处即命食……投晚还家，所赍名必尽。"宋毕仲游《寄颍川欧阳仲纯兄弟》："早来檐雨泻空阶，投晚阴云四向开。"宋李光《即事十二首》其五："家僮投晚闭柴荆,倚锡聊同结夏僧。"

有"投夜"。宋员兴宗《秋中再至西湖荷花半残凄然有后时之叹纵步投夜归城中》诗,题目即有"投夜"。《宋会要辑稿·崇儒·宁宗·经筵》:"使诏吏开门,故投夜还,称诏开门。"

有"投晓"。《三国志·吴书·孙坚传》裴注引《英雄记》:"日暮,士马疲极,当止宿,又本受卓节度宿广成,秣马饮食,以夜进兵,投晓攻城。"宋王阮《姑苏泛月一首》:"投晓归来互相告,等闲休向俗人夸。"宋仲并《平江守祷晴即应时近元夕矣寄呈五绝句》其二:"投晓家家笑语声,夜来风促雨如倾。"宋晁补之《洞仙歌·泗州中秋作》词:"待都将许多明,付与金尊,投晓共流霞倾尽。"宋秦观《德清道中还寄子瞻》:"投晓理竿楱,溪行耳目醒。"

有"投明"。宋彭汝砺《和游双泉》其一:"投明一雨见年丰,此乐知君与我同。"宋夏元鼎《水调歌头》词:"顺风得路,夜里也行船。岂问经州过县,管取投明须到,舟子自能牵。"《三国志平话》卷下:"(庞统)却写书与梅竹,投明还寨。"

"投"就是掷、扔。《说文·手部》:"投,擿也。""擿,一曰投也。"《左传·成公二年》:"齐高固入晋师,桀石以投人。"杜预注:"投,掷也。"因而有靠近、趋向义,现代汉语依然使用"投靠""投奔""投宿"等双音词。"投暮""投晚""投夜"就是傍晚;"投晓""投明"就是清晨。它们均是狭义同步构词,共同组成基本同步构词。而"投暮"类属于动宾式时间词,与"凌晨"类、"薄暮"类等构成广义同步构词。

(四)"冒昏"类

《礼记·奔丧》:"唯父母之丧,见星而行,见星而舍。"郑注曰:"侵晨冒昏,弥益促也。"隋巢元方《诸病源候总论》卷三十六《蛇毒病诸候・虺蛰候》："人侵晨及冒昏行者,每倾意看之。其蛰人亦往往有死者。""昬"即"昏","冒昏"就是傍晚,与"侵晨"为同类时间词。

也有"冒晨"。《后汉书・韩康传》："辞安车,自乘柴车冒晨先使者发。"宋赵蕃《元日寄成父四首》其三："冒晨造谒愧悠悠,残客不来门更幽。"

还有"冒夜"。宋苏辙《次韵子瞻宿南山蟠龙寺》："问知官吏冒夜来,扫床延客卧华屋。"宋陆游《夜兴》："饥鼠冲人过,啼鸦冒夜飞。""冒夜"应当就是夜晚的意思。早期"冒夜"应当有动词的含义,如《宋书・何尚之传》："舆驾比出,还多冒夜,群情倾侧,实有未宁。"《南史・王懿传》："玄情无远虑,好冒夜出入,今取之正须一夫力耳。"《汉语大词典》引此二例释为"不顾黑夜",似乎能够看出"冒夜"由动词向时间词转化的过程。

又有"冒黑"。宋王柏《宿仙山浸碧轩二首》其一："冒黑投精刹,呼灯读旧诗。"

"冒"即古时"帽"字,有"帽子"和"覆盖"的意思,《说文・木部》："木,冒也。冒地而生,东方之行。"《说文・冃部》："冒,蒙而前也。"《汉书・隽不疑传》："有一男子……衣黄襜褕,著黄冒,诣北阙,自谓卫太子。"颜师古注："冒,所以覆冒其首。"《文选・江淹〈杂体诗・拟谢庄郊游〉》："凉叶照沙屿,秋荣冒水浔。"吕延济注："冒,覆也。"距离靠近才能够蒙覆,"冒"因而也有接近、迫近的特征。"冒昏""冒夜""冒黑"表示傍晚,是一组狭义同步构词,与"冒晨"一起构成基本同步构词。

"冒昏"类是符合"凌晨"类时间词的动宾式构词特点的,但是用例较少。

四、表示接触义的动宾式同步构词时间词

（一）"拂晓"类

"拂晓"本义谓接近早晨，即清晨。这大约是唐代产生的新词，现代汉语一直沿用。唐佚名《夜度赤岭怀诸知己》："山行夜忘寐，拂晓遂登高。"唐长孙佐辅《关山月》："拂晓朔风悲，蓬惊雁不飞。"宋马之纯《晋阴山庙》："拂晓见来殊隐约，中宵梦此极分明。"宋王十朋《宿灌口》："拂晓出楚塞，中流望荆门。"宋华岳《田家》："拂晓呼儿去采樵，祝妻早办午炊烧。"明杨慎《杨柳枝》词："汉东门外柳新栽，拂晓长堤露眼开。"

较早出现的是"拂曙"。北周庾信《对烛赋》："莲帐寒檠窗拂曙，筠笼熏火香盈絮。"《初学记》卷四引北齐萧悫《奉和元日》："帝宫通夕燎，天门拂曙开。"唐代用例很多。如王维《扶南曲》："拂曙朝前殿，玉墀多佩声。"又《听百舌鸟》："入春解作千般语，拂曙能先百鸟啼。"高适《寄宿田家》："今夜只应还寄宿，明朝拂曙与君辞。"卢照邻《至陈仓晓晴望京邑》："拂曙驱飞传，初晴带晓凉。"司空图《连珠》："盖闻霁日才升于拂曙，则蚁穴自开；澄川或激于惊波，则龙舟莫进。"一直延续到近代，如明唐寅《惜花春起早》："拂曙起来人不解，只缘难放惜花心。"

唐宋开始也有了"拂旦"一词。唐沈佺期《人日重宴大明宫赐彩缕人胜应制》："拂旦鸡鸣仙卫陈，凭高龙首帝城春。"宋元绛《因览状元节推和诗再和一首》："拂旦开金殿，鸣鞘下玉乘。"宋蔡絛《铁围山丛谈》卷四："拂旦视之，则流血涂地。"金董解元《西厢记诸宫调》卷四："今夕察之，拂旦报公。"明冯梦龙《情史类略》卷九："嶷甚惧，曰：'今暮矣，俟

明日,同诣道人谋之。'拂旦往,道人不悦。"

唐宋以来还有"拂晨"和"拂明"。唐白居易《和裴令公一日日一年年杂言见赠》:"前日魏王潭上宴连夜,今日午桥池头游拂晨。"又《东南行一百韵寄通州元九侍御》:"承明连夜直,建礼拂晨趋。"唐吴融《倒次元韵》:"艇子愁冲夜,骊驹怕拂晨。"宋王巩《闻见近录》:"张文定守蜀,重九药市,拂晨骤雨。"宋周密《癸辛杂识续集·张世杰忠死》:"周遇杀一马,拂明,亟遣以半体送之。"

《说文·手部》:"拂,过击也。"①"拂"有拂拭、迫近、碰触等义。如《楚辞·招魂》:"翡阿拂壁,罗帱张些。"《文选·张衡〈东京赋〉》:"龙辂充庭,云旗拂霓。"薛综注:"拂,至也。"南朝宋谢灵运《拟魏太子邺中集·魏太子》:"急弦动飞听,清歌拂梁尘。"唐白居易《余杭形胜》:"绕郭荷花三十里,拂城松树一千株。"唐杨凝《行思》:"破月衔高岳,流星拂晓空。"以上诗句中"拂"都是靠近的意思。故"拂晨""拂晓"等是时间上靠近早晨,为动宾结构。

值得注意的是,"拂晓"类中"拂"只与表示早晨的"曙""晓""晨""明""旦"等词组合,与"薄"等通常只与夜晚义的语素相搭配一样(现代汉语中的"薄晓""薄明"只是一种类推,用例很少),大约是一种搭配习惯,与词义以及人们对白天和黑夜的心理认知差异或许也有些联系②。

以上"拂晓""拂晨""拂旦""拂曙""拂明"都属于狭义同步构词,"拂晓"类与"凌晨""薄暮"类等则属于广义同步构词。

---

① 《说文·手部》:"拂,撆也。"段注:"今人用拂拭字当作此拂。许作拂饰也。拂者,过击也。"又《手部》:"擎,饰也。"段注:"饰者,今之拭字……拭与拂义略同。"虽然有"拂""拂""擎"等不同字源,但都有拂拭、迫近、碰触等义。

② 这类问题很有意思,值得探究,详后。

（二）"扶晨"

晋杨羲《大洞真经》："扶晨始晖生，紫云映玄阿。"南朝梁陶弘景《真诰》卷十四："服明丹之华，挹扶晨之晖，今颜色如二十女子，须长三尺，黑如墨也。"

"扶晨"就是早上，与"拂晨"为同类构词，但是使用不广。"扶"本义是以手扶助。《左传·襄公二十五年》："（贾获）与其妻扶其母以奔墓，亦免。"《荀子·劝学》："蓬生麻中，不扶而直。"即其例。《说文·手部》："扶，左也。"《说文·左部》："左，手相助也。"《释名·释言语》："扶，傅也，傅近之也。"《汉书·天文志》"奢为扶"，颜注引晋灼曰："扶，附也。""扶助"必然相互靠近，因而有靠近、贴近义。《墨子·兼爱下》："固据而后兴，扶垣而后行。"晋陆机《答张士然》："回渠绕曲陌，通波扶直阡。"这是位置靠近，因而也有迫近的特征义。

（三）"挨晚"类

这个词有方俗语特征。《红楼梦》第一百零八回："贾母道：'如今且坐下，大家喝酒，到挨晚再到各处行礼去。'"清代白话《飞跎全传》："高盐城人家嫁女儿，挨黑进门。"丁玲《母亲》四："街上一天一天的空了，城门挨黑就关了。"萧伯崇《炉边夜话》："挨黑的时候邮递员给刘四爹家里送来一封信。""挨晚""挨黑"都表示傍晚，在今许多方言中都有用例。

《说文·手部》："挨，击背也。""挨"有推、击义。段注："《列子》：'挡挨抌。'张注曰：'乌骇反。推也。'"《说文·手部》："扑，挨也。"所以"挨"本义当是击、推。这个动作就是用力靠近目标，《正字通·手部》："今俗凡物相近曰挨。"或许由表推击的"挨"直接引申而来。前蜀贯休《览姚合〈极玄集〉》：“好鸟挨花落，清风出院迟。”是其例。“挨”的含义在物理上是“靠近；依傍”，心理上是“依靠”，动作上是“摩擦”和“挤入”，时间上是“依次”。以上是《汉语大词典》“挨”的六个义项，都与其迫近的核心义相关。

（四）“擦黑”类

老舍《牛天赐传》十八：“一擦黑大家就去睡，天赐和老头儿在一炕上。”柳青《铜墙铁壁》第九章：“天擦黑时，巩家沟乡政府派人送来了信。”吴组缃《山洪》十一：“他准定明朝天擦亮就到镇上去，还想当天赶回来撒网。”

“擦黑”“擦亮”是现代汉语的用法，方言中更多。“擦”大约是近代产生的新词，指物与物相摩擦、擦拭。宋苏轼《物类相感志·衣服》：“油污衣，用炭火熨之，或以滑石擦熨之。”也有贴近、挨着的意思。宋徐梦莘《三朝北盟会编》卷六十六：“令殿班擦城下，战胜者赏金帛。”“擦边球”的“擦”就是靠近的意思。“擦粉”的“擦”也是搽抹义，与“拂”类似，所以也有迫近的核心义。“擦黑”与“拂晓”等为广义的同步构词。

“挨晚”类、“擦黑”类近代汉语后期始见，时代偏晚，可能因为“挨”“擦”这两个动词义产生很晚。

以上4组时间词的动词语素“拂”“扶”“挨”“擦”均表示手部动作①，有与物体接触和接近的特征，但它们的产生年代不同，“拂”“扶”较早，“挨”“擦”很晚，放在一起讨论，是因为它们都构成同类同构的时间词。

---

① 其实“投”也是手部动作，只是含义上有所区别。

（五）"依夕"

北魏郦道元《水经注・江水二》引《武昌记》："樊口南有大姥庙,孙权常猎于山下,依夕,见一姥问权:'猎何所得?'曰:'正得一豹。'"《佩文韵府》卷一百零八"依夕"条注:"即傍晚也。"《太平御览》卷三百九十二引《世说新语》："刘越石为胡骑所围,数重,窘迫无计。刘依夕乘月登楼清啸,胡贼闻之,皆凄悲长叹。"①

"依夕"表示傍晚义,使用频率很低。明刘侗、于奕正《帝京景物略》卷三《京山王应翼金鱼池观鱼歌》："依夕言归波与恬,鱼亦下休朱光葆。"明钟惺《游茅山》："依夕忽如朝,舆步踏残霁。"清胡聘之《山右石刻丛编・栖岩寺新修舍利殿经藏记》："今依山架龛,岚气腐润,匪朝依夕,磨灭无睹,我将严护之。"清俞樾《右台仙馆笔记》卷十二:"时日已下春,乃解佩玉付酒家为质,别少年而归,出洞门,则依夕矣。"这是明清的用例。

《说文・人部》："依,倚也。""依"是凭靠义,自然有距离上靠近这个语义特征。"依夕"就是傍晚,因而与"扶晨""挨晚""傍晚"近似,与"凌晨""薄暮"为同样的动宾式同步构词。只是用例很少。

词义相同或相近(包括核心义或某个义位相同或相似)是产生同步构词的内因,而认知上的类推机制则是产生同步构词的外因。类推仿造,边界容易宽泛,因而有些类推产生的同步构词往往使用面不广,像前面举到的"扶晨"和"依夕"就属于这一类。这样的例子在方言中还有不少,这里仅是举例性质。

以上我们举了 16 组同步构词,加上"凌晨",共计 17 组由动宾式构

---

① 依夕,传世本《世说新语》作"始夕"。

成的时间词。其特点是一组表示迫近义(包括趋向义和接触义)的动词语素如"凌""薄""迫""逼""拂""擦""挨""依""傍""近""人""侵""向""迎""投""扶""冒"等,与表示晨昏类名词语素如"明""晨""曙""晓""暮""黑""晚""夜"等结合,构成一系列动宾式复音词,它们结构相同,词义相同或相类,表示早上或晚上,它们是广义同步构词。表示"中午"的复音词目前看到的有"近午""傍午""傍晌"。以上例子并不是穷尽性的,在方言中还有很多,兹不赘。

结　语

我们总结同步构词的特点是:同一语素或同义语素(核心义或某个义位相同)＋同义或同类语素。细分之:

同一语素＋同义语素＝同义同步构词(狭义同步构词)
同一语素＋同类语素＝同类同步构词(基本同步构词)
同义语素＋同类(义)语素＝同类同步构词(广义同步构词)

换言之,我们可以根据语素来判断同步构词的层级关系。狭义同步构词发生在词与词之间,其中一个语素相同,另一个语素同类同义。基本同步构词发生在两组狭义同步构词之间,其中一个语素相同,另一个语素同类不同义。广义同步构词发生在两组或多组基本同步构词之间,两个语素均不同,又可以分为两种:一种是同义语素与同类同义语素组合,另一种是同义语素与同类不同义语素组合。见表1:

表1　同步构词的特点

类型	层级	语素1	语素2	举例
同义同构	狭义同步构词	相同	同类同义	薄暮、薄夜、薄晚
同类同构	基本同步构词	相同	同类不同义	"薄暮"类、"薄晓"类
	广义同步构词	同义（核心义或义位相同）	同类同义	只有清晨义，"凌晨"类、"拂晓"类 只有傍晚义，"迫暮"类、"入夜"类
		同义（核心义或义位相同）	同类不同义	"薄暮"类、"逼暮"类、"凌晨"类

　　笔者在《中古诗歌语言研究》一书中曾专设一章"中古诗歌的同步构词"，分为"妆饰类词语的同步构词""寄语类词语的同步构词""忧伤类词语的同步构词""疑问词的同步构词""时间词的同步构词"等节，这大致是从内容上划分的。其中指出，同步构词大致包括两个方面：一类是一组意义相近的单音词可以以同样的方式构成双音词，也表示相同或同类的意思；另一类是同义词往往与同一个语素结合而构成双音词，如甲、乙、丙、丁同义，则均可以与一个语素组合成双音词（王云路，2014：445）。前者说的是广义同步构词，后者说的是狭义同步构词或基本同步构词。

　　以上主要讨论的是时间词同步构词中的一种组合类型，即动宾式时间词。

　　其一，"凌晨"是一个具体细致的例子，"凌"的核心义是"迫近"，"凌晨"为动宾式时间词，表示迫近天亮，"凌晨""凌旦""凌晓"均表示清晨，为狭义同步构词。

　　其二，动宾式时间词是一组有规律的复音词，包括"凌晨"等表示迫近义的时间词，"向晨"等表示趋向义的时间词，还有"拂晓"等表示接触义的时间词等,表示早上或傍晚。这只是一个大致的分类,最初是动宾结构,表示"迫近天明"或"靠近晚上",凝固成词就是清晨或傍晚。这些词属于广义同步构词。

其三,同步构词大致有三种类型和层级:"同一语素 + 同义语素"的狭义同步构词,"同一语素 + 同类语素"的基本同步构词,"同义语素 + 同类(义)语素"的广义同步构词。

由此证明:双音词往往有同步构词的规律,即都按照一种构词模式造词①。同步构词的理论印证了词义具有系统性的观念,可以帮助我们从全局上整体观照一系列相关词语,而不是孤立地对待单个词语,会使复音词的解释更具科学性,减少盲目、主观的随文释义。

参考文献

汉语大词典编辑委员会、汉语大词典编纂处(编纂),1986,《汉语大词典》,上海:上海辞书出版社。

黄德宽(主编),2007,《古文字谱系疏证》,北京:商务印书馆。

江蓝生,2010,《语词探源的路径——以"埋单"为例》,《中国语文》第 4 期。

王云路,2005,《试说"鞭耻"——兼谈一种特殊的并列式复音词》,《中国语文》第 5 期。

王云路,2014,《中古诗歌语言研究》,西安:世界图书出版公司。

---

① 动宾式是时间词的一种构词方式。时间词还有其他类型的同步构词,比如"晨来""晚来""夜来""今来""春来""秋来""年来"等是附加式时间词,表示早晨、晚上、今天、春天、秋天、今年等,"来"可以看作不表意的词缀。如宋袁去华《诉衷情·中秋微雨入夜开霁》词:"晚来犹自雨冥冥,投晚却能晴。""晚来"就是清晨,与表示傍晚的"投晚"相对应。关于时间词其他类型的组合,笔者将另文讨论。

王云路,2019,《论汉语复音词的同步构词》,中国社会科学院语言研究所《历史语言学研究》编辑部(编)《历史语言学研究》第 13 辑,北京:商务印书馆。

王云路、刘潇,2019,《论汉语的同步构词——以"把别"为例》,《古汉语研究》第 3 期。

王云路、王诚,2014,《汉语词汇核心义研究》,北京:北京大学出版社。

许慎(撰),段玉裁(注),1981,《说文解字注》,上海:上海古籍出版社。

张玉书等,2008,《佩文韵府》,《四库全书》第 1027 册,台北:商务印书馆。

张自烈(编),廖文英(补),1996,《正字通》,北京:中国工人出版社。

第六编

---◆---

核心义与词典编纂

从核心义谈"陶"的义位联系[*]

王云路

  为什么称"陶醉""乐陶陶"？"熏陶""陶养""陶冶"都是什么结构？我们从核心义的角度解释这个问题[①]。

  首先介绍一下"核心义"。核心义就是本义中抽象出的特征义。特征义就是本义抽象性特征的提取和概括。《说文》在解释本义时往往揭示其特征，这个特征就是我们所说的核心义。我们举几个例子：

  《说文·习部》："习，数飞也。"

  《说文·亏部》："亏，气损也。"段注："引伸凡损皆曰亏。"

  《说文·马部》："骄，马高六尺为骄。"《说文·夭部》："乔，高而曲也。"

  《说文·永部》："永，水长也，象水巠理之长。"

---

  [*] 原文载于 2020 年上海教育出版社《汉语史学报》总第 23 辑。

  [①] 华学诚（2019）一文，全面分析了"陶"为何有"养"的意思，认为是"陶"本义的引申，纠正了他自己以前认为是假借的观念。对此笔者完全赞同。受华教授文章影响和启发，笔者希望通过分析"陶"的核心义，系统揭示"陶"诸多义项间的联系。文中多处采用华教授文章例子，恕不一一指出。友生王健博士、刘芳博士、王诚副教授和老同学王靖宇教授提出了宝贵的修改意见，并帮助检核原文，在此深致谢忱。

　　所以，"数（频繁、反复）""损""高""长"就是"习""亏""骄""永"的核心义。它们组成的并列式复音词包括"习惯""熟习""实习""习以为常"等；"亏损""减损""损失"等；"骄傲""骄逸""骄奢""骄悍"等；"永久""永恒""永远"等。

　　核心义的应用就是摒弃本义的主体对象，只将特征义提取出来，应用于其他事物。如"精"本义是精米，就是米中的精华。《说文·米部》"粲"字段注可以帮助我们理解"精"的本义："以今目验言之，稻米十斗，舂之为六斗大半斗，精无过此者矣。"稻米八九斗舂成六斗米，就是"精米"，因而是米中精华，优中选优。《说文·米部》："精，择米也。"段注："择米，谓糳择之米也。《庄子·人间世》曰：'鼓筴播精。'司马云：'简米曰精。'简即柬，俗作拣者是也。引伸为凡最好之称。"《论语·乡党》："食不厌精。"刘宝楠《正义》："精者，善米也。"所以"精"的特征义就是"最好""纯粹"。用于米之外的事物，就是特征义的应用。所以后世用"精"，除了"精米"外，基本上与米无关了，只用其"纯""专"之义，比喻一切美好的事物。眼珠，是眼中最主要的部分，早期用"精"表示眼目。"精神""精彩"就是目光。"专精"称干事情专一，"精进"指全力做某事，"精华"指最好的部分。这里用的都是"精"的性质特征。

　　下面根据核心义的理论具体分析"陶"字诸多义项的联系，从而印证核心义对词语的制约作用。

　　《汉语大词典》"陶"下列有 19 个义项：1. 两重的山丘。2. 用黏土烧制的器物。3. 烧制，烧制陶器。4. 烧制陶器的工人。5. 陶冶，化育。6. 塑造。7. 火盛貌。8. 畅茂，旺盛。9. 喜悦，快乐。10. 忧郁，闷闷不乐。11. 方言。指秘而不宣的事，内情。12. 广大貌。13. 醉貌。14. 变易。15. 消解，排遣。16. 羽毛或毛绒所制之衣。17. 通"掏"。掏挖。

18. 通"謟"。虚妄。19. 姓。

这些义项对不对？义项间是什么关系？我们从"陶"的本义讲起。"陶"的初文作"匋"。《说文·缶部》："匋，作瓦器也。"大徐本无"作"字，此依段玉裁《说文解字注》补。《孟子·告子下》："万室之国，一人陶，则可乎？"赵岐注："万家之国，使一人陶瓦器则可乎？"显然"陶"是动词，制作瓦器。《吕氏春秋·慎人》云："陶于河滨。"高诱注："陶，作瓦器。"《史记·五帝本纪》："舜耕历山，渔雷泽，陶河滨，作什器于寿丘，就时于负夏。"张守节《正义》："于曹州滨河作瓦器也。"由此可以证明段注的补字是很有道理的。

"陶"的义项可以分为三类：一是本义的延伸；二是特征义的引申；三是同音假借义。

本义延伸，比较直接和简单。"陶"是动词，与本义"烧制陶器"直接相关的用法有：烧制陶器的工人称"陶"。《周礼·考工记序》："抟埴之工：陶、旊。"贾公彦疏："抟埴之工二：陶人为瓦器甑瓺之属，旊人为瓦簋。"以后都是称"陶人"居多。

烧制瓦器的土窑也称"陶"。《广雅·释宫》："匋，窑也。"《说文·穴部》："窑，烧瓦灶也。"段玉裁注："《绵》诗郑笺云：复穴皆如陶然。是谓经之'陶'即'窑'字之假借也。……'匋''窑'盖古今字。"这是烧制过程的自然延伸，与本义直接相关，所以属于本义的延伸。

"陶"可以与有同类功能本义的语素组合成复音词。《孟子·滕文公上》："以粟易械器者，不为厉陶冶；陶冶亦以其械器易粟者，岂为厉农夫哉？且许子何不为陶冶，舍皆取诸其宫中而用之？"《荀子·王制》："故泽人足乎木，山人足乎鱼，农夫不斲削、不陶冶而足械用，工贾不耕田而足菽粟。"以上二例"陶冶"谓烧制陶器和冶炼金属，是本义的应用。

关于语音假借问题，我们最后讨论。我们拟重点讨论的是第二部分：特征义的应用。因为特征义所制约的范围，就是我们所说的核心义制约的范畴，也是多义词绝大多数义位的主体部分。

一般来说，一个词有一个本义，也就有一个特征义。但也有的词特征义比较丰富。比如"利"是以刀割禾苗，就有获利和流畅两方面的特征义。前者有"利益、利息、得利"等复音词，后者有"流利、麻利、顺利、快利、通利"等复音词，可以为证。"陶"作为动词，制作陶器，其特征义也是多方面的。

一、"陶"的形状特征义

从形状特征义看，烧制陶器需要密闭，陶罐本身也有收口的特点，因而产生了郁结和蕴藏两个比喻用法。《书·五子之歌》："郁陶乎予心，颜厚有忸怩。"孔颖达疏："郁陶，精神愤结积聚之意。"南朝刘勰《文心雕龙·书记》："详总书体，本在尽言，言以散郁陶，托风采，故宜条畅以任气，优柔以怿怀。"《旧唐书·李密传》："（李密）郁郁不得志，为五言诗曰：'金风荡初节，玉露凋晚林。此夕穷涂士，郁陶伤寸心。'"清黄生《义府·郁陶》说得好："《孟》'郁陶，思君尔'。陶者，闭穴以熄火，气郁于内，则不复然，以比人忧思，则气不得伸。"所以"郁陶"犹言"郁郁如在陶中"，是比喻用法。《汉语大词典》直接把"忧郁，闷闷不乐"列为"陶"的义项，是不准确的①。

---

① 以上讨论的都是复音词"郁陶"，不是单音词"陶"，这两者可能略有差别，但是有的义项只存在于双音词中，作为语素存在，我们不能因此而忽略其含义。

王念孙肯定"陶"有"忧伤",但是没有阐释其得义之由①。

除了表示心理情绪,"郁陶"在文献中也可以形容天气,指云雨或暑气等的凝聚貌,如唐杜甫《大雨》:"上天回哀眷,朱夏云郁陶。"可以指暑气蒸郁,如《初学记》卷三引晋夏侯湛《大暑赋》:"何太阳之赫曦,乃郁陶以兴热。"其他如宋沈遘《七言西太乙宫致斋遣兴二首》之一:"城中暑雨方郁陶,城外秋风已萧瑟。"宋郭祥正《送孙公素朝奉还台》:"暑雨正郁陶,流汗坐深甋。"形容人的心理情绪与天象同用一个词,是一种类同比喻,也体现了古人天人合一的思想。王念孙说:"忧思愤盈亦谓之郁陶,《孟子》《楚辞》《史记》所云是也。暑气蕴隆亦谓之郁陶,挚虞《思游赋》云:'戚溽暑之陶郁兮,余安能乎留斯。'夏侯湛《大暑赋》云:'何太阳之赫曦,乃郁陶以兴热。'是也。事虽不同,而同为郁积之义,故命名亦同。"是很有道理的。

方言中用"陶"指秘而不宣的事,内情,也是一种比喻,就是蕴藏义。《醒世姻缘传》第八六回:"吕祥道:'你京里另娶不另娶,可是累我腿哩,怕我泄了陶,使人缀住我,连我的衣裳都不给了!'"黄肃秋校注:"泄了陶,泄了底。"

这种比喻义在并列式复音词中也有体现:

---

① 《广雅·释诂二》:"郁悠,思也。"王念孙认为"郁陶、郁悠古同声",其解说云:"象曰郁陶思君尔,则郁陶乃思之意,非喜之意。言我郁陶思君,是以来见,非喜而思见之辞也。……《史记·五帝纪》述象之言亦云:我思舜正郁陶。又《楚辞·九辨》云:'岂不郁陶而思君兮。'则郁陶为思,其义甚明,与《尔雅》之训为喜者不同。……又案,《尔雅》:'悠、伤,忧思也。'悠、忧、思三字同义,故郁悠既训为思,又训为忧。《管子·内业篇》云:'忧郁生疾。'是郁为忧也。《说文》:'悠,忧也。'《小雅·十月之交篇》:'悠悠我里。'毛传云:'悠悠,忧也。'是悠为忧也。悠与陶古同声。《小雅·鼓钟篇》:'忧心且妯。'《众经音义》卷十二引《韩诗》作'忧心且陶',是陶为忧也。故《广雅·释言》云:'陶,忧也。'合而言之则曰郁陶。《九辨》'郁陶而思君',王逸注云:'愤念蓄积盈胸臆也。'魏文帝《燕歌行》云:'忧来思君不敢忘。'又云:'郁陶思君未敢言。'皆以郁陶为忧。"

"陶"谓收敛掩藏。晋陆云《晋故散骑常侍陆府君诔》:"凤翳灵条,龙窜秘泉。收逋匿耀,洪略陶缊。"

"陶郁"谓郁结。晋挚虞《思游赋》:"戚溽暑之陶郁兮,余安能乎留斯?"

二、"陶"的过程特征义

"陶"是烧制陶器的一个过程,黏土经过了烧制熏陶孕化,逐渐成器。那么"孕化成器"就是过程变化的特征。对象扩大,常比喻培养性情,所谓"陶冶性情";也比喻治理国家,所谓"陶天下"。

现代汉语所谓比喻(转喻、隐喻)、投射,其实就是提取的抽象性特征。汉语造字都是如此,很少有例外。为什么能够比喻?因为特征相同,就是核心义相同。"陶"施用于烧制泥土以外的事物,就是特征义的使用。烧制泥土以外器物,与培养人使其成才、修养身心使其往好的方向发展、治理国家使其强盛,其内在联系是相同的。

陶制是一种渐变的、孕化的过程,由黏土而成陶器,用来比喻人性情的培养或国家的治理等是很自然的。我们看直接出现"犹""若"等表示比喻的例子:

《荀子·性恶》:"然则圣人之于礼义积伪也,亦犹陶埏而生之也。"杨倞注:"圣人化性于礼义,犹陶人埏埴而生瓦。"[①]这是比喻化育性情。

《管子·任法》:"昔者尧之治天下也,犹埴之在埏也。唯陶之所以为,犹金之在炉,恣冶之所以铸。"这是比喻治理天下。

---

① 《老子》:"埏埴以为器,当其无,有器之用。"河上公注:"埏,和也;埴,土也。谓和土以为器也。"

《商君书·画策》:"故胜民之本在制民,若冶于金,陶于土也。"这是比喻治理民众。

不用比喻词,直接用"陶"也表示孕化成器:

表示治理天下:《管子·地数》:"黄帝问于伯高曰:'吾欲陶天下而以为一家,为之有道乎?'"《太玄·玄告》:"岁岁相荡,而天地弥陶,之谓神明不穷。"范望注:"陶,化也。"表示陶冶性情:《后汉书·党锢传》:"是以圣人导人理性,裁抑宕佚,慎其所与,节其所偏,虽情品万区,质文异数,至于陶物振俗,其道一也。"李贤注:"陶,谓陶冶以成之。"

"陶"字单用,在表示陶冶、滋养性情方面的例子比较多,可以组成动宾结构:

"陶神"。《南齐书·高逸传·顾欢》:"仙化以变形为上,泥洹以陶神为先。变形者白首还缁,而未能无死;陶神者使尘惑日损,湛然常存。"

"陶气"。南朝宋颜延之《又释何衡阳书》:"夫阴阳陶气,刚柔赋性。"

"陶性""陶性灵"。南朝梁钟嵘《诗品》卷上:"晋步兵阮籍诗,其源出于《小雅》,无雕虫之功。而《咏怀》之作,可以陶性灵,发幽思。"唐马戴《同州冬日陪吴常侍闲宴》诗:"陶性聊飞爵,看山忽罢棋。"

"陶情"。唐贾岛《和刘涵》:"陶情惜清澹,此意复谁攀。"宋王安石《寄李士宁先生》诗:"渴愁如箭去年华,陶情满满倾榴花。"《醒世恒言·蔡瑞虹忍辱报仇》:"酒可陶情适性,兼能解闷消愁,三杯五盏乐悠悠,痛饮翻能损寿。"《红楼梦》第一百二十回:"(空空道人)一面走着,口中说道:'原来是敷衍荒唐!不但作者不知,抄者不知,并阅者也不知;不过游戏笔墨,陶情适性而已!'"

"陶心"。宋洪咨夔《高壶隐挽诗》:"种德黄芽鼎,陶心碧玉壶。"

"种德"与"陶心"对文。明袁宗道《答刘光州书》:"即今车马莽喧,正陶心煅性之地,自废废人,适维此日。"

这个时候,我们已经忽略其本来的比喻用法了。

古代注释家很明白"陶"的比喻义。如《汉书·董仲舒传》:"或夭或寿,或仁或鄙,陶冶而成之,不能粹美。"颜师古注:"陶以喻造瓦,冶以喻铸金也。言天之生人有似于此也。"玄应《一切经音义》卷四"陶冶"条:"陶,谓作瓦器也;冶,炉销者也。陶,化也,冶,消也。"

根据同步引申的词语发展规律,同类词语均可用于表示"孕化成器"的含义,如《抱朴子外篇·明本》:"道也者,所以陶冶百氏,范铸二仪,胞胎万类,酝酿彝伦者也。""陶冶""范铸""胞胎""酝酿"都是比喻,表示"孕化成器",就是用其核心义。用孕育生命或陶制器物作比喻,在文献中常常是同时出现的。再如《后汉书·班固传》:"乃先孕虞育夏,甄殷陶周。"李贤注:"孕,怀也。育,养也。甄、陶,谓造成也。《前书音义》曰:'陶人作瓦器谓之甄。'""孕育"其实也是用生育作比喻,但是相对直接,"甄陶"的比喻义就更明显了。《后汉书·郅恽传》:"甄陶品类。"李贤注:"甄者,陶人旋之轮也。言天地造化品物,如陶匠之成众品者也。"宋苏轼《内中御侍以下贺年节词语》:"妾等幸侍禁严,仰陶化育,愿上万年之寿,永膺百顺之祥。""陶化育"为三字同义连言。

再举几个相关词语:

第一,《方言》直接称"陶"有"养"的意思,就是"孕化"的另一种表达方式。《说文·食部》:"养,供养也。""养"的本义是用食物供养人,即养身。"养身"有(动物的)喂着、饲着,(小儿的)抚养、哺养,(老人)的供养、赡养等。现代汉语还有"养花种草""养鸡养鸭"等,说明"养"的对象早已由人扩展到动植物了。

由养身转指养心,是"养"的抽象的应用。"养心"专指对心灵的培养。《孟子·公孙丑上》："我善养吾浩然之气。"《礼记·文王世子》："立太傅、少傅以养之，欲其知父子君臣之道也。"这两个例子就是"养"表示性情心智培养的例子，与"陶"的"孕化"义相同。因而《方言》卷一："台、胎、陶、鞠，养也。晋卫燕魏曰台，陈楚韩郑之间曰鞠，秦或曰陶，汝颍梁宋之间曰胎，或曰艾。"又卷十三："陶，养也。"《广雅·释诂一》："陶，养也。"宋智圆《闲居编》卷十三："自是亭台堂阁、泉石华竹悉在作法之中矣。夫然则岂但行禅讲道、陶养天真而已哉？抑又受说安恣之事，悉得而行诸且无违于佛之制也。"宋许翰《襄陵集》卷三《谢再任宫祠表》："此盖伏遇皇帝陛下陶养无方，感通不测。"这是"陶养"并列，也证明了"陶""养"义近。

还有一组同义词并举的例子：《二程文集》卷七程颢《论经筵第一劄子》："皇帝陛下春秋之富，虽睿圣之资得于天禀，而辅养之道不可不至。所谓辅养之道，非谓告诏以言过而后谏也，在涵养熏陶而已。"宋陈经《尚书详解》："王之尊重矣，则在王左右者其可轻乎？缀衣虎贲虽微，然朝夕亲狎，其熏陶移养之功，直与伯任准之，弥纶康济者相似。此同命仆臣正而后正意，政之大者也。"宋许景衡《横塘集》卷十四："三沐三熏，亦陶教养之泽。"以上三例为三字或四字连言，都是"养"与"陶"以及"熏""教""涵"并列的例子，可以进一步印证"养"的意思。

第二，与"着"类似的"育"，同样可以表示培养义。《说文·𠫓部》："育，养子使作善也。""育"本义指产子、生育。后来逐渐引申为"成长""培养"，也就是"教育"。《诗·大雅·生民》："载生载育，时维后稷。"毛传："育，长也。""陶"则是烧制以成器也。因而与"陶"结合，可以构成复音词"陶育"：

袁宏《后汉纪·光武帝纪》："是以王者经略，必以天地为本；诸侯述职,必以山川为主。体而象之,取其陶育;礼而告之,归其宗本。"

《抱朴子外篇·用刑》:"盖天地之道,不能纯仁,故青阳阐陶育之和,素秋厉肃杀之威。"

《抱朴子外篇·博喻》:"乾坤陶育,而庶物不识其惠者,由乎其益无方也;大人神化,而群细不觉其施者,由乎治之于未有也。"

《三国志·吴书·诸葛恪传》:"爰及于恪,生长王国,陶育圣化,致名英伟,服事累纪,祸心未萌,先帝委以伊、周之任,属以万机之事。"

《晋书·纪瞻传》:"夫五行迭代,阴阳相须,二仪所以陶育,四时所以化生。"

另外"育"的对象也同样由人逐渐扩大到动物、植物,又引申出"饲养,培植"义。《书·旅獒》:"珍禽奇兽,不育于国。"《管子·度地》:"乃以其天材,地之所生利,养其人以育六畜。"《论衡·骨相》:"故富贵之家,役使奴僮,育养牛马,必有与众不同者矣。"韩愈《潮州祭神文》之二:"岁且尽矣,稻不可以复种,而蚕不可以复育也。"现代汉语中有"封山育林""育苗""育种"等,就是"育"表示培植、栽种植物的证明。

第三,除了"陶养""陶育"外,"陶"多与抽象语素合,构成同义并列复音词:

《汉书·贡禹传》:"况乎以汉地之广,陛下之德,处南面之尊,秉万乘之权,因天地之助,其于变世易俗,调和阴阳,陶冶万物,化正天下,易于决流抑队。""陶冶"与"化正"同义。

晋袁宏《后汉纪·章帝纪上》:"古之哲王,知治化本于天理,陶和在于物类,故道之德礼,威以刑戮,使赏必当功,罚必有罪。"《汉语大词典》注释"陶和"为"陶冶调治",恐怕不妥,"陶和"同义并列,孕化。"陶"出好器皿是需要分寸得常的。《法言·先知》:"甄陶天下者,其在和乎？刚则瓶，柔则坏。""甄陶天下"关键在"和"，就像烧制陶器的过程，要和土软硬合适，就是"和"，即恰如其分。《法言·先知》又说："龙之潜亢，不获其中矣。是以过中则惕，不及中则跃，其近于中乎！"所以"中和"是古人常常强调的治和为人之道。从中可以看出为什么用"陶"作比喻，也可以证明"陶和"当属于同义并列结构。

还有"陶成"一词。汉扬雄《法言·先知》："圣人乐陶成天下之化，使人有士君子之器者也。"宋王安石《上皇帝万言书》："臣愿陛下鉴汉、唐、五代之所以乱亡，惩晋武苟且因循之祸，明诏大臣，思所以陶成天下之才。"《醒世姻缘传》第三十五回："那南方中的举人进士不知费了先生多少陶成，多少指点，'铁杵磨针'，才成正果。""陶成"同义并列，与"陶化""陶育""陶养"等结构相同，就是孕化。《汉语大词典》注释"陶成"为"陶冶使成就"恐怕也不妥。

复音词"熏陶""蒸陶"，也是同义并列结构。"熏"是用火烟熏炙、"蒸"是蒸腾，都与"陶"近似，核心含义是化育。又有"融陶"。明祝允明《怀星堂集》卷十六《葛先生墓补志》："融陶性情，比排宫商。"

还需要说明的是："陶"之"孕化"义与"变易"义是不同的。《汉语大词典》解释"陶"义项，有"变易"，这个解释不准确。"孕化"与"变化"不同：孕化强调过程，是渐进的，而且是从无到有的正向的变化；变化是结果，可快可慢，且可好可坏。《孟子·离娄下》："中也养不中，才也养不才，故人乐有贤父兄也。"朱熹注："养，谓涵育熏陶，俟其自化也。"上文提及《汉书·贡禹传》"陶冶万物，化正天下"，就是"孕化"的含义。此例也进一步印证《方言》对"陶，养也"的解释。有"孵化"，没有"孵变"，也可以看出"变"与"化"的不同。

《广雅·释诂三》："匋……变，七（化）也。"王念孙《疏证》云："匋者，《管子·地数篇》云：'吾欲陶天下而以为一家。'《淮南子·本经》

云：'天地之合和，阴阳之陶化万物，皆乘一气者也。'是陶为化也。'匋''陶''匕''化'并通。"《众经音义》卷五引韩诗云："'上帝甚陶。'陶，变也，变亦化也。"所以"陶"的意思还是"化"，"化成""孕化"，王念孙引文需要仔细辨析理解。

我们看相关的双音词，有"陶化"，几乎没有发现"陶变"：

《全后汉文》卷六十一皇甫规《女师箴》："昔在轩辕，陶化正刑；刑于壶闱，以临百官。"

三国魏嵇康《太师箴》："浩浩太素，阳曜阴凝。二仪陶化，人伦肇兴。"

《全三国文·嵇叔良〈魏散骑常侍步兵校尉东平相阮嗣宗碑〉》："先生讳籍，字嗣宗，陈留尉氏人也。厥远祖陶化于上世，而先生弘美于后代。"

《晋书·阮种传》："所以防遏暴慢，感动心术，制节生灵，而陶化万姓也。"似乎没有看到"陶变"成词，恐怕也是一个证据吧。

三国魏嵇康《答释难宅无吉凶摄生论》："至公侯之命，禀之自然，不可陶易。"戴明扬校注："《一切经音义》引《诗》注：'陶，变也。'"侧重在变化。《汉语大词典》据此解释"陶易"为"变易，变更"。这是个特例。《淮南子·道应》："天地之间、六合之内，可陶冶而变化也。"这个"变化"也是正向的。

《淮南子·主术》："横扃四方而不穷，禽兽昆虫与之陶化。"王念孙曰："《文子·精诚篇》'陶化'作'变化'。""陶化"不等于"变化"，这里似乎用"变化"为好，尚难以确定。

另外"陶"的"孕化"义也含有融合而成的意思，以下双音词比较明显：

清黄景仁《太白墓》诗："陶镕屈宋入大雅，挥洒日月成瑰词。"清黄鸢来《述别叙怀》诗之四："陶谢与李杜,大冶归陶镕。"

《隋书·高祖纪上》："五气陶铸,万物流形。"明谢肇淛《五杂俎·人部三》："右将军陶铸百家,出入万类,信手拈来,无不如意。"这都是"变""易"所不具备的。

三、"陶"的功用特征义

由烧制的陶器还可以进一步引申出喜悦快乐义。《礼记·郊特牲》："器用陶匏,以象天地之性也。"孔颖达疏:"陶谓瓦器,谓酒尊及豆笾之属。"陶器可以做酒樽,可以举杯饮酒,因而有喜悦、快乐义。这是烧制结果功用的引申。换句话说,就是烧制的成品——陶器功能义的引申:快乐。

我们看看陶器的部分功用。《说文·鬲部》："鬲,鼎属也。实五穀。"段注:"《释器》曰:'鼎款足者谓之鬲。'《考工记》:'陶人为鬲。'"《说文·瓦部》："甑,甗也。"段注:"《考工记》:'陶人为甑,实二觳,厚半寸,唇寸,七穿。'按甑所以炊烝米为饭者,其底七穿,故必以箄蔽甑底,而加米于上,而馓之,而馏之。"《说文·瓦部》："甗,甑也。一穿。"段注:"陶人为甗。……无底,即所谓一穿。盖甑七穿而小,甗一穿而大。……《释名》曰:'甗,甑也。甑一孔者,甗形孤出处似之也。'按此谓似甑体而已。"

除了酒樽,装五谷的、盛食物的、烧饭用的、祭祀用的,都可以是陶器。这些功用都有益处,但能够给人直接带来快乐的,则非酒莫属。

《礼记·檀弓下》："礼道则不然,人喜则斯陶,陶斯咏,咏斯犹,犹斯舞,舞斯愠,愠斯戚,戚斯叹,叹斯辟,辟斯踊矣。"孙希旦注:"喜心鼓荡于内而欲发也。"这里的"陶"确实表示的是情感愉悦,也许是饮酒作乐的意思,谓人喜则饮酒,饮酒陶醉则吟咏。南朝宋谢灵运《酬从弟惠连》诗之四:"傥若果归言,共陶暮春时。"唐张祜《高闲上人》诗:"陶欣入社叟,坐怯论经偺。"唐高峤《晦日重宴》诗:"别有陶春日,青天云雾披。"以上"陶"也应当是饮酒欢乐义。

　　以下语境中表示的快乐义都明显与"饮酒"相关:晋陶潜《时运》诗:"邈邈遐景,载欣载瞩。称心而言,人亦易足。挥兹一觞,陶然自乐。"《晋书·刘伶传》:"(伶)惟著《酒德颂》一篇。其辞曰:'……先生于是方捧罍承槽,衔杯漱醪,奋髯箕踞,枕曲藉糟,无思无虑,其乐陶陶。'"唐李白《春归终南山松龙归隐》诗:"且复命酒樽,独酌陶永夕。"《下终南山过斛斯山人宿置酒》:"我醉君复乐,陶然共忘机。"唐李咸用《晓望》诗:"好驾鼹船去,陶陶入醉乡。"唐崔曙《九日登仙台》诗:"且欲近寻彭泽宰,陶然共醉菊花杯。"唐黄滔《书崔少府居》诗:"鲁史蜀琴旁,陶然皋一觞;夕阳明岛屿,秋水浅池塘。"明高启《立秋前三日过周南饮雷雨大作醉后走笔书壁间》诗:"三杯不觉已陶然,此身竟到无何有。"清顾易《律陶》诗:"敝庐何必广,浊酒且自陶。"

　　快乐是相通的,举杯饮酒的快乐称为"陶",其他寄情山水等快乐也称为"陶"①。《诗·王风·君子阳阳》:"君子阳阳,左执簧,右招我由房。……君子陶陶,左执翿,右招我由敖,其乐只且。"毛传:"陶陶,和乐貌。"②《文选·枚乘〈七发〉》:"掩青苹,游青风;陶阳气,荡春心。"李善注:"薛君《韩诗章句》曰:'陶,畅也。'""畅"就是畅快。唐韩愈《送区册序》:"与之翳嘉林,坐石矶,投竿而渔,陶然以乐。"宋苏轼《观湖》诗之一:"释梵茫然齐劫火,飞云不觉醉陶陶。"宋叶适《朝请大夫直

---

　　① 但从现有文献语例上看,表示其他快乐的"陶陶"使用较早,表示喝酒快乐的"陶陶"要晚一些。

　　② 郑玄笺云:"陶陶犹阳阳也。"

龙图阁致仕沈公墓志铭》："人视之愦愦,而公陶然有以自乐,不顾也。"
元张可久《湘妃怨·德清观梅》曲："泠泠仙曲紫鸾箫,树树寒梅白玉
条,飘飘野客乌纱帽,花前相见好,倚春风其乐陶陶。"清厉鹗《东城杂
记·灌园生》："歌既阕,幽情畅,白露下,初月上,陶然一适,混乎无
象。"清曹寅《饮浭酒》诗："眷言酌昆友,陶然知水奇。"正如欧阳修《醉
翁亭记》所言："醉翁之意不在酒,在乎山水之间也。"①

"陶"与其他语素组合构成并列式复音词,也表示和乐。前蜀杜光
庭《马尚书本命醮词》："伏闻元化运行,三才资始。体乾坤而成象,感
陶煦以凝神。""陶煦"同义并列,和乐貌。

宋欧阳修《书梅圣俞稿后》："哆兮其似春,凄兮其似秋,使人读之
可以喜,可以悲,陶畅酣适,不知手足之将鼓舞也。""陶畅酣适"属于四
字的同义并列,表示舒畅。

元马致远《香牌儿》曲："醉魂缥缈,啼鸟惊回,兀兀淘淘,窗外三
竿,红日未高。"《汉语大词典》解释"淘淘"为"和乐貌",其实是"陶陶"
的借字。

"陶"的快乐义施用于植物,就是生长茂盛,这就是植物的快乐舒
畅。《后汉书·文苑传上·杜笃》："畎渎润淤,水泉灌溉,渐泽成川,粳
稻陶遂。"李贤注："薛君注《韩诗》曰:'陶,畅也。'《尔雅》曰:'遂,生
也。'""陶遂"就是旺盛地生长。

"陶"何以有高兴义,前人也有解释。《礼记·檀弓下》"人喜则思
陶"汉郑玄注："陶,郁陶也。"孔颖达疏："郁陶者,心初悦而未畅之意
也。"这是为了迁就"忧伤"义。

---

① 上面两段提到形容快乐,多为"陶陶""陶然"这样的双音节词,与单用有所不同,
但是不能因此否定"陶"的快乐义。只是目前的证据尚不充分。

《广雅疏证》"郁悠,思也"条下,王念孙认为"郁悠"就是"郁陶",他做了进一步的解释:"《尔雅》云:'郁陶、繇,喜也。'又云:'繇,忧也。'则繇字即有忧、喜二义,郁陶亦犹是也。是故喜意未畅谓之郁陶。《檀弓正义》引何氏《隐义》云:'郁陶,怀喜未畅意。'是也。忧思愤盈亦谓之郁陶,……暑气蕴隆亦谓之郁陶,……事虽不同,而同为郁积之义,故命名亦同。"关于"陶"有郁积、悲伤义,第一节已有分析。孔颖达与王念孙认为"喜意未畅谓之郁陶",则似与情理不合,喜意未宣泄也不能转为忧的。而且"喜意未畅"是一种什么状态?小喜?窃喜?不得而知。"陶"兼有郁积忧伤和喜乐义,应当出于不同的引申途径。

段玉裁对此也有解释。《说文·人部》:"傗,喜也。"段玉裁注:"喜下曰:'乐也。'《王风》'君子陶陶',传曰:'陶陶,和乐兒也。'陶陶即傗傗之假借也。凡言遥遥、歈歈皆叠字,则知可作傗傗矣。《释诂》曰:'繇,喜也。'繇亦即傗。郭注以《檀弓》'咏斯犹'释繇,殊误。郑云'犹当为摇,谓身动摇也。'"又《说文·欠部》:"歈,歈歈,气出。"段注:"按《诗》'君子陶陶',传曰:'陶陶,和乐兒。'疑正字当作歈,又郁陶字亦当作此。"是段玉裁认为"陶陶"的本字当是"遥遥、歈歈"。但是文献中出现的是"陶陶",而未见其他写法,段注缺乏根据①。

另外,《诗·郑风·清人》:"清人在轴,驷介陶陶。"毛传:"陶陶,驱驰之貌。"陆德明《释文》:"陶,徒报反。"据此,词典释"陶陶"为"驱驰貌"。此说亦无据。这首诗的全文是:

---

① 但是文献中确有"郁陶"表示欢乐义的用例。如南北朝谢朓《直中书省诗》:"朋情以郁陶,春物方骀荡。"唐刘知几《次河神庙虞参军船先发余阻风不进寒夜旅泊》诗:"何当欣既觏,郁陶共君叙。"唐虞中《照秀才》诗:"谁解伊人趣,村沽对郁陶。"宋晁说之《试迂任所寄冷金笔》诗:"不烦钟鼓强聊萧,自有诗书共郁陶。"明汤显祖《紫萧记·游仙》:"春心郁陶,春色娇娆,花前雁后同欢笑。"如何解释这种现象?笔者以为也许前人的训释起了误导作用。

清人在彭，驷介旁旁。二矛重英，河上乎翱翔。

清人在消，驷介麃麃。二矛重乔，河上乎逍遥。

清人在轴，驷介陶陶。左旋右抽，中军作好。

　　据《说文·马部》："骁，马盛也。从马旁声。《诗》曰：'四牡骁骁。'"段注认为："也当作皃。旁，溥也。此举形声包会意。……《小雅·北山》：'四牡彭彭。'传曰：'彭彭然不得息。'《大雅·烝民》：'四牡彭彭。'笺云：'彭彭，行皃。'《大明》：'四骠彭彭。'笺云：'马强。'疑皆非许所称。《郑风·清人》：'驷介旁旁。'盖许称此，而'驷介'转写讹'四牡'耳。许所据旁作骁，毛传本有'骁骁，盛皃'之语，后逸之。二章曰：'麃麃，武皃。'三章曰：'陶陶，驱驰皃。'则知首章当有'骁骁，盛皃'矣。"

　　段玉裁认为："旁"当是"骁"，是马盛大、强壮之义。"麃麃"，毛传："武貌。"那么，"陶陶"当是马快乐貌。因为三段中马都在奔跑。前两段的"翱翔""逍遥"都是形容马奔跑貌。前面的三个词似乎应当形容马的强壮、勇武和快乐。

　　《楚辞·王逸〈九思·守志〉》："撮羽翮兮超俗，游陶遨兮养神。"王逸注："陶遨，心无所系。"据此，《汉语大词典》释"陶遨"为"无牵无挂貌"，也不够准确，"陶遨"为同义并列，谓快乐。"遨"就是"遨游"，因而可以有快乐义。《说文·放部》："敖，出游也。"段注："《邶风》曰：'以敖以游。'敖、游同义也。""游陶遨"当是三字连言，谓逍遥快乐。

　　那么"陶"的快乐义，是烧制成器之乐，还是陶樽饮酒之乐？抑或是陶冶孕化之乐？我以为是陶樽饮酒之乐。除了上述饮酒与"陶陶"的文献用例之外，还有以下两个根据。

　　根据之一是因为"铸、铄、镕、煅、冶"以及"养、育"等相关词语都有

"孕化"义,就是培育、造就,但是都没有快乐义。比如:

陶铸。《庄子·逍遥游》:"是其尘垢粃糠,将犹陶铸尧舜者也。"南朝梁刘勰《文心雕龙·征圣》:"陶铸性情,功在上哲。"周振甫注:"陶,制瓦器;铸,冶炼。指教育培养。"

陶冶。《淮南子·俶真》:"包裹天地,陶冶万物。"

陶铄。三国魏嵇康《明胆论》:"夫元气陶铄,众生禀焉。赋受有多少,故才性有昏明。"戴明扬注:"陶铄,犹陶冶。"

陶钧。《宋书·文帝纪》:"将陶钧庶品,混一殊风。"唐孙过庭《书谱》:"必能旁通点画之情,博究始终之理,镕铸虫篆,陶钧草隶。"

陶染。南朝梁刘勰《文心雕龙·体性》:"然才有庸俊,气有刚柔,学有浅深,习有《雅》《郑》:并情性所铄,陶染所凝。是以笔区云谲,文苑波诡者矣。"

陶镕。前蜀贯休《酬王相公见赠》诗:"九德陶镕空有迹,六窗清净始通禅。"宋王禹偁《谢除礼部员外郎知制诰启》:"敢不慎修儒行,演畅皇猷,庶凭翰墨之功,少答陶镕之力。"

熔陶。宋周密《齐东野语·傅伯寿以启擢用》:"首明趣向,愿出镕陶。"

当然,即便都有"孕化"义,也还是浑言无别,析言则差别存在。"铸、铄、镕、煅、冶"等对象是青铜金属,多以高温铸器,俗语"真金不怕火炼"即是。而"陶"是使土为之,制作过程中更强调土质以及与水的融合,还有烧的温度控制。因此同样表达制作器具义的"陶"就比"镕""铸"等柔和了很多,因此发展出了怡情养性之义。现代汉语"铸造""熔铸"等词隐含坚毅、刚强之义,而"陶冶"等的对象往往是情操、性情。

根据之二是古人远在 8000—9000 年前就有了制陶饮酒的经历①。

---

① 具体报道见于 https://mp.weixin.qq.com/s/9oX4IZTAztOy9rxM4-Th4A。

酒与酒器密不可分。从字形上看，"酒"从水从酉，"酉"即酒器之形，罗振玉《殷虚文字类编》："酒，象酒由尊中挹出之状。"而酒器的种类也有很多，如盛酒器、饮酒器等，这些早期的酒器正是以陶为主。

我国制陶历史悠久，《逸周书》就有"神农耕而作陶"之语。很多史前时代的遗址中都出现了大量的陶制生活器皿，江西万年仙人洞遗址发现的陶器残片，一直被视为早期陶器的代表（参见江西省博物馆，1976）。甘肃秦安大地湾遗址一期（文化年代距今约 8000—7000 年），已经出现了形制丰富的陶器类型，如圜底钵、圜底碗、圈足碗、圈足罐、深腹罐、球腹壶、杯等（参见甘肃省博物馆、秦安县文化馆大地湾发掘小组，1981）。

距今 10000—8500 年的浙江上山文化遗址中，也出现了陶器群（参见浙江省文物考古研究所、浦江博物馆，2007）。而近年发掘的浙江义乌桥头遗址，作为上山文化时期重要聚落遗址，也出现了大量保存较好的陶器，制作精美，器型较为完整（参见国家文物局新闻，2019）。其中一个拿到斯坦福大学去化验，里面有盛酒的痕迹[①]。值得一提的是，2019 年 8 月发掘的桥头遗址中，墓葬中发现了一具完整的人骨，身前有一个完好的陶罐。这是浙江地区发现的年代最早的人类骨骼遗存，距今约九千年，陶罐即为随葬品。

而"铸、铄、镕、煅、冶"等冶金制品（青铜器等）的出现应当晚于陶器，所以早期作为酒樽使用的是陶制品。那么，陶樽就是喝酒快乐的代名词了。综合以上文献和考古材料，笔者以为用陶樽饮酒来解释"乐陶陶"和"陶醉"恐怕是比较合理的。未敢自必，也许会有更合适的解

---

① 浙江省文物考古研究所研究员蒋乐平说："我们判断，这是一只酒器。因为在陶壶里的残余物中发现了一种加热产生的糊化淀粉，后来送到了斯坦福大学去做检测研究，专家认为残留物与低温发酵的损伤特征相符。"

释,期待来者。

以上可以看出,词的特征义所以称为"核心义",是因为它在词义产生中起决定作用。另外,同音或音近假借义,是词语使用中一个普遍的现象;一般认为假借是文字问题,不属于词义变化,但是在词典列义项时还是需要占据不小的比例。下面我们讨论"陶"的假借义。

1.通"掏"。掏挖。宋梅尧臣《陶者》诗:"陶尽门前土,屋上无片瓦。十指不沾泥,鳞鳞居大厦。"《荡寇志》第一百二十回:"那班无赖子弟弄得嫖赌精空,起心此图,想赚去卖了,陶成几个嫖赌本钱。"按:"陶"通"掏"。"陶成"犹捞回。

2.通"謟"。虚妄。参见"陶诞"。

3.通"淘"。参见"陶泄""陶洗"。消解,排遣义由"淘"产生。

"陶泄"即"淘泄",谓发泄、排遣。元王实甫《西厢记》第四本第四折:"别恨离愁,满肺腑难陶泄。除纸笔代喉舌,千种相思向谁说?"

"陶洗"即"淘洗",谓革除、涤除。明胡震亨《唐音癸签·评汇七》:"惟杜老有斟酌,此等语不肯轻下,然如'何日霑微禄,归山买薄田'等,亦未能陶洗净尽,为有识者所微窥云。"明王世贞《艺苑卮言》卷四:"陈正字陶洗六朝铅华都尽,托寄大阮,微加断裁,而天韵不及,律体时时入古,亦是矫枉之过。"现在有"淘米",就是其义。

4.通"滔"。大、盛义。

(1)"陶陶",犹"滔滔",广大貌。参见"陶陶"。汉应劭《风俗通·山泽·四渎》:"《诗》云:'江汉陶陶。'"王引之《经义述闻·毛诗下》:"《风俗通义·山泽篇》引此诗曰'江汉陶陶',陶与滔古字通。"《广雅·释训》:"淘淘,流也。"王念孙《疏证》:"淘淘与滔滔同。《小雅·四月》篇:'滔滔江汉。'毛传:'滔滔,大水貌。'"元费唐臣《贬黄州》第一折:"直贬过淘淘大江,不信行人不断肠。"《水浒传》第一百一十回:

"此时正是初春天气,日暖花香,到得扬子江边,凭高一望,淘淘雪浪,滚滚烟波,是好江景也。"这也是"滔滔"的假借字,表示大水貌。

(2)"陶陶",犹"滔滔",阳气极盛貌。《史记·屈原贾生列传》:"乃作《怀沙》之赋。其辞曰:'陶陶孟夏兮,草木莽莽。'"《楚辞·怀沙》作"滔滔孟夏"。王逸注:"滔滔,盛阳貌也。言孟夏四月,纯阳用事。"汉徐干《答刘公干诗》:"陶陶诸夏别,草木昌且繁。"明吴牲《五日寄王子象山》诗:"冉冉时序侵,陶陶夏维午。"

(3)"陶陶",犹"滔滔",漫长貌。《楚辞·王逸〈九思·哀岁〉》:"冬夜兮陶陶,雨雪兮冥冥。"原注:"陶陶,长貌。"

结　语

"陶"梳理后的义项包括三部分:

本义及其相关延伸义:1.烧制陶器,烧制。2.用黏土烧制的器物。3.烧制陶器的工人。4.窑,烧制陶器的灶、窑。

特征义的比喻和引申:5.密闭,比喻郁闷。6.密闭,比喻蕴藏。7.用陶器饮酒,指饮酒快乐,醉貌;快乐。8.比喻指植物生长茂盛。9.孕化,比喻治理国家。10.比喻培养性情。也指怡情。

音近假借义:11.通"淘"。消解,排遣。12.通"滔"。广大貌。13.通"掏"。捞取。14.通"韬"。虚妄。

"陶"的分析给我们很多启示,包括:

1."陶"与"铸、铄、镕、煅、冶"都有孕化义,从而证明近义或类义词有词义同步引申的规律;

2.有"陶冶""陶铸""陶养""陶化""陶育"等音词,可以证明单音词有同义并列的构词规律,以及同步构词的规律;

3.比喻(隐喻、转喻等)是汉语古已有之的规律,在汉语词义发展中最为常见;

4.由本义中抽取出的特征义制约一个词大多数义项发展,因而可以称为核心义。

征引书目

钱绎,1991,《方言笺疏》,北京:中华书局。

阮元(校刻),1980,《十三经注疏》,北京:中华书局。

司马迁,2013,《史记(修订本)》,北京:中华书局。

王念孙(著),钟宇讯(点校),1983,《广雅疏证》,北京:中华书局。

王引之,2000,《经义述闻》,南京:江苏古籍出版社。

许慎(撰),段玉裁(注),1981,《说文解字注》,上海:上海古籍出版社。

参考文献

甘肃省博物馆、秦安县文化馆大地湾发掘小组,1981,《甘肃秦安大地湾新石器时代早期遗存》,《文物》第 4 期。

国家文物局新闻,2019,"浙江义乌桥头遗址发现距今 9000 年左右上山文化环壕—台地聚落",8 月 13 日。(http://www.ncha.gov.cn/art/2019/8/13/art_722_156349.html)

华学诚,2019,《〈方言〉"陶"之训"养"说》,《扬州大学学报(人文社会科学版)》第 2 期。

江西省博物馆,1976,《江西万年大源仙人洞洞穴遗址第二次发掘报告》,《文物》第 12 期。

王云路、王诚,2014,《汉语词汇核心义研究》,北京:北京大学出版社。

浙江省文物考古研究所、浦江博物馆,2007,《浙江浦江县上山遗址发掘简报》,《考古》第 9 期。

谈成语的核心义[*]

付建荣

近年来,词的核心义研究取得了可喜的进展,成语的核心义研究需要做些讨论。现代语义学研究表明,任何语义结构都可以切分为若干语义要素,这些语义要素有的学者称之为"义素",有的学者称之为"语义特征"。在语义结构中各语义特征所处的地位是不一样的,核心义在语义结构中处于核心的地位,是语义结构中除了"范畴义"之外最为关键的一个语义成分,其他语义特征相对而言居于次要的地位。范畴义是语义结构中表示对象范畴的语义成分,核心义是语义结构中表示对象特征的语义成分,两者有机构成了成语的核心语义内容。比如,"眉飞色舞"在几部重要辞典中的释义是:

> 《新华成语词典》:形容喜悦或得意的神情和心理。
> 《现汉汉语词典》:形容喜悦或得意。
> 《中国成语大辞典》:形容极其高兴得意的神态。
> 《汉语成语源流大辞典》:形容喜悦或得意的神态。

"眉飞色舞"描述的是因内心喜悦而在脸上显露出的愉快神情,上述辞典的释义就是对其义位的描写。这些释义基本上揭示出了这条成

---

* 原文节选自 2021 年商务印书馆《唐宋禅籍俗成语研究》。

语的两个关键语义成分①——"神情"②和"喜悦"③,"神情"是这条成语语义描述对象的范畴,我们称之为"范畴义";"喜悦"是这条成语描述对象的核心特征,我们称之为"核心义"。在"眉飞色舞"的语义构成当中,这两个语义成分是最为核心和关键的语义要素,二者有机结合后就构成了"眉飞色舞"的核心语义内容——"神情喜悦"。

本文主要讨论成语的核心义。先看词的核心义,再说成语的核心义。"词"的核心义指本义隐含的贯穿于相关引申义项和派生词中的主导性词义特征④。这是从词义演变的视角来观察核心义的,举个例子略做说明。

"翘",《说文·羽部》:"翘,尾长毛也。"段注:"尾长毛必高举,故凡高举曰翘。""翘"的本义指鸟的长尾羽。魏曹植《斗鸡》诗:"群雄正翕赫,双翘自飞扬。"黄节注:"翘,尾长毛也。"鸟的长尾巴总是高高地举着,这是"翘"最显著的形象特征,这个特征抽象概括到词义中,就形成了"翘"的核心义"高"。"翘"的其他引申义都与"高"有密切的联系,分析如下:

(1)举起。凡物举起则高,故"翘"有"举起"义。《庄子·马蹄》:

---

① 唯《现代汉语词典》缺失对描述对象的揭示,释义显得不够完整。如果进一步推导,"喜悦"或"得意"都是心理活动,这条成语描述的对象自然就是"心理"。但"心理"并不能全面概括"眉飞色舞"的描述对象。

② "神情"是人脸上显露出来的内心活动,皆有"内心活动"和外化了的"面部表情"两个语义要素,用来描述"眉飞色舞"的语义对象最为准确。"心理"只是内心活动,不包括外化出来的面部表情,"神态"表示神情和态度,加上"态度"要素又显得不确。因此,"心理"和"神态"都不能准确揭示"眉飞色舞"的语义域。

③ "得意""高兴"略同"喜悦"。"喜悦"是内心满意引起的心理活动,"得意"是心里感到自我满意,属于满意的一种情形,也会引起心理愉悦,因此,核心语义特征可确定为"喜悦"。

④ 关于汉语词汇核心义的定义、性质、特点、规律、研究方法、研究价值等论述,参见付建荣(2012)。

"龁草饮水,翘足而陆,此马之真性也。"

（2）使显露。物高则显,故使隐蔽之物显露于表面亦可称"翘"。《礼记·儒行》:"上弗知也,粗而翘之。"孔颖达疏:"翘,起发也。"

（3）高出貌。"翘翘"重叠,状高出貌。《诗·周南·汉广》:"翘翘错薪,言刈其楚。"孔颖达疏:"翘翘,高貌。"物高多危,"翘"又有高危义。《诗·豳风·鸱鸮》:"予室翘翘,风雨所漂摇。"毛传:"翘翘,危也。"

（4）特出。人的才能高出众人可称"翘"。晋葛洪《抱朴子外篇·正郭》:"林宗拔萃翘特,鉴识朗彻。"又指才能出众的人才,如"翘楚",语本"翘翘错薪",指高出杂树丛的荆树,后用以比喻杰出的人才。"翘材""翘彦""翘秀"也都指杰出的人才。

（5）古代妇女发髻上的一种首饰,因上翘高耸而得名,有"翠羽翘""珊瑚翘"等名目。魏曹植《七启》八首之五:"戴金摇之熠耀,扬翠羽之双翘。""扬"字可证"翘"是高举的。

可见,"翘"的本义隐含的词义特征"高",贯穿于词义引申的各个义项中,成为统摄词义系统的核心义。在"翘"的各项意义中,尽管词义指称的客观对象千差万别,有的指称事物的动作（举起、使显露）,有的指称事物的性质状态（高出貌、高危、特出）,有的指称具体的事物（长尾羽、杰出的人才、翘饰）,但这些对象都隐含着"高"这个意义特征,"高"就是"翘"的核心义。

"词"的核心义是词义指称对象的显著特征,这个特征贯穿于相关引申义项和派生词中,在词义结构中处于核心的地位,是词义结构中的核心词义特征。同样,成语的核心义是成语叙述（或泛指）对象的显著特征,这个特征也会贯穿于深层隐含义和相关的引申义项当中①,在语义结构中处于核心的地位,是语义结构的核心语义特征。下面讨论成语核心义的鉴定、成语核心义的类型、核心义与成语的聚合系统、核心义与成语的演变等问题。

一、成语核心义的鉴定

第一,词的核心义隐含在词的本义当中,成语的核心义隐含在字面义当中②。例如:

> 百尺竿头　　羊肠鸟道　　细如米末　　银山铁壁

"百尺竿头",字面义指桅杆或杂技长竿的最高端,唐吴融《商人》诗:"百尺竿头五两斜,此生何处不为家。"字面义隐含的核心语义特征是"高","高"就是"百尺竿头"的核心义。"百尺竿头"有两个引申义,一是佛教比喻至高无上的佛法修行境界,《祖堂》卷十七"岑和尚":"师当时有偈曰:'百尺竿头不动人,虽然得入未为真。百尺竿头须进步,十方世界是全身。'"一是比喻学问事业取得了很高的成就,宋朱熹《答陈同甫书》:"但鄙意更欲贤者百尺竿头进取一步,将来不作三代以下人物。"显然,这两个引申义都贯穿着核心义"高"。

"羊肠鸟道",字面义指崎岖险峻的山路,描述的对象是"山路",隐

---

① 但情况也很复杂,有的成语没有引申义,有的成语义项不属于正常引申,或者义项不是依据核心义引申的,这些情况就不能再从语义引申的运动中观察核心义了,词义的引申中也存在这些情况。

② 有的成语字面义真实使用,这个字面义可视为成语的本义;有的成语字面义并不真实使用,就不能再视作成语的本义了。换句话说,成语都有字面义,但不是都有本义,因此本文使用"字面义"这个术语。

含的核心语义特征是"险峻","险峻"就是"羊肠鸟道"的核心义。在禅宗文献里,禅家用来比喻极为险峻的佛法参悟之道。《五灯》卷十二"修己禅师":"尝曰:'羊肠鸟道无人到,寂寞云中一个人。'尔后道俗闻风而至,遂成禅林。"①也说"鸟道羊肠",《续灯》卷二十六"虚白禅师":"问:'如何是直截一路?'师云:'鸟道羊肠。'""直截一路"指直击佛乘之路,可证"羊肠鸟道"的范畴义是"道法",核心义"险峻"从字面义贯穿到了引申义。

"细如米末",字面义指细微得像米末一样,隐含的核心义就是"细微"。"细如米末"没有字面义用例,禅家形容真如佛性十分微妙。《心月禅师语录》卷二:"况此事,细如米末,冷似冰霜,总在当人分上。"例中的"此事",指真如佛性。《碧岩录》卷二:"垂示云:'云凝大野,遍界不藏。雪覆芦花,难分朕迹。冷处冷如冰雪,细处细如米末。深深处佛眼难窥,密密处魔外莫测。'"本则垂示语是圆悟禅师对真如佛性的阐述,"佛眼难窥""魔外莫测"均状真如佛性微妙难测,可证"细如米末"的范畴义是指"真如佛性"。因此,"细如米末"深层使用的核心语义可概括为"佛性微妙",核心义就是"细微""微妙"。

"银山铁壁",字面义的形象特征为坚固峭险、难穿难攀,隐含的核心义就是"坚险"。"银山铁壁"没有字面义用例,深层使用义有两个:一是比喻坚险之地,《朱子语类》卷一百三十:"元城在南都,似个银山铁壁地。"一是比喻佛法或公案坚险严密,很难攀仰参透。《普灯》卷二十七"方禅师":"觌面难藏最上机,家风千古为人施。银山铁壁重重透,赖有丹霞院主知。"《碧岩录》卷五:"这个公案虽难见却易会,虽易

---

① 商务印书馆辞书研究中心(2002:850)、刘洁修(2009:1328)、王涛等(2007:1272)均举本例,释作字面义"险峻的山路",不确。这里的"羊肠鸟道"用来喻指险峻的佛法参悟之路,范畴义可概括为"佛法",而非"山路"。

会却难见;难则银山铁壁,易则直下惺惺,无尔计较是非处。"可见,"银山铁壁"的核心义来自字面义隐含的形象特征,又贯穿于两个深层使用义中。

第二,词的核心义贯穿于相关的引申义项和派生词中,成语的核心义贯穿于深层使用义和相关的引申义项中。

箭过新罗　枯木龙吟　水落石出　安家乐业

前两例成语的字面义没有实际用例①,只有深层使用义。后两例的字面义有实际使用义,也有引申义。

"箭过新罗",字面义指箭已经飞过新罗。在禅家的语言象征系统里,"箭""刀"常隐喻机锋②,故禅家用成语"箭过新罗"形容机锋迅疾,早已逝去。《续灯》卷六"绍端禅师":"师云:'若论祖师玄旨,可谓平地起堆,更问如何? 箭过新罗。'"《五灯》卷十"澄湜禅师":"曰:'未审如何领会?'师曰:'箭过新罗。'"《法薰禅师语录》卷三:"要入这个门户,须是举一明三,目机铢两,尚恐箭过新罗。何况向古人模子上脱,宗师口头边觅,枉用心神。""箭过新罗"字面义极言箭速之快,没等人反应过来,就已经飞过遥远的新罗国了。字面义中隐含的核心义"迅疾",传递到了深层使用义"机锋迅疾"的语义构成当中了。

"枯木龙吟",字面义指枯木里发出了龙吟的声音。"枯木"乃喻心寂泯灭,毫无气息③。"龙吟"乃喻获得大机用,生机勃勃④。禅家比喻

---

①　"箭过新罗""枯木龙吟"在现实生活中不可能存在,事实上,使用字面义的用例也不存在。

②　如弓折箭尽、残弓折箭、遇獐发箭、一箭双雕、笑里藏刀、畏刀避箭等。

③　如枯木生花、枯木逢春、寒灰枯木、枯木石头、枯木朽株等。

④　如虎啸龙吟、龙吟雾起(雾起龙吟、龙吟雾拥)等。

参禅者心念灭寂后明见真性,死中得活,获得了大自在。《传灯》卷十七"本寂禅师":"师因而颂曰:'枯木龙吟真见道,髑髅无识眼初明。喜识尽时消不尽,当人那辨浊中清?'"倒言"龙吟枯木"。《普灯》卷十四"祖觉禅师":"正按则理事双忘,言思路绝。旁提则龙吟枯木,韵出青霄。""枯木龙吟"的字面义隐含的核心义是"新生",也传递到了深层使用义的语义结构中了。

"水落石出",字面义指水面落下去,水底的石头显露了出来。字面义隐含的核心义是"显露"。宋欧阳修《醉翁亭记》:"风霜高洁,水落而石出者,山间之四时也。"后定型为四字格成语,宋苏轼《徐州鹿鸣燕赋诗叙》:"是日也,天高气清,水落石出。"宋李纲《记旧梦》:"及谪官剑浦,道武夷山,小舟泝流,水落石出。"后引申为事情的真相大白,彻底显露。《红楼梦》六十一回:"如今这事,八下里水落石出了。"核心义也遗传到引申义之中了。

"安家乐业",字面义指安定地生活,愉快地从事其业。核心语义可概括为"生活安乐"。《汉书·谷永传》:"薄收赋税,毋殚民财,使天下黎元咸安家乐业。"禅家用来比喻悟道后精神有所寄托,安乐自在。《绍昙禅师广录》卷六:"如断鳌立极,无一毫倾侧处。贵令大地人,安家乐业。若知端的,坐致升平。苟涉迟疑,未免被毗蓝转却。"《普济禅师语录》卷一:"点开弥勒背后眼睛,尽大地人扶篱摸壁。突出衲僧向上巴鼻,尽大地人安家乐业。"核心语义可概括为"本心安乐",核心义得到了遗传。

第三,在词义结构中,词义特征往往不止一个,核心义是最显著的主导性词义特征,具有稳定性、抽象性等特点。在成语的语义结构中,语义特征也往往不止一个,核心义同样是最显著的主导性语义特征,也具有稳定性、抽象性等特点。

抽钉拔楔　解粘去缚　敲枷打锁　驱耕夺食

"抽钉拔楔",字面义指抽出钉子,拔掉楔子。禅家比喻禅师为人解除痴愚疑惑等悟道束缚。《普灯》卷十"道旻禅师":"诸佛出世,无法与人,只是抽钉拔楔,除痴断惑。""解粘去缚",字面义指解除粘着,去除束缚。禅家比喻禅师为人解除执着和束缚等悟道障碍。《普灯》卷十八"宗元庵主":"示众:'诸方为人抽钉拔楔,我这里为人添钉着楔。诸方为人解粘去缚,我这里为人加绳加索了。'""敲枷打锁",字面义指敲去枷钮,打开锁链。禅家比喻禅师为人解除执着、痴愚等悟道束缚。《真净禅师语录》卷四:"遂以拂子敲禅床云:'敲枷打锁,出钉拔楔。大有痴顽,怕吞热铁。'""驱耕夺食",字面义指驱耕夫牛、夺饥人食①。禅家比喻彻底断除学人的依赖执着等悟道束缚。《圆悟禅师语录》卷二十:"解粘去缚手段辣,驱耕夺食尤雍容。"下面用"语义特征分析法"分析语义结构。

抽钉拔楔:[禅师]＋[解除]＋[悟道束缚]＋[施教]

解粘去缚:[禅师]＋[解除]＋[悟道束缚]＋[施教]

敲枷打锁:[禅师]＋[解除]＋[悟道束缚]＋[施教]

驱耕夺食:[禅师]＋[解除]＋[悟道束缚]＋[施教]

上揭成语是同义成语,语义均指禅师解除学人悟道束缚的施教行

---

① "驱耕夺食"由"驱耕夫牛,夺饥人食"压缩而来,《普灯》卷二十六"佛性泰禅师":"师曰:'驱耕夫牛,夺饥人食,击碎明月珠,敲出凤凰髓。可谓富贵中富贵,风流中风流。'"《圆悟禅师语录》卷十八:"师拈云:'云门可谓驱耕夫牛,夺饥人食。权衡佛祖,龟鉴宗乘。'"

为,范畴义都是"施教"。在这些成语的语义结构里,叙述施教行为的语义特征至少有这样三个:[禅师][解除][悟道束缚]①。那么,哪个语义特征才是这些成语的核心义呢? 在上揭语义结构中,"解除"是表示行为动作的语义特征,"禅师"是"解除"的行为主体,"悟道束缚"是"解除"的行为对象,显然"解除"是核心语义特征,在语义结构中处于核心和主导地位,其他语义要素都与之有联系,"解除"就是这些成语的核心义。词的核心义具有"稳定性""抽象性"等特点,成语的核心义也有这些特点。下面以上揭四例成语为例说明:

"稳定性"是指在语义运动过程中,核心义能够贯穿于深层隐含义和相关的引申义中,表现出极大的稳定性,其他语义特征鲜有这样的稳定性特点。在上揭成语的字面义结构里,传递到深层使用义的语义特征也只有"解除",这个语义特征本是行为动词"抽""拔""解""去""敲""打""驱""夺"隐含的特征义,而行为对象"钉""楔""粘""缚""枷""锁""食""耕"在深层隐含义中没有得到传递,它们的词义已经发生了隐喻,喻指各种悟道束缚。

"抽象性"是指用来表示核心义的词语都是抽象的,或者是形容词,或者是动词,这是一条普遍性的规律。那么,上揭语义成分只有"解除"符合这条规律,而[禅师][悟道束缚]是具体或抽象的名词性语义成分。因此,依据核心义的特点来观察,这些成语的核心义也只能是"解除"。

需要说明的是,[禅师]和[悟道束缚]两个语义特征的地位也是有差别的,[悟道束缚]在语义结构中更为关键,会影响到核心语义的完

---

① 如果再分析行为对象的客体"学人",解除的具体对象"痴愚""妄念""依赖""执着"等,语义特征就更多了,语义之间的细微差别就会更清晰。

整和精准。因此,在标示叙述性核心义的时候,可以采用"VP"语义模式,即将核心义包蕴在"VP"语义模式中。上揭成语采用"VP"语义模式来表述核心义的话就是"除缚"。

综上,成语的核心义也可定义为:指字面义隐含的贯穿于深层使用义和相关引申义项中的主导性语义特征。

二、成语核心义的类型

成语主要是叙述性的语言单位。任何成语都有语义叙述的对象,也有语义叙述对象的特征。温端政根据语义叙述性的特点,将成语分为描述性成语和表述性成语两类①。在汉语语汇里,绝大多数的成语属于描述性成语,表述性成语数量较少,此外还有数量极少的泛指性成语。根据成语核心义的特点,成语的核心义可分为描述性特征、叙述性特征和泛指性特征三种。

描述性成语的核心义表示描述性特征,用来描述语义对象的各种性状特征,核心义用形容词来表示,这类成语的数量最多。

心如朗月 朗月当空 如珠在掌 明镜当台
莲花出水 清风匝地 寸丝不挂 寸草不生

---

① 温端政(2005:69)认为,"纵观人们心目中的成语都可以无一例外地分成这两类。属于表述性的,如:哀兵必胜、本性难移……。属于描述语的,如哀鸿遍野、安居乐业……。"这里似乎把话说得绝对了,成语还有极少量的指称性成语,如"魑魅魍魉""张三李四"等,由于指称性成语的特点具有泛称性,语义不确指,我们称之为"泛指性成语"。

　　上揭成语的范畴义相同，都是用来描述"本心"的①。在禅宗哲学的象征系统里，"月""珠""镜"经常用来隐喻"本心"②，"莲花"和"清风"也用来隐喻"本心"③，"心月""心珠"意象侧重象征本心圆明，"明镜"意象侧重象征本心明净，"莲花""清风"意象侧重象征本性清洁。"寸丝""寸草"则隐喻"污染"，当然是对本心的污染。用"语义二分法"切分核心语义如下：

心如朗月："本心圆明" = ［本心］+［圆明］

朗月当空："本心圆明" = ［本心］+［圆明］

如珠在掌："本心圆明" = ［本心］+［圆明］

明镜当台："本心明净" = ［本心］+［明净］

莲花出水："本心清洁" = ［本心］+［清洁］

清风匝地："本心遍满" = ［本心］+［遍满］

寸丝不挂："本心清净" = ［本心］+［清净］

寸草不生："本心清净" = ［本心］+［清净］

　　这里举的描述性成语都是用来描述"本心"性状的，核心义"圆明"

---

　　① "本心"指本来具有的心性，是精神之本体。它圆明清净，光明皎洁，纤尘不立，妙不可言。洪州禅提出的"即心即佛"思想，此"心"即本心。"本心"也称"真如佛性""真性""自性""佛性"，悟佛就是悟本心。

　　② 用"月"来隐喻"本心"的成语还有见月忘指、星明月朗、朗月处空、朗月悬空、宝月当空、风清月白（月白风清）、秋潭月影（澄潭月影、寒潭月影、月隐寒潭）、认指作月（认指为月）、云开月朗（云开月露、云开月现、云披月露）等。用"珠"来象征"本心"的还有明珠在掌、神珠在掌、贫子衣珠、赤水寻珠、衣内忘珠等。用"明镜"隐喻"本心"的例子，莫过于《坛经》记载弘忍呈见所见之偈："身是菩提树，心如明镜台。时时勤拂拭，勿使惹尘埃。"

　　③ 用"莲花"隐喻本心的成语还有"步步莲花"，用"清风"隐喻本心的还有"清风明月（明月清风）""风清月白（月白风清）"。

"明净""清洁""清净"都是描述性特征,都用形容词来表示。通过这些描述性语义特征,我们看到了禅家"本心"圆明朗洁、清净遍满的性状,它不受污染,无纤毫情尘意垢,全如唐不空译《菩提心论》所言:"照见本心,湛然清净,犹如满月,光遍虚空,无所分别。"

叙述性成语(含表述性成语)的核心义表示叙述性特征,用来叙述语义对象的各种行为动作特征,核心义用动词来表示。

贵耳贱目　裁长补短　舍重从轻　移东补西
牦牛爱尾　贪名逐利　叨名窃位　贪荣冒宠

上揭成语的范畴义也都是"本心",是对"本心"活动的叙述。在前四个成语的语义构成中,都含有二元对立的概念"贵贱""长短""重轻""东西",反映的是"本心"存有"分别"的尘念;后四个成语的结构里含有"贪""爱""逐""叨""窃""冒"等词,反映的是"本心"存有"执着"的意垢。下面用"语义二分法"切分核心语义。

贵耳贱目:"本心分别" = [本心] + [分别]

裁长补短:"本心分别" = [本心] + [分别]

舍重从轻:"本心分别" = [本心] + [分别]

移东补西:"本心分别" = [本心] + [分别]

牦牛爱尾:"本心执着" = [本心] + [执着]

贪名逐利:"本心执着" = [本心] + [执着]

叨名窃位:"本心执着" = [本心] + [执着]

贪荣冒宠:"本心执着" = [本心] + [执着]

　　这里的叙述性成语都是用来叙述"本心"的活动状态的,核心义"分别""执着"都是叙述性的语义特征,均用动词来表示。在禅家看来,"本心"的"分别"和"执着",都是自性迷失的原因,需要用"不二法门"开悟本心。

　　泛指性成语用来泛指某种或某类事物,这类成语虽然没有明确的指称对象,但泛指的对象却有明确的语义范畴。

　　　魑魅魍魉　　张三李四　　五湖四海　　山河大地　　他乡异井
　　　四方八面　　四时八节　　三更半夜　　长街短巷　　街头巷尾

　　泛指性成语的数量极少,这类成语具有共同的核心义,那就是"泛称"或"泛指"。下面在描写基本语义的基础上直接分析范畴义和核心义。

　　　魑魅魍魉:"泛指各种鬼怪" = [鬼怪] + [泛指]

　　　张三李四:"泛指某人的名字" = [名字] + [泛指]

　　　五湖四海:"泛指天下各地" = [方宇] + [泛指]

　　　山河大地:"泛指壮阔的自然景象" = [景象] + [泛指]

　　　他乡异井:"泛指家乡以外的各个地方" = [他乡] + [泛指]

　　　四方八面:"泛指各个方向" = [方向] + [泛指]

　　　四时八节:"泛指各个时节" = [时节] + [泛指]

　　　三更半夜:"泛指深夜时分" = [深夜] + [泛指]

　　　长街短巷:"泛指各条街巷" = [街巷] + [泛指]

　　　街头巷尾:"泛指街巷的四处" = [街巷] + [泛指]

上揭泛指性成语的范畴义有"鬼怪""名字""方字""景象""他乡""方向""时节""深夜""街巷",核心义都表示"泛指"义特征。

三、核心义与成语的聚合系统

蒋绍愚(2015:383)曾指出:"讨论词汇系统,主要是看词汇的聚合系统。"这是一个非常重要的观察视角,成语的系统也要从语义的聚合系统来观察。依据范畴义和核心义的不同,成语的系统性表现为以下四种语义聚合关系。

(一)同义聚合

同义成语指语义基本相同而又有细微差别的成语。两个成语只要有一个义位相同,就构成了同义关系。如果从"范畴义"和"核心义"的角度观察①,同义成语的核心语义是相同的,范畴义和核心义也都相同。孙维张(1989:192)指出:"同义成语和同义词相类似。所谓同义,并不是语义的各种成分完全相同,只是语义核心部分相同,其余的如色彩、风格等则不同。"由范畴义和核心义有机组成的核心语义正是成语的"语义核心部分"。在成语义系统中,范畴义和核心义完全相同的是同义成语。如:

骑牛觅牛　骑驴觅驴　将头觅头　舍头觅头

赤水寻珠　钻穴索空　舍父逃走　捧饭称饥

---

①　各种语义聚合关系,不仅表现在范畴义和核心义的联系和区别上,还表现在其他语义特征的联系和区别上,本文只从范畴义和核心义的视角观察。

临河叫渴　井底叫渴　傍鳌求饼

先来看本组成语的具体例子。

骑牛觅牛，自己明明骑着牛，却还要去觅牛。比喻学人不明自心就是佛，还要愚痴地向外求觅作佛。《祖堂》卷十七"西院和尚"："礼问百丈曰：'学人欲求识佛，如何是佛？'百丈云：'太似骑牛觅牛。'"

骑驴觅驴，身下明明骑着驴，却还要去觅驴。比喻学人不明自心就是佛，还要愚痴地向外求觅作佛。《祖堂》卷二十"云寺和尚"："志公笑云：'不解即心即佛，真似骑驴觅驴者。'"

将头觅头，自家肩上明明长着头，却还要去寻找头。禅家讽喻学人不识自己本来就有佛性，荒谬地向外求觅成佛。《临济禅师语录》卷一："为尔向一切处驰求，心不能歇。所以祖师言：'咄哉，丈夫！将头觅头。'你言下便自回光返照，更不别求，知身心与祖佛不别，当下无事，方名得法。"

舍头觅头，不顾自己本有之头，却另外去寻找头。禅家比喻不识自心是佛，向外驰求觅佛的愚痴行为。《临济禅师语录》卷一："道流，大丈夫儿，今日方知本来无事，只为尔信不及，念念驰求，舍头觅头，自不能歇。"

赤水寻珠，古代传说赤水产大珠，字面义指向赤水中寻觅珍珠。禅家比喻不识自心是佛，向外寻觅作佛的徒劳行为。《子益禅师语录》卷一："参上堂：'昆山求玉，玉不在于昆山。赤水寻珠，珠岂藏于赤水？'"

钻穴索空，钻开洞穴本来就得到了空穴，却还愚痴地求觅空穴。禅家比喻不识自性是佛，妄自寻觅作佛的愚痴行为。《普灯》卷十四"祖觉禅师"："若更推寻玄妙，析出精明，病在钻穴索空，拨波求水；念念忘本，步步迷源。"

舍父逃走,语出鸠摩罗什译《妙法莲华经》卷二,谓年幼之子舍弃了自己非常富有的父亲,独自逃走流浪,结果落得穷困潦倒的下场。禅家比喻舍弃自己本有之佛性,愚痴地向外驰求成佛之道。《传灯》卷四"神秀禅师":"师有偈示众曰:'一切佛法,自心本有,将心外求,舍父逃走。'"

捧饭称饥,手里捧着饭碗,嘴上却大喊饥饿。禅家比喻不明自心是佛而喊着要成佛的愚痴行为。《续灯》卷十七"通慧玤禅师":"譬如空中飞鸟,不知空是家乡;水里游鱼,忘却水为性命。何得自抑,却问傍人?大似捧饭称饥,临河叫渴。"

临河叫渴,身临河水,嘴上却大嚷着口渴。禅家比喻不明自心是佛而喊着要成佛的愚痴行为。见上揭《续灯》卷十七"通慧玤禅师"例。

井底叫渴,身在井底水中却叫嚷着口渴。禅家比喻不识自性是佛,叫嚷着要成佛作祖的愚痴行为。《普灯》卷十七"自回禅师":"参禅学道,大似井底叫渴相似,殊不知塞耳塞眼,回避不及。"

傍鏊求饼,傍在平底锅边求觅饼子。禅家比喻不知自心是佛,愚痴地向外求觅作佛。《传灯》卷二十九"志公和尚":"可笑众生蠢蠢,各执一般异见。但欲傍鏊求饼,不解返本观面。"

上揭成语的结构成分在用词上虽然不同,但都蕴含了这样两个共同的要素:一是有相同的语义模式"本有×却还要愚痴地求觅×";二是在禅文化的影响下有相同的隐喻机制,用"牛""驴""头""珠""空""父""饭""河""井""饼"等隐喻"自己本有的真如佛性"①。这组成语

---

① 禅宗吸收了《涅槃经》"一切众生悉有佛性"的思想,并大胆地提出"一切众生皆可成佛"的理论主张。到了洪州禅时代,马祖道一鲜明地提出"即心即佛"的思想理论,自己的清净本心就是佛,世人由于无明,客尘遮覆了清净的自性,修行就是要明心见性,见性成佛。《坛经·行由品》:"自性常清净,日月常明,只为云覆盖,上明下暗,不能了见日月星辰。忽遇惠风吹散卷尽云雾,万象森罗,一时皆现。"

就构成了同义关系,形成了同义聚合群,基本语义都表示:比喻学人不明自心就是佛,还要愚痴地向外求觅作佛。这些成语妙喻纷呈,生动地描绘了"自性迷失"的种种愚痴行为①,它们的核心语义可高度概括为"自性迷失",范畴义和核心义也都相同,分别为"自性"和"迷失"。

(二)近义聚合

近义成语指基本语义相近而又有明显差别的成语。在语义相同的程度上,"成语变体—同义成语—近义成语"是一个连续统,其间没有十分清晰的界限,这一点和同义词、近义词相类似②。如果从核心义和范畴义的视角观察,近义成语主要有两种情况:(1)范畴义相同而核心义相近。(2)核心义相同而范畴义相近。它们处在邻近的网格中,下面分别举例说明。

第一类近义成语的"核心义相近",通常表现为各自的核心义既有联系又有一定的差别,这些核心义往往可以归入共同的"一级核心义"中。这类成语的聚合群数量较多。

> 压良为贱　倚势欺人　东喝西棒　盲枷瞎棒　撩钩搭索　拖
> 泥带水

---

① 如黄蘗禅师在《传法心要》中说:"故学道人迷自本心,不认为佛,遂向外求觅,起功用行,依次第证,历劫勤求,永不成道。"

② 蒋绍愚(2015:258)在讨论同义词和近义词的差别时指出:"应该说,在词义相同的程度上,'等义词—一般同义词—近义词'是一个连续统,其间没有十分清晰的界限,在理论上和实践上都是不可能做到'判然有别'的。在理论上,同义词是'词义基本相同而又有微别',什么叫'基本相同',什么叫'微别',其差别在什么界限之内是'微别',超过了什么界限就成了'近义词',这些都不可能有明确的标准。在实践上,对一群处于'模糊地带'的词的处理,究竟哪些是同义词,哪些是近义词,也很难截然划分,而且不同的研究者往往有不同的处理,这都是难以避免的。"

先来看本组成语的具体例子。

压良为贱，本指掠卖平民女子强作奴婢。禅家比喻禅师欺压学人的施教行为。《广灯》卷十九"广悟禅师"："上堂云：'诸佛出世，早是多端；达磨西来，更传心印。大似欺我儿孙，压良为贱，三乘十二分教，不别时宜。'"

倚势欺人，仰仗自己的势力欺压别人。禅家多指仰仗法力高欺压学人的施教行为。《慧晖禅师语录》卷一："霜曰：'未审佛祖未生前有谁得？怎么见得，恐是压良成贱，依势欺人。'"

东喝西棒，指禅师启悟学人时，胡乱施设棒喝作略。《普灯》卷二十五"道楷禅师"："山僧今日向诸人面前说家门，已是不着便，岂可更去升堂入室，拈槌竖拂，东喝西棒，张眉努目，如痫病发相似。"

盲枷瞎棒，胡乱动用连枷和棍棒责罚人。禅家形容禅师启悟学人时，胡乱施设棒喝作略。《传灯》卷十二"义玄禅师"："黄檗曰：'什么处去？'曰：'不是河南，即河北去。'黄檗拈起拄杖便打，师捉住拄杖曰：'这老汉莫盲枷瞎棒，已后错打人。'"

撩钩搭索，"撩钩"是钩物器具，"搭索"是套物器具。禅家比喻存有知见牵连的施教作略。《古尊宿》卷十六"匡真禅师"："师有时云：'弹指謦欬，扬眉瞬目，拈槌竖拂，或即圆相，尽是撩钩搭索。佛法两字未曾道着，道着即撒屎撒尿。'"

拖泥带水，禅家形容接引手段拖沓不利索，多指纠缠于言语义理。《普灯》卷八"思慧禅师"："上堂：'布大教网，搋人天鱼，护圣不似老胡拖泥带水，只是见兔放鹰，遇獐发箭。'"倒言"带水拖泥"，《圆悟禅师语录》卷十四："有祖以来，唯务单传直指，不喜带水拖泥打露布，列窠窟钝置人。"

上揭成语都是用来描述禅师的施教行为，范畴义相同均为"施教"。但核心义有一定的差别,根据核心语义的差别,可概括为三组同义聚合群:压良为贱、倚势欺人,核心语义为"施教欺压";东喝西棒、盲枷瞎棒,核心语义为"施教胡乱";撩钩搭索、拖泥带水,核心语义为"施教牵连"。核心义分别是"欺压""胡乱""牵连",尽管核心义有明显的差别,但语义之间还是有联系的,都表示了禅师拙劣的施教行为,可归入共同的"一级核心义"——"拙劣"中。这六个成语的语义聚合关系如下表所示:

表1

范畴义	核心义	二级核心义	近义成语群
施教	拙劣	欺压	压良为贱、倚势欺人
		胡乱	东喝西棒、盲枷瞎棒
		牵连	撩钩搭索、拖泥带水

每组成语的内部成员分别具有同义关系,三组成语又共同构成了近义关系,形成了近义成语群。

第二类近义成语的"范畴义相近",通常表现为各自的范畴义既有联系又有一定的差别,这些范畴义又都类属于共同的上层语义范畴。这类成语的聚合群数量较少。如:

对答如流　问若联珠　辩似悬河

上揭成语用"语义二分法"可切分为:对答如流:"对答流畅"=[对答]+[流畅],问若联珠:"问话流畅"=[问话]+[流畅],辩似悬河:"辩解流畅"=[辩解]+[流畅]。核心义都是"流畅",范畴义分别为"对答""问话""辩解",语义之间虽有明显的差别,但还是有密切的联系,都属于上级的"言语"范畴。这三个成语就构成了近义关系,形成了近义成语群。

(三)反义聚合

反义成语指基本语义相反的成语。和同义成语一样,两个反义成语不是所有义位都相反,而是一个成语的一个或几个义位和另一个成语的一个或几个义位相反。两个成语只要有一个义位相反就构成了反义成语。如果从范畴义和核心义的角度观察,反义成语有一个重要的特点,那就是范畴义相同,核心义相反。范畴义相同是构成反义成语的基础,这一点和反义词相同。蒋绍愚(2015:279)指出:"反义词总是同中有异的,'同'是构成反义词的基础。也就是说,反义词总是在同一语义范畴里的,'黑—白'都是颜色,'老—幼'都是年龄,'长—短'都是距离,'生—死'都是生命状态,'昼—夜'都是时间。在同一语义范畴里表示两个相反意义的词是反义词。"这里的"语义范畴"就是本文说的"范畴义"。同样,反义成语也可以这样来鉴定:在同一语义范畴里,表示两个相反意义的成语是反义成语,反义成语的特点是范畴义相同而核心义相反。如:

千言万语　二言三语　眼似流星　眼似木梭
喜不自胜　云愁雾惨　孤陋寡闻　博闻强识

用"语义二分法"切分核心语义如下:

千言万语:"言辞多" = [言辞] + [多]
二言三语:"言辞少" = [言辞] + [少]

眼似流星："眼光敏锐" = ［眼光］+［敏锐］

眼似木樣："眼光呆滞" = ［眼光］+［呆滞］

喜不自胜："内心喜悦" = ［内心］+［喜悦］

云愁雾惨："内心忧愁" = ［内心］+［忧愁］

孤陋寡闻："见识浅薄" = ［见识］+［浅薄］

博闻强识："见识广博" = ［见识］+［广博］

上揭八个成语依据范畴义相同、核心义相反的鉴定原则,分别构成了四组反义成语:千言万语—二言三语,眼似流星—眼似木樣,喜不自胜—云愁雾惨,孤陋寡闻—博闻强识。如果反义成语的语义发生了同步引申,就会形成两个义位都相反的复合反义关系,同义成语也是这样的。下面再比较两组成语的范畴义和核心义,各组分别为同义关系,组成同义成语群;上下两组又互为反义关系,形成反义成语群。由于每组成语都有两个同步引申的义位,形成的同义群和反义群都是复合的关系。

活捉生擒　掣鼓夺旗　决胜千里

弓折箭尽　残弓折箭　倒戈卸甲

第一组成语都有两个意义,一是指军事战争取得胜利,范畴义是"作战";一是禅家用来比喻法战取得胜利,即机锋较量获胜,范畴义是"法战"。

活捉生擒:(1)指战争中生擒对方,取得胜利。(2)比喻法战中生擒对方,取得胜利。

掣鼓夺旗:(1)指战争中夺取了对方的旗鼓,取得胜利。(2)比喻法战中夺取了对方的机锋,取得胜利。

决胜千里:(1)指战争指挥决策英明,彻底制胜对方。(2)比喻法战中运用的决策英明,彻底制胜对方。

上揭成语的两个义位用"语义二分法"都可分析为:(1)"作战胜利"=〔作战〕+〔胜利〕;(2)"法战胜利"=〔法战〕+〔胜利〕。这三个成语发生了同步引申现象,义位(2)是义位(1)的隐喻,即用军事"作战"去隐喻机锋较量的"法战"。核心义没有变化,变化了的语义成分是范畴义。由于同步引申现象的发生,这组成语形成了复合的同义聚合群。

第二组成语也都有两个意义,一是指军事作战失败,范畴义也是"作战";一是禅家用来比喻法战失败,即机锋较量失利受挫,范畴义也是"法战"。

弓折箭尽:(1)指战争中箭弓折断、箭镞用尽而失败。(2)比喻法战中机锋受到挫折、机用竭尽而失败。

残弓折箭:(1)指战争中箭弓残断、箭镞折断而失败。(2)比喻法战中机锋挫折而失败。

倒戈卸甲:(1)指作战中放下武器脱去铠甲,向对方投降服输。(2)比喻法战中收起机锋,向对方投降服输。

上揭成语的两个义位用"语义二分法"都可分析为:(1)"作战失败"=〔作战〕+〔失败〕;(2)"法战失败"=〔法战〕+〔失败〕。这三个成语发生了同步引申现象,义位(2)也是义位(1)的隐喻,即用军事"作战"去隐喻机锋较量的"法战"。核心义没有变化,变化了的语义成分是范畴义。由于同步引申现象的发生,这组成语形成了复合的同义聚合群。由于核心义的相反,上下两组成语又构成了复合的反义关系群。联系起来看的话,就形成了一种相对复杂的同义和反义复合的语义聚合群①。

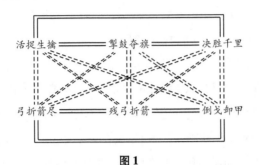

图 1

上揭聚合群里的每个成语都和另外五个成语的语义有联系,或者是同义关系,或者是反义关系,形成了一种错综复杂的语义聚合网。

(四)类义聚合

类义成语指语义上属于同类的成语。从范畴义和核心义的角度观察,类义成语具体指的是这样两种聚合关系:(1)范畴义相同而核心义不同的成语群,(2)核心义相同而范畴义不同的成语群。两种语义成分"不同"的程度指的是不像近义成语那样语义接近,也不像反义成语那样语义相反对立。由于类义成语在核心义或范畴义上有一个核心成分是相同的,因而也形成了一种松散的语义聚合关系。这两种类义聚合群各举一组例子。

万古千秋　寒来暑往　时不待人　光阴如箭
千品万类　千家万户　千言万语　千变万化

---

① 图 1 的双实线表示同时有两个义位形成同义关系,双虚线表示同时有两个义位形成反义关系。

这两组成语的语义虽然不同,但给人的感觉彼此还是有联系的,如果用"语义二分法"切分出范畴义和核心义,这种联系和区别就很明显了。

万古千秋:"时间长久" = [时间] + [长久]

寒来暑往:"时间推移" = [时间] + [推移]

时不待人:"时间紧迫" = [时间] + [紧迫]

光阴如箭:"时间飞逝" = [时间] + [飞逝]

这组成语的核心义明显不同,但范畴义相同,都属于"时间"范畴。成员之间属于类义关系,构成了类义聚合群。

千品万类:"品类多样" = [品类] + [多样]

千家万户:"家户很多" = [家户] + [很多]

千言万语:"言语很多" = [言语] + [很多]

千变万化:"变化多端" = [变化] + [多端]

这组成语的范畴义不同,但核心义相同,都表示"多"。成员之间也属于类义关系,构成了类义聚合群。从生成的途径来看,都是在"千×万×"构式中嵌入同义语素生成的,因而语义具有关联性。

上面,我们从成语的范畴义和核心义两个角度切入,分析了语义系统中的四种聚合关系。从语义聚合的紧密程度来看,"同义成语—近义成语—反义成语—类义成语"在联系和区别的矛盾对立关系中此消彼长,构成了一个由亲到疏的等级序列。同时我们也看到,系统中的任何一个成员,依据范畴义和核心义的联系和区别,都有可能同时属于上面谈到的几种不同的语义聚合群。

　　根据上面的讨论,如果从语义聚合的角度观察系统性的表现,我们就会看到一种清晰的系统轮廓,这就是由"系统成员"—"语义聚合群"—"系统整体"形成的既复杂又有序的层级链和关系网。图示如下①:

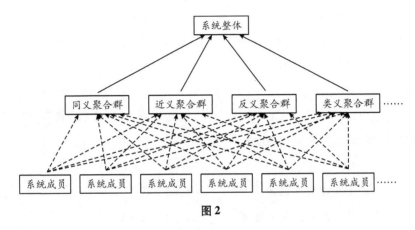

图 2

四、核心义与成语的演变规律

　　在分析语言演变现象的基础上,归纳或演绎背后的演变规律是汉语史研究的重要任务。成语语义演变有哪些可循的规律? 这是汉语语汇史研究需要探索的内容。从核心义视角观察,我们可以总结两条较为普遍的语义演变规律。

---

　　①　实箭头表示必然会有的聚合联系,虚箭头表示可能但非必然会有的聚合联系。

（一）范畴义经常变化，核心义通常不变

从成语的语义成分来看，范畴义是语义结构中表示对象范畴的语义成分，核心义是语义结构中表示对象特征的语义成分，两者构成了成语的核心语义内容。在成语语义演变过程中，通常是范畴义发生了变化，包括范畴的扩大、缩小和转移，而核心义通常不会变化，具有稳定性，这是成语语义演变的一条较为普遍的规律。

半青半黄

本指果实未熟时青黄相间的色貌。苻秦僧伽跋澄等译《僧伽罗刹所集经》卷三："外亦有作若干果，犹彼色半青半黄，犹如树同一根生若干种果实，秋则无有果，或随时生。"唐宋时期进入禅林口语系统后，禅家用来比喻道业还没有完全成熟。

（1）看他古人，二十年参究，犹自半青半黄，粘皮着骨，不能颖脱。（《碧岩录》卷八）

（2）普说："时光如箭急，始见结制。又过了二十日，兄弟自己事如何？ 一等是抛离父母，挑囊负钵，蹈破草鞋。直须硬着脊梁，穷究教彻头彻尾去。莫只半青半黄，似有似无。"（《密庵和尚语录》卷一）

（3）若是大丈夫汉，直教彻去，莫只半青半黄地。（《悟新禅师语录》卷一）

例（1）言参禅二十年，道业仍然未熟。例（2）"自己事"指成佛悟道之事，"半青半黄"也是指道业不熟，参悟不够彻底。例（3）"直教彻去"言直需彻底参究，可证"半青半黄"是指参悟不彻底，道业还没有完全成熟。"半青半黄"两个义位的核心语义，用"语义二分法"切分如下：

①形容果实未熟时青黄相间的色貌——"果实未熟"=［果实］+［未熟］

②禅家比喻道业还没有完全成熟——"道业未熟"=［道业］+［未熟］

在"半青半黄"的语义构成中,范畴义由"果实"演变为"道业",这是隐喻引申的结果,而核心义"未熟"则没有变化。"隐喻"是基于两个相似事物间的联想,禅家用"果实未熟"隐喻"道业未熟",是从"果实"认知域投射到了"道业"认知域,反映在语义演变方面,就是从"果实"范畴义演变为"道业"范畴义。核心义"未熟"则是"果实"和"道业"相似性特征的集中体现,是隐喻引申发生的语义依据。由此我们可以归纳出隐喻引申的一种较为普遍的语义演变模式:

①基本语义——"核心语义"=［范畴义］+［核心义］

隐　喻　　　改　变　　不‖变

②基本语义——"核心语义"=［范畴义］+［核心义］

如果②义是①义隐喻引申的结果,核心语义的演变就会表现为"范畴义"的变化,这是因为"范畴义"和"认知域"是密切联系的,"范畴义"是"认知域"在语义方面的能动反映。既然"隐喻"是从一个认知域到另一个认知域的投射,那么反映在语义方面,就是从一个范畴义到另一个范畴义的演变,属于语义范畴的转移。核心义是语义描述对象的特征,是隐喻引申"相似性"的体现,也就是语义引申的内部依据,所以在隐喻引申的过程中核心义通常是不会变化的。

官不容针

"官不容针"来自俗谚"官不容针，私通车马"，本指官法严密，不容丝毫含糊，然而私下人情大可通融。这句来自唐宋民间口语中的俗谚，反映了当时人们对封建社会官法黑暗的认识。最早作"官不容针，私可容车"，后来多作"官不容针，私通车马"。

(1)雀儿被禁数日，求守狱子脱枷，狱子再三不肯。雀儿美语咀啾："官不容针，私可容车。叩头与脱到晚衔，不相苦死相邀勒，送饭人来定有钗。"狱子曰："汝今未得清雪，所已(以)留在黄沙。我且忝为主吏，岂受资贿相遮。"(《敦煌变文集·燕子赋》)

(2)珣有泾原之命，便牒珣云："已差谢走马替。"珣云："走马须交割，职事不肯替。"遂召珣饮茶，且语珣云："官不容针，私通车马。"又欲特送珣五十壶，意欲止其退难，珣拒而不受。(宋李焘《续资治通鉴长编》卷四百九十九)

(3)生出白："官不容针，私通车马。教你莫去胡乱放人入来，又放妇女入厅堂。"(《张协状元》卷一)

(4)那假的赵知县归家，把金珠送与推款司。自古官不容针，私通车马。推司接了假的知县金珠，开封府断配真的出境，直到兖州奉符县。(《警世通言》卷三十六)

进入禅林白话口语系统后，"官不容针，私通车马"的语义发生了变化，比喻佛法虽然严密，难用言语道破，然而可以放一线道，以方便接引学人。如：

(5)沩山云："但有言说，都无实义。"仰山云："不然。"沩山云：

"子又作么生?"仰山云:"官不容针,私通车马。"(《临济禅师语
录》卷一)

(6)有行者问:"某甲遇贼来时,若杀即违佛教,不杀又违王
敕,未审师意如何?"师曰:"官不容针,私通车马。"(《传灯》卷二十
二"竟钦禅师")

"官不容针,私通车马"也单说成"官不容针",是由俗谚转化而成
的俗成语。语义表示佛法十分严密,难以用言语说破。

(7)云:"只如生佛未兴时,一着落在什么处?"曰:"吾常于此
切。"云:"官不容针,更借一问时如何?"曰:"据虎头,收虎尾。"
(《普灯》卷十四"绍隆禅师")

(8)师乃云:"大众,若是第一义,且作么生观?况五目不睹其
容,二听莫闻其响,释迦掩室,诸祖密持。虽然官不容针,有疑请
问。"(《义青禅师语录》卷一)

(9)岐云:"官不容针,更借一问。"慈明便喝,岐亦喝。明又
喝,岐亦喝。明连下两喝,岐礼拜。《(崇岳禅师语录》卷一)

(10)问:"曲调已成,还许学人断和也无?"师云:"官不容针。"
(《承古禅师语录》卷一)

例(7)—(9),说话者先承说"官不容针",然后再说"更借一问"
"有疑请问",可见"官不容针"是说佛法严密的意思。例(10)承古禅师
用"官不容针"直接截断学人的语路,告诫他佛法是严密的,难以用言
语为他说破。在"官不容针"语义演变过程中,新义的产生是受禅家
"言不尽意"的观念影响所致,语义演变的路径是:①官法严密—②佛

法严密,演变机制是用"官法"隐喻了"佛法",范畴义发生了变化,核心义"严密"并未改变。

千波万浪

"千波万浪"形容水面上波涛涌动的样子。唐吴融《离岐下题西湖》诗:"千波万浪西风急,更为红蕖把一杯。"唐戴叔伦《送裴明州效南朝体》诗:"潇水连湘水,千波万浪中。知君未得去,惭愧石尤风。"皆其例。后来进入禅林口语系统后,"千波万浪"产生了一个新的比喻义,禅家用来比喻本心扰动。如:

(1)若心地不洞明,十二时中,起心动念,匝匝地,如千波万浪相似,如何消融得去?(《续古尊宿语录》卷四"华和尚")

(2)且以譬喻明之,心如水也,法界如波也。当其水体本静,未有感触之时,湛湛澄澄,不摇不动。及其偶遭风触,则千波万浪,随其所触而生焉。故曰水能造波,波因水而有也。(《惟则禅师语录》卷二)

(3)前堂首座,惯谙水脉,善别风云,今日正当千波万浪之间,岂容坐视?敢望慈悲出一只手,共相斡运。(《师范禅师语录》卷一)

上揭例子中的"千波万浪",均隐喻本心扰动,狂心不歇息。例(1)上言"起心动念",下言"如千波万浪相似",本体和喻体同现,其间的隐喻关系是很明显的。例(2)上言"心如水""法界如波",心体产生万法而扰动,犹如水面产生波涛而涌动。例(3)表面是说水面涌动,而实际是隐喻本心扰动,希望慈悲出手接引。从语义构成来看,"千波万浪"两个义项的核心语义分别是"水面涌动"和"本心扰动",范畴义"水面"

到"本心"演变,正是用"水面"隐喻了"本心"的结果,也是两个认知域映射的结果,核心义则未发生变化。

(二)核心义往往制约着语义演变的基本方向

成语的核心义是字面义隐含的贯穿于深层使用义和相关引申义项中的主导性语义特征,在成语的语义构成中,核心义是语义结构中最为重要的语义成分,是语义演变的内部依据,往往制约着成语语义演变的基本方向。这是成语语义演变的另一条较为普遍的规律。

羚羊挂角

传说羚羊夜眠防患,以角悬树,足不着地,无迹可寻。宋陆佃《埤雅·释兽》:"羚羊,似羊而大,角有圆绕,蹙文,夜则悬角木上以防患。语曰:'羚羊挂角',此之谓也。"当羚羊挂角后,足不再着地,便无迹可寻了,字面义隐含的显著特征是"隐秘""不显露","隐秘"就是"羚羊挂角"的核心义。"羚羊挂角"的各项引申义都是沿着核心义决定的方向引申的。"羚羊挂角"最早见于唐宋禅林口语,禅家比喻禅旨隐秘,不着痕迹,无迹可求。

> (1)师示众云:"如人将一百贯钱买得猎狗,只解寻得有踪迹底。忽遇羚羊挂角,莫道踪迹,气也不识。"(《祖堂》卷八"云居和尚")
> (2)投子示众云:"若论此事,如鸾凤冲霄不留其迹,羚羊挂角哪觅其踪?"(《子淳禅师语录》卷二)

例(1)"羚羊挂角"比喻禅旨隐秘,无丝毫痕迹可寻。例(2)"此事"指领悟佛法之事,"羚羊挂角"喻禅法不着痕迹,无迹可求。"羚羊挂角"的核心语义可概括为"禅旨隐秘",核心义"隐秘"从字面义中得到遗传。在禅林口语中,"羚羊挂角"还比喻接引学人手段隐秘,不落言筌,不露痕迹。

（3）师谓众曰："我若东道西道,汝则寻言逐句,我若<u>羚羊挂角</u>,汝向什么处扪摸?"（《传灯》卷十六"义存禅师"）

（4）问："<u>羚羊挂角</u>时如何?"师曰："你向什么处觅?"曰："挂角后如何?"师曰："走。"（《传灯》卷二十三"谷山和尚"）

（5）若道认见为有物,未能拂迹。吾不见时,如<u>羚羊挂角</u>,声响踪迹,气息都绝,尔向什么处摸索?（《碧岩录》卷十）

上揭各例中,"羚羊挂角"均比喻接引学人手段隐秘,不落言筌,不露痕迹。"羚羊挂角"此义的核心语义可概括为"施教隐秘",核心义"隐秘"得到了遗传。大约在宋代,"羚羊挂角"进入了世俗文献,比喻文章的境界深邃隐秘,无迹可寻,核心语义可概括为"意境隐秘"。

（6）诗者,吟咏情性也。盛唐诸人,唯在兴趣,<u>羚羊挂角</u>,无迹可求。故其妙处,透澈玲珑,不可凑泊。（宋严羽《沧浪诗话·诗辨》）

（7）七律到此境界,几于<u>羚羊挂角</u>,无迹可寻矣。（清林昌彝《射鹰楼诗话》卷六）

在"羚羊挂角"的语义演变过程中,各义项始终贯穿着"隐秘"的语义特征,沿着核心义"隐秘"决定的方向引申,因而是核心义制约了语义演变的基本方向。

拖泥带水　斩钉截铁

"拖泥带水"本作"拖泥涉水",最早见于《祖堂》卷十五"麻谷和尚":"问:'如何是佛法大意?'师良久。其僧却举似石霜:'此意如何?'石霜云:'主人殷勤,滞累阇梨,拖泥涉水。'""拖泥涉水"指接引手段拖沓不利索,纠缠于言语义理。后来多作"拖泥带水",比如:

(1)上堂:"布大教网,摝人天鱼,护圣不似老胡拖泥带水,只是见兔放鹰,遇獐发箭。"(《普灯》卷八"思慧禅师")

(2)纵饶一棒一条痕,一掴一手血,未免拖泥带水,岂能点瓦成金?(《续灯》卷十四"慧照禅师")

例(1)"拖泥带水"与"见兔放鹰""遇獐发箭"反义对举,形容施教手段拖沓不利索,不能果断施教。例(2)言即使施教手段猛烈,但不免拖沓不利索,不能使人转凡成圣。核心语义可概括为"施教拖沓",核心义是"拖沓""不利索"。在禅林口语中,"拖泥带水"还用来形容纠缠于言语义理,不能干净利索地悟道。

(3)问:"久处湖湘,拟伸一问,师还答否?"师云:"何得拖泥带水?"(《续灯》卷五"智传禅师")

(4)神通大者,骑龙跨凤,自在逍遥;神通小者,便乃浮杯泛海,速登彼岸;无神通者,未免拖泥带水,一场狼籍,伏惟珍重。(《怀深禅师广录》卷二)

例(3)"拖泥带水"用来批评学人纠缠于言语义理的审问,言其不能干净利落地悟道。例(4)"拖泥带水"是对根机低劣者悟道拖沓不利索的批评。核心语义可概括为"悟道拖沓"。大约在宋代,"拖泥带水"进入世俗大众的口语中,语义发生了变化,形容做事拖沓不利索。

（5）曰:"只看他做得如何,那拖泥带水底便是欲,那壁立千仞底便是刚。"（《朱子语类》卷二十八）

（6）秦曰:"此事不然,我当时做这事,尚拖泥带水,不曾了得。"（《朱子语类》卷一百三十一）

在后世文献中,"拖泥带水"还形容语言拖沓,不简明扼要。

（7）意贵透彻,不可隔靴搔痒;语贵脱洒,不可拖泥带水。（宋严羽《沧浪诗话·诗法》）

（8）周氏论乐府,以不重韵、无衬字、韵险语俊为上,世间恶曲必拖泥带水,难辨正腔,文人自寡此等病也。（明王骥德《曲律》卷三"论衬字"）

"拖泥带水"此义的核心语义可概括为"语言拖沓",核心义"拖沓"一直延续下来,并且制约着语义演变的基本方向。

再来看"斩钉截铁"。"斩钉截铁"最早见于《祖堂》卷八"云居和尚":"汝等在此,粗知远近。生死寻常,勿以忧虑。斩钉截铁,莫违佛法。出生入死,莫负如来。""斩钉截铁"比喻果断地截断执着妄念,直截了当契悟佛法妙义。核心语义可概括为"悟道果断",核心义就是"果断",这和"拖泥带水"的核心义"拖沓"正好相反。

（1）然虽如是,也须是斩钉截铁汉始得。其或不然,静处萨婆词。(《续灯》卷十六"圆义禅师")

(2)上堂:"南北一诀,<u>斩钉截铁</u>,切忌思量,翻成途辙。"(《普灯》卷六"智明禅师")

例(1)言参悟大道须是果断领悟佛法妙义的人才行,例(2)"斩钉截铁"与"切忌思量"连用,也是形容果断悟道的意思,从反面说就是不要纠缠于言语义理的思量。在禅林口语系统中,"斩钉截铁"还形容接引手段果断利索。

(3)和尚寻常<u>斩钉截铁</u>,今日为甚带水拖泥?(《道宁禅师语录》卷一)

(4)师云:"智门是作家宗师,出语便<u>斩钉截铁</u>,然虽如是,要且只解把定,不解放行。"(《怀深禅师广录》卷一)

例(3)"斩钉截铁"与"带水拖泥"反义对举,一言接引手段果断利索,一言接引手段拖沓不利索。例(4)言智门是大宗师,出言接引学人便很果断利索。"斩钉截铁"此义的核心语义可概括为"施教果断"。"斩钉截铁"进入世俗大众口语后,也产生了如下两个新义:

(5)我从来驳驳岁岁,世不曾忑忑忐忐。打熬成不厌天生敢。我从来<u>斩钉截铁</u>常居一,不似惹惹草拈花没掂三。(元王实甫《西厢记》卷二)

(6)我非无<u>斩钉截铁</u>刚方气,都只为惹草沾花放荡情,权支应。(明汪廷讷《狮吼记·奇妒》)

这里的"斩钉截铁",形容做事坚定不移、果断利落,核心语义可概括为"做事果断"。

(7)见得事只有个是非,不通去说利害。看来惟是孟子说得**斩钉截铁**。(《朱子语类》卷五十一)

(8)兄弟也,不知师父所言,字字**斩钉截铁**,句句敲金击玉。苦口叮咛直告,显露其中最有玄妙之理。(明陈自得《太平仙记》第一折)

这里的"斩钉截铁",形容说话态度坚决,果断利落,核心语义可概括为"言语果断"。

在"拖泥带水"和"斩钉截铁"的几个意义中,范畴义相同而核心义相反,这些意义在不同义项方面同步构成了反义关系,如果将这些意义的核心语义排列起来,就会很清晰地看到核心义对语义演变方向的制约作用:

拖泥带水 　　　　　　　斩钉截铁

"施教拖沓"=[施教]+[拖沓]　　"施教果断"=[施教]+[果断]

"悟道拖沓"=[悟道]+[拖沓]　　"悟道果断"=[悟道]+[果断]

"做事拖沓"=[做事]+[拖沓]　　"做事果断"=[做事]+[果断]

"言语拖沓"=[言语]+[拖沓]　　"言语果断"=[言语]+[果断]

显然,"拖泥带水"的语义是沿着核心义"拖沓"决定的基本方向演变的,各义项始终贯穿着核心义"拖沓";"斩钉截铁"的语义是沿着核心义"果断"决定的基本方向演变的,各义项始终贯穿着核心义"果断"。由于核心义"拖沓"和"果断"是相反关系,这两个成语的语义呈现相反的同步引申轨迹。

千山万水　千乡万里　天涯海角

先来看这组成语的语义演变情况。"千山万水"较早见于唐宋之问《至端州驿见杜五审言沈三佺期阎五朝隐王二无竞题壁慨然成咏》："岂意南中岐路多,千山万水分乡县。"形容路途十分遥远,远隔很多山水。核心语义可概括为"路途遥远",核心义是"遥远"。"千山万水"进入禅林口语系统后产生了新义,禅家形容学人距离悟道很远。

> (1)一时拈来,当面布施。更若拟议,千山万水。(《续灯》卷六"慈觉禅师")
>
> (2)动则丧身失命,觑着两头俱瞎。拟议之间,千山万水。直下会得,也是炭库里坐地。(《联灯》卷十三"杨公亿")
>
> (3)然虽如是,犹是葛藤。若据祖令施行,举目则千山万水,思量则天地悬殊。(《宗本禅师别录》卷一)

例(1)言如果思索言语义理,则距离悟道很远。例(2)言思虑之间,则去道转远矣。例(3)"千山万水"与"天地悬殊"对文同义,言拟议思虑就会距离悟道很远。"千山万水"此义的核心语义可概括为"悟道遥远"。

"千乡万里"已见于《祖堂》卷八"云居和尚":"道尔千乡万里行脚来,为个什么事?"形容跋涉的路途十分遥远,核心语义可概括为"路途遥远"。在禅籍文献中用例很多,比如:

> (1)自是诸人信根浅薄,恶业浓厚,突然起得许多头角,担钵囊,千乡万里受屈。且汝诸人有什么不足处?大丈夫汉阿谁无分?(《传灯》卷十九"文偃禅师")

（2）上堂："诸德提将钵囊拄杖，<u>千乡万里</u>行脚，盖为生死不明。"（《古尊宿》卷三十八"初禅师"）

例中的"千乡万里"均形容行脚僧跋涉的路途十分遥远。在禅林口语中，"千乡万里"还产生了一个新义，形容距离悟道十分遥远。

（3）问："进一步则太过，退一步则不及。只如不进不退时如何？"师云："谢阇梨供养。"僧曰："怎么则万般施设不如常。"师云："<u>千乡万里</u>。"僧曰："未明佛法千般境，悟了心中万事无。"师云："勿交涉。"（《续灯》卷十八"真悟禅师"）

例言学僧的作答距离悟道还十分遥远。"千乡万里"此义的核心语义也可概括为"悟道遥远"。

"天涯海角"已见唐吕岩《绝句》："天涯海角人求我，行到天涯不见人。"形容极其遥远的地方，核心语义可概括为"地方遥远"，核心义也是"遥远"。"天涯海角"进入禅林口语系统后产生了同样的新义，形容悟道相差极远。

僧曰："怎么则依令而行也。"师云："<u>天涯海角</u>。"（《续灯》卷二"承古禅师"）

例言学僧的理解距离悟道很遥远，"天涯海角"此义的核心语义可概括为"悟道遥远"。下面将"千山万水""千乡万里""天涯海角"的语义演变情况，按核心语义排列如下：

千山万水:①"路途遥远" = [路途] + [遥远] →

②"悟道遥远" = [悟道] + [遥远]

千乡万里:①"路途遥远" = [路途] + [遥远] →

②"悟道遥远" = [悟道] + [遥远]

天涯海角:①"地方遥远" = [地方] + [遥远] →

②"悟道遥远" = [悟道] + [遥远]

在"千山万水""千乡万里""天涯海角"的原本意义中,"千山万水""千乡万里"的范畴义和核心义完全相同,二者是同义成语;"天涯海角"和"千山万水""千乡万里"的范畴义相近,核心义完全相同,构成了近义成语群。这三个成语都沿着核心义"遥远"决定的引申方向,同步衍生出完全相同的意义,形成了同义关系。从中,我们可以清晰地看到核心义对语义演变方向的制约作用。

参考文献

付建荣,2012,《汉语词汇核心义研究》,浙江大学博士学位论文。

付建荣,2021,《唐宋禅籍俗成语研究》,北京:商务印书馆。

蒋绍愚,2005,《古汉语词汇纲要》,北京:商务印书馆。

蒋绍愚,2015,《汉语历史词汇学概要》,北京:商务印书馆。

刘洁修,2009,《汉语成语源流大辞典》,北京:开明出版社。

商务印书馆辞书研究中心(编),2002,《新华成语词典》,北京:商务印书馆。

孙维张,1989,《汉语熟语学》,长春:吉林教育出版社。

王涛等(主编),2007,《中国成语大辞典(新一版)》,上海:上海辞书出版社。

温端政(主编),2006,《汉语语汇学教程》,北京:商务印书馆。

温端政,2005,《汉语词汇学》,北京:商务印书馆。

"赘旒""缀旒"之辨[*]

王金英

"旒",又作"斿"或"鎏",指旌旗、冕冠等的垂饰物。

(1)《礼记·郊特牲》:"祭之日,王被衮以象天,戴冕璪十有二旒,则天数也。乘素车,贵其质也。旂十有二旒,龙章而设日月,以象天也。"

(2)《礼记·明堂》:"是以鲁君孟春乘大路,载弧韣,旂十有二旒,日月之章,祀帝于郊,配以后稷,天子之礼也。"①

(3)《周礼·春官·巾车》:"王之五路:一曰玉路,锡樊缨,十有再就,建大常,十有二斿,以祀。"

例(3)中"大常"即"太常",旌旗名。"旒"指天子冕冠前后的垂饰物时,也可称作"玉藻"。

(4)《礼记·玉藻》:"天子玉藻,十有二旒,前后邃延,龙卷以祭。"

---

* 原文载于《汉字文化》2022 年第 1 期。

① 鲁行天子之礼,鲁君享有"旂十有二旒"等同于天子之礼。天子礼见证于《仪礼·觐礼》:"天子乘龙,载大旆,象日月、升龙、降龙。出,拜日于东门之外,反祀方明。"郑玄注引《朝事仪》:"天子冕而执镇圭,尺有二寸,缫藉尺有二寸,搢大圭,乘大路,建大常十有二旒,樊缨十有二就,贰车十有二乘,帅诸侯而朝日于东郊,所以教尊尊也,退而朝诸侯。"

"旒"为垂饰物,也用以指代垂饰物依附的主体"旌旗",还可用以指代"天子"。由"旒"构成的复音词"冕旒""垂旒""宸旒""扆旒""旒纩""玉旒""珠旒""邃旒""韬旒"等,均可用于指代"天子""帝王"。"旒"数本身是带有差等的,其中"天子"享有的数量和级别最多、最高,以示贵贱有别、尊卑有等,"君臣有位,长幼有序"①。

(5)《礼记·礼器》:"天子之冕,朱绿藻,十有二旒,诸侯九,上大夫七,下大夫五,士三。此以文为贵。"

(6)《周礼·春官·弁师》:"弁师掌王之五冕,皆玄冕、朱里、延纽,五采缫十有二,就皆五采玉十有二,玉笄,朱纮。诸侯之缫斿九就,缫玉三采,其余如王之事。缫斿皆就。玉瑱,玉笄。"

可见,"旒"是垂饰物,语义与"天子"及礼制上的差等有关。那么,"缀旒""赘旒"得名之由为何?语义有哪些联系?

一、前人对"缀旒""赘旒"的解释

《汉语大词典》收录了"缀旒"和"赘旒",二词释义既有联系又有区别。"缀旒"的释义有 5 个,分别为:1)犹表率。2)比喻君主为臣下挟持,大权旁落。3)喻指一般居虚位而无实权者。4)比喻国势垂危。5)用以比喻情况危急。"赘旒"的释义为:"赘,连缀;旒,旌旗上的飘带。比喻实权旁落、为大臣挟持的君主。后亦指有职无权的官吏。"

"缀旒"最早见于《诗经》:

---

① 语出汉董仲舒《春秋繁露·五行相生》卷 13。

(7)《诗·商颂·长发》:"受小球大球,为下国缀旒。"毛传:"球,玉。缀,表。旒,章也。"郑玄笺:"缀,犹'结'也。旒,旌旗之垂者也。……与诸侯会同,结定其心,如旌旗之旒缪著焉。担负天之美誉,为众所归向。"孔颖达疏:"郑唯下国缀旒为异。言汤受二玉,与诸侯而会同。诸侯心系天子,如旌旗之旒缀著于缪。"

"下国"即指天子之下附属的诸侯方国。孔疏认为"缀旒"说的是诸侯心系天子如垂饰物系于旗面,而郑笺意为形容天子为诸侯所归有如旗面下系有垂饰物,实则是理解上的"一体两面"。总之,这里的"缀旒"意为"表率"①,"缀"是"联结"义。

"赘旒"最早见于《公羊传》:

(8)《公羊传·成公三年》:"何言乎信在大夫?徧刺天下之大夫也。曷为徧刺天下之大夫?君若赘旒然"。何休注:"旒,旌旒;赘,系属之辞,若今俗名就壻为赘壻矣。以旌旒喻者,为下所执持东西。"

以"赘旒"刺大夫涉及了旒数与礼制的问题:

(9)《左传·成公二年》:"唯器与名,不可以假人。"

可知,"赘旒"用于比喻"实权旁落的君主","赘"意为"系属"。

_____

① 马瑞辰《毛诗传笺通释》:"古者以旗致民,即是以旗旒为表,故《诗》缀旒并言,以喻汤为下国表则也。"亦称"缀旒"为"表率"义。

"系属"虽与"联结"义近,但并不等同,"系属"带有一方附属于另一方之意,而"联结"仅是客观描述。前者带有依附性质,而后者连接的两方则并未强调依附关系。

在注疏中,可见"缀""赘"互训。

> (10)《诗·大雅·桑柔》:"哀恫中国,具赘卒荒。"毛传:"赘,属。"孔颖达疏:"赘,犹缀也。谓系缀而属之。《长发》云:'为下国缀旒。'襄十六年《公羊传》曰:'君若缀旒然。'是'赘''缀'同也。"

亦见"缀旒""赘旒"互训,在表达"比喻实权旁落、为大臣挟持的君主"以及"形势危急"义时,往往混同。

> (11)《后汉书·张衡列传》:"夫战国交争,戎车竞驱,君若缀旒,人无所丽。"李贤注:"《公羊传》曰:'君若赘旒然。'"
>
> (12)《三国志·魏书·武帝纪》:"当此之时,若缀旒然,宗庙乏祀,社稷无位;群凶觊觎,分裂诸夏,率土之民,朕无获焉,即我高祖之命将坠于地。"裴松之注:"公羊传曰:'君若赘旒然。'"

虽然"缀旒""赘旒"有相同的比喻义,但是二者词义来由不同,下面将通过"缀""赘"的核心义进行比较分析,进而说明"缀""赘"二单音词以及"缀旒""赘旒"二复合词词义异同。这是由于"核心义"是贯穿于词义之中的,"核心义可以视作产生词义的依据","汉语中大多数具有多个义位的词都可以分析和探求出核心义","找出事物现象间的联系,就能掌握词义发展的脉络,这是研究词汇语义的最根本、最核心的办法"(王云路、王诚,2014:62)。

二、"缀"的核心义与"缀旒"

(13)《说文·叕部》:"缀,合箸也,从叕从糸。"段注:"古多假缀为赘,联之以丝也,会意。"①

(14)《说文·叕部》:"叕,缀联也,象形,凡叕之属皆从叕。"

"缀缀"连言,见于《荀子》,也表示相连:

(15)《荀子·非十二子》:"缀缀然,瞀瞀然,是子弟之容也。"杨倞注:"缀然,不乖离之貌,谓相连缀也。"

可知,"缀"为"联""系"义。

(16)《周礼·天官·太宰》:"以九两系邦国之民。"郑玄注:"系,联缀也。"

"缀"的核心义为"联结",侧重于表达联结双方存在的一种关系。由"缀"构成的复音词,大致有四种类型,兹分列如下:

第一类,"缀"表示"联结、连接"。同义复合词有"联缀""连缀""缀接""缀系"等;"缀"前可加方位词,表示所联结物的位置,如"前缀""后缀"等。"缀"用于表示文字间的联结关系,表示著述或是辑录:

---

① 据王云路、王诚(2014),"'赘'的核心义决定了'赘'有'连缀'义,而不是假借为'缀'"。

"缀文"表示作文,因文章由文字连属而成;"缀叙"犹"著述"。"缀玉连珠"比喻"撰写美好的诗文",其中"缀"与"连"对文同义。"缀学"表示"编辑前人旧文的学问":

> (17)《大戴礼记·小辨》:"子曰:'唯社稷之主,实知忠信。若丘也,缀学之徒,安知忠信?'"孔广森补注:"缀学,捃拾闻见以为学也。"

"校缀""整缀"均为考订编辑之义,因为这项工作也需将文字串联。还有"编缀"即"编集",是编纂文集之意。"缀"还可以表示抽象事物的联结,如:"缀虑""缀思"意为"构思",是将思绪按一定规律联结;"缀恩"意为"联络亲族感情":

> (18)《礼记·月令》:"(季冬之月)命乐师大合吹而罢。"郑玄注:"缀谓连缀,恩谓恩亲。"

此外,"缀"也可表示联结关系中较重要的一方,如"缀宅"意为"躯体",因躯体是精神所联结、依附的对象。

> (19)《淮南子·精神》:"且人有戒形而无损于心,有缀宅而无耗精。"高诱注:"缀宅,身也。精神居其宅则生,离其宅则死。"

第二类,"缀"表示"缝合"之义。"缝合"是"联结"密切的一种结果。"缝缀"意为"缝制缀合",是将两物相缝从而连在一起;"甲缀"是"用皮革缝合的战袍"。由"缝合"之义,又引申有"缝补""修补""补充"义,这是联结关系的一种具体形式。"补缀"指"缝补衣服",也泛指修补;"缀葺"也指"修补、缝补"。还有抽象意义上的"修补",如:"揽缀",意为"拉扯凑合";"挑缀"与之相对,意为"挑拨"。四字词语"收残缀轶"意为"收集残缺,缀补漏失"。

第三类,"缀"有"装饰、点缀"义,这属于联结关系中一方为主、一方为附属的情形。装饰品是附着于主体的,故有"点缀""缀饰"。"缀映"意为"点缀映衬"。"朱缀"是指门户等的边幅上的红色装饰物。因"点缀"是附着于主体之上、不影响主体的,即除装点作用外是可有可无的,故"缀"又引申有"充数、备位"之义。

第四类,"缀"表示联结关系,这种联结也可能意味着一种约束,故"缀"有"拘束""牵制"义。"拘缀"表示"羁绊、牵制";"缀兵"意为"用以牵制敌方兵力的军队"。

综上,"联结关系"贯穿"缀"的各义项,是"缀"的核心义。"缀旒"之"缀"为"联结、系属"义。《诗·商颂·长发》中"为下国缀旒",是以"旒"附着于"旗"喻指"诸侯方国"依附于"天子",意在表明诸侯以天子为宗;从天子的角度而言,天子要为诸侯做出表率,故"缀旒"义为"表率"。

(20)《魏书·礼志四》:"非所以仪刑万国,缀旒四海。"

(21)王安石《次杨乐道韵六首·后殿朝次偶题》:"百年文物士优游,万国今方似缀旒。"

上二例皆属"表率"义,强调的是在上者为与之相联结的在下者起引领作用。

从地位不平等的联结关系中主从倒置的角度解释"缀旒"之"君主实权旁落"义,即由"表率"义中"君主为主、臣下附属于君主"的联结关系,变成了"臣下为主,君主反过来从附属地位"的关系。

"缀"有"装饰、点缀"义,亦引申有"充数"义。当君主反过来为臣下所挟持,也就成了有名无实的"虚君",故而"缀旒"又可泛指一般的"空有虚位而无实权"的人。同时,当君主无实权时,往往国家处于危势,故"缀旒"也喻指"国势垂危"。

> (22)《大唐创业起居注》卷3:"郊庙绝主,有若缀旒,则我祖宗之业已坠于地矣。"

是以局势作主语,用"缀旒"来形容危急。由此又引申喻指其他危急的状况,如:

> (23)《魏书·萧宝夤传》:"事危累卵,势过缀旒。"

此外,考察文献中"缀旒"的用例,还可指"飘动的样貌",如同旗子垂下饰物的形态一般。

> (24)《全唐五代词·薛能·杨柳枝》:"嫩绿轻悬似缀旒,路人遥见隔宫楼。"

由"缀"构成的复音词基本均围绕其核心义"联结关系"展开。"缀旒"喻指"君主为臣下挟持""居虚位而无实权的人"等,皆由联结关系义而来,强调的是"联结关系"中双方主从关系倒置,且"缀旒"的本义"表率",说的也是"联结关系"中主对从的引领。另外,"缀旒"用于表示情势危急,是主从关系倒置的"联结"状态。

三、"赘"的核心义与"赘旒"

(25)《说文·贝部》:"赘,以物质钱①。从敖贝。敖者犹放,谓贝当复取之。"段注:"若今人之抵押也。……按《大雅》传曰:赘,属也。谓赘为缀之假借也。《孟子》:属其耆老。《大传》作'赘其耆老'。《公羊传》云:君若赘旒。《史》《汉》云:赘壻。此为联属之称。又《庄子》云:附赘县疣。《老子》云:余食赘行。此为余剩之称。皆缀字之假借。"

可知,"赘"有"属"义,有"多余"义。但"赘"并非"缀"字假借②,其义项围绕核心义"多余"展开。

如前所述,"赘"有"属"义。"属"是指从尾部与主体相连,"赘"有"连缀"义,"赘聚""赘结"意为"会聚、聚合"。还有"赘下"义为"拉拢下级",其中"赘"也是"联结"意。

"赘"这种"联结"是附于主体之后的,故"赘"也有"附加"义;同时,这种附属性也即主体之外多余的部分,故"赘"有"多余"义。"赘"后接名词,可表示"多余的……",如"赘事""赘员""赘肉""赘瘤""赘疣"等。"赘"构成的同义复合词有"赘余""赘剩"等。剩,亦作"賸"。

---

① 关于"赘"与"质"的意义关系,详见王云路(2017)。
② "赘"字造字理据尚不得确解;"缀"与"赘"音近,"缀"有"系结、连接"义,与"赘"之"系属、连缀"义近,但二字当非假借,疑为同源,待详考。

(26)《说文·贝部》:"賸,物相增加也。"段注:"以物相益曰賸。字之本义也。今义训为赘疣。与古义小异,而实古义之引伸也。改其字作剩而形异矣。"

"剩"义为"多",侧重表达多出来的、残留的部分,亦有"剩员"表示"多余的人员":

(27)《魏书·前废帝广陵王纪》:"剩员非才,他转之。"

故"剩"表示"多余"义与"赘"之"多余"义相类,都有无用、成为累赘之义。"赘"有"无用"义,如"赘人""赘物""赘土"等。

"赘"由"多余、无用"义而有贬义色彩,带有地位低下、附属性、寄人篱下等特点。"赘"是附着于主体之外的,故有"赘附"表示"依附"。"赘居""赘客"用于形容"客居"与"客居之人"。由"赘"构成的复音词,还有一组与"男子就婚、定居于女家"的婚姻关系相关的双音词,如:赘婿、赘子、赘娶、赘姻、赘亲、招赘、出赘等。"赘子(或'赘婿')"是"因家贫而出卖或抵押到对方家,其地位是多余和低下的,施于贫家之子"(王云路,2017)。

(28)裴骃《史记集解》引臣瓒曰:"赘,谓居穷有子,使就其妇家为赘婿。"

可知"赘婿"附属于妇家,家庭地位不高。还有"赘情"表示"品行恶劣","赘行"形容"形貌丑陋",都是贬义词。此外,"赘冗""赘渎""赘复""重赘""累赘"等,也可看出"赘"的贬义。

总之,"赘"的核心义为"多余",由此引申有"无用""累赘"等贬义;"赘"的"连缀"义也往往带有附属性的贬义色彩。故"赘旒"之"赘"为"多余","赘旒"即为"多余的旒数",即指天子虽比诸侯等应享有的旒数多,却没有相应的实权与之配合,即"名不副实",也就有了"君主为臣下所挟持、君主实权旁落"的引申义。亦引申有"国势垂危"的比喻义。

(29)《隋书·高祖记上》:"公受命先皇,志在匡弼,辑谐内外,潜运机衡,奸人慑惮,谋用丕显,俾赘旒之危,为太山之固。"

(30)《大唐创业起居注》卷3:"王大誓师旅,兴言感慨,荡清上国,拯厥赘旒。"

皆是以"赘旒"形容国家政权不稳固、奸佞横行的危急局势。除此之外,"赘旒"并无他义。

结　论

"赘旒""缀旒"皆可喻指"君主为臣下所挟持、君主实权旁落"或"国势垂危"。在文献中"赘旒""缀旒"往往混用、不分彼此,有时同一部文献如《大唐创业起居注》等也会二词混用。虽然"赘"与"缀"均有"连缀"义,但"赘旒"与"缀旒"得名之由不同,这是源于"缀""赘"的核心义根本不同:

"赘"的核心义为"多余",从而引申有"无用"义,"赘旒"即言天子名实不副的状况;而"缀"的核心义为"联结关系",从这一关系的主要一方来说,"缀旒"义为"表率",当主从关系倒置时就出现了名实不副的状况,故而"缀旒"与"赘旒"有了相同的比喻义。当君主实权旁落,往往是国势垂危之时,故二词亦均有此比喻义。可以说,"核心义"制约了同义词的词义发展。

"赘"与"缀"音近,又确均有相同的"连缀"义,与"旒"构成的复音词又有相同的比喻义,故而易将二字、二词混同。但"缀"与"赘"的核心义不同,后接相同的名词或动词,并非全然等同。如:"赘言"意为"废话""烦言、多说",而"缀言"犹"缀文",是"连缀词句以成文章"之义;"赘述"表示"多余地叙述",而"缀述"犹"著述"。可知,"缀"构成复音词是围绕着"联结关系"展开,而由"赘"构成的复音词则围绕"多余"展开。

虽然"赘旒""缀旒"二词均属书面用语,现代汉语中也不常用,在使用中混同看似亦无不可,但是还是应当辨明二者的得名之由与不同。在比较这样一类近义词时,尤其是含有一个相同语素的近义词对中,通过比较不同语素的核心义,当是辨别分析的一种良法。

参考文献

王云路,2017,《"说赘婿"——兼谈"赘"与"质"的核心义》,《语言科学》第
　　6 期。

王云路、王诚,2014,《汉语词汇核心义研究》,北京:北京大学出版社。

附录 核心义研究论文目录

蔡漫毓,2015,《"戈"核心义小议》,《北方文学》第 20 期。

陈平,2019,《释"九"》,《宁夏大学学报(人文社会科学版)》第 5 期。

程丽州、潘英典,2015,《从词汇核心义看对外汉语教学中的"能"和"会"》,《语文学刊》第 3 期。

楚艳芳、王云路,2013,《"点心"发覆——兼谈词的核心义对语素搭配的制约性》,《汉语史学报》第 13 辑,上海:上海教育出版社。

付建荣,2012,《汉语词汇核心义研究》,浙江大学博士学位论文。

胡朗,2020,《副词"活活"的产生和语法化——兼论语义演变中核心义与语境变异的互动》,俞理明、雷汉卿(主编)《汉语史研究集刊》第 29 辑,成都:四川大学出版社。

胡彦,2022,《〈广雅疏证〉词义关系研究》,浙江大学博士学位论文。

林添翼,2020,《〈说文解字·火部〉词汇的核心义》,《辽东学院学报(社会科学版)》第 4 期。

刘芳,2021,《核心义与单音词词义系统例释》,浙江大学博士学位论文。

刘芳、王云路,2022,《浅谈词语歧义现象——以"通知"等词为例》,《古汉语研究》第 1 期。

刘桥,2015,《汉语词汇核心义探求的实践——以"正经"的语义演变及"正儿八经"的产生为例》,俞理明(编)《汉语史研究集刊》第 20 辑,成都:巴蜀书社。

卢凤鹏,2019,《〈说文〉同训词核心义研究——以"疾"为例》,《贵州工程应用技术学院学报》第2期。

马威,2018,《〈段注〉"巾部、帅部"训诂实践中词汇核心义运用考察》,《辽东学院学报(社会科学版)》第2期。

毛国强,2019,《汉语词汇核心义管窥——以〈说文解字注〉中"轩""窗"为例》,《名作欣赏》第8期。

沈培,2019,《说古书中跟"波""播"相关的几个问题》,《历史语言学研究》第13辑,北京:商务印书馆。

沈莹,2017,《汉语木部帅部核心义研究》,浙江大学博士学位论文。

石辰芳,2021,《利用核心义整理常用词词义系统的方法和意义——以"容"的词义系统整理为例》,《黑龙江教师发展学院学报》第3期。

宋永培,1992,《〈说文〉与先秦文献词义》,《青海师范大学学报(哲学社会科学版)》第2期。

宋永培,1995,《论〈说文〉中单个词的词义系统》,《河北大学学报(哲学社会科学版)》第3期。

汪子恒,2020,《"分"的词汇核心义研究》,《青年文学家》第36期。

王诚、王云路,2020,《试论并列式复音词语素结合的深层原因——以核心义为研究视角》,《浙江大学学报(人文社会科学版)》第1期。

王虎、赵红宇,2019,《"憿憢"词义考》,《语言科学》第1期。

王健,2020,《再释"薄相"》,《汉语史学报》第21辑,上海:上海教育出版社。

王金英,2022,《"赘旒""缀旒"之辨》,《汉字文化》第1期。

王云路,2006,《论汉语词汇的核心义——兼谈词典编纂的义项统系方法》,何大安等(编)《山高水长:丁邦新先生七秩寿庆论文集》(《语言暨语言学》专刊外编之六),台北:"中研院"语言学研究所。

又收录于《中古汉语论稿》,2011 年,北京:中华书局。

王云路,2016,《段玉裁与汉语词汇核心义研究》,《华中国学 2016 年·春之卷(总第六卷)》,武汉:华中科技大学出版社。

王云路,2017,《论核心义在复音词研究中的价值》,《浙江社会科学》第 7 期。

王云路,2017,《说"赘婿"——兼谈"赘"与"质"的核心义》,《语言科学》第 6 期。

王云路,2020,《从核心义谈"陶"的义位联系》,《汉语史学报》第 22 辑,上海:上海教育出版社。

王云路,2021,《从"凌晨"谈汉语时间词的同步构词》,《浙江大学学报(人文社会科学版)》第 5 期。

王云路,2021,《从中医"候脉"说起——兼谈核心义与同步构词的作用》,《辞书研究》第 6 期。

王云路,2021,《谈谈汉语词汇核心义的类型》,《西南交通大学学报(社会科学版)》第 1 期。

王云路、胡彦,2021,《释峡、岬、(山)胁——兼论核心义与词义的走向》,《汉语史学报》第 25 辑,上海:上海教育出版社。

王云路、王诚、王健,2019,《再论核心义在复音词研究中的价值》,《汉字汉语研究》第 3 期。

杨倩,2020,《〈说文解字〉"半"声符字核心义研究》,《青年文学家》第 36 期。

叶娇,2021,《"妖"言"怪"语——论核心义对词义演变的影响和制约》,《台州学院学报》第 4 期。

尹重珊,2020,《汉语词汇核心义下同义词的辨析——以〈说文解字注〉中"际""隙"为例》,《闽西职业技术学院学报》第 4 期。

曾文斌,2019,《基于核心义的同源词系联研究》,《绵阳师范学院学报》
　　第 4 期。

张联荣,1995,《谈词的核心义》,《语文研究》第 3 期。

张玥,2020,《从核心义视角考查"凡从某声皆有某义"——以〈说文〉
　　"高"义词为中心》,《六盘水师范学院学报》第 6 期。

赵海宁,2021,《第七版〈现代汉语词典〉中并列式复音词的核心义研
　　究》,《汉字文化》第 16 期。